인구사상과 인구정책

박 상 태 著

서강대학교 출판부

서 문

저자는 미국에서 학위과정을 밟고 있던 1970년대 초반, 지도교수였던 허친슨(Edward P. Hutchinson)교수가 다음과 같이 당부했던 말씀을 기억하고 있다. "60세 이전에 책(단행본)을 출판하면 반드시 후회하게 된다. 60세 이후에 출판하면 후회한다 해도 후회할 시간이 짧을 것이므로 책은 60세 이후에 출판하는 것이 바람직하다." 천성이 게으른 저자는 내심 이 말씀을 핑계 삼아 지금껏 공저로 출판해야 했던 불가피한 경우를 제외하고는 단독으로 책을 출판하는 것을 되도록이면 피해왔다. 그러다 보니 정작 세월이 흘러 60세를 지나 몇 몇 주제의 저서를 출판하려다 보니 뜻대로 되지 않아 현직으로 재직 중 마지막으로 이 책의 출간을 결심하게 되었다.

이 책은 인구현상에 관심이 있는 일반인들에게 조금이나마 도움이 되었으면 하는 바람을 가지고 출간하게 되었다. 또한 과거 필자가 썼던 논문이 학회지 등에 게재된 후 제때에 보내드리지 못한 전문가 여러분들에게 늦었지만 사죄의 뜻으로 주제와 관련된 논문들 중 일부를 이 책에 넣어 보내드리기 위해 엮었다.

제1편 인구사상은 다섯 편의 논문으로 구성되어 있다. 먼저 제1장에

서는 인구사상의 발전과정을 서양학자들의 사상을 중심으로 통시적으로 살펴보고 마지막으로 고대중국의 사상과 우리나라 일부 실학자들의 사상을 간단히 정리해 놓았다.

다음 제2장에서 근세 우리나라 학문발전에 큰 업적을 남긴 실학자들의 인구사상을 살펴보기 위해 실학삼조(三祖)라 일컫는 반계, 성호, 다산과 지봉, 청담, 연암, 초정, 혜강 등 8인의 저술을 기초로 다양한 관점들을 분석하고 정리해 놓았다.

제3장에서는 조선후기 거듭되었던 농민반란은 지배계급의 실정과 인구-토지 압박으로 인한 경제적 궁핍의 복합작용으로 일어난 현상임을 반계, 성호, 다산의 저술을 중심으로 밝혀보았다.

서양학자들 못지않게 동아시아 학자들이 인구에 관한 탁월한 논의와 업적을 이룩했음에도 불구하고 이들의 업적이 인구사상에 관한 논문이나 저서 및 교재 등에서 제외되고 있는 현실을 바로잡기 위한 작은 노력으로서 제4장에서는 고대, 중세, 근세의 중국학자들과 서양학자들의 사상을 살펴보고 이어 맬서스보다 먼저 맬서스이론과 유사한 이론을 발표한 18세기 중국학자 홍량길과 맬서스의 이론을 비교해 놓았다.

우리나라는 가장 짧은 기간에 출산력이 전통적인 높은 수준에서 세계에서 가장 낮은 수준으로 변천한 기록을 가지고 있는 나라로 잘 알려져 있다. 1961년 인구조절을 위한 산아제한을 경제발전계획의 기초로 삼았던 우리나라는 1996년 산아제한정책을 완전히 폐기한다. 제5장은 인구정책을 뒷받침한 우리나라 국민의 가치관의 변화를 1955 — 96년 40여 년간의 신문사설을 통해 규명해 본 것이다.

제2편 북한과 중국의 인구 편은 중국의 인구(제1장), 재외한인(제2장), 그리고 북한의 인구(제3장)로 구성되어 있다. 서기 2000년도 이후 중국 인구에 대한 자료는 과거에 비해 풍부하고 그 정확성도 높다. 그러나 중국의 인구는 당시(1981년)까지 베일에 가려 있었다. 1970년대 말부터 중국이 개방정책을 시행한 후에도 과거 인구센서스 자료는 미비한 채로 남아 있었으며 당시까지 중국 인구에 대한 추계연구는

부분적인 자료를 가지고 연구하는데 그치고 있었다. 제1장은 중국인구의 역사적 변천과정을 1980년대 초반까지의 자료와 방법으로 추계한 것이다.

재외 한인의 규모와 분포를 놓고 보면, 중국과 구소련의 한인은 최근까지 세계전체의 과반을 차지하고 있었다. 중국의 개방정책과 더불어 1980년대 초반 사회주의권의 변화는 우리나라에서의 공산권연구에 박차를 가하게 했다. 정부예산에 공산권연구에 대한 보조가 확대되고 국회에서도 이 필요성을 인정하여 많은 자료가 입수되고 이에 따른 연구들이 속속 진행되었다. 제2장 재외한인의 연구는 이의 일환으로 진행된 우리나라에서의 중국과 구소련의 개방 후 초기에 수행되었던 연구 중 한 편이다.

1989년까지 북한 인구자료에 대한 접근은 중국의 인구자료보다도 더 폐쇄되어 있었다. 1945년 이전 자료를 이용하여 몇 가지 가정을 세워 추계하거나 연초에 발표되는 정부의 성명서 등을 가지고 상상해서 추계하는 정도에 그쳤다. 다행히 1989년 북한은 최초의 현대적 센서스를 실시하기로 결정하고 UN의 인구활동기금(UNFPA)에 기술적, 재정적 지원을 요청했다. 제3장은 이 과정에서 공산권문제 전문가인 Eberstadt와 인구통계전문가인 Banister가 1990년 북한을 방문하여 수집한 기초자료를 출판한 것에 기초하여 최초로 남북한 인구의 구조와 변화과정을 비교해 놓은 것이다.

제3편 인구정책은 두 편의 논문으로 구성되어 있다. 제1장은 중국, 몽골, 남한과 북한, 일본, 그리고 베트남 등 6개 동아시아 국가의 인구증가, 출산력, 사망력, 성구조, 연령구조, 도시화 등 인구 내적인 요인들을 비교 고찰하고 교육수준, 산업화, 여성의 지위 등 인구외적인 요인 등에 대해 살펴보고 범세계적 공동 대응방안을 위한 문제점과 해결책에 대해 논의하고 있다.

우리나라는 21세기에 들어와 과거 높은 출산율과 인구성장률 대신 세계적으로도 가장 낮은 출산율과 빠른 고령화 문제에 직면하고 있다. 이 현상은 다양한 인구내적 변수와 인구외적 변수의 상호작용으로 나타난 결과임은 말할 필요가 없다. 제3편 제2장에서는 이들 새로운 도전에 대한 포괄적인 논의를 정책적 차원에서 다루고 있다.

마지막 장에서는 우리나라 인구연구의 과제를 저자 나름대로의 기준에 따라 회고와 전망삼아 기술했다.

이 책의 출판을 위해 많은 분들의 도움을 받았다. 우선 원고 정리에 많은 시간을 아끼지 않은 최윤경석사에게 감사하며, 출판을 맡아주신 서강대출판부와 효일문화사 김진규대표께 감사한다.

2007년 2월

저 자

차 례

제 1 편

인구사상

제1장 人口思想의 發展

人口硏究는 과거보다는 주로 현재 지향적으로, 이론보다는 관찰 및 경험적 자료의 분석에 치중하고 있음을 그 특징으로 들 수 있다. 그러나 인구에 관한 논의는 고대로부터 시작되고 있으며 人口論의 始祖라고 일컫는 맬더스(Malthus) 이전에도 수없이 많은 인구이론을 찾아볼 수 있다. 맬더스『人口論』은 경제학적인 측면에서 인구성장의 비관적인 면을 강조한 것이다. 그러나 이와 같은 인구성장의 비관적인 측면은 인구성장의 낙관적인 면을 강조한 학자들과 더불어 오래전부터 많은 문헌에서 찾아볼 수 있다. 다만 맬더스에 이르러 비로소 막연한 사변이 아닌 학문적인 차원에서 인구를 다루고 있으므로 맬더스를 인구론의 시조라고 보는 것이다.

현재의 인구구조나 변화과정을 올바르게 인식하고 인구이론을 정립하기 위해서는 과거 선구적 학자들의 이론이나 사상에 대한 연구가 先行되거나 並行되어야 한다. 물론 오늘날 우리는 19세기나 그 이전과는 전혀 다른 상황에 처해 있다. 그러나 가장 기본적인 문제, 즉 인구수와 자원간의 비율이나 균형의 문제는 예나 지금이나 계속되는 공통된 관심사이다. 따라서 이에 대한 과거 이론을 재조명해 봄으로써 현재와 미래에 대한 폭넓은 관점을 제시해 줄 수 있다.

본 논문에서는 고대, 중세, 근세까지의 중요한 인구사상을 정리하고 특히 맬더스의 이론이 나온 이후 큰 논란을 빚게 된 19세기 중엽까지의 논의를 다루었다. 또한 인구에 대한 사상이나 이론을 명료하게 제시하기 위해, 논의를 인구변화에 따른 사회 · 경제적 요인의 변화에 국한했다. 왜냐하면 여러 가지 사회 · 경제적 변화를 독립요인으로 보고 이에 따른 인구변화까지도 포함시킨다면 거의 모든 사상과 문헌이 여기에 해당되기 때문이다.

국가나 사회의 기본단위는 인구이기에 연구는 근세 정치경제학이나 현대 사회학과 경제학에서는 물론 그 이전부터 중요한 관심의 대상이 되어 왔다. 기본적으로 人口數에 관한 논의는 두 가지로 요약될 수 있다. 대규모의 인구와 성장하는 인구는 國力과 國富의 가장 튼튼한 기초가 되며 기술발전과 문명발달의 첩경이 된다는 것과 다른 한편으로는 인구의 계속적인 증가는 빈곤과 비참을 초래케 하여 범죄율을 높이고 악덕이 자행되며 인류는 전쟁과 기근 및 질병에 시달려 궁극적으로 국가나 사회발전을 저해한다는 것이다(Hutchinson, pp.1-3). 후자가 바로 맬더스 이전의 선구자들과 맬더스 및 신맬더스주의자들의 관점을 요약한 것이라면 전자는 인구변화가 다른 사회경제변화에 종속적이거나 자율적으로 조절될 수 있다는 낙관론을 요약한 것이다.

Ⅰ. 西洋 古代 및 中世의 人口思想

古代

西洋의 古代, 희랍의 초기 사상가들은 인구성장을 지지했으나 후에 플라톤과 아리스토텔레스부터 인구의 규제가 필요함을 강력히 주장했다. 이들의 인구론은 이론보다는 인구정책의 수립을 중심으로 한 논의였다. 즉 그들은 당시 도시국가체제에 맞추어 인구의 잠재력을 최대한으로 발휘할 수 있는 이상적인 조건을 위한 적정인구규모에 대해 언급하고 있다. 그러나 이와 같은 적정인구는 경제적인 차원보다는 국가안보나 정부유지 두 가지를 고려했었다. 그러므로 당시 주요한 관심사는 자급자족할 수 있을 만큼의 市民數와 그 인구를 부양할 수 있는 영토를 확보하는 데 있었다. 西洋 古代 人口思想에 있어 특기할 만한 점은 지나치게 많은 인구는 투표관리 등 민주헌정을 수행하기 어렵게 만든다는 것이다.

도시국가를 유지·발전시키기 위한 가장 적합한 인구규모를 플라톤은 그의 『法律論』에서 5,040명6(市民)이라고 했다. 이 숫자의 근거는 지금까지 알려져 있지 않으나 단지 12로 나뉘어진다는 것과 노예나 부녀자 그리고 어린이는 제외되어 있으므로 이상적인 규모의 도시 인구수는 6만명 내외로 추정된다. 실제 인구규모는 항상 이상적인 수에 미달하거나 초과되므로 플라톤은 바람직한 수준을 유지하기 위한 방안으로서 다음과 같은 정책을 제시했다. 인구가 과소할 경우 젊은이들을 타이르고 꾸짖어서라도 출생율을 높이도록 하고 마지막으로 이민을 받아들여야 한다는 것이다. 인구과잉의 경우, 자녀가 많은 사람들은 산아제한을 실시하고 식민지를 건설함으로써 과잉인구를 흡수해야 한다고 주장했다(UN, 1973, pp.33-35).

아리스토텔레스는 주로 그의 『政治學』(Politica)에서 人口問題를 다루고 있다. 그는 적정인구규모에 대해서는 플라톤만큼 자세하게 밝히지는 않고 있으나 한 도시국가의 규모는 국민들이 자유롭고 안일한 생활을 영위할 정도로 유지되어야 한다고 주장했다. 또한 토지나 재산은 인구증가율에 따라 증가될 수 없으므로 인구수가 지나치게 많을 경우 빈곤과 社會惡이 만연하게 된다고 한다. 과잉인구의 예방책으로 그는 幼兒遺棄와 流産과 같은 社會惡을 들고 있다. 이와 같은 과잉인구에 대한 공포와 더불어 오히려 출생율감소 현상이 나타나고 헬리니즘文明 후기에는 희랍에서 출생율의 증가를 도모하기 위한 정책도 시행되었다. 그렇지만 희랍은 이미 붕괴하기 시작하여 출생율의 증가를 이룩하지 못하고 멸망했다.

새로운 문명이 발달할 때 보이는 현상으로서 로마도 건국초기에는 출산예찬이 지배적이었으며 군사적 · 정치적 판도확장을 위해 다산론을 강력히 지지했다. 에니우스(Ennius)나 바로(Varro) 등 대부분의 초기 사상가들은 혼인의 제일차적 기능은 국가를 위한 시민의 생산이라고 주장하였으며 아우구스트스 황제는 인구감소를 염려한 나머지 출산을 장려하는 법제를 정비했다. 유명한 키케로(Cicero)는 인구증가를 도모하기 위해 일부일처제를 주장함으로써 多産을 장려하고 혼인율을 높이기 위해 독신을 금지하고 독신자에게는 혹독한 세금을 징수하여 강력히 제재했다.

작은 도시국가적 관점을 가지고 인구문제를 다룬 희랍 사상가들과는 달리 로마에서는 인구를 대제국적 관점에서 다루고 인구증가의 단점보다는 오히려 군사적 목저 등의 利點을 강조하고 있다. 그러므로 로마에서는 희랍보다 인구에 대한 저술이 적다(Sauvy, 1979, pp.349-358).

유태인들의 고대 聖典인 『舊約聖書』[1]에서도 출산과 자녀번성을 무척 중요하게 여긴 나머지 불임을 하나님이 내린 가장 큰 불행이라고 보았다. 이와 같은 『舊約』의 전통은 初期 기독교에도 이어져 내려오지만 『新約聖書』를 중심으로 하는 기독교의 저술가들은 사회 · 경제적 관점에서보다는 도덕적 · 윤리적 차원으로 국한시켜 인구를 논의했다. 그러므로 기독교 교리상 출산에 대한 兩面的인 논리가 전개된다. 한편으로는 일부다처, 이혼, 유산, 영아살해, 소년유기 등을 거부하면서 출산예찬론을 펴는가 하면, 다른 한편으로는 처녀성(마리아의 순결 등)을 찬양하고 재혼을 용인하지 않는 가톨릭(舊敎的) 전통을 남겼다. 특히 獨身修道의 중요성은 사도 바울의 가르침에서 자주 찾아볼 수 있다(「고린도전서」 7장; 「로마서」 9장 13절; 「골로새서」 3장 5절; 「데살로니가전서」 4장 3절; 「디모데전서」 5장 11-14절). 일부

1) 「창세기」 1:28, 28:14, 30:1-28; 「신명기」 26:5; 「잠언」 14:28; 「시편」 127:3-5; 「전도서」 4:8; 「예레미야」 22:30.

학자들은 위와 같은 기독교 독신주의의 전통을 경제적 이유 즉 잉여 인구의 방지에 있었다고도 한다. 그러나 당시에는 보편적으로 높은 사망률과 기근, 역질, 전쟁 등 갑작스런 天災로 인한 끊임없는 인구감소의 위협으로 인해 높은 출산율을 지지했다. 또한 수도를 위한 독신의 강조 및 재혼의 금지 등은 단지 도덕적 · 윤리적 차원의 규제였다고 보인다. 특히 산아제한을 배격하는 구교적 전통은 교리상의 이유와 더불어 인구감소 위협을 제거하기 위해서였다.

초기 이슬람교 저술가들의 인구에 관한 관점은 유태교나 기독교사상과 별반 차이가 없다. 그러나 중세 특히 14세기경의 아랍학자 이븐 할둔(Ibn Khaldun)은 특기할 만하다. 그의 관점을 두 가지로 나누어 보면 첫째, 높은 인구밀도를 갖고 있는 사회는 자원을 효율적으로 활용하고 군사 · 정치적 안보를 유지할 수 있게 되며, 분업이 발전되어 높은 생활수준에 유리하다는 점을 강조했다는 점에서 근세 정치경제학자들과 비슷한 논리를 펴고 있다. 둘째, 경제적 기복(경기변동)으로 인해 한 국가는 번영과 쇠퇴를 주기적으로 맞이하게 된다는 순환론적 관점을 제시하고 있다. 즉 한 사회가 번영하게 되면 출산력이 증가하고 사망력이 감소하여 인구증가를 촉진하게 된다. 이와 같은 번영기가 계속되면 사회가 사치스럽게 되고 조세부담이 커짐과 동시에 국가가 쇠퇴하게 되고 경제가 쇠퇴하여 결국 인구가 감소하게 된다는 것이다.

中世

흔히 西洋의 中世를 암흑의 시대라고 한다. 이 시기의 인구이론은 경제문제에 기초한 것이 아니었다. 서양 중세에 있어 國家, 人種, 民族 등은 중요치 않은 개념들이었기에 인구의 증감에 대한 정치적 관심도 희박했다. 그러나 잦은 전쟁에 의한 폐허와 그로 인한 급격한 인구감소를 경험하게 되어 인구증가 자체를 바람직한 현상으로 보고

하느님의 은총의 결과라고 믿었다. 이런 관점은 오랜 동안 계속되어 최근까지도 서양에서 자녀수가 많은 것을 多福한 것으로 보는 전통적인 관념이 계속되어 온 것이다. 특히 중세 봉건주의시대 지배계급은 그들을 위해 일할 수 있는 사람들 즉 지배계급이 착취할 수 있는 노동력의 감소를 두려워하고 노동력의 증가를 환영했던 것은 의심할 여지가 없다. 그러므로 古代에 자주 운위되었던 인구문제는 봉건주의 종말 후에 다시 거론되기 시작한다(Sauvy, 1979).

Ⅱ. 重商主義 · 重農主義 및 政治算術學

르네상스로 시작되는 15세기 후반부터 18세기 후반까지의 3백년간은 긴 인류역사상 짧은 시기에 불과하나 크나큰 변혁을 겪은 시기였다. 이 시기 동안에 民族國家가 出現하고 새로운 科學的 發明과 신대륙의 발견, 무역의 伸張, 점진적인 봉건제도의 해체, 초기 자본주의의 발달 등으로 산업혁명의 기틀을 마련하게 된다. 이와 같은 일련의 변혁은 인구에 대한 사고에도 큰 진보를 가져오게 한다.

重商主義

重商主義는 이와 같은 정치 · 경제 · 사회적 조건과 더불어 발전한 당시 정치경제학의 新思潮로서 절대국가이론 특히 마키아벨리와 보댕의 영향을 받은 것이었다. 물론 각 학자들의 관점은 그들이 살고 있던 국가에 따라, 또한 그들이 처해 있던 시기에 따라 차이가 있으나 주요 관심은 國力과 國富 특히 돈과 귀금속의 축적을 국가정책의 기본으로 본 것이다. 이를 위한 기초적 수단은 국제무역의 확대와 대량생산의 증대에 있었으며 인구 자체에 대해 직접적으로 영향을 미칠 수 있는 정책은 개발되지 않았으나 인구는 중상주의사상에 중요한 위치를 점하게 된다.

중상주의이론은 17세기와 18세기 중반까지 유럽의 경제사상을 지배했으며 이들 중 대표적인 학자로서 보테로(Botero)를 들 수 있겠다. 보테로는 國力의 근본은 人口와 산업발전에 있다고 주장했다. 그러나 인구는 인간의 출생력에 의해 최대한으로 증가될 수 있으나 생존수단은 제한되어 있으며 그 증가 또한 생식력에 의한 인구만큼 최대한 증가할 수 없으므로 인구증가에 한계가 있게 마련이라고 했다. 즉 빈곤에 의한 혼인의 감소, 전쟁이나 역질과 같은 주기적인 재난에 의해 높은 인구증가율이 제한받게 된다는 것이다. 그러므로 보테로는 잉여인구흡수방법으로 식민지의 건설을 주장했다.

보테로를 맬더스의 선구자로 볼 수 있다면 대부분의 중상주의자들은 多數의 인구와 인구성장의 징짐을 강조하고 인구성장을 유인하는 방안으로서 혼인과 多子女를 장려하고, 공중보건을 향상시키고 外國으로 나가는 移民을 제한하고 숙련노동력의 移入을 촉진해야 한다고 주장했다. 富를 국민 수에 기준을 두는 촤일드, 코우크, 다브낭 및 보스웨 같은 학자들이 있는가 하면, 포트제, 베춰 등은 부와 국민 수 두 가지의 결합을 강조한다. 직접적으로 표현하지는 않았으나 國民數는 국력의 중요한 요소로 보고 있다. 더 나아가 國民數는 국력의 중요한 요건이 될 뿐만 아니라 國稅와 國富의 증대란 면에서도 중요시했다. 템플(Temple)은 인구밀도가 낮을 경우 생존수단을 확보하기가 용이하여 게을러지는 한편, 인구밀도가 높을 경우 열심히 일하게 되고 경제활동과 근면의 기초가 된다고 한다. 특히 인구규모의 증가는 농업에서보다 대량공업생산에서 수확체증의 법칙이 작용하고 분업의 효율을 얻게 되어 國富의 원천이 되는 귀금속을 외국무역으로 확보할 수 있다고 보았다.

대체로 중상주의학자들은 多數人口를 바람직하게 보았으나 그 정도에 있어 각양각색이었다. 한편에서는 一國의 인구규모는 국내 혹은 국외로부터 반입할 수 있는 생존수단의 양에 달려 있다고 보고, 다른 한편에서는 노동력의 공급은 노동력수요 즉 고용이 가능할 때 유용하고 인구증가는 증가하는 노동력의 고용여하에 따라 바람직하다고 보았다. 중상주의시기에 다산론적인 견해는 인구증가율이 낮았던 독일과 스페인에서 지배적이었고, 불란서, 이태리에서는 덜했으며, 영국에서는 과잉인구론까지 나오고 있었다. 더구나 18세기말부터 생존수단의 증가만이 인구수를 결정할 수 있다는 견해가 받아들여지자 多産論的 견해는 고개를 숙이기 시작했다(UN, 1973, pp.35-36).

일부 중상주의자들은 인구성장에 영향을 주는 여러가지 요인들로서, 역질, 전쟁, 기후, 악덕, 유산, 혼인연기, 방탕, 사망률, 해외이주, 해외로부터의 移入 등을 들고 있으나 대체로 인구변동에 대한 체계적 설명을 해주지 못했다.

重農主義와 啓蒙主義

重農主義학파의 이론은 중상주의학자들이 주장한 생각과 정책에 대한 반응으로서 등장했다. 지드(Gide)와 리스트(Rist) 같은 학자들은 '自然의 秩序'를 강조하고 이중 생산에 있어 토지의 역할을 강조했다. 그들은 공업부문보다는 농업부문을 가장 전략적인 경제부문으로 보고 전체 경제성장은 농업성장에 의해 결정된다고 전제했다. 중상주의학자들은 국력이나 국부를 위해서라면 생활수준이 저하되더라도 인구증가가 필요하다는 데 찬성했으나, 중농주의학자들은 대부분 인구성장을 바람직하게 보고 있었으며 증가하는 인구를 농업생산이 따라갈 수만 있다면 인구성장은 바람직하다고 보았다. 여기에는 낙관적인 견해도 있었지만 비관적인 견해도 있었다. 칸틸론(Cantillon)에 의하면 토지는 富를 결정하는 주요인이며 인구는 토지에서 나오는 생산에 의해 좌우된다고 했다. 그는 저소득층의 경우는 최하선으로 살 수 있으나 부유한 계급은 그들의 생활수준을 유지하기 위해 혼인을 연기할 수도 있다고 본다. 중상주의자 케네(Quesnay)와 미라보(Mirabeau)도 國民이 유복하게 살 경우에 한해 인구규모가 큰 것은 바람직하게 보았으나 인구증가보다는 부의 증가에 힘써야 된다고 했다.

위와 같은 중농주의학자들의 留保된 낙관론적 주장에 비해 가장 낙관론적 견해를 표명한 학자들은 고드윈(Godwin)과 꽁도르세(Condorcet)를 대표로 하는 계몽주의학자들이다. 철학자이며 사회개혁가인 고드윈은 과학에 깊은 신념을 가지고, 과학의 발전으로 식량공급의 증가를 기할 수 있으며 한 사람이 하루에 반시간씩만 일을 해도 필요한 것을 충족시킬 수 있을 것이라고 했다. 그는 이와 같은 풍요 속에서도 인간은 합리적이기에 성욕과 출산을 억제하므로 인간사회에는 과잉인구현상이 일어나지 않으리라고 보았다. 오히려 그는 사회의 간여 즉 사회제도에 의한 불평등을 가장 크게 문제시했다. 꽁도르세도 과학의 발전과 인간의 완전성을 믿어 과학은 인간의 수명을 연장시키고 식량생산을 놀라울 정도로 증가시킬 것이며 동시에 인간의 완전성으로 불합리한 인구성장이란 있을 수 없다고 내다봤다.

政治算術學

15세기말부터 18세기말까지의 기간 동안에는 인구사상이 발전했을 뿐만 아니라 인구동향의 체계적인 측정과 분석이 시작됐다. 1662년 그라운트(John Graunt)는 생정통계(生政統計) 연구의 효시(嚆矢)라고 할 수 있는 Natural and Political Observation on the Bills Morality를 펴냈다. 런던시의 매장 및 출생기록 등이 포함되어 있는 사망신고서를 이용한 이 저서에서 그라운트는 여러가지 인구현상의 수량적인 규칙성을 발견했다. 출생시 성비, 사망수(매장수)와 출생수(세례수)와의 비교, 런던과 다른 敎區의 비교, 인구에 대한 출생과 사망의 비교, 출생과 혼인의 비를 통한 출산력의 측정 등을 시도했다. 뿐더러 그는 런던시로의 인구이입, 전입과 이출의 성비에 대한 영향, 런던시의 장래 인구증가, 생명표의 제작시도 등 오늘날 형식인구학에서 다루는 작업을 거의 모두 시도하고 있다.

그라운트의 동료 페티(William Petty)는 인구학적 요인들의 분석뿐만 아니라 수학(산술)을 인구, 경제 및 정치적 문제에 응용하여 소위 政治計算術學을 발전시켰다. 인간의 연구에 산술을 도입한 정치산술학은 현대 형식 인구학의 전신이라고 일컫는다. 페티는 인구를 인간자본이라 부르고 노동력을 富의 아버지이며 토지를 그 어머니라고 했다. 그는 '인간자본' 즉 인구뿐만 아니라 收入의 推計를 시도했고 최초로 인구와 경제(요즘의 경제활동)를 一次, 二次, 三次로 구분했다고 한다. 그라운트와 페티의 뒤를 이어 18세기 중기부터 프러시아의 쉬쓰밀히(Süssmilch)는 인구이동(동향)의 규칙적 양상을 발견했다. 그는 인구증가를 억제하는 요인을 관찰하고 과대한 인구증가를 조절하는 힘을 절대자(하느님)의 처벌이라 생각했다. 그는 여러가지 인구내적 요인과 그 상관관계를 연구했으나 그중에서도 출생시 성비와 각 연령에서의 性比, 연령별 死亡의 數와 사망의 원인, 인구와 혼인, 인구와 출생 등의 상관관계를 살펴보았다. 그는 프러시아의 최초 생명표(오늘날의 생명표와는 좀 다른 것)를 작성한 것 외에도 초혼연령의 영향, 사망에 의한 혼인해체, 유아양육과 출산력과의 관계를 연구했다(1775). 그는 그레고리 킹(1696)이 주장한 인구의 기하급수적 증가에 주목했으나 통상인구는 백년마다 倍로 증가되고 빠른 경우 42년에 倍로 증가할 수도 있다고 했다.

이들도 대부분 인구성장지지론자들이었으나 생존수단이 인구수를 결정한다는 데에도 동의했다. 이들의 중요 공헌은 오늘날과 같은 통계자료와 이론적 개념 및 分析方法의 발전이 없이도 오늘날 우리가 연구하는 내용을 거의 망라해서 분석했다는 점이다.

맬더스 이전의 樂觀論과 悲觀論의 綜合

18세기말까지는 주로 인구의 크기와 증가에 대한 낙관적인 견해가 지배적이었다. 이와 같은 낙관적인 견해는 인구에 대한 사상이나 철학이었지 하나의 통합된 이론체계를 구성하지는 못했다. 대부분은 단편적인 記述이나 의사표시에 불과한 것이었다.

낙관론자들의 주된 명제는 두 가지로 요약된다.

첫째, 가장 중심적인 논제는 되풀이되는 주제로서 큰 인구규모는 국력과 안보의 원천이 된다는 것이다. 특히 軍事的 膨脹主義가 대두되는 시기에는 인구규모의 중요성은 더욱 강조된다. 또한 계몽주의학자들은 인간의 완전성을 확신하고 인구는 자율적으로 조정될 수 있다고 주장했다.

둘째, 生産理論상의 경제학적인 측면에서의 낙관론이다. 인구가 증가함에 따라 총인구에 대한 총생산량의 比(생산성)는 최소한 같든가 더 커진다는 것이다. 이와 같은 수확불변 내지 수확체증의 기본적인 가정은 다음과 같다. 첫째, 지구상의 자원은 무한하므로 노동력을 투입할 경우 최소한 투입한 만큼 또는 그 이상의 생산을 기대할 수 있다. 둘째, 인구증가는 생산의 효율을 증가시킨다. 즉 경쟁을 유발하며, 통신수단이 발달하게 되고, 농업뿐만 아니라 무역과 대량생산을 촉진시켜 경제성장을 이룩하게 된다는 것이다(Hutchinson, pp.108-109).

그러나 이와 같은 낙관론의 지배 아래서도 18세기말에 이르면 중상주의나 중농주의학자들 중 몇 가지의 修正과 留保를 달고 있는 견해가 나오기 시작한다. 첫번째의 수정안은 수확불변의 법칙은 자연자원 특히 토지의 확보가 가능할 때 인구증가는 경제성장에 유익하다는 것이다. 또한 일부 학자들은 인구의 수 자체보다는 질과 구성이 중요하다는 것을 들고 있다.

다른 한편 맬더스의 선구자라고 부를 수 있는 비관적인 견해가 나타나기 시작한다. 보테로는 맬더스보다 2백여년 전에 이미 인간의 生殖力은 지대하므로 생존수단의 제한으로 인해 인구가 조절된다고 보고, 생존을 위한 투쟁력의 증가나 사망율의 증가가 바로 조절요인이 된다고 했다. 헤일(Hale), 월러스(Wallace), 스튜어트(Steuart), 타운센트(Townsend) 등으로 대표되는 비관적 견해의 학자들은 모두 ① 인간의 잠재생식력은 크다는 점, ② 인간의 생존수단은 제한되어 있다는 점, ③ 인간의 재생산은 생산수단에 걸맞아야 한다는 점을 강조했다(Hutchinson, pp.136-139).

Ⅲ. 맬더스

맬더스(Thomas R. Malthus, 1766~1834) 이론은 일반 독자들에게는 익숙하나 글쓰는 이에게는 어렵다고 할 정도로 지난 200년간 너무나도 자주 인용되고 토론의 대상이 되어왔다.

맬더스 이론에 대한 독창성의 문제는 두 개의 파로 나뉘어 전혀 다른 관점을 보여주고 있다. 맬더스의 추종자들은 그의 人口論을 인구연구에 있어 역사상 가장 크게 공헌한 것이라고 찬사를 아끼지 않는다. 다른 한편으로는, 맬더스의 인구론은 표절에 불과하며 맬더스를 "표절자"라고 혹평한다. 예컨대 오스트리아의 카우츠키(Kautsky)는 맬더스 인구론의 독창성을 가장 혹독히 비판한 학자이다. 그는 "맬더스 인구론을 새로운 이론이라고 하여 맬더스 이론(Malthusian theory)이라고 이름붙이는 것은 마치 신대륙을 아메리코 베스부치의 이름을 따서 아메리카라고 부르는 것과 진배없다. 둘 다 남들이 이미 발견한 것을 뉴스로 만들어 전파했을 뿐"이라고 했다. 두 가지 극단적인 견해를 놓고 볼 때, 맬더스 이론은 前述한 바와 같이 갑자기 창조된 것이 아니고 자연적으로 발전된 이론이며 특히 당시 사조에 대한 반응 및 종합이라고 평가하는 것이 정당하리라고 여겨진다(Hutchinson, pp. 154-158).

맬더스의 제1차 人口論은 1789년 익명으로 발표되었으며 당시 계몽주의사조를 대표한 고드윈(Godwin)과 꽁도르세(Condorcet)가 인간이성의 완벽성과 사회진보의 불가피성을 역설한 낙관주의에 반대하여 나온 것이다. 잘 알려진 바와 같이 여기서 맬더스는 인간의 비참함과 인간진보의 가장 큰 장애물은 바로 인간의 생존수단에 비해 인간의 생식력이 지나치게 크다는 점을 강조했다. 일종의 三段論法으로 전개된 그의 전제는 다음과 같다.

① 인구의 증가는 반드시 生存手段에 의해 제한이 가해진다.

② 생존수단도 증가하지만 인구는 변함없이 계속 증가한다.

③ 과잉인구 즉 인구의 월등한 증가력은 곤궁과 악덕에 의해 부양할 수 있는 수로 규제된다.

위와 같은 맬더스의 논제의 기저에는 인구와 재화생산의 관계와 최저생활수준에 도달했을 때의 결과라는 두 가지에 대한 가정이 들어 있다. 인구와 생산과의 관계는 세번째의 전제에 표현되어 있다. 인구의 증가력은 생존수단의 증가력에 비해 월등히 높기에 인구는 불가피하게 최저생활수준선을 육박하게 된다. 이것은 비록 맬더스 본인은 논문에서 밝히지 않았으나 人當 生産量은 인구가 증가함에 따라 감소된다는 (수확체감의 법칙) 것을 밝힌 것이다. 맬더스는 이것을 역사적 증거와 저 유명한 比(ratio, 算術級數: 幾何級數)로 설명하고 있으며 실제 인구증가율은 영국의 식민지인 미국의 자료를 이용하고 농업의 발전에 대한 예도 들고 있으나 대부분은 상식에 속하는 比로 설명하고 있다.

다음 최저생활수준에 도달했을 때의 결과에 대해서는 그의 인구론 도처에 나타나는 적극적 규제에서 찾아볼 수 있다. 원시사회에 있어 곤궁(약육강식)은 바로 월등한 생식력의 규제였고, 다음 단계의 사회 즉 원시농업 · 목축(pastoral)사회에서도 마찬가지의 규제가 작용한다. 그러나 文明社會에 들어오면 토지는 목축뿐만 아니라 정착농업에 이용되며 인구밀도가 높아지고, 적극적인 규제가 작용하기 시작한다. 비참과 더불어 식량부족, 빈곤 등이 작용하게 된다는 것이다. 초기에 있어 소극적 규제는 비도덕적 규제로서 악덕(부도덕)을 들고 있다. 예로서 그는 사치, 질병, 전쟁, 불건전한 도시, 퇴폐적인 女性 등을 들고 있다. 그는 그 이외에는 인구조절수단이 없다고 보았다.

맬더스의 初版은 수많은 논쟁을 불러일으켰다.

1803년 맬더스는 人口論 第二版을 增補하여 익명 아닌 본명으로 내놓았다. 二版 은 初版에 실린 그의 論旨를 좀더 보강한 것이었다. 기본적인 그의 논지는 제1장에 수록되고 나머지는 모두 그의 원리가 어떻게 作用하는가를 통시적으로 原始, 古代, 현대 유럽국가의 예를 들어 설명하고 있다. 그는 규제(check)를 궁극적인 규제와 즉각적인 규제로 나누고 궁극적인 규제(ultimate check)는 인구증가와 식량증가의 비가 다른 데 따른 식량부족이라고 보고 이와 같은 궁극적 규제는 기근 이외에는 바로 즉각적으로 나타나지 않는다고 했다.

즉각적인 규제(immediate check)는 생산수단의 稀少化에 따른 관습의 변화, 질병의 발생 등으로 도덕적인 것과 신체적인 것을 다 포함하여 인간의 신체를 약화하거나 파괴하는 것이라고 했다.

즉각적 규제는 다시 예방적 규제와 적극적인 규제로 나눠어진다. 예방적인 규제는 自發的인 것이며 인간 특유의 것이다. 인간은 먼 장래에 나타날 결과까지를 예견하며 합리적으로 행동할 수 있는 능력이 있다는 것이다. 또한 여기에는 비도덕적 규제 즉 악덕이 있을 수 있으나 도덕적인 억제(출산억제와 출산행위의 금욕)도 있을 수 있다는 것이다.

맬더스 이론은 본질적으로 인구와 생산과의 관계라고 볼 수 있다. 맬더스 이론의 내용은 다시 세 가지로 구분해서 생각해 볼 수 있다.

첫째, 인구가 증가하면 人當 生産量 이 감소되는가의 문제

둘째, 인당 생산량이 감소해도 인구는 계속 증가할 수 있는가의 문제

세째, 인당 생산량이 감소하면서 인구가 증가할 경우 그 결과가 맬더스가 예견한 것과 같이 될 것인가의 문제이다.

첫번째 문제는 그의 이론의 가장 취약한 점이자 동시에 가장 중요한 점이다. 맬더스는 인구는 생산보다 빠르게 증가한다고 믿었으나 그의 관찰내용과 比(기하급수:산술급수)의 比較는 후에 맬더스주의자들이 이것을 보강했지만 모든 독자를 확신시킬 정도로 충분한 것은 아니었다.

두 번째 논지는 첫 번째가 가능한가의 여부에 달려있다. 단지 맬더스는 적극적인 규제에 대해 도덕적 억제라는 예방적 규제를 代案으로 제시했으나 실제 그의 자료에는 예시되어 있지 않다. 오히려 그는 도덕적 억제에 의한 인구증가 · 감소에는 별 의미를 부여하지 않고,

생활수준이 저하될 정도로까지 인구가 증가할 것을 확신했다.

세번째 주장은 앞의 둘에 달려 있다. 맬더스는 인구과잉이 人間悲慘의 원인이라는 점을 여러 나라의 예를 들어 설명하고 있다. 빈곤은 과잉인구의 증거이며 과잉인구의 결과라고도 볼 수 있으나 맬더스는 자기의 논리를 주장하기 위해 사회의 다른 면은 보지 못한 결점을 남기고 있다. 악덕과 곤궁은 인류역사 수천 년 간 계속해서 도처에 존재하고 있었으나 그 원인이 반드시 인구과잉이었다고 주장할 근거는 희박한 것이다. 그러나 당시 비관적 사상의 조류를 대표해서 그가 이론을 제시한 것이 이 점을 통해서 밝혀진다.

맬더스 인구론에 대한 비판은 다음 고전경제학과 신고전경제학 및 사회주의이론에서 고찰되겠으나 여기서는 현대적 비판 중 몇 가지를 소개하고자 한다(Flew, 1970, pp.31-34).

增殖力(power of multiplication)에 대해서만 비판해 보면 첫째, 많은 독자로 하여금 수긍케 하는 그의 이론의 초점은 인구의 기하급수적 증가라는 것이다. 비록 맬더스가 인구는 언제나 기하급수적으로 증가한다고 明示的으로 밝히지는 않았으나 수백년간 기하급수적으로 증가한 예는 찾아볼 수 없다는 것이다. 그는 많은 예로써 귀납하여 그의 이론을 구성했으나 다시 그의 이론을 기초로 연역적으로 연구해 본다면 실제 인구의 기하급수적 증가율은 찾아보기 힘들 것이다.

둘째, 맬더스의 기본적 논의에 있어 婚姻內의 피임은 전혀 고려되고 있지 않다는 사실이다. 피임은 맬더스 당시에도 유럽 귀족사회에 어느 정도 실행되고 있었으나 일반민에게 피임은 거의 알려지지 않고 있었다(Hymes, 1936). 맬더스 자신은 피임을 반대하고 있으나 피임방법이 광범하게 보급되면 기하급수적 증가라는 가정은 妥當性을 잃게 된다. 반대로 맬더스의 가정인 기하급수적 증가가 없었다면 그 규제를 위한 피임도 없었을 것이라는 점에서 맬더스적 증가력은 존재한다고도 역설적으로 증명할 수는 있다.

세째로, 맬더스는 분명히 인간의 性慾은 높은 수준에 있으며 앞으로도 계속 높은 수준을 유지할 것이라고 밝혔다. 이것은 그럴 법한 가정이라고 볼 수 있으나 의문의 여지가 많다. 성욕의 수준, 수태, 출산의 능력이 일정하다고 보는 것은 경험적으로 反證된다. 사회가 발전함에 따라 건강, 영양 등의 이유로 수태능력이 높아질 수도 있는 반면, 공해, 정신적 긴장 등으로 성욕이 감퇴되거나 혹은 성불능자가 늘어가고 있다는 보고도 나오고 있다. 따라서 성욕은 일정한 것이 아니고 가변적이라고 보는 것이 오히려 타당하다는 것이다.

네째, 맬더스는 경험적인 자료를 引用하여 인구가 성장하는 比率을 계산해 놓고(규제가 없는 경우), 여기서 남녀, 연령 등의 인구구조가 대개 균형이 잡힌 것으로 보았으나 남성이 대부분을 점하고 있는 특수지역이나 여성이 대부분을 점하고 있는 지역, 남녀수는 비슷하더라도 가임연령층의 여성의 수가 극히 적은 경우 정상적인 인구에 비해 출산력이 훨씬 낮을 것이다. 오늘날 인구구조는 인구과정(출생, 사망, 이동)을 결정하는 가장 중요한 인구 내적 요인으로 보고 있음을 그는 看過한 것이다.

마지막으로 맬더스는 婚姻의 제도적 形態面에서 배우자의 수를 중심으로 분류되는 一夫一妻制를 당연한 관행으로 보고 있다는 것이다. 이혼이나 별거는 물론 일부다처제나 동성혼 등도 생식력의 중요한 규제가 될 수 있다는 점을 밝히지 못하고 있다.

맬더스 理論의 意義

절대왕권 아래서의 지배계층은 臣民의 수가 큰 것만을 선호했다. 그러나 소유할 수 있는 재산으로서의 신민들이 어느 정도 권리를 주장하게 되면 이때부터 통치자의 관점은 달라져 점차로 그 숫자에 조심스럽게 대하기 시작하게 된다. 17세기 영국에서 貧民法이 제정되자 일반국민의 수는 지배계급의 자산이 아니라 부담이 되고, 빈민들도 지배계급의 자비나 적선보다는 자기들의 권리를 의식하고 주장하기 시작했다. 맬더스 이론의 실마리를 우리는 여기에서부터 잡을 수 있다. 맬더스가 저출산을 강조한 것은 利己的이자 利他的인 兩面性을 내포하고 있다. 가난한 사람들에 대해서는 자비로운 배려가 되고 부유한 사람들에게는 많은 가난한 사람들과 재화를 나누어 가져야 된다는 부담을 제거시켜 주게 되는 것이다. 그래서 당시 많은 지배계층의 인사들은 맬더스에게 찬사를 아끼지 않았다. 그후 사회주의자들은 빈민계층의 인구증가를 과잉인구에 돌리지 않고 사회체제의 내재적 모순으로 돌려 맬더스에게 거세게 반발한다. 그 이후 고전경제학과 신고전경제학이론 등은 맬더스 이론에 대한 찬성이나 반대로 점철된다. 맬더스의 가장 큰 공헌은 아마도 당시까지 상품의 생산에만 관심을 기울였던 사조에 인간의 재생산에 관심을 돌리게 한 점과 인구라는 변수를 종속변수에서 독립변수로 바꾸어놓아 그것이 사회경제제도에 영향을 끼칠 수 있음을 학술적으로 證明했다는 데 있다.

Ⅳ. 古典經濟學과 社會主義理論

古典經濟學

19세기 전기(1800년대 전반) 고전경제학에는 두 가지 이론이 지배했다. 첫째는 맬더스 이론을 도입하여 경제성장론을 구성한 것이며, 둘째는 재래식 경제이론을 원용하여 맬더스 이론을 비판한 것이다. 그리하여 賃金, 地代, 利子, 利潤 등 모든 이론에서 한편으로는 맬더스 이론을 도입하고 다른 한편으로는 맬더스 이론을 비판한 것이었다. 이들의 주요 관심사는 수확체감의 법칙과 수확체증의 법칙이 어느 부면에서, 어느만큼, 어떻게 적용되는가에 있었다. 대체적으로 수확체감의 법칙은 농업부면에서 전형적으로 적용된다. 왜냐하면 토지의 질과 양은 고정되어 있으며 分業으로 인한 利點은 농업에 있어서는 적용될 수 없었기 때문이다. 그러나 공업부면에서는 분업과 계속되는 기술발전의 결과 수확체증의 법칙이 작용된다고 보았다(UN, 1973, pp.40-42).

임금이론에서도 노동력의 공급은 완벽하게 탄력적이라고 주장했다. 즉 임금이 최저임금수준 이상으로 유지될 경우 생활수준은 상당한 기간 동안 최저수준 이상으로 유지되며 이에 따라 맬더스 이론에서와 같이 인구재생산율이 높아진다. 그 결과 노동력공급이 증가되면 임금수준은 다시 최저 생활유지선으로 내려간다. 반면 임금이 최저생활수준 이하로 떨어질 경우 사망율이 증가하여 인구는 감소되고 그 결과 노동력부족현상을 초래하고 다시 임금이 오르게 되며 또한 인구도 증가하게 되어 궁극적으로 平衡을 유지한다는 것이다.

대부분의 고전경제학자들은 이자는 경제성장 특히 자본형성의 원동력이 된다고 보았다. 투자에 대하여 이윤이 기대될 경우 자본축적은 계속되며 동시에 노동력수요도 계속된다고 보았다. 그 결과 임금은 최저수준 이상으로 유지되며 맬더스가 가정한 바와 같이 인구가 증가한다. 그러나 일정한 시점 이후에는 수확체감의 법칙이 작용하여 이자와 임금이 모두 저하하게 된다. 이와 같은 과정이 계속되면 임금이 최저수준으로 유지되는 평형점에 도달하게 된다고 한다. 최저임금수준으로는 인구는 더 이상 증가하지 않으며 이윤이 기대되지 않는 상황에서 자본축적은 더 이상 이루어지지 않고, 收入도 고정된다.

비록 대부분의 고전경제학자들은 인구성장과 경제성장에는, 성장을 정지시키는 한계가 있으며, 원인이 구조적으로 내재해 있기 때문에 절대적으로는 성장이 불가능하다고 보았으나, 초기 고전경제학자들은 계속되는 전문화와 기술의 향상 및 시장의 확장 등으로 비관적인 견해를 갖지 않고 있었다. 대부분의 고전경제학자들은 인구를 종속변수로 보아 노동력의 공급은 완전히 彈力的이라고 보았다(A. Smith, J. Mill). 그러나 일부에서는 여기에 단서를 달고 있다. 예컨대 밀(J.S. Mill)은 근본적으로 낙관론을 펴고 있으나, 당시 벌써 저개발지역과 개발지역을 구분하여 저개발지역에서는 과잉인구에 의한 기아와 경제침체현상을 초래하며 개발지역에서는 自律的으로 인구를 조절할 수 있게 된다고 보았다. 결론적으로 고전경제학이론에서는 인구증가에 의한 수확체감의 법칙을 부정하고 경제전반의 수확체증의 법칙을 인정하고 있었으며 특히 맬더스가 적극적인 규제(전쟁 및 질병)를 중요시한 데 비하여, 초기 고전경제학자들은 예방적인 규제(사회경제발전)가 점차로 더욱 중요해지고 있음을 강조하고 있다. 그러나 무엇보다도 가장 중요한 것은 19세기말까지 인구는 폭발적으로 증가하지 않았다는 경험적인 사실이며, 이 사실이 당시의 理論構成에 큰 영향을 미쳤다는 점이다. 그후 19세기말부터 신고전경제학자들은 수확체감의 법칙으 어느 정도 인정하였으나 문제는 다른 조건에 의하여 수확체감의 법칙이 영원히 오지 않는다고 주장한 데 있다. 물론 신고전경제학자 가운데에서도 여러가지 이론이 있었지만 그들은 '모든 조건이 동일한 경우'(céteris paribus)를 인정할 수 없었던 것이다.

마르크스와 社會主義

人口變動이 社會變動을 야기시킬 수 있다고 주장한 대표적 학자가 맬더스라면 반대로 마르크스(Karl Marx, 1818~1883)는 인구변동은 사회변동에 부수적이라고 주장한 대표적인 학자로 손꼽을 수 있다. 마르크스는 널리 알려진 바와 같이 독일 관념주의, 불란서 사회주의, 영국 정치경제학의 지적 배경을 가지고 변증법적 유물론을 전개했다. 마르크스는 인류의 역사는 끊임없는 계급투쟁의 역사이며, 계급투쟁에 의해 더 발전된 사회체제가 덜 발전된 사회체제를 必然的으로 대체하게 된다고 본다. 근대 시민사회가 과거 봉건체제를 대체했듯이 자본주의체제하에서의 노동자계급은 궁극적으로 부르조아체제를 무너뜨리고 착취없는 사회주의사회를 이룩할 수밖에 없다고 한다. 마르크스에 의하면 맬더스의 인구론은 지극히 추상적인 이론이며 인간의 인구에 적용될 수 있는 普遍的 原理란 있을 수 없고, 오로지 동물세계에서나 생물학적 인구의 법칙이 적용될 수 있다고 본다. 인간의 경우, 인구는 각 사회의 사회·경제적 조건에 의해 결정된다. 맬더스적 과잉인구의 원인은 資本主義的 生産樣式과 이에 따른 자본가계급의 잉여노동력 착취에서 비롯된다. 주지하는 바와 같이 마르크스의 생산양식은 생산력과 생산수단의 소유관계(생산관계)의 두 가지로 분석된다. 자본주의적 생산양식 아래서는 자본증가만큼 노동력수요가 증가하지 못한다. 즉 자본을 축적하는 과정에서 필연적으로 잉여노동력이 생기며 잉여노동력은 자본주의체제의 필수요건이 된다. 값싼 노동력이 부족할 경우 자본가는 투자하지 않을 것이다. 그러므로 자본주의가 유지되기 위해서는 충분한 産業豫備軍이 있어야 되며, 이로써 자본가는 높은 잉여노동가치와 잉여이윤을얻을 수 있다는 것이다. 그러므로 잉여노동력과 잉여자본은 자본주의사회의 宿命이라고 본다(UN, 1973, pp. 45-48).

이와 같이 마르크스(Marx), 오웬(Owen), 푸리에(Fourier), 프루동(Proudhon) 등 사회주의자들은 빈민계층의 발생을 과잉인구에 돌리지 않고 사회체제의 내적 모순으로 돌려 맬더스에게 거세게 반발한다. 마르크스를 비롯한 사회주의학자들의 人口觀도 많은 비판을 받는다. 예로써 中國의 경우 공산주의가 중국대륙을 지배한지 근 40년이 된 오늘날 인구문제는 날로 심각해져 한 자녀 낳기운동을 전개하고 있으며, 만혼을 장려하고 동시에 지역별 출산할당제까지 도입하고 있음을 들 수 있다. 중국에서도 맬더스의 덫(Malthusian trap)에 떨어지지 않기 위해 노력하고 있는 것이다. 그러므로 과잉인구는 자본주의경제체제의 구조적 모순에 의해서만 발생되는 것이 아님을 증명하고 있다. 이와 같은 批判에도 불구하고 마르크스는 인구를 생산과 소비의 양면에서 다루고 그것의 사회경제적 상관관계를 밝혔다는 점에서 크게 공헌했음을 부인할 수 없다.

Ⅴ. 中國과 韓國의 人口思想

중국의 학자들도 예전부터 적정인구에 대해서 논의하고 있다. 특히, 농업용 토지에 대한 이상적 人口比를 설정한 井田法 등은 그 대표적 예라고 할 수 있다. 또한 역대 제국의 황제들은 인구가 과밀한 지역으로부터 인구가 희소한 지역으로의 이민을 권장하고 때로는 강제이민정책을 실행한 예도 역사기록에 자주 나타난다. 뿐만 아니라 인구증가의 조절에 대해서도 다음과 같이 다양한 관심을 표명한 예가 허다하다. "식량이 부족할 때 사망율이 증가한다," "미성년자의 혼인은 영아사망율을 높인다," "전쟁은 인구증가율을 둔화시킨다," "과다한 혼수비용은 혼인율을 저하시킨다" 등의 기록은 그 대표적 예라 하겠다(Liang, 1930).

공자를 중심으로 하는 전통적 유학자들의 가족, 결혼 및 출산에 대한 사상은 근본적으로 인구증가가 바람직한 것으로 일관되어 있다. 맹자(孟子)와 양혜왕(梁惠王)의 對話(『孟子』 梁惠王章句上 王無罪歲章)를 비롯한 수많은 학자와 정치가의 著述에서 인구가 증가하지 않음을 안타깝게 여기고 있다.

지난 수천년간 동양의 사회구조를 지배했던 원리는 四書五經에서 찾아볼 수 있다. 특히 忠孝烈의 三綱과 親義別序信의 五倫이 인간관계를 규정하는 기본적인 규범이 되었으며, 특히 孝를 百行의 근본이라 하여 행동규범의 기본으로 삼았다.

孝가 무엇인가를 한 마디로 규정짓기는 어렵다. 그러나 禮記에 불효가 무엇인가를 규정하고 있다. 禮記에 따르면 불효는 세 가지가 있다고 한다. 첫째, 집안이 가난하고 부모가 늙었을 때 祿을 받을 만한 일을 하지 않는 것, 둘째, 지나치게 부모의 비위를 맞추어 부모로 하여금 옳지 못한 데로 빠지게 하는 것, 세째, 아내를 얻지 않고 아들이 없어 선조의 제사를 끊게 하는 것, 즉 代를 잇지 못하게 하는 것이 바로 그것이다.[2]

孟子는 이중에서 세번째 불효가 가장 큰 불효라 했다. 즉 불효에는 세 가지가 있는데 그중에서 뒤를 이을 아들이 없는 것이 가장 엄중하다. 순임금이 어버이에게 고하지 않고 아내를 맞이한 것은 뒤를 이을 아들을 얻기 위함이었다. 군자는 권도(權道)로 더 큰 불효를 저지르

---

2) 家貧親老 不爲祿仕
阿諛曲從 陷親不義
不娶無子 絶先祖祭祀

지 않기 위해선 어버이에게 고한 것과 같다고 여긴다.[3)]

여기서 주목되는 것은 불효 중 가장 큰 것을 아들 못 낳는 것으로 보고 아들 많이 낳는 것을 五福 중의 하나로 여기며, 아들 못 낳는 부인은 七去之惡에 속한다고 보는 것이다. 七去之惡 중 무엇이 가장 큰 것인가는 학자에 따라 견해가 다르나 無子는 여자의 七去之惡 중 두 번째로 나타난다(七去三不: 七去; 不事舅姑, 無子, 淫佚, 妬忌, 惡疾, 多言, 竊盜; 三不出; 三年喪中, 糟糠之妻, 갈 곳이 없는 경우. 金斗憲, 1949, 第七章). 동양에 있어서도 과잉인구는 고대로부터 논의되던 문제였다. 일찌기 공자로부터 인구와 자연자원과의 수적 균형문제가 운위되고 '적정인구'란 표현은 수천년 전부터 거론됐다.

맬더스가 人口論을 발표한 18세기말을 전후한 우리 나라 근세 후기의 학문적 맥은 實學이라고 부르는 새로운 학파의 학자들에 의해서 이어지고 있었다. 中國淸代의 考證學으로부터의 영향도 있었겠으나 실학자들은 대체로 경학(經學)위주의 학문에 그치지 않고 경험적이고 실용적인 연구의 중요성을 강조했다. 그들은 改新儒學者들이었으므로 수천년간 가르쳐온 유학사상에 젖어 있었으나, 이전의 전통유학자들과 같은 사변적 이론에서 더 나아가 과학적이고 실용적인 연구를 시도했다. 이것은 반계 유형원(磻溪 柳馨遠, 1622~1973), 성호 이익(星湖 李瀷, 1680~1763), 다산 정약용(茶山 丁若鏞, 1762~1836)으로 이어졌던 실학 3조(實學 三祖)의 저술에 나타나는데 그들은 방대한 자료를 이용하고 인구통계에 대해서도 관심을 가지고 있었다. 특히 磻溪와 茶山은 누차에 걸쳐 인구조사의 중요성을 강조하고 오늘날 센서스의 특징으로 규정되는 조사대상과 조사간격에 대해 자세히 논하고 있다.

인구증가 자체에 대한 논의는 代를 이어야 된다는 유학의 전통적 孝사상에 따라 실학자들도 多産을 장려하고 있다. 그러나 전통사회에 있어서 생산수단은 토지였다. 여기서 人口와 土地間의 壓迫

---

3) 『孟子』 離婁章句上 第二十六 不孝有三章; "不孝有三 無後爲大 舜不告而娶爲無後也 君子以爲猶告也."

(population-land pressure)을 살펴봄으로써 우리는 인구증가에 대한 실학자들의 견해를 간접적으로 알아낼 수 있다. 절대토지면적과 인구와의 비율을 구체적으로 측정하고 그에 대한 분석을 시도한 경우는 없었으나 그들은 단위토지면적당 노동력의 추가투입으로 식량의 증산이 가능하다고 믿었다. 또한 17~18세기 실학자들은 17세기초 壬辰倭亂으로 인한 인명피해와 그에 따른 인구감소로 유휴토지가 늘어났고, 이 유휴토지를 경작하는 데 필요한 노동력이 부족하므로 인구증가가 필요하다고 주장했다. 인구가 증가하면 식량증산을 가져올 것이며, 따라서 식량증산을 위해서는 인구증가가 바람직하다고 했다. 위와 같은 반계 유형원 등의 주장은 얼핏보면 多産論的으로 보이나 토지급여제(土地給與制)를 살펴보면 여기에 제도적으로 多産을 억제하는 제재가 가해지고 있음을 볼 수 있다. 예를 들어 반계에 의하면 16세가 넘는 남자에게 토지를 급여하고 60세에 반환해야 한다는 것이다. 당시의 높은 사망율(특히 영아 및 유아사망율)로 인해 16세까지 생존할 수 있는 인구는 전체 출생인구의 2분의 1에 불과했을 것을 감안할 때 전체 가구원에 대한 토지분배가 아닌 성인남자에 대한 토지분배제도는 결국 많은 자녀를 갖게 되면, 그만큼 부담이 될 수밖에 없다는 것을 의미한다. 연암 박지원(燕岩 朴趾源)같은 학자도 당시(18세기 후반) 과거응시자수가 수십만을 헤아려 노동가능인력이 유휴노동력이 됨으로써 노동력부족에 부채질을 하고 있다고 개탄했다. 이것은 인구증가에 따른 사회적 부담을 간접적으로 표명하고 있는 것이며 그 해결방법을 一人當 生産量의 증가에서 찾지 않고 유휴지경작 등을 통한 노동력의 추가투입으로 생산량을 증가시켜야 된다는 것이다. 우리 나라 후기실학자들에게 큰 영향을 주었던 17세기 중국의 대표적 학자들인 黃宗羲(1610~1685)와 顧炎武(1613~1682) 등의 사상에서도 이와 같은 견해를 찾아볼 수 있다(侯外廬, 1955, 제 5 편).

임신이나 出産에 관한 실학자들의 논의는 드물게 나타나지만, 不姙은 남녀에 모두 책임이 있고 특히 여자의 경우 七去之惡에 속한다 하였고, 胎兒의 보호 등을 강력히 주장한 것을 찾아볼 수 있다. 그들은 普遍婚을 주장하고 예외없이 多産을 장려하고 있으나 婚姻의 形成과 해체에 대한 여러가지 제도적 규범에 대해서는 少産論的인 경향이 컸다. 즉 배우자선택에 있어 동성동본 혼인금지나 반상의 차별을 강조하고 있음은 물론 改嫁를 금지하고 수절과 정절을 높이 평가하는 등의 강력한 사회적 제재를 통해 혼인의 재형성을 저지하고 있었다(朴商台, 1984).

Ⅵ. 맺는말

이 章에서 우리는 西洋 古代와 中世의 人口思想을 간략하게 살펴보고 이어 맬더스『人口論』이 출판된 18세기말을 전후로 한 인구이론을 개관해 보았다. 또한 미비하나마 古來로부터의 동양사상과, 맬더스를 전후로 한 우리 나라 實學者들의 인구관의 편린을 찾아보았다.

인구수나 인구증가에 대한 논의는 학자에 따라 시대에 따라 서로 다른 수많은 관점을 표명하고 있으며 이와 같은 현상은 오늘날까지 계속된다. 제1차 세계대전 직후인 1920년대 선진공업국인 영국과 미국에서 과잉인구에 대해 우려하는 저술이 다시 크게 부각되었다. 그러나 1930년대에 접어들면 일부 국가들 특히 프랑스와 독일에서 인구감소에 대한 공포를 역력히 표시한 저술들이 나오며 인종적 불균형에 대해서도 우려하고 있는 것을 찾아볼 수 있다.

제2차 세계대전 후 1950년대에 와서 인구가 전례없이 증가하게 되자 인구과잉에 대한 논의가 활발해지게 되고 인구증가와 자원압박 등으로 다시 비관적인 신맬더스이론이 전개된다. 과잉인구이론이나 과소인구이론을 놓고 그 당시에 어느 쪽이 더 올바른 판단이었는가를 따지기는 어려울 뿐만 아니라 불가능하다. 왜냐하면 두 가지 觀點이 모두 당시의 경험적 사실에 근거해서 나온 것이며, 비록 사변이 아니고 이론이라 할지라도 어디까지나 이론에 불과한 만큼 비판의 대상이 될 수밖에 없기 때문이다.

또한 인구에 대한 관점은 특정한 정치 · 경제구조나 이데올로기에 따라 고정되어 있는 것도 아니다. 예컨대, 오늘날의 중국에서 우리는 급격한 인구사상의 변천을 찾아볼 수 있다. 1960년대까지만 해도 중국에서는 모택동사상을 따른 소위 맑시스트的 反맬더스주의가 대두했다. 즉 인구문제는 자본주의체제의 내적인 모순에서 생기는 현상이며, 인구가 많은 것은 결코 사회주의혁명과업 완성에 지장이 되지 않는다는 것이다. 1970년대에 들어오면서부터 1960년대의 교조적이고 독단적인 견해가 누그러지고 급기야 인구의 재생산은 경제적 생산 못지 않게 계획되어야 한다는 정부 대표의 공식발표가 나온다. 그 결과 70년대 초기부터 만혼을 장려하고 기혼부부의 출산을 제한하는 강력한 정책을 추진하고 있다(Coale, 1981).

〈참고 문헌〉

金斗憲, 1949『朝鮮家族制度硏究』, 을유문화사.

李海英, 權泰煥, 1973『人口學入門』, 서울대학교 보건대학원.

朴商台, 1984「實學에 나타난 人口思想」,『한국사회와 사상』, 한국정신문화연구원, pp. 105-144.

候外廬, 1955『中國思想通史』, 北京.

Aird, John S., 1972 *Population Policy and Demographic Prospects in the People's Republic of China*, U.S.N.I.H. Reprints.

Coale, Ansley J., 1981. 3 "Population Trends, Population Policy and Population Studies in China," *Population and Development Review*, Vol. 7, No. 1, pp. 85-97.

Flew, Anthony J. ed., 1970 *Malthus: An Essay on the Principle of Population*,

Penguin Books.

Hutchinson, Edward P., 1967 *The Population Debate*, Boston: Houghton Mifflin Co.

Hymes, Norman E. 1936 *Medical History of Contraception*, New York: Gamut Press.

Sauvy, Alfred, 1979 "Population Theories," in *International Encyclopedia of the Social Sciences*, Vol. 12, pp. 349-358.

United Nations, 1973 *The Determinants and Consequences of Population Trends*, New York: United Nations.

(1986)

제2장 實學에 나타난 人口思想

- 우리나라 近世後期 實學者들의 人口觀에 관한 한 硏究 -

Ⅰ. 背 景

1. 本硏究 의 目的과 意義

古來로 많은 사상가들과 사회과학자들은 계속 인구에 관한 관심을 가지고 있었다. 그들의 관심은 주로 가장적당한 규모의인구와 그 규모에 도달하기 위한 증가정책, 그리고 더러는 인구가 지나치게 많을 경우 증가율을 둔화시키는 정책의 수립에 있었다.

멜더스 이전에도 인구에 대해서 논의한 학자는 수없이 많다. 어느 시점에서 그 나라의 적당한 인구 규모가 당시의 실제 인구보다 많다 혹은 적다고 하는 관점을 표명한 인구사상은 당시의 사회경제적 여건과 정치적 현안문제등에 의해 많은 영향을 받는다. 특히 어느 사상이건 그 사상은 당시의 사회적 발전의 결과라고 볼 수 있다.

그러나 西洋의 경우도 18세기말 맬더스가 나타나기 전까지만 해도 인구는 경제와 사회발전에 따라 자율적으로 규제될 수 있다고 믿었다. 물론 18세기 이전에도 정치적, 군사적, 경제적, 사회적 차원에서 인구를 다룬 상당히 분석적인 이론들도 나왔으나 대부분 인구에 대한 연구는 이론이라기보다는 막연한 사변에 불과했다.

18세기 말엽 맬더스는 인구가 사회 및 경제발전과의 함수관계에 있어 중요한 독립변수가 될 수 있음을 이론적으로 제시했다. 그의 이론은 마르크스를 비롯한 사회주의학자들과 고전경제학자들로부터 비판을 받고, 19세기말 신고전경제학자들에게까지는 미미한 영향을 주었을 뿐이다. 그러나 20세기초부터, 특히 중엽 이후 공업화되지 않은 소위 신생독립국과 후진국 여러 나라에서 인구가 급격히 증가하고, 사망률은 급격히 저하하는데 비해 출생률은 오랜 동안 계속 높은 수준으로 지속되어 전례없는 인구폭발 현상이 일어나자 신맬더스주의학파라고 불리우는 사회과학자들이 인구에 대해 깊은 관심을 가지고 인구의 규모와 분포 및 구성이 사회 경제 발전에 지대한 영향을 주고 있다는 것을 경험적으로 증명한 많은 연구결과를 발표하게 되었다.

우리 나라에서도 근세 후기 한국 사상과 확문의 주요 맥락으로 손꼽히는 實學이 발전하였고, 實學者들은 대부분 經學 위주의 학문에서 탈피하여 경험적 실용적 연구를 주도했으며, 아울러 과거의 사변적 이론에 대해 의욕적으로 도전했다.

맬더스나 마르크스와 동시대에 살았던 우리 나라의 실학자들도 인구에 관해 큰 관심을 가졌다는 것은 주지의 사실이다. 그러나 實學者들도 따지고 보면 유학 내지 개신유학자들이므로 수천 년간 가르쳐 온 유교사상에 젖이 대부분 출산장려론자라고 일반적으로 알려졌으나, 본 연구에서는 多産論(pro-natalism)的 論據 못지 않게 수많은 少産論(anti-natalism)을 주장하고 있음을 지적하고자 한다. 이들 少産論은 특히 출생에 간접적으로 영향을 미치는 배우자의 제한, 초혼 연령, 재혼, 독신, 이혼, 기처, 별거 등의 규범적 제도적 요인에서 찾아볼 수 있다.

이와 같이 본연구의 목적은 우선 인구라는 특정 분야에 초점을 두어 실학자들의 학문적 업적을 분석함으로써 동학과 개화주의, 일제치하와 민국 후로 이어지는 우리나라 인문사회과학의 발전의 이해에 도움이 되고자 하는 데 있다.

2. 멜더스 이전의 人口思想

1) 東洋一中國을 中心으로[1)]

중국의 학자들도 예전부터 적정 인구에 대해서 논의하고 있다. 특히, 농업용 토지에 대한 이상적 人口比를 설정한 井田法등은 그 대표적 예라고 할 수 있다. 또한 역대 제국의 황제들은 인구가 과밀한 지역으로부터 인구가 희소한 지역으로의 이민을 권장하고 때로는 강제 이민 정책을 실행한 예도 역사기록에 자주 나타난다. 뿐만 아니라 인구 증가의 조절에 대해서도 다음과 같이 다양한 관심을 표명한 예가 허다하다. 식량이 부족할 때 사망률이 증가한다. 미성년자의 혼인은 영아 사망률을 높인다. 전쟁은 인구증가율을 둔화시킨다. 과다한 혼수 비용은 혼인율을 저하 시킨다 등은 그 대표적 예라 하겠다.

공자를 중심으로 하는 전통적 중국 유학자들의 가족, 결혼 및 출산에 대한 사상은 근본적으로 인구증가가 바람직한 것으로 일관되어 있다. 孟子와 梁惠王과의 對話[2)]를 비롯한 수많은 학자와 정치가의 著述에서 인구가 증가하지 않음을 안타깝게 여기고 있었다.

지난 수천 년간 동양의 사회구조를 지배했던 원리는 四書五經에서 찾아 볼 수 있으며, 특히 忠孝烈의 三綱과 親義別序信의 五倫이 인간관계를 규정하는 기본적인 규범이 되었으며, 특히 孝를 百行의 근본이라 하여 행동규범의 기본으로 삼았다.

孝가 무엇이가를 한 마디로 규정짓기는 어렵다. 그러나 禮記에 불효가 무엇인가는 규정하고 있다. 禮記는 불효가 셋이 있다고 한다. 첫째, 집안이 가난하고 부모가 늙었을 대 祿을 받을 만한 일을 하지 않는 것, 둘째, 지나치게 부모의 비위를 맞추어 부모로 하여금 옳지 못한 데로 빠지게 하는 것, 셋째, 아내를 얻지 않고 아들이 없어 선조의 제사를 끊게 하는 것, 즉 代를 잇지 못하게 하는 것이 그것이다.

---

1) United Nations, Determinants and Consequences of Population Trends (New York: United Nations, 1973), pp.33-34.

2) 「孟子」 梁惠王章句上 王無罪歲章

家貧親老 不爲錄仕
阿諛曲從 陷親不義
不娶無子 絶先祖祭祀

孟子는 이 중에서 세 번째 불효가 가장 큰 불효라 했다.[3)]

불효에는 세 가지가 있는데 그 중에서 뒤를 이을 아들이 없는 것이 가장 엄중하다. 순 임금이 어버이에게 고하지 않고 아내를 맞이한 것은 뒤를 이을 아들이 없었기 때문이다. 군자는 權道로 더 큰 불효를 저지르지 않기 위해선 어버이에게 고한 것과 같다고 여긴다.

여기서 주목되는 것은 불효 중 가장 큰 것은 아들 못 낳는 것으로 보고 아들 많이 낳는 것은 五福에 넣고, 아들 못 낳는 부인은 七去之惡에 속한다고 본 것이다. 七去之惡 중 무엇이 가장 큰 것이 되는가는 학자에 따라 견해가 다르나 無子는 여자의 七去之惡에 속한다.[4)]

2) 西洋人口思想

고대 희랍의 인구사상도 대부분 인구 이론보다는 인구 정책과 法令의 제정에 더 큰 관심을 보이고 있다.[5)]

플라톤과 아리스토텔레스의 저작에서 인간의 잠재력을 최대한으로 발전시킬 수 있는 이상적인 조건에 대해 희랍과 같은 도시국가에 있어 적정 인구 규모에 관한 논의를 찾아 볼 수 있다. 그들의 주요 관심은 인구 규모와 경제적인 면과의 관계보다는 도시국가의 安保와 정부 차원에서의 논의에 있었다. 플라톤은 도시국가의 적정 인구 규모는 5,040명의 시민권 소유자와 총 60,000명의 人口라고 했다 한다. 그러므로 60,000에 미달할 경우 젊은이들에게 출생률을 높이도록 장

3) 「孟子」 離婁章句上 第二十六 不孝有三章

4) 七去三不出

5) Edward P. Hutchinson, The Population Debate(Boston: Houghton-Mifflin Co.,1967), p.4

려할 것과 외지로 부터의 轉入을 권장할 것을 주장하고, 인구가 60,000을 넘을 경우 多出産을 피하도록 하고 식민지화 할 것을 주장했다 한다.

아리스토텔레스는 플라톤만큼 상세하게 인구 규모에 대해서 논의하지 않았다. 토지와 재산은 인구가 증가하는 만큼 증가할 수 없다. 그러므로 토지와 재산에 대한 잉여인구는 빈곤과 사회악에 빠지게 된다. 이와 같은 잉여인구를 방지하기 위해서는 기아나 流産에 의존해야 한다고 했다(Politica). 이것은 일면 맬더스의 선구적 사고였다고도 볼 수 있다. 로마에 이르러서는 희랍 사상가들과 달리, 인구 문제를 도시국가적 관점에서 보지 않고 大帝國的차원에서 다루고 있다. 인구 증가의 한계보다는 군사적 목적상의 장점에 치중해서 정치사상을 펴고 있다. 당시 유명한 키케로(Cicero, B.C. 40년경)는 독신을 규제하고 , 결혼의 제일차적이고 근본적인 목적을 子女生産에 두는 立法을 실행하고, 기혼자와 자녀를 가지고 있는 부부에게 특권을 주고, 미혼 및 독신자에게는 가혹한 세금을 부과했다.

헤브루 사상에도 근본적으로 다출산 장려 사상이 지배적이다(구약 창세기 1장 28절, 28장 14절, 30장 1~28절, 신명기 26장 5절, 잠언 14장 28절…). 출산과 그로 인한 자녀 번성을 강조하고 불임은 하느님이 내린 가장 큰 벌이라 기술했다.

고대와 중세의 기독교 사상가들은 인구 문제를 대체로 도덕적 윤리적 관점에서 고려했다. 구약(히브리)사상과 비슷하나 대체로 출산 장려면에서 적극적이지 않았다. 일처다부제나 일부다처제, 이혼, 유산, 영아 살해 및 기아 등을 엄금하는 한편 수도원의 독신을 장려하고 재혼을 금지했다. 특히 사도 바울은 독신의 修道上의 利點을 강조했다(고린도전서 7장, 로마서 9장 13절…). 그럼에도 불구하고 대체적인 경향은 다출산 장려 사상이라고 볼 수 있다. 오랜 동안의 기근과 역질 및 전쟁등으로 인한 인구감소는 산아조절을 반대하는 구교적 전통을 세웠다.

18세기말까지는 주로 인구의 크기와 증가에 대한 낙관적인 견해가 지배적이었다. 이와 같은 낙관적인 견해는 인구에 대한 사상이나 철학이었지 하나의 통합된 이론체계를 구성하지는 못했다. 즉 단편적인 記述이나 의사표시에 불과한 자료뿐이었다.

가장 중심적인 論旨는 되풀이되는 주제로서 인구 규모가 큰 것은 국력과 안보의 원천이 된다는 것이다. 특히 군사적 팽창주의 아래서의 논지는 인구 규모의 중요성을 강조하고 있다(예를 들면 프랑스의 Maurice de Saxe). 한편, 계몽주의 학자들은 인간의 완전성에 대해 강조하고 인구는 자율적으로 조정된다고 믿었다.

경제학적인 면에서의 인구는 생산이론에 관한 낙관론이었다. 여기에서의 주요 가정은 인구가 증가함에 따라 총인구에 애한 총생산량의 비는 최소한 같든가 더 커진다는 것이다.

이와 같은 수확불변 내지 수확체증의 기본적인 가정은, 첫째, 지구상의 자원은 무한하므로 노동력을 투입할 경우 최소한 혹은 그 이상의 생산을 기대할 수 있다는 것이다. 둘째, 인구증가는 생산의 효율을 증가시킨다는 것이다. 즉, 경쟁과 노력을 유발하며 통신을 발달시키고, 농업뿐만 아니라 무역과 대량생산을 증가시켜 경제조직 전체를 성장케 한다는 것이다.

그러나 이와 같은 낙관적인 견해에서도 18세기말에 이르면 몇 가지의 수정과 유보를 달고 있다. 첫 번째 수정안은 수확불변의 법칙은 자연자원 특히 토지의 경우 적용될 수 없다고 하며 인구가 증가한 만큼 토지나 고용이 마련될 경우 인구증가는 유익하다는 것이다. 두 번째 수정안은 인구는 수 자체보다는 질과 구성이 중요하다는 것이다.

다른 한편 맬더스의 선구자라고 부를 수 있는 비관적인 견해가 나타나기 시작한다. Botero(1588)는 맬더스 이전에 이미 인간의 생식력은 지대하므로 생존수단의 한계에 의해 인구는 조절된다고 보았다. 즉 생존을 위한 투쟁을 높이거나 사망률의 증가로 조절된다고 했다. Hale, Wallace, Stewart, Townsent 등 모두

1. 인간의 잠재생식력은 크다
2. 생존수단은 제한되어 있다
3. 생존수단의 한계에 알맞은 인간의 재생산을 강조했다.[6]

3. 맬더스와 마르크스, 신맬더스주의 인구론

1) 맬더스(Thomas Robert Malthus, 1766~1834)[7]

인구론 하면 맬더스를 연상하게 되고, 맬더스 하면 인구론을 생각하게 된다. 앞서 서술한 바와 같이 맬더스가 처음으로 인구이론을 주장한 학자는 아니다. 맬더스 이전에도 수많은 학자들이 인구에 대하여 논의하고 있으나 그들은 인구를 추상적이고 공상적인 수준에서 논의했고, 맬더스에 이르러 비로소 인구라는 변수 즉 인구현상을 학문적 수준에 올려 놓았기에 그를 인구론의 창시자로 본다.

맬더스의 1798년 출판된 인구론에서의 인구원리는 주지된 바와 같이 두 가지의 전제와 하나의 가정에서 출발한다. 두 개의 전제란, 첫째,'식량은 인간의 생존에 필수 불가결한 것이며', 둘째, '남녀간의 정욕은 필요한 것이며 앞으로도 계속 현상태를 유지할 것이다.' 그러나 '식량은 산술급수적으로 밖에 증가할 수 없으나 인구는 기하급수적으로 증가한다.' 여기에 하나의 가정이 나온다. 즉, 인구의 증가를 방해하는 강력하고 영속적인 제거작용을 강구하지 않을 경우 인간은 곤궁과 악덕으로 빠질 것이며, 이런 점에서 인간과 동물 사이에는 아무런 차이가 없다고 주장한다. 동.식물은 질병과 早死등으로 무한정한 성장이 불가능하게 되나 인간은 ' 곤궁과 악덕' 및 '도덕적 규제'로써 무한한 성장을 멈추게 된다는 것이다.

이와 같은 그의 주장은 당시 팽배해 있던 계몽주의–인간의 완전성과 무한한 가능성을 확신하고 인간사회의 진보는 불가피한 것이라고 믿었

---

6) Edward P. Hutchinson, op.cit., Ch. 4.

7) Anthony Flew (ed.), Malthus : An Essay on the Principle of Population (Middlesex, England : Penguin Books, 1970), pp.17-31.

던 학자들과, 자유방임적 초기 고전경제학—보이지 않는 손에 의해 경제가 발전하게 되고 인구가 증가하면 분업이 발달하고 수확체증의 법칙에 의해 도움이 된다고 주장한—학자들에 대한 중대한 도전이었다.

인구에 대한 논쟁은 맬더스이후 맬더스에 대한 찬·반으로 점철된다. 맬더스의 이론은 여러 가지 측면에서 도전 받았다. 인구가 상당기간 동안 지속적으로 기하급수적 증가를 보인 경험적 예가 없다. 식량은 산술급수적으로만 증가하지 않고, 기술의 혁신에 의해 기하급수적으로 증가한 예도 있다. 그러나 맬더스는 불후의 공헌을 남겼다. 그는 당시 경제적 생산에만 관심을 가졌던 사람들에게 인간의 재생산에 관심을 갖게 하고, 인구가 사회경제에 늘 종속되어 있는 것이 아니고 결정변수로서 사회·경제·정치구조에 영향을 미칠 수 있다는 것을 체계적으로 정리하여 인구 연구를 학문적 수준으로 끌어 올려놓았다.

2) 마르크스의 인구론

인구변동이 사회변동을 야기시킬 수 있다고 주장한 대표적 학자가 맬더스라면 반대로 마르크스(1818~1883)는 인구변동은 사회변동에 부수적이라고 주장한 대표적 하자로 손꼽을 수 있다. 마르크스는 널리 알려진 바와 같이 독일 관념주의, 불란서 사회주의, 영국 정치경제학의 지적 배경을 가지로 변증법적 유물론을 전개한다. 마르크스는 인류의 역사를 끊임없는 계급투쟁의 역사로 보고, 계급투쟁에 의해 더 발전된 사회체제가 덜 발전된 사회체제를 대체할 수밖에 없다고 본다.

마르크스에 의하면 맬더스의 인구론은 지극히 추상적인 이론이며, 인간의 인구에 적용할 수 있는 보편적 원리란 있을 수 없으며, 오로지 동물세계에서나 생물학적 인구의 법칙이 적용될 수 있다고 본다. 인간의 경우 인구는 각 사회의 사회경제적 조건에 의해 결정된다.

맬더스적 과잉인구의 원인은 자본주의적 생산양식과 이에 따른 자본가 계급의 잉여노동력 착취에서 비롯된다. 마르크스의 생산양식은 생산수단(노동력·자본·기술 등)과 생산수단의 소유관계(제도)의 두 가지로 분석할 수 있다. 자본주의적 생산양식 아래서는 자본증가

만큼 노동력 수요가 증가하지 못한다. 즉, 자본을 축적하는 과정에서 필연적으로 잉여 노동력이 생기며, 이것은 자본주의 체제의 필수요건이 된다. 값싼 노동력이 부족할 경우 자본가는 투자하지 않을 것이며, 따라서 자본주의가 유지되기 위해서는 충분한 산업예비군이 있어야 되며, 이로써 자본가는 높은 잉여노동가치와 잉여이윤을 얻을 수 있다는 것이다.[8] 마르크스의 인구론은 많은 비판을 받는다. 예로써 중공의 경우 공산주의가 석권한 지 35년이 지난 오늘날 인구문제는 날로 심각해져 한 부부 한 자녀 낳기 운동을 전개하고 있으며 만혼을 장려하고 동시에 지역별 출산 할당까지 실시되고 있음을 들 수 있다. 즉 과잉인구는 자본주의 경제체제의 구조적 모순에 의해서만 발생되는 것이 아님을 증명하고 있다. 그러나 마르크스는 생산과 소비의 양면에서 인구를 다루고 사회경제직 상관관계를 밝혔다는 점에서 학문적으로 크게 공헌한 것은 사실이다.

3) 신맬더스주의적 인구변천이론

맬더스 인구론 이후 조직적이고 체계화된 이론은 생물학, 수학 등에서도 나왔으나, 그 중 가장 조직적이고 체계적인 이론은 사회학–경제학 분야에서 나온 신맬더스주의 학파의 이론이다.

인구변천이론은 여러 학자들이 출생률과 사망률의 동향을 관찰하고 사회발전과 인구변천의 단계를 구분·해석한 것을 주요 골자로 한다. 그 단계를 3단계로 구분하든, 5단계, 7단계로 구분하든 간에 변천이론은 각 유형(단계)을 과거와 현재 세계 각 지역에서 경험하고 있는 공업화와 근대화의 단계를 비교해 보는 인구학적 진화론이다. 여러 학자들의 변천이론의 핵심은 다음과 같이 요약된다.[9]

前近代社會의 인구는 그 전통적인 높은 출산율과 높은 사망률의 결과, 즉 많이 낳지만 많이 죽음으로 해서, 인구성장은 미미한 상태에 있으며 인간생명의 낭비의 결과로 안정상태–갑작스런 감소나 증가

---

8) United Nations, op. cit., pp.45-51

9) United Nations, op. cit., pp.56-60

가 없는—를 유지한다. 그러나 前近代社會가 일단 공업화와 근대화 과정을 밟기 시작하면 생활수준의 향상으로 사망률은 저하하기 시작한다. 반면, 전통적 高出産率은 사망률의 변화와 같은 즉각적인 반응은 나타내지 않고, 공업화의 진전과 더불어 상당기간 전통적인 높은 수준을 유지하다가 결과적으로 급속한 인구성장을 경험하게 된다. 다음, 공업화와 근대화가 보다 성숙한 단계로 접어들면서 이에 따라 이룩되는 도시화를 비롯한 갖가지 사회경제적 변화는 전통적인 대가족 지향에서 소가족 지향에로의 전환을 촉진하게 되며, 이때부터 전통적 고출산률도 저하하기 시작하며, 인구는 다시 원래의 저출산과 저사망에 의한 안정 상태로 들어가게 된다.

인구변천이론도 많은 비판을 받고 있다. 이 이론은 서북구 여러 나라의 경험에 불과하고, 개발도상국에 일률적으로 적용될 수 없으며, 특히 변천의 속도는 각 나라마다 시대마다 다르다는 것이다. 앞서 말한 각 단계를 거치는 데 구미 공업국들은 200년이 걸렸고, 일본은 100년, 소련은 70년, 후진국들은 25~50년에 걸쳐 변천 과정을 거치는 나라들도 있다. 변천이론에 대한 가장 혹심한 비판은 이것은 이론이 아니고 단지 역사적 사건의 기술에 불과하여 설명력과 예측력이 없다는 것이다. 이와 같은 비판에도 불구하고 변천 이론이 경험적 齊一性을 어느 정도 밝힌 것은 부인할 수 없으며, 따라서 낮은 수준의 일반화를 위해서는 훌륭한 가이드가 되고 있고, 더 나아가 변천이론은 많은 논란을 거쳐 큰 이론으로 발전될 수 있다고 믿는다.

Ⅱ. 資料와 硏究方法

1. 實學思想과 그 資料

실학에 관한 개념 규정은 그 동안 여러 차례의 학술회의와 1930年代 이후 많은 著作을 통하여 논의되었다. 그 중 대표적인 두 학자들의

定義를 살펴보면 다음과 같다.

李乙浩氏에 의하면 실학의 經世致用, 利用厚生, 實事求是 등의 요인은 모두 실학의 經世救濟의 면을 부각시킨 것이다. 玄相允은 그의 '朝鮮儒學史'에서 實學派를 經濟學派─經世救濟學派의 略稱─라 했다. 이것은 실학의 半面에 불과하다. 나머지 반면은 改新儒學으로서의 실학 즉 性理學이다.[10] 이와 같이 學으로서의 실학은 경세적인 면만을 가지고는 이해할 없으며 성리학적 기초를 강조한다.

한편 千寬宇氏는 朝鮮後期 實學을 다음과 같이 규정하고 있다.[11] 첫째, 전근대의식에 대립되는 근대의식 내지 近代志向意識, 둘째, 沒民族意識에 대립되는 민족의식을 척도로 하여 재구성된 朝鮮後期儒學 改新的 사상으로서,'조선 후기에 일어난 改新儒學'이라고 부를 만한 것이다. 두 척도는 일제의 관계에 있다. 즉 민족의 존립 번영을 전제로 한 근대 지향과 근대 지향을 전제로 한 민족의 존립 번영의 관계를 말한다. 이와 같은 근대지향과 민족의식의 두 기준은 실학 개념의 형성 과정에서 입증된다. 1870년대는 조선후기 실학의 최종 단계였으며 1880년대와 1890년대에는 開化一自强思想을 대표로 하여 實事求是.利用厚生 등 실학파가 즐겨 표방하던 바를 이어 받았고 1910~20년대에는 민족의 주체성을 위한 사상적 배경이 되었으며, 1930년대 실학이란 개념이 정립되기 시작했다.

이와 같은 관점에서 볼 때 경세학적 측면은 실학의 핵심적인 부분이라 하지 않을 수 없다. 실학의 철학적 측면(義理學的)은 유학이 계속 추구하였던 바로서 근대 지향적 요소가 없으므로 대부분 의리학을 비판한다. 연구방법상의 고증학적 측면에서 실험적, 귀납적인 방법 자체는 근대적이라 할 만한 것이나 대개는 학문을 위한 학문에 그쳐 사상적인 근대지향성은 찾기 어렵다. 고증학은 특히 非政治性을 강조하여 민족

---

10) 李乙浩, "實學思想槪說", 韓國思想全集 卷3 「韓國의 實學思想」(三省出版社, 1981), p.18

11) 千寬宇,"實學思想史", 韓國文化史大系 卷6, 「宗敎·哲學史」(高麗大學校 民族文化硏究所,1970), pp.1044-1051.

의식과는 거리가 멀다. 문학적 (詞章學的) 측면에서는 學이라고 보기 어려우나 실학파 여러 학자들의 문학작품 가운데에는 근대지향적 관점, 즉 민족적인 관점에서 실학정신을 담고 있는 것이 많다. 마지막으로 경세학적 측면으로 볼 때, 근대지향적인 관점에서나 민족적인 관점에서나 가장 실학적인 요소가 담길 수 있는 분야이며 조선 후기 실학의 핵심적인 부분은 역시 현실문제에 직결되는 경세학에서 찾아 볼 수 있다.

근대지향과 민족의식이란 두 가지 척도를 가지고 볼 때 근세 후기의 실학자는 다양한 배경을 가진 학자들로서 시대적으로도 수백 년간에 걸쳐 생존했던 사람들이다. 1880년대부터 개화기로 넘어간다고 보면 1870년대까지의 저술활동을 한 모든 실학자가 본연구의 대상이 될 수 있다. 그러나 그들의 저술내용은 경학 위주의 학자들을 위시하여 그 규모가 방대하며, 茶山과 같은 한학자의 저술만도 수백만 자에 달한다. 그러므로 본연구에서는 爲堂 鄭寅普가 지적한 가장 중요한 실학의 三祖—磻溪 柳馨遠(1622~1673), 星湖 李瀷(1680~1763), 茶山 丁若鏞(1762~1836)—와 人口에 관한 사고를 개진한 五人의 실학자—芝峰 李睟光(1563~1628), 淸潭 李重煥(1690~1752), 燕岩 朴趾源(1737~1805), 楚亭 朴濟家(1750~?), 惠崗 崔漢綺(1803~1877)—의 저술을 대상으로 했다.

다음에 實學三祖의 사상을 요약해 본다.

磻溪의 사상 개요[12)] : 관료적 집권봉건제를 전제로 한 중앙집권의 강화와 자영농민의 육성으로 부국을 이룩한다는 것이 최대의 목표였다. 자영농민이 최소한 자립하기 위해서는 무엇보다도 토지개혁을 단행해야 한다는 것이며 국가와 농민의 중간에 개재하여 농민을 착취하고 국가를 피폐케 하는 요소를 근절해야 한다는 것이다. 이리하여 육성되는 자영농민의 기초 위에 국가의 재정과 국방이 요하는 물적, 인적 자원을 확보해야 한다는 것이다. 그리고 이러한 기반 위에 학제 및 貢擧制의 정비, 행정기구의 간소화 등으로써 중앙집권의 강

12) 李載龒, "磻溪 柳馨遠",「實學論叢」(全南大學校 出版部,1975), pp.355-360.

화를 기하자는 것이다. 반계가 구상했던 사회개혁은 부분적인 것에 머물지 않고 전 국가체계의 근본적인 일대 개혁을 제기했던 것이다. 반계는 그의 개혁사상을 모색하는 구체적인 방법에 있어서 역사적 논리에 서서 실증적인 태도를 견지했고, 사회의 현실적 구체적 관계에 입각했다.

星湖의 사상 개요13) : 부국강병을 주장하고 당시 국가사회에서 백성이 차지하는 위치와 역할이 중차대하다는 것을 재인식하고 민생문제를 해결함이 先決이라고 주장했다.

農商工의 백성 중에서도 8할 이상을 차지하는 농민의 생활 안정과 정착을 위해 영업전을 보장하기 위해 均田制를 주장했다. 당시 많은 농토가 土豪와 상인의 손에 넘어가고, 소유해야 할 농민에게는 無農地農民層이 많아졌다. 이들은 임금노동에 의해 생활할 수밖에 없고 혹은 상공 분야에 종사하기 위해 도시나 광산지대로 유입하는 이농이 성행했다. 설사 파산하여 농촌에 잔류했다 하더라도 大土地所有者에게 "뇌물을 쓰고도 소작인이 될 수 없는"상태까지 되었다. 더욱이 농민들이 재해를 당했을 때 대토지 소유자나 부유층은 아주 헐값으로 토지를 매입하게 되니 貧益貧 富益富의 현상이 역력해졌다. 여기에 永業田(최소 경작지)을 설정하여 매매에서 제외할 것을 주장했다.

星湖의 경제사상은 노비 폐지, 서얼 차별 폐지 및 士農合一을 주장하는 계급 철폐의 사상이라 하겠다.

茶山의 사상 개요14) : 학자들은 茶山學을 세 부분으로 나누어 본다. 첫째, 經學, 둘째, 사회개혁을 논술한 一表二書, 政法三篇이라고도 불리우는 經世遺表, 牧民心書, 欽欽心書 등을 비롯한 經世學, 그리고 서구 과학의 利用厚生을 祖述한 厚生學 등의 셋을 일컫는다.

위에 말한 政法三篇의 서술 방법에 있어 그는 조선의 현실사회를

13) 崔承灝, "星湖 李瀷", 上掲書, pp.425-432

14) 朴錫武, "茶山 丁若鏞", 上掲書, pp.503-510

대상으로 관찰하여 실존하는 사회적 병폐를 파악하고, 그 병폐가 유래하는 원인을 추구한 다음, 이에 대응하는 교정 방법을 모색 강구하는 과정을 밟았다. 이와 같은 논리전개는 다산의 독창적인 것이라기보다 반계나 성호에서도 볼 수 있으나 그가 더욱 발전시켰음은 공인된 바이다. 茶山은 經學을 기본으로 하고 현실을 감안하여 절충한 사회개혁안을 강구, 반계와 성호의 뒤를 계승 집대성했다.

2. 研究方法

인구의 연구는 한 마디로 인구의 구조와 변화 과정의 연구라고 할 수 있다. 여기서 인구의 구조라 함은 인구의 크기, 분포 및 구성을 말하며 변화 과정이란 출생, 사망 및 인구이동을 일컫는다. 한 나라에서 다른 나라에로의 이민이 없거나 미미할 경우 우리는 출생과 사망의 차로 인구증가를 알 수 있다. 대체로 전근대사회의 인구는 폐쇄된 인구(즉 인구의 국외 이동이 없는)로서 출생과 사망에 대한 자료가 있을 경우 인구증가를 추계할 수 있다.

우리의 연구 대상 실학자들이 인구의 구조 자체, 즉 인구의 규모·분포·구성에 대해 논의한 것은 田制나 戶口篇에서 빈번히 찾아볼 수 있었으나, 변화 과정, 즉 출산력·사망력·이동력에 대해 직접적으로 논의한 것은 찾아 볼 수 없었다. 그러나 실학자들은 이들 변화 과정에 영향을 주는 변수들에 대해서는 풍부하게 논평하고 있다. 본 연구에서는 이동력을 제외하고 출생과 사망에 대해 직접적, 간접적으로 영향을 미치는 변수들을 가지고 분석해 보고자 한다.

출산에 영향을 미치는 요인들

出生水準은 여러 가지 사회, 경제, 문화적 요인에 의해 영향을 받는다. 그러나 교육수준, 소득, 종교 등 요인들이 모두 직접적으로 출생과 관련되어 있는 것은 아니다. 출생 그 차제는 임신–출산의 생리적인 현상의 결과이며 임신–출산이 여러 가지 다른 사회, 경제, 문화적 요인과 관련되어 있다. 임신의 전제조건은 우선 性交接이며 性交接은 그 사회의 결혼제도와 깊이 연관되어 있다. 임신은 물론 정식 결혼관계에서만 있을 수 있는 것은 아니다. 합의동거가 인정되고 혼인신고를 하지 않아도 되는 나라도 중남미 제국에서 찾아 볼 수 있다. 그러나 일반적으로 남녀간의 성교섭은 혼인관계 내에서 이루어지며 따라서 임신의 전제조건으로서 혼인은 절대적 요건이 된다. 결혼의 개념은 각 사회마다 또 시대에 따라 다르지만, 결혼의 일차적 기능이 가족성원의 재생산이었음을 고려할 때 결혼은 출생의 가장 기본적인 메카니즘으로 볼 수 있다.

결혼을 했다고 해서 모두 임신할 수 있는 것은 아니다. 남녀 모두 임신 능력이 있느냐, 피임을 하느냐의 여부 등은 바로 쉽게 알 수 있는 임신을 좌우하는 요인들이다. 임신을 했다 하더라도 자연유산, 인공유산 등에 의해 정상적으로 출산되지 않을 수도 있다. 이와 같이 임신-출산 과정에 직접적으로 관련되어 있는 제반 생물학적 내지 사회문화적 요인을 가리켜 출산의 中間變數(intermediate variable)라고 한다. 다른 사회경제적 요인은 대부분 중간변수에 영향을 줌으로써 간접적으로 출산력에 영향을 미치게 된다. 중간변수에 관한 개념도식은 여러 가지가 있으나 그 대표적인 것으로서 데이비스(Kingsly Davis)와 블레이크(Judith Blake)가 제시한 것을 다음에 소개한다.15)

1) 性交 可能性에 영향을 미치는 要因들(性交要因)
   (1) 再生産期에 있어서 性交關係(sexual union)의 形成과 解體에 관련된 요인들
      ① 性交 관계를 시작하는 나이
      ② 永久 독신 즉 평생 성교 관계를 갖지 않는 부인의 비율
      ③ 성교 관계가 끝난 후 맺는 성교 관계 사이의 공백기간(이혼, 별거, 棄妻, 남편의 사망 등을 일컫는다)

15) Kingsley Davis and Judith Blake, "Social Structure and Fertility," Econmic Development and Cultural Change, Vol. 4 (1955~51), pp.211-235.

(2) 성교관계를 가질 동안 이에 관련된 요인들
① 자의적 성교기피
② 非自意的 성교기피(성불구, 질병, 불가피한 일시적 기피)
③ 성교 횟수
2) 임신에 영향을 미치는 요인들(임신변수)
(1) 非自意的인 가임성 또는 불임성(신후불임 등)
(2) 피임법의 사용 혹은 非사용(기구, 화학제 및 기타 방법)
(3) 자의적인 可姙性 또는 不姙性(수술, 의학치료 등)
3) 출산에 영향을 미치는 요인(출산요인)
(1) 비자의적 요인에 의한 태아사망(자연유산 사실)
(2) 자의적 요인에 의한 태아사망(인공유산)

사망에 영향을 주는 변수들

출생과 마찬가지로 사망도 근본적으로 생물학적, 생리학적 현상이나 사회적–규범 문화적 요인들이 간접적으로 작용한다. 전쟁, 기근, 질병 등은 물론 사회적 현상이며, 노화 유전등도 사회제도와 깊은 관계를 갖는다. 그러나 이와 같은 요인들은 기실 그 원인을 규명하기가 출생의 요인들보다 훨씬 더 어려우며 과거사회에 관해서는 더더욱 기록을 찾기가 힘들다. 출생과 사망은 인구 변화 과정으로서 같은 비중을 갖고 있다. 그러나 출생은 다분히 위에서 기술한 바와 같이 의지에 의해 제도적으로 결정되나 사망의 경우 개인의 의지에 의해 결정되는 경우가 드물기에 사회과학자들의 활발한 연구대상이 될 수 없었다. 이에 대해서는 앞으로 많은 연구가 기대되며 본 연구에서 사망은 제외한다.

따라서 본 연구에서는 먼저 인구 전반에 관련된 실학자들의 언급을 다루었다. 이어 출산을 중심으로 한 규범적 문화적 요인들에 대해 다음과 같은 분류 아래 분석했다.

1) 人口一般에 관한 요인
① 자료에 대한 관심 (戶口, 戶籍, 兵籍, 役稅)

② 인구 증가에 대한 관심(田制, 人口增加, 人口數)

③ 인구 扶養 (救恤, 養老, 孤兒扶養, 壽命)

2) 多産論과 少産論

(1) 혼인 形成에 관한 요인

① 혼인, 독신, 亂婚, 축첩, 一妻多夫

② 同族婚, 近親婚

③ 初婚年齡, 早婚

(2) 혼인 解體에 관한 요인

④ 이혼, 별거, 棄妻, 棄夫, 姦淫

⑤ 守節, 貞節

⑥ 改嫁, 嫡庶

(3) 임신(受胎)에 관한 요인

⑦ 男女交合

⑧ 不姙

(4) 出産에 관한 요인

⑨ 태아, 영아 사망

⑩ 出産

Ⅲ. 研究結果

1. 人口一般에 관한 요인

1-1 자료에 대한 관심

人口 자료에 대한 관심은 대부분의 학자들의 다 표명하고 있으나 특히 磻溪와 茶山이 각별한 관심을 가졌다.

磻溪는 다음과 같이 인구조사의 중요성을 강조한다. “상고하건대, 나라를 위하는 근본은 백성의 수를 주지함에 있으니 백성의 수가 주지되지 못하면 일이 균일하지 못하고 일이 균일하지 못하면 비록 나라를 일으키고 다스리고자 하되 될 수가 없는 것이다."[16] 또한 人口가 증가된 주.현의 장관들을 포상하고 감소된 주·현의 장관들은 폄하시킬 것을 주장한다.

"주현의 관인들이 백성을 撫有함에 있어 호구가 增益한 자는 각각 현재의 호구를 표준하여 그것을 十分하여 논하고 매양 一分을 더할 때마다 각각 한등급을 올려 考査하며…호구가 줄어진 자는 戶口가 一分 줄어지면 그 벼슬도 한 등급을 내린다."[17]

"그 토지와 戶口의 늘고 준 것을 비교하여 백성을 사랑하며 기르고 농사에 힘쓰고 하였는지와 그것이 불능하였는지의 사실을 징험하여 考定한다."[18]

茶山도 "戶籍이란 여러 가지 賦稅와 모든 徭役의 근본이니 호적이 고른 후에 賦와 役이 고르게 된다"[19]하며 호적의 중요성을 강조하고 정확성을 위해 전후 비교법을 사용할 것을 권장한다.

"호적을 개정하는 申, 巳, 亥가 드는 해가 되면 지난 개정시의 여러 鄕과 여러 河里의 총 호수를 따로 책을 만들어 참고하고 열람하기에 편하게 하고 앞서 만든 가좌부와 대비한다."[20]

"다음에는 각호의 가옥, 전지, 직업, 연령, 내력,계급, 노소, 가축 등을 기입한 호구조사부를 만든다"[21]

특히 자료의 유실을 염려하여 세 벌을 만들어 한 벌은 縣에, 한 벌은 州에, 한 벌은 戶部에 보낸 古法을 따를 것과[22] 후세에 이르러 호

16) 「磻溪隨錄」 卷三 田制後錄 上

17) 上揭書 卷十三 任官之制

18) 同上

19) 「牧民心書」 卷六 戶典六條 第四條 戶籍

20) 同上

21) 同上

22) 「經世遺表」 卷十三 地官修制 戶籍法

적에 인구 및 재산조사가 병합되었으므로 그 자료의 중요성이 더욱 크다고 본다.

"주나라 법은 司民이 백성의 수효를 기록한 판을 올리고 鄕大夫와 遂人이 그 夫家(남녀)의 많고 적음과 六畜, 車輦의 많고 적음을 정했다. 후세제도는 이 두가지 일을 호적에다 합쳤으니, 이 법을 가볍게 여겨서는 안된다."[23]

"인구판적은 3년만에 한 번 만들고 자산부적은 9년만에 한 차례 만들면 거의 옛 뜻에 합당한데 10년에 한 번 만든다는 것은 근거가 없다."[24]

茶山은 이와 같이 센서스의 간격이 후대에 이르러 늦춰지게 된 것을 통탄하고 인구조사를 통한 부정행위에 대해 다음과 같이 엄격한 형벌을 가할 것을 요구했다.

"만약 자기의 成丁人口를 은폐하고 누락해서 호적에 넣지 않고 年狀을 증감해서 망령되이 늙은이·어린이와 폐질로 꾸며서 差役을 면한 것이 1~3명까지 있으면 그 家長을 杖 60에 처하고 세 사람을 더할 때마다 죄1등을 더하는데 杖 1백에서 그친다."[25]

그러나 반계는 물론 다산에 이르러서도 이들이 주장하는 인구조사로서의 호적은 현대적인 의미의 센서스가 구비해야 되는 요건을 갖추지 못한 것이었다. 즉 男女老少를 막론하고 누구나 대상이 되어야 한다는 보편성이 결여된 것이었다.

"주나라 법은 어린이 이상을 모두 판적에 기록하였다. 후세의 법은 成丁하기를 기다리기도 했고, 혹은 어린이도 모두 기록하기도 했다. 나는 5세 미만의 인구는 수에 넣을 수 없다고 생각한다. 혹 마마, 혹 역질로 요사하는 것이 매우 많은데, 5세가 되도록 요사하지 않으면 그 성장을 기대할 수 있다."[26] 이와 같은 주장은 당시 黃口簽丁의 폐

---

23) 同上

24) 同上

25) 同上

를 지양하기 위한 방편으로서 芝峰도 茶山보다 200여 년 앞서 다음과 같이 그 폐단을 논하고 있다.

"지금 우리 나라에서는 16세를 정(丁)으로 하고서 군사의 정원을 정하고 있으므로 수령들은 책임을 벗어나려고 젖내 나는 어린애까지 나이를 속여 억지로 충원시키고 있다. 天理를 상케 하고 백성을 곤란케 하는 것이 또한 심하지 않는가?"[27)]

茶山도 군적에 든 백성 집에서는 식구 숫자에 따라 軍布를 물게 되므로, 가난한 백성은 피임 방법을 모르고 견디다 못해 생식기 즉 陽을 자른 소식을 듣고 이를 슬퍼한 時를 지었다. 그 제2연에 보면

"출정 나간 남편이 다시 못 옴은 그럴듯도 하지만 옛날 이래 사내가 陽을 자른단 말 듣지 못해…"[28)]

磻溪도 조세와 부역의 침해가 없는 것이 부강의 길이라고 보고 軍을 民과 엄격히 분리하여 양성하지 않는 民兵連用을 주장했다.

"백성의 生業이 이미 고르고 구실이 이미 한결같고 規定외의 가로채는 侵害가 없으면 人口의 증가와 산업의 흥하기를 기약하지 아니하여도 스스로 富하고 盛할 것이다."[29)]

"상고하건대 군사와 농민의 나뉨은 그보다 더 큼이 없는 害이니 군사를 기름이 적으면 쓸 일이 있을 때 넉넉지 못하고 많으면 백성이 먼저 병들고 나라가 따라서 무너지는 것이니 이는 理致와 형세의 반드시 그러한 것으로서 …징험할 수 있는 것이다."[30)]

1-2 인구 증가에 대한 관심

당시 노동 이외의 생산수단은 토지였으므로 우선 토지분배에 관한

---

26) 同上

27) 「芝峰類說」: 卷三 兵政部 兵制

28) 「與猶堂全書」 卷四 詩

29) 「磻溪隨錄」 卷四 田制後錄 下

30) 上揭書 卷二十一 兵制

사상을 살펴 봄으로써 인구와 토지간의 압박(population-land pressure)을 알아 보고자 한다.

田制에 관해서는 磻溪가 가장 풍부하게 논의를 전개하고 있으며, 앞서 그의 경제사상 개요에서 지적한 바와 같이 근본적인 토지개혁과 자영농민의 육성을 力說했다.

"…토지를 나눠 줄 때에 사람은 많되 토지가 적거나 토지는 많되 사람이 적거나 하는 폐단이 없지 아니하며…"[31]

"…토지를 여러 사람이 희망하되 조건이 동일한 자는 戶內의 식구가 많은 자를 먼저 許하고 戶口가 동일하면…"[32]

또한 백성들은 20세가 되면 토지를 타고,[33] 軍士는 60세에 병역을 면제시키고 토지를 반납하도록 해야 한다.[34] 農業生産性에 대하여 자연 환경 조건과 더불어 人事를 지극히 해야 할 것(力耕)을 강조했다.[35]

磻溪는 대체로 인구수가 많으면 거름도 넉넉하고 수확도 높으리라고 가정하고 있다.

"…人物이 극히 많은 때라고 하면 이 지방도 또한 장차 번성하여질 것이다…"[36]

"…이는 지금 남방과 같은 곳은 대개 해마다 常耕하는 땅이요, 간혹 메마르고 자갈지고 한 땅이 섞여 있으되, 사람이 이미 많이 번성하여 넉넉히 거름을 보통보다 곱절을 하여 많은 수확을 얻고 있으니 진실로 여기에 論할 것도 없다."[37]

---

31) 上揭書 卷一 田制 上 分田定稅節目

32) 同上

33) 同上

34) 同上

35) 同上

36) 同上

37) 同上

燕巖도 磻溪와 유사한 주장을 하고 있으나 그는 더 구체적으로 실제 郡縣자료를 이용하여 가구당 인구수를 추계하고 연간 농가 1가구당 소득을 다음과 같이 계산해 놓았다.

"가령 군내 호구 전체가 농가이고, 농부 1人이 모두 위로 부모를 모시고 아래로 처자를 거느리고 있다고 보아, 현재 남녀 1만 3천 5백 8명의 인구를 4천 1백39호의 가호에다 對比하되 1가구를 5명의 식구를 단위로 설명해 보면 5명의 식구가 되는 가호수는 불과 2천7백2호 밖에 안된다. 대체로 1가호가 5명도 안되는 식구로는 거름도 내기 어렵고 力農을 할 수가 없다. 때문에 1가호가 최소한 5명의 식구는 되어야 비로소 농사를 지으라 할 수 있을 것이다."[38]

"이 중에서 조세가 72말이 되고, 각종 곡식의 종자 89말 7되를 제하고 나면 실제로 남는 것은 33섬 10말 8되가 된다. 이것이 바로 1가 5명 식구의 1년간의 식량이다."[39]

당시 磻溪를 위시한 실학자들은 대부분 인구-토지간의 압박은 없는 것으로 보고 토지분배 등 제도적인 문제에 관심을 집중시키고 있음을 다음과 같은 서술을 통해 볼 수 있다.

"사람은 모두 하늘이 내신 天民이로되…人才의 부족함을 거정하는 것이니, 人才의 지나치게 많아짐은 근심할 일이 아니다."[40]

"…천지의 조화가 이와 같은 理가 없으니 사람이 땅에 사는 것은 고기가 물에서 사는 것과 같음에 있는지라, 고기가 많아서 물이 그것을 이기지 못하였다는 말은 듣지 못하였노라. 과연 땅이 적다고 하면 지금에 한 사람이 많은 땅을 점령하고 여러 사람에 땅이 없는 것은 걱정할 것이 없다 하고 일단 고르게 나눈 뒤에 혹 남은 사람이 있을 것을 걱정할 일이라고 하는가."[41]

---

38) 「燕巖集」 卷之十六 限民名田議

39) 同上

40) 「磻溪隨錄」 卷九 敎選之制 上

41) 上揭書 卷二 田制 下

楚亭도 그의 「北學議」 농잠총편에서 인구는 나날이 증가하여도 국력이 부족한 것은 어째서인가라는 의문을 제시하고,42) 과거 응시 인구가 전례 없이 늘어나는 것 등을 예로 들어 농사에 전념해야 할 수십 만의 인구가 과거에 응시하는 등의 폐단을 지적하고 제도적 문제의 해결을 강구해야 한다고 주장했다.43)

1-3 人口扶養(救恤, 養老, 孤兒扶養)

실학자들은 모두 사회문화적 가치의 우선 순위를 추구, 선택함에 있어 인간 생명의 존엄성을 들고 있다. 인간 수명의 연장과 흉년에 대비한 荒政을 牧官과 有司의 가장 중요한 임무로 여겼다. 여기에 대표적 학자로서 반계, 성호, 초정, 다산의 논술을 들어 본다.

磻溪는 "만일 불행하여 凶荒을 만나 荒政에 마음을 오로지하여 정성껏 구제함으로 백성이 흩어져 流離하거나 굶거나 하는 걱정이 없는 것이라"44)하여 牧民의 자세를 밝히고, 星湖도 천만 인을 살릴 수 있는 공덕으로도 한 사람을 죽인 죄악을 속죄할 수 없다고 했다.

"옛날 불초한 남자가 있었는데, 그의 누이동생이 중병을 앓다가 다량의 앵도를 씨까지 아울러 먹고 드디어 완치되었다. 그 남자가 생각하기를 '누이동생 하나를 죽여서 천만 명의 목숨을 살림이 옳겠다'하고 드디어 배를 가르니 간과 격막이 모두 썩었는데, 앵도씨가 엉켜 살이 돋아났다. 이에 간을 보호하는 처방은 얻었으나 그 천만 인을 살린다는 공덕이 한 누이동생을 죽인 죄악을 속죄하지는 못할 것이다."45)

楚亭은 인간의 수명 연장은 누구나 기원하는 바이며 이것을 하늘의 뜻에 돌리기보다는 식량을 증산하여 실현해야 한다는 실용주의를 내세운다.

---

42) 「北學義」 外篇 農蠶總論

43) 上揭書 科學論一

44) 「磻溪隨錄」 卷三 田制後錄 上

45) 「星湖僿說」 卷之十五 人事門 五臟圖

“人主로서 생명이 영구하기를 하늘에 기도하며, 수련하여서 나이를 늘리고 수명을 연장하려는 것과, 농사에 힘써…천하에 나이를 늘리고 수명을 연장하는 데에 오곡보다 나은 것이 없다. 곡식이 더욱 풍부하여 백성이 더욱 壽하게 되려면 하늘에 기도하는 것보다 농사에 더욱 힘을 써야 할 것이다.”[46]

茶山은 수령의 업적을 평가하는 9개 강령 중 愛民조목의 3항에 곤궁한자를 진휼하는 것을 들고 있다.

“궁한 자는 홀아비, 과부, 고아, 자식 없는 늙은이며, 진부한다는 것은 들어서 위문한다는 뜻이다. 일흔 살 이상인 사람으로서 아내가 없거나 남편이 없거나 또는 자녀와 형제간의 의탁할 만한 곳이 없는 자는 관에서 진휼함이 마땅하다”[47]하고 버려진 아이, 부모 잃은 젖먹이, 8살 이전의 무의탁 아동은 의당 천리에 따라 양육시켜야 되며, 이들을 돌보지 않는 牧官은 죄가 있다.[48] 특히 흉년이 들면 굶주린 백성들은 자식을 마치 헌신짝같이 버리니 이것을 거두어 길러야 한다 하고[49] 宋代의 慈幼局을 칭송하여 본받아야 할 것을 지적했다.

“慈幼란 고아를 불쌍히 여겨 구하는 것이다. 위유(魏儒)의 사고론(四孤論)에 병란과 기근을 만나 자식을 파는 자가 있고, 도랑에 버리는 자가 있으며 낳자 마자 부모가 죽고 돌볼 자가 없어 꼭 죽게 된 자가 있으며 五月에 낳은 아들을 버려서 거두지 않은 자가 있으니 아이 없는 가정에서 수양아로 교육을 시켜 성인이 되거든 사실을 말하여 본성으로 돌려 주는 것이 옳을 것 같다. 송나라 제도에 군현에는 慈幼局을 세웠는데 가난한 집에서 자식을 기를 수 없으면 여기에 맡기는 것을 허락했었다. 혹시 자식 없는 이는 이곳을 찾아서 수양아로 삼도록 하니 길가에 아이를 버리는 일이 없었다 한다.[50]

---

46) 「北學議」 外篇 祈天永命

47) 「經世遺表」 卷四 天官修制 考績地法

48) 同上

49) 「牧民心書」 卷三 愛民六條 第二條 慈幼

茶山은 특히 신생아를 버리는 것을 국법으로 거두어야 한다고 한다. "갓난아이를 버린 것은 이를 길러서 자녀를 삼고, 떠돌아 다니는 어린이가 있으면 이를 길러서 노비를 삼을지니, 모두 마땅히 국법을 申明해서 上戶에 효유(曉諭)할지니라."[51]

2. 婚姻形成 및 解體, 임신과 출산

A. 혼인 형성에 관한 요인

2-1 婚姻·獨身·亂婚·一夫多妻 및 一妻多夫

혼인 장려

17~19세기 조선 후기 우리나라는 보편혼(universal marriage)이 제도화되어 혼인을 권장하고 독신을 매도했다. 이는 앞서 말한 바와 같이 禮記의 불효사상과 유학의 중심 인물이었던 맹자의 不娶無子가 가장 큰 불효라는 가르침에 따른 것이라 볼 수 있다. 우리의 연구 대상 실학자들은 모두 혼인을 권장한다.

磻溪는 여자가 나이 많되 시집가지 아니하는 자는 죄를 주어 남자로 하여금 홀로 지냄이 없게 하고 여자로 하여금 홀로 늙는 원망이 없게 하여 백 년을 生育하여 각각 安居하는 땅을 삼으면, 8도의 안 스스로 開廣한 땅이 없고 장차 기약치 아니하고도 저절로 富하고 盛하게 된다 하고,[52]이어 가령 나이 칠십 팔십이 차고 아들의 관례를 행하고 아들을 낳고 천거에 뽑히고 혼인을 하고 하는 類는 모두 축하해야

---

50) 同上

51) 上揭書 卷十三 賑荒六條 設施

52) 「磻溪隨錄」 卷四 田制後錄 下

한다고 한다.[53]

茶山은 「牧民心書」에서 혼인을 권하는 정책은 우리 나라 列聖의 遺法이니 令長으로서 의당 준수해야 한다고 못박고,[54] 孟春에 과년하여 아직 혼인을 못한 자를 골라서 仲春에는 함께 성혼토록 할 것을 令長의 의무로 삼았다.[55]

실학자 중 가장 후기 학자인 惠崗도 "집안이 가난하여 시집 장가가지 못하는 사람이 있으면 仁政 아래서는 홀아비와 홀어미가 없도록 도와 주고 좋은 세속에서는 백성이 서로 도와서 시집 장가를 보내주는 것이다. 그 주선하는 일에는 모두 변통이 있을 수 있으니 미치지 못한 자는 발돋움 하여 나아가게 하고, 지나친 자는 억제하여 물러나게 한다"[56]고 주장한다.

독 신

불교의 탄압은 최근세까지 심하여 星湖는 부녀자의 비구니됨을 失行으로 논하고 또 권유자도 중죄로 다스린 것을 좋은 법이라 칭송하여 혼전 혹은 혼후의 입산수도를 위한 독신을 억제했다.

"고려 말기에 법을 세우기를 '무릇 중으로서 人家에 묵는 자는 犯奸으로 논하고, 모든 부녀는 부모의 상을 당하였더라도 절에 갈 수 없으며 어기는 자는 失節로 논하고, 비구니가 된 자는 失行으로 논하며, 감히 부인의 머리를 깎는 자는 중죄로 처벌한다' 하였는데 이 뜻이 매우 좋다."[57]

---

53) 上揭書 卷九 敎選之制 上

54) 「牧民心書」 卷三 愛民六條 第三條 振窮

55) 同上

56) 「氣測體義」 神氣通 卷三 生通 生在天事在人

57) 「星湖僿說」 卷之七 人事門 婦女爲尼

축첩 및 일처다부

축첩에 대하여 茶山은 특히 목관은 근신해야 할 것을 강조한다.

“수령이 근신하지 않고 사랑하는 첩을 두게 되면 작으면 집안에서 싸우고 크면 관청 밖에까지 떠들썩하게 되어 체모를 잃을 뿐 아니라 이는 본래 나라에서는 금하는 일이니 이런 일이 없도록 명심해야 한다.”58)

茶山보다 백 년 앞서 星湖도 남자들의 축첩이 인정됨은 사리에 어긋남을 지적하고 있다.

“그러므로 양반집에서 과부가 되면 죽을 때까지 수절하였고, 천한 사람들도 이 풍속을 따라 개가하지 아니하였는데, 남자는 첩을 많이 두어도 금하지 아니하였으니 거의 사리에 맞지 아니한 듯하다. 또 들건대 경상도와 전라도해변 지역에는 남편 없는 여자로서 나그네가 요구하면 쉽사리 얻을 수 있다하여 제주도에는 한 사람이 아내를 셋 내지 다섯까지 두는 사람이 있다 하니 이것도 물이 가까운 곳에서는 여자가 많다는 증거이다.”59)

星湖보다 다시 백년 앞서 芝峰은 一妻多夫型을 奇習으로 여기고 性比의 과소로 인한 난혼 현상까지 지적하고 있다.

“탐라는 절해의 가운데에 있어 남자가 적고 여자가 많은 까닭으로 한 남자가 수십 명의 아내를 가진 경우도 있다. 비록 가난한 사람일지라도 최소한 열명의 아내를 가진다. 그 아내들은 힘들여 일해서 그 남편을 먹인다.”60)

“제주 촌 동네 여자들은 배필이 있는 사람이 드물다. 매년 3월에 군사들이 들어오면 여자들은 곱게 단장하고 술을 들고 別刀浦로 마중나와 술 대접을 하고 그의 집으로 맞아들인다. 8월에 방위를 끝내고 돌아갈 때에는 울면서 배웅한다.”61)

58) 「牧民心書」 卷二 律己六條 第三條 齊家

59) 「星湖僿說」 卷之一天地門 女國

60) 「芝峰類說」 卷二 諸國部 風俗

61) 同上

2-2 同族婚·近親婚

조선시대에는 동족혼과 근친혼을 엄금한 族外婚制度가 시행되고 동성동본 不相婚은 가장 중요한 혼인조건이 되었다. 실학자들 중 초기 인물인 芝峰은 "동성과 혼인하지 않음은 禮다. 예전엔 그 성을 모르면 점을 쳐 본다 했다. 고려 때 국왕이 동성과 혼인하니 사대부와 庶人은 말할 것도 없다. 本朝에 사대부집에서는 예범을 따라 혼례를 삼갔으나 동성으로 貫이 다른 사람은 동성이 아니라 하여 가리지 않았으니 중국에서 이를 보고 비웃었다."[62] 한다.

星湖는 이에서 더 나아가 더욱 가상한 일은 外親과도 서로 혼인하지 않는 것이라[63] 하고, 18세기에 이르러 우리 나라에서는 동족불혼제가 강화되었음을 지적하고 그 정당성을 옹호한다.

"우리 나라는 백여 년 전부터 外親도 本親과 같이 여겨 五世가 지난 후까지도 결코 혼인하지 않은 것이 풍속이 되어 행함에 폐단이 없다."[64]

"어머니쪽(母系)과도 혼인하지 않음은 夷風이라고도 하나, 이는 害敎論에 불과하다. 父와 母의 服을 3년 입음은 그 은혜가 지극히 큼이라 이 또한 도리에 맞는 일이다."[65]

또한 星湖는 우리 나라 고대와 고려시대의 근친상혼을 부끄럽고 추한 것으로 보았다.

"신라 시절에 堂從親과 혼인하면서도 그 부끄러움을 몰랐으니 고려 태조가 이에 익숙하여 이와 같이 추한 일을 계속했다. 용종(성골 등 골품)을 보존한다는 등의 설은 더욱 허황하여 이를 바가 못된다."[66]

茶山도 星湖 및 선배 학자들의 논지를 따랐으므로 생략한다. 이와

---

62) 「芝峰類說」 卷 十七 人事部 昏娶, 李能和, 「朝鮮女俗考」, p.26에서 再引用

63) 「星湖僿說」 東國美俗條, 李能和 「朝鮮女俗考」, p.30에서 再引用

64) 「星湖僿說」 東國美俗條, 金斗憲, 「朝鮮家族制度研究」, p.534에서 再引用

65) 上揭書, 李能和, 「朝鮮女俗考」, p.29에서 再引用

66) 上揭書, 李能和, 「朝鮮女俗考」, p.21에서 再引用

같이 동성과 동족간의 혼인은 外婚制가 실시되고 옹호되었으나, 계급간 즉 사대부와 서인, 양반과 상민간의 통혼은 직접, 간접으로 금지되어 있거나 부당하게 여겼다. 이에 더하여 지역간의 차이도 일종의 계급간의 차이로 인식되어 18세기초 淸潭 李重煥은 "나라의 풍속이 문벌을 중히 여기어 서울 사대부는 서북인과 혼인하거나 대등하게 사귀지 않았고, 서북인도 또한 감히 사대부와 더불어 대등한 교제를 하지 못하였다"[67]고 개탄한다.

2-3 初婚年齡 · 早婚

星湖는 "…대개 옛날에는 20세에 관례를 하고 30세에 장가를 간다고 했으나, 이는 대략을 말한 것이요, 반드시 20세에 관례를 지냄이 아니므로 남자가 관례를 지내면 상(夭折)하지 않는다 하였으며, 장가를 가는 것도 반드시 30세 때 가는 것이 아니므로, 공자가 20세에 리(鯉)를 낳았다 하였으니 15세가 지나면 관례를 갖추고 장가도 갈 수 있다"[68]하여 남자의 적당한 초혼 연령을 15세로 보았다.

茶山은 다음과 같이 그의 혼인연령에 관한 의견을 개진한다. 혼인은 인간의 대사이니 결혼할 연령이 지났어도 결혼하지 못한 남녀가 있으면 수령으로서 결혼시키도록 해야 한다. 越王 句踐이 명령을 내리기를 '여자 17세에 시집가지 않고 남자 20세에 장가들지 않으면 그 부모에게 죄가 있다' 하였다. 漢惠帝 六年에 명령을 내리기를 '백성들 중에 여자 나이 30에 시집 보내지 않으면 벌금 600냥을 물린다' 하였다. 옛날에도 30에 장가들고 20에 시집간다고 하였는데, 이는 그 나이를 넘어서는 안된다는 것을 한정한 것이다. 그러나 남자는 25세로 한정하는 것이 좋을 것이라 하고,[69] 최고 혼인연령을 남자의 경우 25세로 더 낮추고 있다.

---

67) 李重煥, 「擇里志」 成鏡道

68) 「星湖僿說」 卷之十五 人事門 父事兄事

69) 「牧民心書」 卷三 愛民之條 第三條 振窮

이어 茶山은 다음과 같이 주장한다.

"고을 안의 남자 25세 여자 20세 이상으로 골라서 그들의 부모가 재산이 있고 친척이 있는 자들에게는 독촉하여 성혼하도록 하여 뒷날로 미루는 자는 처벌하도록 하고 친척도 재산도 없는 자에게는 마을에서 덕이 있는 자를 시켜서 중매들게 하여 짝을 맺어 성혼하도록 한다."70)

「반계수록」에서 磻溪는 조혼의 폐습을 논하고 "조혼은 왕실 자녀들이 더욱 심하다. 남녀의 혼인연령은 體制에 따르고 조혼을 금해야 한다. 古禮에 남자는 30에 장가들고 여자는 20에 시집간다 하니, 오늘날 남자는 16~30세에 여자는 14~20세에 혼인하나, 왕실 자녀들은 아주 어릴 때에 혼인하여 귀족들이 모방하고 이것이 풍속이 되어 敎化를 상하게 하고 요절하는 원인이 되니 禮制에 따라 위법을 금해야 한다"71)고 주장한다.

B. 婚姻解體에 관한 요인

2-4 離婚·出妻·棄夫·姦淫

앞서 혼인 형성에 관한 사회적 제약에 대해서는 실학자들이 대체로 찬성하고 있었으나, 혼인 해체에 대한 사회적 제약에 대해서는 다음 절에 나오는 守節, 정절을 제외하고는 대체로 비판적인 태도를 보이고 있었다. 우선 이혼과 출처에 대하여 星湖는 "우리나라에는 출처에 대한 조문이 없다. 兪某란 자가 그 아내의 음란한 행실을 들어 관가에 고하고 두 번이나 소송을 제기했으나 송사가 이루어지지 않았고 아내 역시 패만하여 부부의 체통이 없었다. 그러나 중신들은 모두 국법에 出妻의 조문이 없다 하여 이혼을 허락하지 않았다. 나는, 비록 출처의 조문은 없지만 출처하지 않는다는 증거는 또 어디에 있는가,

---

70) 同上

71) 「磻溪隨錄」, 李能和, 「朝鮮女俗考」. p.61에서 再引用

출처하는 것이 진실로 폐단은 있으나 부모에게 불효하고 음란한 행실이 있어 도저히 그대로 둘 수 없는 여자도 끝내 국법에 의하여 축출하지 않겠는가 하고 생각한다"[72]하고 이것은 改嫁금지에 대한 역기능 현상임을 지적하고 法의 융통성 있는 적용을 강구해야 할 것을 주장한다.

"국법에 개가한 사람의 자손은 淸職을 허가하지 않으므로 士族이 그것을 부끄러워 한다. 그 流弊는 '아내가 비록 絶悖한 행실이 있더라도 출처법이 없음을 핑계하여 이혼을 허락하지 않는다. 그래서 여자의 권리가 너무 중하여 家道가 없어진다. …저 여자들은 천성이 불량하고 또 내쫓는 법이 없으니, 성인의 지혜라도 어찌할 수 없다. …성인이 어찌 이를 생각하지 아니하고 七出(즉 칠거지악)의 제도를 만들었겠는가? 법이란 폐단이 없지는 않으나, 불효 불순하고 예의를 무너뜨리고 집을 어지럽히는 것이 더욱 害가 됨을 보지 못하였던가?"[73] 이와 같이 가도를 어지럽히는 부인의 출처는 찬성하고 있으나 부인들이 남편을 버리는 것(棄夫)은 엄단해야 한다는 모순된 주장을 하고 있다.

"…程子가 말하기를 '굶어 죽는 일은 극히 작고 절개를 잃는 일은 극히 크다' 하였으니, 아무리 빈궁하고 외로운 청상과부라도 개가를 해서는 안 될 것인데, 하물며 남편이 살아 있는 아내가 집을 떠나서야 되겠는가? 만일 스스로 생활을 영위할 수 없다는 이유로만 다른 남자를 구한다면 이는 돈 있는 남편만을 생각하고 제 자신의 명분은 돌아보지 않는 것이니 이런 무리는 관청에서 엄중하게 처단하여 다시는 이런 간사한 행위가 싹트지 않도록 해야 할 것인데, 오히려 그런 청을 들어 주니 장차 그를 본받아 방종하는 악습(즉 이혼)을 어떻게 억제할 것인가?"[74]

72) 「星湖僿說」 卷之十五 人事門 離婚

73) 上揭書 卷之八 人事門 出妻

74) 上揭書 卷之七 人事門 婦棄夫

강간 특히 犯上의 경우 茶山은 良女를 강간한 액례(掖隷)를 잡아 霜臺에서 杖殺했다고 경고한다.[75] 婚外男女交合과 荒淫은 모든 실학자들이 규탄하고 강력히 제재할 것을 권장한다.

磻溪는 음탕한 계집과 서로 통하는 자…규탄하고 경계하여…벌을 논하고 笞十에 처하며, 음탕한 창녀, 기생, 무당의 類는 결코 학교의 가까운 곳에 왕래할 수 없게 해야 하며, 야비한 일이나 여자의 물색이나 잡신의 간사한 일이나 인륜에 어그러지는 悖亂한 일이나 거리와 골목에서 유행하는 야비한 말 같은 것은 모두 입 밖에 내어서는 안 된다[76]하고 이어 강간한 자는 처벌되어야 한다고 주장한다.

"비록 시골 마을의 小民이라도 남녀의 장가들고 시집가고 하는 것은 반드시 그 道로서 인륜의 시초를 바르게 하여야 하는 것이니 만일 억지로 사나운 짓을 하여 겁간하는 자는 죄를 논하고 관에 보고하여 법률로 처리하며…"[77]

星湖도 황음은 수명을 해친다고 주장한다.

"…공자가 말하기를 '잠자리(寢處:女色을 말함)를 무시로 하고, 음식을 조절하지 않으며, 勤勞와 안일이 도에 지나치면 병이 한꺼번에 몰려와서 죽는다'고 하였다. 이 세 가지 중에 사람을 죽이는 것은 女色이 더욱 심하다. 홀아비로 늙은 사람치고 건강하지 않은 사람이 없으니, 이로써 품명(禀命)의 年限을 채우는 사람이 대개 드물다는 것을 알겠다."[78]

惠崗은 비합법적 부부관계는 정상적 부부관계의 적이 된다고 한다.

"아내는 맞이하고 첩을 정하는 제도를 무시하고 다를 사람의 규방을 침범하는 자는 女色의 亂賊이다."[79]

---

75) 「經世遺表」 卷四 天官修制 考績之法

76) 「磻溪隨錄」 卷九 敎選之制 上

77) 同上

78) 「星湖僿說」 卷之八 人事門 醫藥

79) 「氣測體義」 神氣通 卷三 生通 妻妾産育

2-5 守節·貞節

삼강오륜에 입각한 유교사상은 최근가지 우리 나라 사회체제를 지배한 절대적 사상이었음은 주지의 사실이다. 실학자들은 다음 절에서 논의하는 바와 같이 개가 금지와 서얼 차대에 대해서는 이의를 제기하고 있으나 수절·정절에 대해서는 예외 없이 갸륵하게 기술하고 표창할 것을 권장한다.

우리 실학자 중 최초의 학자 芝峰은 변란 때 정절을 지켜 달게 목숨을 버리면서 흉악한 적도에게 더럽힘을 받지 않은 이가 수없이 많았고 무지한 처녀들까지도 적도를 욕하면서 죽은 이가 많았으니 어찌 교화의 성과가 아닐 것이나[80]고 찬탄했으며, 이와 같은 정절을 우리나라가 중국보다 나은 것 중 제일 첫째로 꼽고 있다.

"우리 나라 사람이 중국보다 나은 것은 부녀들이 정절을 지키는 것, 천인들도 상례를 지키는 것, 판수가 점칠 줄 아는 것, 무사들이 편전을 쓰는 것의 네 가지이고…"[81]

磻溪도 "…이 의리를 생각지 아니할 수가 없거늘 하물며 남편이 사망하고 아들도 없는데 수절하고 일생을 마치는 자에 대하여 어찌 인륜상으로 마땅히 扶植하여야 할 자가 아니리오"[82]라고 수절을 칭송했다.

星湖는 "…이른바 한 번 함께 부부의 예를 거행하면 일생토록 고치지 않는다는 것은 恩義가 끊어지지 않았을 때를 근거로 한 말이니, 지아비가 일찍 죽었다 하더라도 아내는 당연히 생존했을 때와 똑같이 보게 되는 것이라. 어찌 간다는 禮가 있을 수 있겠는가?"[83] 하고 수절의 당위성을 기술하고 더 나아가 내외종 근친과의 혼인도 이와 같이 오래 전부터 금지했다면 백성들의 교화에 큰 도움이 되었을 것이라고 덧붙인다.

---

80) 「芝峰類說」 卷三 君道部 法禁

81) 上揭書 卷十六 語言部 雜說

82) 「磻溪隨錄」 卷一 田制 上

83) 「星湖僿說」 卷之七 人事門 出婦

"우리 나라의 아름다운 풍속에 중국도 따르지 못할 것이 있는데, 미천한 여자도 절개를 지켜 개가하지 않는 것이다. …더우기 높일 것이 있으니, 내외종 사이에서도 혼인하지 않는 것이 이것이다. …나는 생각건대, …만약 우리 나라의 개가를 막는 제도와 같이 내외종 사이에 결혼한 자는 그 자손에게 禁法을 마련하여 청혼을 허락하지 않았다면 백 년 이내에 점차로 풍속이 이루어졌을 것이다."[84]

茶山은 수절하기 위해 노력하는 당시 부녀자들 중 다음과 같은 예도 기술 하고 있다.

"우리 나라 惡俗 중에 보쌈이 있다. 과부 중 지혜 있는 자가 미리 겁탈될 것을 짐작하여 계교를 써 몸을 빼쳐 폭한의 욕을 피하는 자가 허다하다."[85] 그러므로 茶山은 「목민심서」와 「경세유표」에서 열녀의 정표를 주장한다.

"효자 열녀와 충신 열사는 그 숨은 빛을 밝게 하여 旌表를 해 주도록 하는 것도 또한 목민관의 직책이다."[86] 그러나 정절의 포상도 가려서 해야 될 것을 주장한다.

"효자·열녀를 정포(旌褒)하는 법은 나라의 큰 정사이다. 열녀가 정절을 지켜서 개가하지 않다가 도적을 만나서 殉死한 자는 법에 旌表함이 당연하지만, 만약 지아비가 죽은 후에 까닭없이 칼로 목숨을 끊거나 간수나 비상을 먹고 자결하는 것은 의리에 비추어 마땅하지 않다."[87]

2-6 改嫁 및 서얼 차대

정절과 수절을 높이 평가한 반면 개가 금지에 대해서는 당시 학자들이 이의를 제기하고 있다. 임란 직후의 실학자 芝峰까지도 "改嫁한 이의 자손은 양반이 될 수 없다는 법은 성종 임금 때 비롯한 것으로 사대부 집안에서는 이를 부끄럽게 여겨 비록 젊은 과부라도 개가하

84) 上揭書 卷之十五 人事門 東國美俗

85) 「欽欽新書」, 李能和, 「朝鮮年俗考」 p.79에서 再引用

86) 「牧民心書」 卷七 禮典六條 敎民

87) 「經世遺表」 卷十三 地官修制 敎民之法

는 이가 절대로 없었다. 그러나 이 법을 세우는 것은 억압 제재하는 것과 같은 점이 있으니 아마 고금 천하에 통행할 것은 아니겠다"[88] 하여 개인의 인권 유린을 염려했다. 특히 星湖는 수절은 찬미할 일일 뿐 모든 경우에 적용시켜서도 안되고 강제해서도 안된다는 주장을 펴고 있다. "…간혹 정절을 지켜 재가하지 않는 여자는 보통 사람보다 한 등 높은 것이니, 또한 일컬어 찬미하는 것이 합당하다. 그러니 예법을 만든 사람이 한계를 만들어 한계에 어긋나면 절절히 비난하여 나이 어리고 의지할 데 없는 몸으로 하여금 한을 머금은 채 일생을 마치게 하니 지나친 일이다. …나는, 그러므로, 쫓아냈으되 재가하지 않는다는 것은 특별히 높은 여자의 행실이지 성인이 결단하여 제재할 것은 아니라고 생각한다."[89]

한편 서얼 차대에 대해 실하자들은 禮度上으로는 인정되어야 하나 賢才일 경우 등용해야 될 것을 강력히 주장하고 있다.

芝峰에 의하면 서얼을 금고(죄과로 관원에 임용되지 못하는 것)하는 것은 태종 임금 때 비롯되었다[90] 하며, 磻溪도 왕실에 '작'을 줌에는 서얼은 등수를 내려서 주고 있으니 有親한 자도 서얼은 등수를 내리는 것이 또한 마땅하며,[91] 서얼이 嫡을 섬김에는 恭謹을 지극히 하고, 형제가 비록 항렬이 같되 서형제는 嫡형제의 다음에 차례하고 자리 띄워서 조금 물러 앉고 감히 함께 앉지 못하며 모든 일에 감히 대적하여 맞서지 못하는 類이라[92]고 하여 서얼 차별을 인정한다. 그러나 磻溪는 차등을 두는 것은 옳으나 인재를 양성하거나 구함에 있어서는 문벌을 따지지 말아야 한다고 주장한다.

"그 蔭이 미치는 것은 하나이로되 차등을 두는 것이 옳고 그 재주

88) 「芝峰類說」 卷三 君道部 法禁

89) 「星湖僿說」 卷之七 人事門 出婦

90) 「芝峰類說」 卷三 君道部 法禁

91) 「磻溪隨錄」 卷一 田制 上

92) 上揭書 卷十 敎選之制 下

나 학문으로써 입하하는 것은 스스로 마땅히 그 문벌의 귀천을 논하여서는 안된다.93) 재가를 금지하기 위해 만든 제도가 지나치게 융통성 없이 적용됨을 다음과 같이 통탄한다.

"國典에 재가한 부녀가 낳은 자손은 동반·서반의 벼슬을 주지 아니하니 이는 개가함을 막고자 한 것이나, 그 제도를 만듦이 몹시 편벽하여 드디어 그 폐해는 오로지 조상 때에 허물이 있고 없음을 논하게 하고 그 사람의 賢才인 여부를 묻지 아니하니 벼슬에 재주를 가리지 아니함이 이로부터 비롯하였다. 옛적에는 이와 같은 법이 없었으니 마땅히 오직 그 사람의 어질고 능함을 보아서 선거하기로 통일하고 그러한 법을 없애버려야 한다."94)

조선 후기 서얼 차별의 실태를 기술하고 그 폐단을 가장 통렬하게 주장한 사람은 燕巖 朴趾源이었다. 그는 좀 과장된 표현이라고 보여지나 서얼과 서족의 支屬이 불고 불어나 거의 전국 인구의 절반에 육박하고 있다고95) 하여 서얼차별이 큰 사회문제가 되고 있음을 시사했다.

C. 임신 및 출산에 관한 요인

2-7 임 신

실학자들은 임신이나 수태 과정에 대해 별반 논의하지 않고 있다. 星湖같은 학자는 남녀 칠 세 부동석이 이른 듯하나 오히려 그 적당함을 주장하고 있다.

"옛사람들은 7세가 되면 남자와 여자가 자리를 같이하지 않았으니 아무것도 모르는 어렸을 때부터 혐의를 분별함이 그와 같았다. 이는 너무 이른 듯한 느낌이 있기는 하지만 남녀가 가까이 있어 점차 친숙

---

93) 上揭書 卷一 田制 上

94) 上揭書 卷十三 任官之制

95) 「燕巖集」 卷之三 疑請疏通疏

해지면 서로 희롱하고 스스럼 없는 사이에 정이 통하게 됨을 막을 수 없게 된다. …사람의 집 규문(帷薄)에서 비방이 있게 되는 것은 반드시 과부와 처녀에 있는 것이다. 이는 처녀와 과부 모두 배우자가 없기 때문이다."[96]

그러나 최후기에 속하는 실학자 惠岡은 남녀 性關係에 대해서 비교적 많은 고찰을 했다. 그는 우선 성행위도 학습된 행위임을 밝히고 본능에 의한 것만이 아님을 강조한다.

"어릴 때부터 장성할 때까지 예쁜 여자를 보고 色에 대한 이야기를 들었기 때문에 여색이 나의 신기에 감염이 되고…前日에 보고 들어 감염된 것은 생각지 않고…사람이 배우지 않고도 할 수 있고 노력하지 않아도 될 수 있는 것으로 여긴다."[97]

그는 수태의 조건으로서 현대 의학이나 생물학적 관점에서 보면 반드시 타당하다고는 할 수 없겠으나, 다음과 같이 음양의 조화를 주장한다.

"남녀의 성관계는 정신이 흩어지는 것을 좋아하지 않고 한결같이 여기에만 정신을 쏟아야 부부의 혈기가 융합, 관통하여 그 조화가 시종의 조리가 있어 거의 잉태하는 데 해가 없다."[98]

"그러나 부부의 정액이 모두 충만하면 부부는 자연 서로 감동되는 것이니 이때가 바로 밭을 갈고 씨앗을 뿌릴(春畊播種:性交를 의미함) 때이다."[99]

그는 남녀 교합은 성의 만족뿐만 아니라 자녀출산도 중요한 목적이므로 지나치게 호색하거나 음란에 빠지면 해독이 되어 자녀를 낳아도 낳지 않는 것만 못하다고 한다.[100]

---

96) 「星湖僿說」 卷之七 人事門 室女寡婦

97) 「氣測體義」 神氣通 卷三 生通 色情聞見

98) 同上

99) 上揭書 精氣衝發

100) 上揭書 產育準的

2-8 不姙

受胎는 물론 不姙의 생리학적 설명도 찾아보기 힘들다. 惠崗은 그러나 불임의 책임이 남녀에게 다같이 있음을 지적하고 있어 불임의 이유에 대한 과학적인 코멘트를 하고 있다.

"아내가 아이를 낳지 못하면 불가불 첩을 얻어야 하니 이는 산육을 위해서다. 그러나 아내와 첩이 모두 아이를 낳지 못하면 이는 남자의 정이 완전하지 못한 데 그 원인이 있는 것이다. 그러나 사람은 항상 자신의 병을 병으로 여기지 않고 아내와 첩에게 그 병의 책임을 돌린다."[101)]

2-9 胎兒 및 嬰兒死亡

조선 후기 유산이나 낙태는 상상조차 할 수 없는 일이었으며 간혹 특수 계층에서 산아 조절 행위가 있었는지 불확실하나 실학자들의 저서에는 거의 나타나지 않고 있다. 그러나 茶山은 태아의 보호를 위해 다음과 같이 기술하고 있다. "부녀자는 비록 살인죄를 범하였다 할지라도 그 태아의 유무를 살피고서 시행하는데…"[102)]

당시 영아 살해가 얼마만큼 빈번했는지는 불확실하나 茶山은 예로써 중국의 戒殺子文을 들어 영아 살해 금지의 필요성을 논하고 있다.

"가난한 백성이 거두지 못하는 아이들을 죽게 버려 둘 수는 없는 것이니 이를 기르도록 해야 한다. 송나라의 兪中寬이 順昌원이 되었는데, 백성들이 아이를 낳되 3,4명이 넘으면 모두 거두지 못하였다. 이는 키울 만한 재산이 없었기 때문이다. 그래서 아이를 낳을 때 그릇에 물을 담아 두었다가 낳자 마자 물에 넣어 죽이니 이를 일러 세아(洗兒)라 하였다. 中寬이 戒殺子文을 지어서 깨우치니, 그 결과 살게 된 자가 모두 천 명이나 되고 그들은 兪를 이름으로 많이 삼았다. 중관이 그만두고 떠난후 후일 고을을 지나갈때 수백 명이 교외로 나와서 영접하였다."[103)]

---

101) 上揭書 妻妾爲産育

102) 「牧民心書」 卷十 刑典六條 第三條 愼刑

103) 上揭書 卷三 愛民六條 第二條 慈幼

2-10 출 산

표면적으로 보면 실학자들의 저서 전편에 흐르고 있는 이상은 앞서도 지적한 바와 같이 출산 장려와 多産 장려였다. 芝峰은 노인이 낳은 자식은 그림자가 없는데 이것은 정력이 부족한 때문이라 한다. 이러한 예(노인이 자식을 낳는 것)는 허다하다 하여 老産을 보편적인 현상이라 보고 우리 나라 사람은 형제가 열이 넘는 이가 퍽 드물다고 애석해했다.104)

茶山은 漢高祖와 越王의 칙령 등 중국의 예를 들어 多産을 장려한다. "한고조 7년에 백성이 자식을 낳으면 복호하여 2년 동안 역사를 시키지 않았다. '장차 免役하려는 자를 보고하면 의원으로 하여금 보하도록 하되 세 사람을 낳으면 나라에서 乳母를 정해 주고 두 사람을 낳으면 나라에서 먹을 것을 주라'고 했다."105)

惠崗도 多産을 有德의 본보기로 삼고 있다. "대개 보건대 아들 딸을 많이 낳아 잘 기르는 사람은 항상 인자하고 온화한 부부 중에 많고…"106)

Ⅳ. 評價 및 結論

17세기 후반부터 19세기 전반까지 구미 여러 나라에서는 다양한 정치경제 이론과 사회이론이 발전되었다. 당시 우리 나라에서도 실학파 학자들이 학문의 주요 맥을 이루고 경학 위주의 학문에서 더 나아가 실사구시의 경험적-실용적 연구를 주도했으며 과거의 사변적 학문에 대해 의욕적으로 도전했다. 조선 후기 200여 년간 그들은 여러 가지 관점을 방대한 저술에 남겼다. 본 연구에서는 실학자들의 다양한 관점과 이론 중 인구에 국한하여 그들의 관점을 분석했다. 여기

---

104) 「芝峰類說」 卷十七 人事部 生産

105) 「經世遺表」 卷十一 地官修制 賦貢制六

106) 「氣測體義」 神氣通 卷三 生通 人物慈愛

에 사용된 주요 자료는 이 기간 중 실학파 학자로 알려진 30여 명의 실학자 중 그 저술 내용이 광범하고 포괄적이며 실학의 三祖라고 일컫는 반계 유형원(17세기), 성호 이 익(18세기), 다산 정 약용(19세기)의 저술을 주요 자료로 하고 지봉 이 수광(17세기 전반), 청담 이 중환(18세기 전반) 연암 박 지원(18세기 후반), 초정 박 제가(18세기 후반), 혜강 최 한기(19세기 후반)의 저술을 보조 자료로 사용했다.

먼저 인구 전반에 관한 진술들을 정리해 본 결과 대부분의 학자들은 인구자료(호적)의 중요성을 인정하고 있으며, 특히 반계와 다산은 인구조사의 중요성을 강조하고 조사간격, 조사대상, 자료보존 방법 등에 대해 자세히 논하고 또한 인구통계에 대해 위법행위를 저지른 관원이나 가구주에게는 엄격한 제재를 가할 것을 주장했다.

둘째, 인구와 토지(경작지)에 대해서는 대부분 낙관적이었다. 절대 토지면적과 인구와의 비율에 대해서는 언급한 것을 찾아 볼 수 없었으나, 단위토지면적당 노동력의 추가투입으로 식량의 증산이 가능하다고 믿었다. 17~18세기의 실학자들은 임진왜란으로 인한 인명피해와 그에 따른 인구감소로 유휴 토지가 늘어났고 이 유휴 토지를 경작하는 데 필요한 노동력이 부족하므로 인구증가가 필요하다고 주장했다. 인구증가는 식량증산을 가져올 것이며 식량증산을 위해서는 인구증가가 바람직하다고 했다. 이들 주장을 얼핏 보면 多産論的으로 보이나 토지급여제를 살펴 보면 여기에 제도적으로 제재가 가해진다. 예를 들어 磻溪에 의하면 16세가 넘은 남자에게 토지를 급여하고 60세에 반환해야 한다는 것이다. 이것은 당시의 높은 사망률(특히 영아사망률)로 인해 16세까지 생존할 수 있는 인구는 전체 출생인구의 2분의 1에 불과 했을 것을 감안할 때 전체 가구원에 대한 토지분배가 아니므로 큰 부담이 아닐 수 없다. 燕巖도 당시(18세기 후반) 과거 응시자 수가 수십 만을 헤아려 이동 가능 인력이 유휴노동력이 됨으로써 노동력 부족에 부채질을 하고 있다고 개탄했다.

셋째, 기근에 대한 구휼, 양로, 고아 부양 등에 대해 실학자들은 모두 인간 생명의 존엄성을 들어 이에 대한 대책이 국가정책 중 중요한 위치를 차지해야 된다고 주장한다.

다음 Davis-Blake의 출산에 영향을 주는 중간변수를 중심으로 분석했다.

여기서의 주요 가정은 실학자들의 관점 중에 多産論的 논거 못지 않게 少産論的 논거가 전개되리라는 것이었다. 예상한 바와 같이 실학자들은 대체로 多産論으로 흐르고 있었으나 少産으로 이끄는 규범적 제재의 제도화를 강력히 주장하고 있었다.

그들의 주장을 혼인관계의 형성과 해체, 임신과 출산에 관한 10개 요인으로 나누어 분석하면 다음과 같다.

1) 혼인에 대해서는 보편혼을 장려하고 예외 없이 누구나 해당되는 인륜의 대사로 본다. 독신, 난혼, 일처다부나 일부다처는 바람직하지 못하다.

2) 배우자 선택은 선별적이었으며 동족과 외친간의 혼인은 강력히 규제되고 계급별로는 內婚制를 당연하게 본다.

3) 혼인연령에 대해서는 15세를 최저 혼인연령으로 보고 여자 20세, 남자 25세를 최고 혼인연령으로 본다. 조혼을 폐습으로 규제할 것을 주장하고 남자의 경우는 늙어서도 재혼할 것을 권장한다.

4) 남자의 離婚 出妻에 대해서는 선별적으로 찬성하나 여자의 棄夫는 반대하고 비합법적인 간음은 남녀 구별 없이 반대한다.

5) 여자의 남편 사후 수절, 정절을 당연하고 갸륵하게 여기며, 천민의 수절은 중국보다 나은 점이라고칭송하고, 고난을 무릅쓰고 정절을 지킨 부녀자들에게 旌表할것을 권장한다.

6) 개가 금지에 대해서는 그 제도가 지나치게 경직함을 지적하고 있다. 특히 개가에 따른 서얼 차별에 대해서는 禮法上으로는 인정하나 인품과 재주에 따라 등용되도록 융통성 있는 제도가 필요하다고 주장한다.

7) 임신이나 수태 과정에 대해서는 음란한 잡설로 여겨 이에 대한 논의를 찾기 어려웠으나, 성행위도 본능이 아닌 학습의 결과라는 것, 임신의 목적은 출산에 있으므로 몸과 마음가짐을 바로 해야 된다는

것 등을 지적한다.

8) 불임에 관해서는 물론 七去之惡에 속한다 하여 강력히 사회적으로 제재하였으나 불임의 관습과 실행에 대한 논의는 찾기 어려웠다. 특히 자발적인 불임이나 피임은 논의에서 제외되고 있다. 단지 불임은 남녀에게 다같이 책임이 있음을 지적한다.

9) 당시 인위적 유산은 상상할 수 없는 일이었으므로 實行의 빈도를 알 수 없으나 태아의 보호와 신생아 살해에 대해 강력히 규제할 것을 주장한다.

10) 실학자들의 저서 全篇에 흐르고 있는 표면적인 논리는 출산 장려였으며 특히 多産은 有德한 사람이 누릴 수 있는 특권으로 여긴다.

위와 같은 논지를 多産論的 論據와 少産論的 論據로 구분해서 요약하면 다음과 같다.다음 表에서 지적된 바와 같이 혼인 자체에 대해서는 보편혼을 강조하여 多産論的이다.

要因	多産論	小産論
1. 婚 姻	普遍婚의 장려	—
2. 配偶者選擇	—	同姓同本不相婚 近親禁婚, 階級內婚
3. 初婚年齡	—	早婚의 反對
4. 婚姻해체	禁棄夫	선별적 離婚出妻 非合法的 交合禁止
5. 守節, 貞節	—	男便死後 守節 旌表
6. 改嫁禁, 서얼차대	選別的 反對	대체로 容認
7. 姙娠	—	—
8. 불임 자의적 비자의적	—	—
9. 胎兒死亡, 신생아 살해	胎兒保護 신생아 살해 금지	—
10. 出産	多産 장려	—

그러나 주목할 것은 혼인의 형성과 해체에 관한 나머지 5개의 변수에는 제도적 규제로 인한 少産論的경향이 多産論的 경향보다 훨씬

우세하다는 것이다. 임신과 출산에 대해서는 비자의적 요소(선천적 불임)나 자의적 요소(인공적 불임이나 낙태)에 대한 자료는 없으나, 대체로 태아를 보호하고 신생아 살해를 금지하고 다산을 장려하는 多産論的 견해가 지배적이라고 본다.

본연구의 단점은 수만 장에 달하는 실학자들의 방대한 저서를 다 포함시킬 수 없었다는 비포괄성의 문제이다. 이 문제는 앞으로의 연구에 기대해 본다. 또한 여러 학자들의 다양한 관점을 시대적으로 구분하여 통계학적으로 의미있는 분석을 시도할 수도 있겠으나, 여기서는 우선 인구에 관한 주요 변수의 대강을 제시하는 것으로 그친다.

(1984)

제3장 朝鮮後期의 人口-土地壓迫에 대하여[1)]

근세조선후기 200여년간의 인구증가는 磻溪, 星湖, 茶山등 이 시대를 대표하는 실학자들의 관심을 불러일으킬 만큼 인구－토지압박 현상을 일으켰다. 그러나 이들은 절대가경지의 확장이나 생산성의 향상보다는 유휴지의 이용과 토지 및 조세제도의 개선을 통해서 빈곤과 기아의 문제를 해결해야한다고 주장했다. 이들은 유휴지를 경작하는데 노동력이 부족하므로 오히려 인구를 증가시켜야 한다는 多出産主義의 입장을 취하기도 하였으나 빈곤과 기아는 근본적으로 불합리한 토지제도와 불공평한 조세제도에서 기인하다고 보고 그 개선을 강력히 촉구했다. 농업과 조세제도에 대한 이들의 주장은 동시대의 서구의 중농주의학자들과 중국의 황종희·고염무의 사상과 비슷하다. 실학자들에 따르면 순생산은 농민에 의해서 이루어지는 것이므로 田稅는 賭地를 거두어들이는 지주로부터 받아야지 소작하는 농민들로부터 받아서는 안된다고 한다. 이들은 또한 중농주의학자들과 마찬가지로 비농부문의 발전에 대해서는 별로 언급하지 않고 있다. 그러나 이들은 서구에서 발전한 근대과학기술과 사상에 직접적으

---

1) 文學部 學術研究費 보조를 받아 연구한 논문임.

로 근접할 수 없었기 때문에 농업생산성의 향상을 통한 농업의 발전보다는 제도적 개선과 당시의 고질적인 문제였던 지방관리(아전)의 부정·부패의 해소를 통해서 국가재정은 물론 농민도 보호해야 한다고 주장했다. 또한 중인계급에 속하는 지방관리와 호족들을 비판하면서도 중앙정부의 양반계급과 사회의 구조적 모순에 대해서는 별로 말하지 않고 있었다. 조선후기의 거듭되었던 농민반란은 지배계급의 실정과 인구압박으로인한 경제적 궁핍의 복합작용으로 일어난 현상이라고 볼 수가 있겠다.

Ⅰ. 序論 - 問題의 提起

본연구의 목적은 朝鮮後期(1650-1850)人口의 起伏과 土地分配를 고찰하고 人口一土地間의 압박을 규명하고자하는데 있다. 국가나 사회의 기본단위는 人口이기에 인구수와 자원배분의 문제는 오래된 古代문헌으로부터, 近代政治經濟學, 오늘날의 社會學과 經濟學 등 여러 분야에서 중요한 관심의 대상이 되어 왔다.

歐美에서는 17-19세기간 民族國家가 형성되고 시민권이 증대되고 共和制가 보편화됨에 따라 啓蒙主義, 重商主義 및 重農主義등의 사상이 발전하고 정치학, 경제학, 사회학등 사회과학 분야의 눈부신 발전을 이룩했다.

우리나라도 이와 비슷한 시기인 壬辰(1592), 丙子(1639) 兩亂이후에 학문적, 사상적변혁기를 맞이하고 있었다. 전란을 통하여 겪은 민중들의 지배계급에 대한 불신은 사회내부의 변화 중 대표적인 것이었다. 두 차례의 전란 중 지배층 특권계급의 무능무력을 너무나 명료하게 깨닫고 나라를 지켜야겠다는 자각과 애국심이 싹트고 있었음은 임진왜란 중 이순신, 곽재우, 사명당 등과 병자호란 중 임경업, 박씨부인 등에 대한 영웅숭배사상으로 표출되고 잇는 군담류의 출현으로도 미루어 짐작할 수 있다(蘇在英, 1982:259-262). 이에 발맞추어 학문적으로도 우리가 실학이라고 부르는 학파의 학자들이 유학의 경전해석 위주의 학문에서 탈피하여 경험적·실용적 연구를 주도하기 시작하고, 아울러 과거의 윤리적·사변적 이론에 대해 국가의 발전과 국민의 복리를 증진시키기 위한 爲政의 요체로서 경제와 사회구조의 이해가 불가피함을 강조하게 되었다.

壬丙兩亂中 대규모의 인구이동이 있었다는 것은 구태여 자료를 인용하지 않더라도 인정할 수 있는 역사적 사실이다. 전재에 의한 대규모의 인구이동에 이어 필연적으로 흉작이 뒤따르고 이에 질병이 겹쳐 전쟁·기근·질병 등은 서로 잇달아 일어나 전쟁에 의한 피해 못지않게 기근과 역질로 인한 인명손실이 커진다.

당시 실학자들의 인구와 사회·경제발전에 대한 논의는 18세기후반 프랑스에서 발전된 중농주의 사상과 맥을 같이하고 있다는 점을 우리는 주목한다. 케네(Quesnay)등을 중심으로 형성된 중농주의는 당시 중상주의 학자들의 사상과 정책에 반대하고 지나친 정부의 간섭을 배제할 것을 주장한다. 중상주의가 국민 대다수를 점하는 농민의 희생 위에 경제발전을 시도한데 비해 이들은 농업을 가장 중요한 산업이라고 보고 농업의 자본주의화 즉 大農經營에 의해 농민이 파멸상태에 빠지게 되는 것을 방지하고 절대왕조를 재정적 위기로부터 구출하려 했다. 이들은 생산에 있어 토지의 중요성을 강조하고 중상주의와는 반대로 자연법사상에 기초한 인간사회의 자연적 질서의 존재를 확신하고, 그 질서가 실현될 경우 위대한 국가가 될 수 있다고 가정했다. 그러므로 농업부문은 가장 전략적인 부문으로 간주되며 전체부문의 성장은 농업부문에서의 성장여하에 의해 좌우될 수 있다고 본다. 중상주의 학자들이 생활수준의 저하에도 불구하고 계속되는 인구증가는 국부의 원천이 될 수 있다는 주장에 반대한다. 중농주의 학자들이 인구증가 자체를 반대한 것은 아니었으나 단지 인구가 증가하는 만큼 농업부문의 생산이 증가해야 한다는 것이므로 인구증가에 대해서 한편으로는 낙관적이었으나, 다른 한편으로는 비관적이었다.(United Nations, 1973:35-37).

예로써 케네는 국민이 안락하게 살 수 있는 경우 인구규모가 큰 것을 바람직하다고 했다. 그의 유명한 <사회경제표>에서 인구자체보다는 부의 증가에 더 큰 관심을 두어야한다고 하고 후에 맬더스가 주장한 바와 같이 인구증가가 생존수단을 넘어서는 경우를 인정했다.

그러나 맬더스와 달리 가난한 자는 언제 어디서나 존재하므로 과잉인구는 식민지나 개척지의 건설로 방출시킬 수 있다고 보고 있다.

이들은 사회계급을 세 가지의 큰 범주로 구분했다. 사유재산이 인정되고 경제의 자유가 보장되는 사회에서 첫째 소요경비 이상의 잉여를 창출하는 유일한 생산계급인 농민; 둘째, 사회적으로 유용하기는 하지만 비생산적인 상공업자; 세째, 농민의 잉여를 地代로써 받아가는 地主로 구분하고, 이 세 계급사이에서 해마다의 총생산물이 어떻게 순환되고 있는가에 대한 재생산과정을 체계적으로 정리해 놓은 것이 유명한 <*經濟表*>이다. 그러므로 농업생산의 증가와 경비 이상의 잉여 (즉 순생산)를 목표로 해야 되며 인구수를 목표로 해서는 안된다는 것이다. 미라보(Mirabeau)같은 학자도 인구는 식량생산에 의존하므로 식량생산의 증가를 가능한 한 모든 방법을 동원하여 장려해야 한다고 주장했다. 이들의 주장을 바꾸어 말하면 정부에서 농산물경작에 대해 가능한 한 모든 방법을 동원한다면 생산증가가 인구증가를 앞지를 수 있다고 정부의 역할을 강조했다.

18세기 말 계몽주의가 유럽 학계를 지배하면서 이들의 인구증가에 대한 낙관론은 절정에 달한다. 그러나 농업경제 사회에서의 인구증가는 곧바로 농토(토지)의 부족과 연결된다. 즉 다른 고용기회가 주어지지 않는 한 잉여노동력의 증가를 초래한다. 이것은 20세기 후진국에서 당면하고 있는 문제로서 이들 잉여노동력은 不完全고용 또는 위장실업등의 형태로 나타나고 농업부문에서는 특히 人當 토지면적의 감소 및 저질(척박한)토지의 경작이 불가피하게 된다. 계속되는 인구증가는 농업부문 이외에서의 고용기회가 확대되지 않는 한, 위와 같은 현상 특히 위장실업을 증가시키고 그것이 한계점에 도달하면 공개적인 실업의 형대로 나타난다. 임금노동에 의한 농업경제

사회의 경우 이 현상은 더 빨리 오게 된다. 토지와 기술수준이 일정할 경우 임금이 최저 생계수준에 도달할 때까지 고용이 이루어지고 그 以下로 내려가면 실업이 된다는 것은 구태어 Cobb-Douglas등의 모델을 원용하지 않아도 널리 알려진 사실이다.(United Nations, 1973:475).

한편 전통적인 농업사회의 경우 이와 같은 인구증가에 의한 실업현상은 현대의 농업경제사회에서보다 늦어진다. 즉 토지에 대한 인구압박을 더디게 실감하게 되고 촌락의 폐허화 또는 농민의 流離현상으로 나타난다.(Myint, 1964: 34-35).

또한 임금노동에 의한 농업사회나 전통적인 농업사회에서의 인구증가는 새로운 기술의 도입이나 적용·개발 즉 기술발전을 저해한다. 저소득 최저생계수준의 경제에서는 새로운 기술의 적용으로 일어날 수 있는 위험부담에 대한 의욕을 저하시킴으로써 기술발전을 저해한다. 저소득사회에서는 기술발전이나 관개·토지정리 등에 필요한 최소한의 자본축적이 불가능하다. 풍부한 농업노동인구가 있을 경우, 새로운 방법이나 기술도입이 실현되기 어렵다는 것이다. 여기에는 반대 입장도 있다.(United Nations, 1973:488). 즉 잉여노동력이 있어야 기술발전이 가능하다는 주장도 있다. 특히 사회주의국가의 학자들은 자본주의적 생산양식에 의해 잉여노동력이 생길 수밖에 없다는 것이다. 그러나 자본축적의 어려움, 위험부담의 기피 등은 중요한 저해요인이 될 수 있다. 따라서 전통적인 농업사회에서 풍부한 노동력을 이용해서 생산을 증가시킬 수 있는 방법은 위험부담이 적은 신품종의 도입과 개간에 의존하는 것이다.

Ⅱ. 資料 및 方法

본 연구는 우선 해당시기인 근세후기 조선인구에 대한 개관으로 시작된다. 인구추계는 본 연구의 목적을 위해 필수불가결한 것이지만 그 작업이 방대하므로 현재까지 나와 있는 추계 중 가장 타당성이 있는 것을 이용했다. 다음 인구압박과 직접적 관계를 갖는 토지규모(경작지)에 대해서는 반계, 성호, 다산의 저술에서 이 부분을 발췌하여 제표에 사용했다. 토지-인구 관계에 직접적으로 영향을 미치는 또 하나의 요인인 농업발전 등 생산성에 관하여는 이에 대한 당시 우리나라에 대한 연구와 중국에 대한 연구를 통하여 그 대강을 밝히고 이어 실학자들의 견해를 살펴보고자 한다.

인구압박에 간접적으로 영향을 미치지만 자원배분에 직접적인 요인이 되는 토지분배, 조세제도 및 관료제의 폐단과 그 대책 등에 대해서는 실학자들의 견해만을 고찰했다.

人口-土地압박에 대한 상호작용은 미국이나 유럽 여러 나라에 대해서는 많은 연구가 나와 있다. 본 연구에서는 끝으로 같은 시기 서구 중농주의학자들의 이론과 당시 중국의 대표적 학자들의 견해를 비교해 봄으로써 근세후기 우리나라 학자들의 자생적 사회-경제 이론을 탐구하고자 한다.

반계·성호·다산, 實學三祖 들이 각각 어느 시기를 대표하고 있는가 하는 문제는 단순하지 않다. 반계는 광해군 14년(1622)에 출생하여 현종 14년(1673년)에 서거했다. 다른 두 후배학자들에 비해 비교적 짧은 50년간의 생애를 마쳤으나 그의 저작은 실로 방대하다. 그가 20대부터 관찰하여 저술하기 시작했다고 가정하면 그의 저술은 1650-75년간을 반영하고 있다고 볼 수 있다. 그러나 조선시기 중 대부분의 학자들은 선배학자들의 저술을 많이 인용했을 뿐더러 그 門人들이 저술을 완성해 놓았다. 이런 점을 고려해보면 반계의 저술은 17세기 후반 즉 1650-1700년 시기를 반영하고 있다고 보아야 된다. 성호(1680-1763)는 숙종 6년부터 영조 39년까지 80여 년 간 생존했던 실학 三祖 중 가장 장수한 학자였다. 그러므로 星湖 의 저술은 全18세기를 대표하고 있다고 보아도 무방할 것이다. 이어서 실학을 集大成한 茶山(1762-1836)은 영조 38년에 출생하여 헌종 2년에 서거했다. 다산의 저술을 18세기 말부터 19세기 전반부까지를 반영한다고 볼 때 이들 三人의 실학자는 조선후기 200여년간의 장기간을 대표하고 있다고 볼 수 있겠다. 이들의 저술은 실로 방

대하여 數百萬字씩을 포함하고 있어 그 중 일부에 국한하여 본 연구의 자료로 이용했다.[2)]

Ⅲ. 全國人口와 田結, 1650-1850

1. 人口變動, 1392-1650

李氏朝鮮 건국당시 550萬으로 추정되는 조선의 인구는 그후 200년간 계속 증가하여 임진왜란 전해인 1591년 1,410萬으로 추계된다(표1 참조). 이 숫자는 조선전기중 최대의 인구수로써 건국초기의 조사의 등의 난(1420)과 세조時 이증옥의 난(1453), 이시애의 난(1467) 등 반란과 三浦왜란(1510)및 기근과 역질에 의한 인구의 유실에도 불구하고 220년간 약 3배로 증가된다(權泰煥· 愼鏞廈, 1977).[3)] 1390년 550萬이었던 인구는 매년 0.4-0.5%씩 증가하여 120년 후인 1510년 전후하여 1,000萬을 기록했다. 만일 이 율이 그대로 지속됐다면 다시 120년 후인 1630년 즉 병자호란 5-6년전에 우리나라 인구는 2,000萬을 기록했을 것이다. 그러나 1590년경, 1,400만으로 조선전기 그 절정에 도달했던 인구는 그후 50년간 壬辰(1592), 丁酉(1597)의 두 차례에 걸친 왜란과 丙子호란(1636)을 거치며 절대 인구수 약 4백만이 감소되어, 1,100만에 그치고 있다. 50년간의 증가분과 감소분을 합치면 약 900만의 성장이 저지된 것이다. 이것은 단순히 兩亂에만 돌릴 수 없다. 왜냐하면 전쟁에는 반드시 흉작과 기근 역질이 따르기 마련이기 때문이다.

---

2) 본 연구에서는 다음 저술의 원문과 번역판을 주로 이용했음.
磻溪 : 磻溪隨錄 卷一부터 卷六까지(田制上下, 田制後錄上下, 田制攷說上下).
星湖 : 星湖僿說 卷七부터 卷十六까지(人事門).
茶山 : 經世遺表 卷一, 四, 六, 七, 十, 十二, 十三 및 牧民心書 卷 四, 五, 六.

3) 여기서 權 · 愼의 추계는 그 방법이나 기본적 가정등에 있어 논란의 여지가 많고 계속 더 타당한 추계가 나오리라 기대되나 지금까지 나온 추계중 가장 유용한 가정위에서 추계되었으므로 이에 대한 비판은 생략한다.

<表 1> 近世 朝鮮 全國의 人口 1392-1900 및 1650-1850

(단위:천명)

1392-1900			1650-1850	
년 도	인 구 수		년 도	인 구 수
(1392)	5,549	조선건국	1650	10,889
1400	5,730		1660	11,488
1450	7,112		1670	13,106
1500	9,12		1680	14,409
1550	11,963		1690	16,026
(1591)	14,095	임진왜란	1700	14,359
1600	1,722		1710	15,285
(1637)	10,603	병자호란	1720	16,487
1650	10,889		1730	17,611
1700	14,359		1740	17,780
1750	18,657		1750	18,657
1800	18,443		1760	17,849
(1823)	16,216	홍경래란	1770	17,757
1850	16,476		1780	18,126
1900	17,082		1790	18,225
			1800	18,443
			1810	18,383
			1820	16,217
			1830	16,476
			1840	16,503
			1850	16,476

자료: 權泰煥·愼鏞廈, "朝鮮王朝時代 人口추정에 관한 一식試論." 「東亞文化」. 第14집(1977). 288-330쪽, 324-328쪽 참조

2. 人口變動, 1650-1850

1639년(仁祖 17年)부터 每 三년간의 戶口조사가 실시되며, 1678年(숙종4년)부터의 자료는 일관성이 있어 신빙성이 높다(McEvedy and Johnes, 1985 : 176-178).

壬辰· 丙子 兩亂이후 약50년간 몇 차례의 적잖은 天災가 있었으나(1660년대의 전염병 등)인구가 계속 증가했다. 1650년 1,089만이었던 조선인구는 1690년 약 1,600만으로 증가했다. 다시 1696-97년간 팔도

의 대기근(1708년의 대역질)과 이에 따른 역질의 유행으로 1700년에는 1,400만으로 감소된다. 이 시기의 인구감소는 의외로 큰 것이었다. 그러나 18세기에 들어와 계속된 인구증가로 1750년에는 조선시기 최대인구인 1,866만에 도달한다. 이 숫자는 이씨조선 마지막 해인 1910년까지를 통털어 가장 큰 인구였다. 1700-1750년간에도 1728년 이인좌의 亂, 1749-50년간의 大역질로 50-60만이 사망했다고 기록되어 있으나 이것은 추계표에는 1760年의 인구감소(백만)로 나타나 있다.

1750년-1800년간에도 三南, 특히 湖南지방의 대기근으로 수십만이 사망한 것이 기록되어있다. 이 시기 간헐적이지만 끊임없는 여러 천재지변 속에서 인구는 증가와 감소를 계속하여 1800년에는 1750년의 수준을 육박하여 1,844만을 기록한다.

그러나 1800년에 들어서며 각지에 大震災가 발생하고, 기근이 발생하고, 민심이 흉흉해지고, 급기야 1811년 조선시기 가장 큰 반란이었던 홍경래난이 발발한다. 뿐더러 1817년에는 수차례에 걸쳐 큰 홍수를 맞는다. 그 결과 1800년 1,844만이었던 조선인구는 1820년 홍경래난 후 1,622만으로 200여만의 절대인구가 감소했다. 그 후 1820년-50년간 끊임없는 水災와 전염병의 창궐로 1850년에는 겨우 1,648만을 유지하고 있었다.

3. 全國田結

1650-1850년간 人口가 근 2배로 증가한데 반해 전국의 전결수는 오히려 줄고 있다(<표2>참조).

당시 우리나라는 量田의 단위로 結負法을 사용하고 있어 토지측량의 법규는 무척 복잡하다.[4] 더구나 숫자를 셈하기 어려웠던 일반 민중에게는 그 개념을 파악하기 힘들 정도였다.

---

4) 結負法은 고려시대부터 조선시대 말기까지 시행한 토지면적의 단위로서 수확량을 표준하여 田地 의 면적을 측정하고 이를 기준하여 과세의 표준으로 삼았던 量田의 단위였다. 토지의 면적단위는 동시에 租稅단위가 된다. 대체로 1결은 約 40마지기로서 牛四日耕이며 3,000~10,000坪 左右가 된다.

<表 2> 近世朝鮮 各道別 田結數, 1592-1803

(단위 : 千결)

	평시전결[1] 임란전 1592년이전 총전결수	계묘년[1] 선조36 1603 총전결수	을해년[1] 인조 13 1635 총전결수	을해년[1] 인조 13 1635 경작결수	병술년[1] 인조 24 1646 경작결수	경자년[2] 숙종 46 1720 총전결수	계해년[2] 순조 3 1803 경작결수
경기	147.4	142.0			21.8	101.3	57.3
호서	252.5	240.7	258.5	131.4	124.6	255.2	127.9
영남	315.0	173.9	301.7	193.1	189.6	336.8	210.1
호남	442.2	198.7	335.3	191.0	200.4	377.2	216.4
영동	34.8	33.9			8.3	40.5	11.5
해서	106.8	108.2			44.2	128.8	73.6
관서	153.0	미상			47.6	90.8	84.0
관북	63.8	54.1			48.8	61.2	65.2
계	1515.5				685.3	1391.7	845.9

자료: 1) 磻溪隨錄 卷之六 四制攷說下(二十一~二十六)

2) 經世遺表 卷六 地官修制 田制考六(邦田議 三十四, 三十五)

반계에 의하면 당시 토지를 六等으로 나누어 20년마다 田籍을 만들도록 되어 있었다. 등급에 따라 尺長의 기준이 달라진다. 一等田은 一尺 이 4.775 周尺, 二等田은 5.179, 三等田 은 5.703, 四等田.은 6.434, 五等田은 7.551, 六等田은 9.55尺이다. 따라서 일등전과 육등전은 길이가 2배의 차이가 난다.(반계수록, 卷六: 전제고설 下, 十五一六). 이와같이 면적단위가 아닌 등급단위여서 등급을 조작하면 1등전 4결은 6등전 1결과 넓이가 같게 된다.

壬亂(1592년)이전의 全國田結을 반계는 152萬結(이중 충청, 전라, 경상 下三道가가 101만, 기타 5道가 52만)로 기술했다. 그러나 吏員들이 빼고 누락시킨 결과 1646년 경작면적(時起田이라함)은 68萬여결 밖에 되지 않는다.(반계수록, 卷二:전제 下,八).

茶山도 이수광의 「지봉류설」을 인용하여 당시 전결을 설명하고 있다. 「국가가 평화롭던 때, 즉 兩亂이전, 8道田結이 도합 146만결이었는데 계묘년(1603년), 즉 임란직후 평안도를 제외한 7개도의 전결이 94만 5천결이었고 인조숭정 갑술년에는 8도 총계 154만결, 갑술 다음 해인 을해년 三南토지 개량후의 時起田은 86만 5천결이었다」. 또 「숙종 계해년에 8도 전결 131만 3천결중 여러가지, 탈이 난 것이 49만 4천결이라」고 기술하고 있다.(경세유표, 卷六: 지관수제 전제고 六, 방전의 三十五).

<표1>에서 본 바와 같이 증가하는 인구를 부양하기 위해서는 절대적 경지면적의 증가를 통한 식량증산이 필수적이었다. 그러나 <표2>에서 나타나있는 바와 같이 절대적 경지면적은 증가하지 않고 있다. 따라서 농업기술의 발전이 없었을 경우 당연한 결과로서 심각한 人口一土地간의 압박현상이 나타나게 된다.

4. 인구압박

위에서 살펴본 人口와 경작지 변화는 객관적인 조건을 보여주고 있다. 이에 대한 실학자들의 주관적인 관찰을 살펴보면 다음과 같다.

첫째는 이농문제이다. 먼저 반계는 「백성들이 고향과 친족을 버리고 이리저리 유리하여 안주하지 못하는 것은 모두 생활이 궁핍하기 때문이다. 만일 일정한 업을 가지고 살 수만 있다면 누가 떠돌아다니는 괴로움을 취하겠는가」(반계수록 卷四: 전제후록 下, 八)라고 했는데 이것은 17세기 중엽(1650)에 離農·流民문제가 심각함을 보여주고 있다. 18세기 학자인 성호는 국가에서 가뭄이나 홍수 등 천재를 만났을 때 이재민을 구호하고 있음에도 많은 사람들이 유리표박하는 현실에 대해 자신의 경험담을 들고 있다. 「지금 인구가 날로 늘어 백성에게 농토가 부족한데 넓은 들판에 왕왕 공한지가 버려져 있는 것은 어째서인가? 이는 도적이 겁략하여 백성이 흩어져 살 수 없기 때문이니, 이른바 '모여살면 부족한 가운데 다투고, 흩어져 살면 유여한 가운데 내버려 진다'는 격이다.」(성호사설, 卷八: 인사문 포도수

진, 十六). 「어느 날 문을 나서니 장성한 걸인 4~5인이 모여 있어 봄이 돌아와 농사지을 계절이 되었는데 왜 고향에 돌아가 농사지을 생각을 하지 않는가고 물으니 종자도 없고 양식도 없으니 돌아간들 무슨 소용이 있느냐고 오히려 반문했다.」(성호사설, 卷十四: 인사문 유민환집, 三十五). 또 「임금이 군사에게 명하여 걸인들에게 의복과 쌀을 주고 고향으로 영솔하게 했는데 성문 밖을 나서자 모두 뿔뿔이 헤어졌다. 고향에 돌아감이 걸식함만 못한 것을 말한다. 텅빈 고을에 돈을 가지고 가서 농민을 정착시키려 했으나 허사로 끝났다.」「그러나 도시에서는 곡가가 지극히 천하니 아직도 쌓인 곡식이 많다는 것을 알 수 있고, 흉년을 허물함이 실상이 아님을 더욱 분명히 깨달았다.」(성호사설 卷十四: 인사문, 유민환집, 三十六).

인구압박을 증명하는 간접적인 자료는 도처에서 찾아 볼 수 있으나 逆으로 인구증가가 농업생산에 긍정적인 역할을 한다고 주장한 것이 눈에 띈다. 다산은 「흙이 기름지고 메마름은 반걸음사이에도 다르고 세월따라 변한다. 마을이 번성하고 인구가 조밀하면 메마르던 땅이 기름지게 되고, 마을이 쇠잔하고 인구가 희소하면 기름지던 땅도 메마르게 된다.」(경세유표 卷七: 지관수제 전제 九 정전의 一, 三十八). 위와 같이 반계로부터 다산까지 인구압박을 실감하고 있었으나 그들은 이것을 절대 경작면적의 부족이나 생산성의 저조보다는 다른 원인에 의한 것으로 풀이하고 있다.

Ⅳ. 人口-土地壓迫에 대한 反應

인구압박에 대한 반응(정책적 대책)은 생산을 증가시키기 위한 것과 소비의 감소 등 직접적인 반응과 토지분배, 所有制, 租稅등 제도의 개혁을 통한 분배의 공정을 기하고자 하는 간접적인 반응으로 나누어 볼 수 있다.

1. 식량증산 및 생산성

먼저 전체생산량을 증가시키기 위해서는 첫째, 개간을 통한 가경면적의 확장, 휴경지의 축소등 농지면적의 증가를 통한 것과, 둘째, 농업인구를 유치함으로써 노동력을 집약적으로 투입시키는 방법, 세째, 농업기술의 개발을 들 수 있다. 농업기술의 개발에는 수리시설의 확충과 三毛作, 신품종의 도입 및 개발, 대체 植物의 개발 등이 포함될 수 있다.

가. 개간 및 휴경지

17세기 중엽 반계에게는 휴경지는 문제가 되지 않았던 듯하다. 그러나 개간의 필요성에 대한 논의를 찾아볼 수 있다. 「우리 동방은 西北兩界로 부터 서울都內에 이르기까지 기름진 평야와 비옥한 들 중 개간하지 아니한 데가 많고 이전에 백성이 살던 곳이 지금에는 무성한 풀이 자라고…」(반계수록, 卷 四 : 전제후록 下, 十八).

성호에 이르러 공한지에 대한 우려가 나오고 사유로 인한 휴경을 강력히 제재할 것을 주장한다. 「무릇 田地가 묵으면 힘써 개간해야 되는데 원 소유주에 구애받지 않게 해야한다. 토지에는 표지를 붙여 현재 경작하는 주인의 이름만 적어 두었다가 그 주인이 죽으면 바꾸도록 해서 祖上부터 내려오는 世田」이라고 핑계대고 경작할 수 있는 사람의 경작을 방해하지 말아야 한다. 토지를 한장의 문서로 만들어 관에 맡기고 자기 소유로 하는 자나 돈주고 샀다해도 私文書를 만들어 자기 집에 감추어 둔 자도 죄를 주어야 한다.」(성호사설, 卷十: 인사문 전제, 二十七).

다산은 이 문제를 넓고 깊이 다루고 있다. 그는 먼저 150여년전 金堉의 상소문(효종4년, 1652)을 인용하여 「경기지방의 田結을 헤아려보니, 가장 근본이 되는 경기지방 전결의 태반이 흠축되어 있었다(개인 것으로 되어 있거나 축소되어 있음). 영서지방의 流民들은 山에 의지해서 먹고 살고 있으므로 田野가 개간되고 있지 않다. 여기에 둔전을 설치해서 유민들을 나누어 배치해서 전야는 개간하고 입산을 금하되, 3년기한으로 稅징수를 유예할것」(목민심서, 卷 四: 호전 六조 전정, 四十五)을 상기시키고 이어 그는 陳田의 경우 세액을 강등할 것을 주장한다. 「진전이 된 데에는 그 이유가 촌이 망했거나 흉년이 들었기 때문이다. 반드시 조세가 과중한 까닭이라고만 볼 수는 없다. 그러므로 조세 자체가 공평해도 경작자가 지력을 증진시키기 위해 휴경하기도 했을 것이다. 그저 묵혔다고 해서 폐전시켜서는 안된다. 진전의 경우 특히 查田(묵은 것을 조사함)하여 묵은 땅에 과세하는 일이 없도록 해야한다. 대체로 개간된 밭을 이속들이 제것으로 삼고, 나른 빝을 무고하여 개간된 밭으로 보고하여 납세토록 한다. 그러므로 묵은 밭의 개간은 백성의 힘만 빌어서는 안 된다. 수령은 의당 지성으로 경작을 권고하고 도와주어야 한다. 예전 현명한 수령은 반드시 소도 빌려주고 식량도 도와주면서 백성들에게 개간을 권고했던 것이다. 그러나 오늘날 백성들은 법의 뜻을 알지 못하고 무거운 세금만 줆어질 것을 두려워한 나머지 경솔히 개간하려 하지 않는다.」(목민심서, 卷 四: 호전 六 조 전정, 四十八~五十). 그러므로 세를 덜어주고 부역을 적게 해주어 그 근본을 배양해 주면 토지가 개간되고 넓어진다는 것이다.

나. 유실수 권장

반계는 한걸음 더 나아가 우리나라 토양에 맞고 수익성이 높은 유실수의 재배를 권장한다. 「우리나라 산골지대의 땅은 백성의 生利가 극히 적어 대개 버린 땅이 되고 심지어는 성읍이나 촌락도 산기슭에 가까운 곳이 많다. 그러므로 이런 토양을 이용하기 위해서는 果園을 만들 수 있는 한 만들어 대추, 밤, 감, 배, 뽕, 닥, 옻, 대나무들을 한 호에 각 수백 주씩 심으면 그 이익이 논밭의 수입보다 클 것이다.」(반계수록, 卷 二: 전제 下, 十九).

다. 水田및 移秧法

당시 우리나라 농업발전에 대한 연구에 의하면 조선전기에는 파종 방법으로 直播法을 水田경작에 주로 이용했다. 前期에도 한정된 일부지역에서는 오늘날과 같은 묘판을 이용한 모내기(移秧)를 이용했으나 후기에 와서는 이것이 전국적으로 보급되고 여러 방법 중에서도 주가 된다고 했다. 移秧法은 한발에 약하기 때문에 수리시설이 확충되지 않은 지역에서는 이점이 없고 水播가 가능한 논만을 경작하게 되어 陳荒地가 늘어난다는 이유로 국가에서 금했으나 二土의 地力을 이용할 수 있고, 二毛作(보리·쌀)이 가능하며 유전적으로 불리한 苗를 제거해 주어 단위면적당 생산량을 크게 높여 주기에 특히 富農層에서 널리 이용했다고 한다. 또한 深耕農法의 보급으로 보리월동을 쉽게 하고 가뭄에 견딜 수 있게 되었다. 여기에는 쟁기와 소의 보급도 큰 역할을 했다(김용섭, 1971:32-35,104-132).

水田에서의 생산성 향상과 더불어 후기에 이르러 밭농사의 발전도 면화재배의 증가에 따른 의생활의 향상과 농가경제의 발전을 이룩했다. 중국의 경우 18세기는 장기간의 평화와 번영의 시기여서 인구가 크게 증가한다. 중국에서도 목면은 6-7세기 경부터 경작되었으나 신대륙으로부터의 신품종은 19세기에 들어오며 고구마, 담배, 옥수수, 땅콩 등은 16세기에 신대륙으로부터 들어오고 특히 17세기에 들어온 아이랜드종 감자와 고구마는 단위면적당 소출이 많고 칼로리가 많으며 가뭄과 병충해에 강해 혁신적인 농작물로서 빈곤층 인구에게 중요한 식량이 되었다.(朴商台, 1984:19-47). 우리나라에도 시간적 차이는 있겠으나 이들 농작물들이 보급되어 널리 이용되었다고 생각된다.

水田 및 이앙법에 대한 기록은 성호에서 찾아볼 수 있으며 그 잇점보다는 폐단에 대한 지적뿐이다.「들의 기름진 땅에 水田이 10分의 8-9이며 특히 南方에서는 모두 모내기를 하는데 모내기하는 공력은 파종하는 공력에 비기면 4/5가 적게 든다. 그러므로 부리는 사람이 많은 자는 한없이 경작할 수 있고, 전지가 없는 자는 얻어 경작할 수

가 없다. 가뭄이 들면 파종한 것은 어느 정도 수확이 가능하나 모내기의 경우 하나도 수확할 수가 없다. 그러므로 모내기의 습속을 금지하면 큰 흉년을 면할 수 있으며 전지가 없는 백성으로 하여금 남의 농지를 얻어 할 수 있게 된다.」(성호사설. 卷 七: 인사문 본정서, 八十).

라. 流民과 농업노동력의 확보

생산을 증가시킬 수 있는 요인 중 마지막으로 그러나 가장 활발하게 논의되고 있는 것은 流民防止를 통한 노동력의 확보였다. 반계는 율곡을 인용하여 「유민의 이유는 도망간 집에 연루법을 적용하여 친척이 하나도 남지 않고 흩어지기 때문이다. 이 악법을 고쳐 그 사람에 한하여 죄를 주면 국가로서도 여러 사람이 흩어지는 것보다는 한 사람만 손해 보는 것이 낫다. 백성을 모으고 기르고 늘이고 하여 국가가 번성하면 군사의 수는 자연히 충원된다.」(반계수록 卷 四: 전제후록 下, 七)고 하고 또한 유민의 원인을 과중하고 융통성 없는 조세에서 찾았다.

「생산은 때에 따라 낮고 높아지며, 田結도 증감되는 법인데 貢物의 내용과 수량을 정해놓고 바치게 하니 사서 바치는 수밖에 없다. 사려면 비용이 더 들고 이것을 부담할 수 없는 사람은 流離하여 나가게 되니 백 명이 바치던 것을 열 명이 바치게 되고 나중에는 아무도 바칠 사람이 없어질 것이다.」(반계수록, 卷 四: 전제후록 下, 十三).

성호도 가난한 자의 말을 빌려 「곡식이 천한 것이 원망스럽다. 곡식이 천하면 돈벌기가 더욱 어렵고 재물은 부자에게 몰리고 민중의 재산은 탕갈되었으니 풍년이 들어도 마찬가지다. 아무리 국가에서 노력해도 사방으로 흩어져 굶주림에 쓰러지고 남은 사람 몇 안되니 품팔이로 연명하고 가족과 이웃이 모두 없어졌으니 무슨 마음으로 돌아갈 것이가?」(성호사설, 卷十四 : 인사문 유민환집, 三十六)라고 하여 당시 가난한 사람들의 비참한 생활을 묘사하고 이들이 생산에 종사할 수 없게 된 것을 아쉬워 했다.

2. 土地制度

가. 土地私有

당시 토지는 원칙적으로 국가의 소유였다. 그러나 官田이 늘어나고 功臣田, 蔭田등 세습이 허용되는 토지가 늘어남에 따라 사유지가 급격하게 증가하고 이에 비해 공유지－즉 정부에서 給田할 수 있는 토지의 규모는 상대적으로 줄어 들고 있었다. 이와 같은 현상은 중국에서도 마찬가지였다. 明末淸初의 黃宗羲(1610-1695)와 顧炎武(1613-1682)는 비슷한 시기의 학자로서 井田制度를 이상으로 하는 公田制度와 토지사용상의 평균주의(均田)를 주장하고 있다. 중국의 경우 다시 官田: 民田은 7:1로서 농민이 나누어 경영할 수 있는 공전은 전체의 1/8에 불과했다. 인구가 조밀한 蘇州의 경우 官田대 民田의 비는 15:1이었다고 한다. 따라서 대다수의 농민은 隷農으로 남의 토지를 경작할 수 밖에 없었다(候外廬, 1955:151-155). 우리나라 실학자들도 모두 井田制的 이상에 입각한 공전제를 주장하고 있다.

반계가 황종희의 글을 읽고 영향을 받았다고는 생각되지 않는다. 그러나 반계의 글을 정리한 제자들이 참고했을 가능성은 있으며, 특히 성호와 다산의 경우 반계와 황종희의 영향을 받았으리라고 짐작된다.

반계는 「오늘날 井田法이 무너지고 私的 土地所有가 무제한히 허용됨으로써 모든 제도가 그릇되고 모든 질서가 전도되었다.」(반계수록, 卷 一 : 전제 上, 一)고 주장하고 公田제도의 확립을 주장했다. 그후 성호는 사유제의 폐단을 막기위해 정전제의 실시를 주장했으며 다산도 성호를 그대로 인용하여 공전제를 주장했다.

나. 井田理想

반계는「토지는 천하의 근본이다. 근본이 무너지면 모든 제도가 문란해진다. 지금이라도 옛날과 같은 井田制를 실시하고자하나 우리나라는 산과 시내가 많아서 경계구분이 어려워 실시되지 못하고 있다.」

(반계수록, 卷一: 전제 上, 一). 그래서 그는 정전제의 대체제도로서 四區制를 제시하고 있다. 「一百步를 一畝로 하고 一百畝를 一頃으로 하고 四頃으로 一佃을 삼아 농부 한사람마다 一頃을 받아 경작한다. 四頃에 병정 一人을 낸다.」(반계수록, 卷一: 전제 上, 三).

성호는 반계의 四區法을 비판하고 井田이 이상적이나 그 어려움을 다음과 같이 기술하고 있다. 「정사를 시행함에 있어 井田制를 쓰지 않으면 다 구차할 뿐이다. 반계는 四區의 법을 시행해야 한다고 했지만 井田처럼 九區로 나누는 것보다는 쉬우나 땅의 형체와 비옥함의 정도가 다르기에 方正한 경계를 바르게 하기가 어렵다.」(성호사설, 卷 十: 인사문 전제, 二十六).

다. 兼倂의 문제

井田 제도와 같은 公田제도가 실시되지 않으니 토지 겸병의 문제가 심각해짐을 지적하고 있다. 반계는 「겸병의 폐해는 예로부터 식자들이 모두 금하고자 했다. 대체로 토지를 스스로 경작하지 아니하고 남을 주어서 병작하는 것을 법으로 허락하고 경자가 4/5를 가지고 田主는 1/5를 갖는다. 위반할 때는 관에 고발케하여 법대로 분급하고 일부는 관에서 몰수하게 한다. 이렇게 하면 농사에 힘쓰는 자가 그 노력을 가질 수 있고 스스로 경작하지 않는 자는 넘치게 소유하고 있는 토지가 큰 이익이 없게 되어 간곡히 방지하지 않아도 겸병의 폐해가 없어질 것이라고 하지만 자세히 보면 五分法은 사사로이 서로 약속하여 타합한 것이므로 물건을 매매하는 것과 같아서 관에서 획일적으로 정하기가 어렵고 사유는 許하고 利出에 대해서는 제한하고자 하니 농간의 가능성이 크고 끝이 없어 限田法보다 더 어렵다.」(반계수록, 卷 二: 전제 下 十四, 十五). 성호는 한걸음 더 나아가 「옛부터의 풍습에 남의 田地경작을 幷作이라 한다. 대체로 주인과 경작자가 수확을 반으로 나누되 세금이나 종자는 주인이 부담했다. 그러나 근래 호남·호서에서는 이것을 모두 경작자가 부담하고 뇌물을 주어도 땅을 얻어 경작할 수 없는 딱한 지경에 이르렀다. 경작자는 가을에 이것

을 다 주고나면 집안이 텅빈다.」하고 永業田을 지정할 것을 강력히 주장한다.「옛날에는 백성이 모두 전지를 받았고 사사로이 파는 일이 없었다. 요즘 결단을 내려 영업전을 만들면 이것이 예전의 정전법과 같이 되어 마음대로 팔지 못할 것이다.」(성호사설, 卷 七 : 인사문 균전, 七十八).

라. 土地급여

반계는 토지 급여의 원칙을 다음과 같이 기술하고 있다. 백성의 나이 20이면 토지를 타고 士가 학교에 들어가면 20세까지 기다려 토지를 타고 벼슬의 등급에 따라서 탄다. 一夫의 집에 위로 부모와 아래로 처자가 있어 五口내지 八口로 표준을 삼고 나이 16에 이른 자가 있으면 餘田을 타고 20이 되면 一頃을 탄다. 이와 같이 조세와 병역의 양을 토지에 따라 하게 되면 저절로 고르게 된다. 동시에 여러 사람이 타야 될 경우 가난한 자를 먼저 주고 여유있는 자를 뒤에 준다. 또 식구가 많은 자를 먼저 주고 호적에 기재되지 않은 자는 제외한다. 토지를 탄 본인이 사망하면 나라에 도로 바치되 大夫나 士는 3년후에, 軍· 民은 100일후에 반납한다. 독자와 어린이는 아비의 토지를 주고 미망인은 口分田을 준다.

正二品이상인 자가 사망하면 토지의 절반을 처에게 주고 功臣, 淸白吏, 節死者, 戰死者의 토지는 전부를 처에게 준다. 人戶가 늘면 위의 식으로 一頃씩 閭里頃을 만든다(반계수록, 卷一: 전제 上, 十九~二十六).

성호는 林勳을 인용하여「농부 1인이 50묘이상을 점유하면 良農이 되고, 50묘 미만을 次農, 無田이면 隷農이 된다. 50묘는 正田이고, 나머지는 羡田이다. 연전이 있는 경우 더 사지 못하게 하고, 파는 것만 허가한다. 차농과 예농이 연전을 사들이게 하고 성급하게 부자집 전지를 빼앗지 않도록 한다.(성호사설, 卷 七: 인사문 본정서, 八十). 반계나 성호에 비하여 다산은 토지분배에 대하여는 별로 기술하고 있지 않으나 다음 結負法의 문제에 대해서는 많이 기술하고 있다.

마. 급전단위로서의 결부법

반계는 우리나라에서 당시 시행한 토지측량법인 결부법에 대해 자세히 기록해 놓고 조세의 단위인 결부법을 급전의 단위로 이용할 때 元數를 一定하게 하고 경계를 분명히 하여 융통성있게 시행할 것을 강조한다.(반계수록, 卷 一: 전제 上, 十六 및 전제고설 下, 十五, 十六). 성호는 결부법이 貢의 제도이므로 잘만 시행하면 되겠으나 옥토와 박토의 등급을 가늠하여 조절하기 어려우므로 수령의 임무가 크고 매 20년 단위로 토지 측량을 실시해야 된다고 주장했다.(성호사설, 卷 十: 인사문 전제).

十九세기초의 다산은 결부법에 대하여 특히 심각하게 비판한다.「이것은 형체가 없는 기름짐과 메마름을 살펴 정한 것이므로 온갖 비리가 생겨 전지측량에 뇌물이 오가고 20년에 한번씩 개량해야 됨에도 불구하고 100년이 지나도록 개량하지 않고 있다. 설사 개량한다해도 아전의 농간이 생기고 백성의 원망이 크면 관원만 당한다. 그러므로 개량은 아전들만 원하고 관원과 백성들은 꺼리고 숨겨진 結이 밝혀질까 두려워 아전들도 경계한다. 숙종 경자년(1720)이후 全道를 개량한 경우는 없고 한 郡이나 縣을 재량한 경우는 있었다. 그러나 옛날 통계와 비교해 보면 숨겨진 結은 하나도 적발된 것이 없으니 백성만 괴롭히고 국가에도 도움이 없었다. 이와 같은 사정을 잘 아는 노련한 수령은 오히려 개량하지 않았다. 더구나 결부법은 일괄적으로 田分과 年等을 九等과 六等으로 나누어 놓고 조세기준에 따라 넓고 좁게 정했으니 이것은 토질의 변화와 수확의 변동을 다같이 고려할 수 없는 악법이다.」(경세유표, 卷 六: 지관수제 전제고 六, 방전의 二十九, 三十三, 三十四).

3. 租稅 및 賦役制度

조세문제에 있어 반계·성호·다산 등 실학자들은 1750년대의 서구 중농주의 학자들과 흡사한 주장을 펴고 있다. 중농주의 학자들은 자유방임주의적 입장에서 곡물수출의 자유와 곡물가격의 통제를 철폐할 것을 주장했다. 특히 돋보이는 것은 지주계급이 받는 지대(즉 생산계급인 농민으로부터의)는 그 나라의 재생산과정에 전혀 손상을 끼치지 않는 자유롭게 처분할 수 있는 수입이므로 이에 대해서만 세금을 부과해야 하며 이는 舊制度下 에서 영주계급의 면세특권을 공격한 것이다(Spengler, 1968: 443-445).

가. 田稅와 雜稅, 人頭稅

우리 실학자들은 세금자체는 그 부과량이 토지에 비해 높지 않으며 什一 제는 가장 합리적인 제도라고 본다. 그러나 세금을 土地에 대해 부과하지 않고 人口에 대해 부과함으로써 문제가 생기고 게다가 세금이 통일되어 있지 않고 잡세가 부가되어 그 폐해가 막심하다고 지적한다.

반계에 의하면 당시 「田稅가 있고 따로 貢物이 있어 전세는 가볍고 공물은 무겁다. 초기에는 세금이 가볍다가 연산군 중엽 이후 세금이 무거워져 그후 계속 공물과 잡역의 수가 늘었다.」(반계수록, 卷三: 전제후록 上, 二十九, 三十)고 지적하고 또한 「중세이후 年分을 사실대로 하지않고 모두 속여 풍년 든 해에도 下下年으로 하여 正稅는 一結에 4斗를 지나지 않고 잡세는 점점 많아져 가벼운 것도 一結에 20-30斗이상이고 무거우면 70-80斗 에 이르렀다.」(반계수록, 卷 六: 전제고설 下, 二十, 二十一)고 한다. 또한 田地위주의 세금을 부과할 것을 17세기 반계는 주장한다. 「세를 정하고 병역을 정함은 땅으로써 하는 것보다 더 선한것이 없고 사람으로써 하는 것보다 더 좋지 못한 것이 없으니 고금을 통하여 이것을 알 수 있다. 옛날에는 땅을 기준으로 세금을 내고 땅으로 役을 내니 땅은 일정하고 경작자만 바뀌는 까닭에 民戶의 누락이나 생업이 없는 백성이 없었다.」(반계수록, 卷二: 전제 下, 二十).

성호도 잡부의 폐가 크고 田稅가 가벼운 것이 농민에게는 큰 도움이 되지 않음을 지적했다. 「세금은 什一도 못되는데 잡부가 한이 없으니 명색만 가볍고 잡부로 한없는 욕심을 부린다. 더구나 나라안의 전답이 대부분 豪族의 소유임으로 전세가 가볍다해도 땅없는 백성에게는 도움이 못된다. 성호는 治民에 均田이 으뜸이고 다음이 十一制, 다음이 재정절약이다.」(성호사설, 卷 七: 인사문 결부지법, 二十七).

다산도 「농부는 가난하고 田主는 實한데 관에서는 전주를 따라 세곡을 징수해야 함에도 움직이지 않는 田地는 놓아두고 정처없는 백성만 붙잡고 賦錢을 요구하니 이것은 천하의 학정이다.」(목민심서, 卷 四: 호전 六조 세법, 五十九, 六十)고 한다. 「一結의 전지에서 얻어지는 곡식이 많으면 800斗 최저 400斗가 된다. 농부는 자기 田土가 아닐 경우 식구들과 같이 노력하여 거두어도 반을 田主에게 내고나면 남는 것은 200-300두에 불과하다. 여기에 종자를 제하고 양식 꾼 것을 제하면 남는 것은 100斗도 안된다. 그런데도 또 구전을 내야되니 백성은 살 길이 없다.」(목민심서, 卷 五: 호전 六조 세법 下, 七)는 것이다.

또한 「예전에는 백성이 호구에서 누락될까 두려워했다. 그러나 부역이 날로 복잡해지니 백성들이 호구를 속이고 숨긴다. 오늘날 口賦는 생업이 있는 자에게 해당됨에도 불구하고 늙은이 어린이 가리지 않고 부과하고 있다. 그러므로 자식 없는 자는 걱정이 없고 자식 많은 자는 口錢때문에 걱정이 많으니 이것이 도리에 합당한다.」(경세유표, 卷 十: 지관수제 부공제 二, 十六)라고 개탄하고 나아가 놀고먹는 사람들의 수가 증가함을 염려했다.

반계·성호·다산 모두 앞서 토지제도에서 지적한 바와 같이 결부제의 단점을 시정해야된다고 한다. 「結을 만들 때에 세액을 같도록 하기 위한 것이었는데 그후 같은 결에도 등급을 만들어 세액을 올리고 내리고 했다. 그러므로 結負法을 개혁하던가 세액차등법을 개정하던가 두가지 중 한 가지를 선택하지 않으면 복잡하여 下吏의 부정을 막을 길이 없다고 했다.」(경세유표, 卷 七: 지관수제 전제 七, 六)

또한 이들은 모두 세금을 통일하고 均貢을 주장했던바 이것이 개혁되지 않는 이유에 대하여 다산같은 이는 다음과 같이 말하고 있다. 「貢物의 폐단은 지방에서 생겼기에 수령들은 이롭게 여기고 조정에서는 무심하여 民庫의 폐단을 막을 길이 없다.」(경세유표, 卷 十: 지관수제 부공제 七 방부고, 三十四).

나. 大同法과 조적법의 폐

1650년(효종 4년) 田政이 문락하여 稅政을 바로잡고저 당시 영의정이었던 金堉의 주장으로 大同法이 시행된다. 貢物을 미곡으로 통일해서 바치게한 대동법은 일시에 전국적으로 실시된 것은 아니지만 그후 서서히 전국적으로 시행되엇다. 또한 常平倉대신 조적법(糶糴法)을 시행하여 곡가가 오르면 방출하고 곡가가 내리면 다시 거둬 들여 곡가를 조절하고 흉년이나 역질로 인한 기근에 대비하고자 했다. 그러나 이와같은 제도들도 非理로 운영되고 근본 취지를 살릴 수 없을 때 오히려 악법이 되었다. 반계는 「원래 백성을 위하여 설치되었던 것이 오늘날에는 관청과 나라의 용도를 유지함에 유익할 뿐 백성에게는 전혀 유익됨보다는 해됨이 크다.」(반계수록, 卷 三: 전제후록 上, 五十)고 했으며 성호도 「常平을 없애고 조적(糶糴)만을 시행하는데 이는 모두 백성에게 빚을 짊어지도록 하고 있다. 농촌에서 패망한 집 중 10분의 8-9는 모두 조적법에 의한 官債와 私債때문이다. 조적은 오히려 국가에서 흉년이 들어 백성을 구한다기보다 백성에게 빚을 짊어지도록 하는 데 불과하다.」(성호사설, 卷 十: 인사문 용유난절, 四十四)는 것이다. 「大同法을 시행하던 당초에는 쌀만 한번 바치면 그 해가 다가도록 거둠이 없다고 했다. 그러나 근년에 이르러 여러 관청에서 요구하는 것이 점점 많아져 그 폐해가 크다.」(경세유표 卷 十一: 지관수제 부공제 七 방부고, 三十四)고 하여 아무리 훌륭한 제도라 해도 그것이 구조적 모순을 내포하고 있을 때 기능할 수 없음을 지적한 것이다.

4. 制度的 모순과 대책

가. 관리의 부정·부패

반계·성호·다산에 걸쳐 공통으로 가장 많이 지적되고 있는 것은 아전의 횡포와 농간이다. 침체된 농경사회에서 관리의 부패는 흔히 볼 수 있는 현상이다. 당시 절대 권력을 장악하고 있는 양반계층 중 현직에 있는 중앙관원의 수는 소수에 지나지 않았으리라 짐작된다. 이에 비해 地方吏員의 수는 인구가 증가하고 사회가 발달· 분화되어감에 따라 증가하지 않을 수 없다. 아무리 적은 고을이라 해도 기본적인 행정을 위해 六房官屬이 있고 치안을 담당하기 위한 요원이 있어야 한다. 중앙관서의 有司者 한명에 적어도 평균 10명 내지 20명의 지방관속이 필요했을 것이다. 그런데 이들의 안정된 생계를 위한 녹봉조차 계정되어 있지 않았다는 것은 이들로 하여금 부정한 방법으로 생계를 유지할 수밖에 없게 했으며 이들이 지방에서 대대로 뿌리를 내리고 살게 됨에 따라 부패와 부정은 불가피하고 당연한 결과가 되었다.

17세기 반계는 다음과 같이 지적한다. 「우리나라에서는 田稅는 모두 서울로 운반되고 貢物· 進上과 수령의 봉급·外方의 비용은 모두 田稅이외에서 나오는 까닭에 日結에 적은 경우 20-30斗, 많은 경우 80-90斗까지 징수했다. 중앙관리의 봉급은 물론 지방의 아전들도 봉급이 없어 각각 자력으로 긁어모아 살고 있으니 公을 빙자하여 私利를 경영하고 위에 뇌물을 바치기 위해서는 백성의 재물을 빼앗는 수밖에 없었다.」(반계수록, 卷\二: 전제 下, 九). 이와 같이 가렴주구가 심해지고 民戶가 줄어 田結이 누락되고 세금이 감소하는 이유는 모두 政事가 下吏들의 손에 있기 때문이라고 했다.

다산은 특히 아전의 횡포를 경계하고 首吏에게 매어있는 牧官의 정상을 그의 牧民心書에서 낱낱이 그려내고 있다. 또한 아전의 수탈을 통렬히 비판했다. 여러 형태의 隱結 즉 非課稅田地가 구조적 모순에 의해 나타나고 있음을 지적하고 있다. 「한 고을 전지를 통산한 다음 부호로서 세를 바치기에 염려 없는 자의 전지를 택하여 漏結로 만들고 사사로이 돈과 쌀을 그들로 부터 징수하고 거꾸로 이것을 보충하기 위해 하천이 되어버린것, 모래가 덮인 땅, 묵은 땅 등을 原結에 넣고 세금을 충당하기 위해 떠돌이와 비렁뱅이에게까지 세금을 부과한다.」(경세유표, 卷一: 지관호조 제二 교관지속, 十五). 그 결과 경작총면적은 해마다 줄어들고 세금도 줄어들고 있다.「隱結과 餘結은 해마다 늘기만하고 宮結과 屯結도 달마다 늘어 原田을 잠식하여 국가수입은 삭감되고 모든 부역이 전결에서 나오니 일단 궁결과 둔결로 들어가면 부역마저 면제되어 萬結이나 되는 읍에서 요역대상 전결은 불과 3000결에 지나지 않는다.」(목민심서, 卷四: 호전 六조 전정, 五十一).

그럼에도 불구하고 이것이 개정되지 못하는 이유는 결부법에 의한 면적의 표시는 문서상의 기록으로서 실제면적과 맞지 않고 그 계산방법이 복잡하여 관의 당사자도 이를 다 살피지 못하니 하물며 농민들의 경우는 말할 필요도 없다. 여기에 아전의 농간이 들어가게 되고 뇌물과 청탁, 누락과 협잡등의 폐해가 끝없이 계속된다는 것이다.

다음으로 지적할 수 있는 것은 아전과 지방수령의 사고방식 그 자체다.「백성은 토지를 밭으로 삼고 이속들은 백성을 밭으로 삼아 머리수를 세어 거둬들이는 것을 가을철의 수확처럼 여기니 이것이 습관이 되어 당연한 것으로 되어있다. 그러므로 이속들을 단속하지 않고서는 백성을 다스릴 수 없다.」(목민심서, 卷 四: 이전 六조 속리, 一).

뇌물과 공납이 보편적이 된 이유로서 성호는 다음과 같이 기술하고 있다.「大同米이외에도 各道, 各邑의 염출이 많아져 조정에 일이 있을 때마다 거둬들이고 지방수령들도 이를 본따 일만 있으면 거둬들이니……」(성호사설, 劵 九: 인사문 대동, 六十七) 또한「상납하는 물품 즉 쌀, 베등에도 퇴짜를 놓고 뇌물을 요구하는데 하물며 생선, 모피, 약초등은 이루 말할 수 없다.」(경세유표, 卷 十一: 지관수제 부공제 五 방부고. 二十七).

나. 기타 개선책

토지제도의 개선, 균공, 균역제를 통한 조세제도의 개혁, 지방수령과 이속들에 대한 행정감독의 강화외에 이들이 공통적으로 지적하고 있는 개선책은 재정절약과 중앙 및 지방의 공무원감원, 통화의 정비를 통한 중간 모리의 제거들을 들 수 있다.

성호는 경비절약과 저축을 강조한다. 「3년에 걸쳐 일년동안 쓸 경비를 국가에서는 물론 고을에서까지 저축하게하면 해마다 받아들이는 부세로 경비를 충당하고 불시에 써야 할 일이 생긴다해도 걱정이 없을 것이다.」(성호사설, 卷 十: 인사문 상평, 四十九) 다음 재정절약과 밀접한 관계가 있는 것은 공무원 감원이다.

「什一稅를 받아도 용도가 부족하다면 이는 일없는 관원이 많거나 낭비가 있거나 전결의 누락이 많은 때문이다. 이것들은 모두 줄여야 될 것이다. ……內職에 官衙가 많고 일없는 관원이 또한 가득하니 마땅히 수입을 헤아려 감원하고 허다한 낭비를 일체 절약한다면 부족할 이치가 없다.」(성호사설, 卷 十一: 인사문 십일부, 二十九).

성호는 「곡식으로 조세를 받고 화폐법(주전)을 금지한다면 이런 염려는 없을 것이다. 화폐법의 시행으로 풍년이 들었을 경우 조세나 사채를 모두 미곡으로 받지 않고 돈으로 받아 그 이익을 도모하므로 백성들은 싼값으로 곡식을 팔아 돈으로 바꿔 내게 됨으로 생긴것이다.」(성호사설, 卷 十六: 인사문 미천상농, 六十二).

「근래 백성들이 가난하게 된 것은 오로지 과거가 번거롭고 주전을 많이 함으로 먹는자는 많아지고 (중간모리) 부세를 거둬들이는 길이 적기 때문이다. 토지가 줄어드는 것도 아닌데 날로 거칠어지고 백성들이 날로 빈곤해 지는 것은 모두 그 근본적인 이유가 있기 때문이므로 그 근원을 추구해 보면 알 수 있을 것이다.」(성호사설 卷 十六: 인사문 민빈, 七十).

Ⅴ. 評價 및 結論

우리는 먼저 근세조선후기(1650-1850) 인구와 토지규모의 변화를 살펴보고 다음 경지규모와 더불어 人口·土地관계에 직접적인 영향을 미치는 식량생산 및 농업발전을 개관하고 인구·토지압박에 관한 객관적인 증거와 실학자들의 입장을 살펴보았다. 다음 인구압박의 간접적 요인이 되는 토지제도, 조세제도 및 행정관료의 문제점 등 제도적인 문제에 대해서 실학자들의 견해를 중심으로 고찰했다.

이시기 인구압박에 대한 증거는 많다. 1650년 겨우 千萬 남짓했던 인구가 기복은 있었으나 계속 증가하여 1750년 전후하여 千九百萬을 육박했다. 그럼에도 불구하고 전국의 田結수는 임진왜란(1592) 전에 비해 줄고 있었으며(1720년), 경작결수는 1646년 68만 5천결에서 1903년 84만 5천결로 약20%가 증가했을 뿐이었다. 1650년이후의 인구자료는 그이전의 자료에 비해 정확성이 높다. 인구자료에 비해 전결에 대한 자료만 그 정확성이 낮다는 증거는 없다. 따라서 위와 같은 객관적인 자료를 놓고 볼 때 인구·토지압박이 심각했다는 것을 알 수 있다. 이 연구를 통해 확인할 수 있는 사실은 당시 경작면적의 확장없이 증가하는 인구를 부양하기 위해서는 최소한의 농업기술의 발전과 다양한 농산물의 품종도입에 의존할 수 밖에 없었다는 것이다.

실학자들도 이농－유민문제가 심각함을 지적하고 있다. 그러나 이들은 절대 토지면적의 확장이나 생산성을 높임으로써 문제를 해결하려 하지 않았다. 생산에 대한 직접적인 관심보다는 자원의 효율적 이용 즉 공평하고 타당한 토지배분을 통해 생산의욕을 향상시키는데 더 큰 관심을 기울이고 있었다. 절대가경지면적의 확장보다는 휴경지와 진황지를 감소시킬 것을 주장했다. 인구가 증가함에도 보고된 경작면적이 줄고 있음은 자주 논의되고 있다. 그러나 가경지에 대한 노동력의 추가투입으로 식량의 증산이 가능하다고 믿었다. 더우기 임진왜란·병자호란으로 인한 인명피해와 그에 따른 인구 감소로 유휴토지가 늘어났고 이 유휴토지를 경작하는데 필요한 노동력이 부족하므로 인구증가가 필요하다고 주장했다. 즉 多産論的 견해가 지배적이었다.(朴商台, 1984 : 105-144). 17세기 반계에 있어 휴경지는 큰 문제가 되지 않았다. 그러나 18세기 성호부터는 이 문제의 심각성을 논의하고 특히 18-19세기의 다산은 휴경지에 대한 조사와 적극적인 개간(둔전)을 주장했다. 이것은 후기로 올수록 인구압박이 커가고 있음을 보여주며 동시에 전통적인 농업사회에서 인구증가로 인한 실업현상은 뒤늦게 나타나고 있다는 것을 말해준다.

실학자들은 빈곤과 기아로 표현되는 인구 압박 현상이 불합리한 토지제도와 불공평한 조세제도에서 기인한다고 보고 이를 심각하게 비판하고 있다. 토지제도에 있어 이들의 기본 입장은 토지사유를 철폐하기 보다는 제한해야 한다는 것이다. 반계의 四區法과 성호의 永業田은 토지겸병으로 인한 부익부·빈익빈현상을 방지·타파하기 위한 것이었으며 다산의 결부법에 대한 비판도 모두 公田制에 입각해서 토지분배상의 모순을 개혁하려는 것이었다.

농업을 산업의 기초로 보고 농민의 희생위에 경제발전을 시도한 중상주의에 반대한 18세기 후반 서구 중농주의 학자들과 유사한 이들의 관점은 당시 중국에서 황종희가 주장한 토지사용상의 평균주의와, 은의 축척(征銀)을 위주로 하는 정책을 지양하고 농업을 중시해야한다는 고염무의 주장과도 일치된다.

조세제도에 있어 실학자들의 관점은 중농주의학자들 및 중국의 황종희·고염무의 사상과 매우 비슷하다. 순생산은 농민으로부터 나오므로 농민으로부터 賭地를 거둬들이는 지주로 부터 田稅를 받아내야 하며 남의 땅을 경작하는 농민에게서 받아내서는 안 된다는 것이다. 중농주의학자들과 매한가지로 이들은 농업부문 이외의 발전에 대해서는 크게 고려하고 있지 않았다. 그러나 서구 중농주의학자들이 농업의 생산성 및 농업기술의 발전을 중요하게 다루고 있음에 비해 이들은 기술발전에 대해 그다지 중요하게 다루지 않고 있었다.

마지막으로 이들이 주장하고 있는 가장 중요한 문제는 고질적인 관료의 부정·부패였다. 자영농민의 자립을 위해 토지제도 및 조세제도를 개혁한다 해도 국가와 농민의 중간에 개재하여 국민의 대다수인 농민을 착취하고 국가재정을 피폐케 하는 요소 즉 각 지방 이속들의 농간을 근절해야 한다는 것이다. 이를 위해 지방관리(아전)에 대한 감독의 강화, 중앙및 지방관속의 감원, 재정경비절약, 통화의 정비 등 대책을 들고 있다.

16세기 말부터 중국에는 서양선교사들이 입국하여 근대과학기술과 사상을 전한다. 중국을 통하여 간접적으로 서양문물에 접할 수는 있었겠으나 중국이외의 학술에 직접적으로 접할 기회가 없었던 우리나라 학자들은 중국의 제도 특히 고대의 이상적 정치·경제제도에 향수를 품고 있었다. 이것은 이들이 근본적으로는 개신유학자들이었기 때문이다. 그러나 당시 사회의 현실을 관찰하고 실존하는 사회적 병폐를 파악하고 그 원인을 추구했다는 점에서 방법론적으로 이들은 불후의 공헌을 남겼다. 당시 왕권이나 군주제에 대한 도전은 상상할 수 없었고 불가능했을 것이다. 그러나 한 가지 아쉬운 점은 중앙정부의 양반계급 즉 핵심적인 권력을 장악하고 있는 지배계층과 당시 사회구조 자체에 대한 비판이 빈약했다는 점이다. 오히려 신분은 양반의 아래인 중인계급에 속하지만 지방의 호족들인 이속들의 부정·부패를 농민빈곤의 주요 이유로 들고 있었다. 이것은 엘리트가 일반 민중을 이끌어가야 한다는 보수주의적 사고방식을 견지한 것이다. 그 결과 조선후기 거듭되는 농민반란과 민중봉기가 국민 대다수의 정치적인 불만과 인구압박 등의 요인으로 야기되는 경제적인 궁핍, 사회적 모순 등의 결과임을 간과하게 된 것이다.

<참고 자료>

茶山 : 經世遺表 卷一, 四, 六, 七, 十, 十二, 十三 .
牧民心書 卷四, 五, 六.
磻溪 : 磻溪隨錄 卷 一부터 卷 六까지.
星湖 : 星湖僿說 卷七부터 卷十六까지.

<참고 문헌>

권태환·신용하, 1977 “조선왕조시대 인구추정에 관한 일 시론.” 「동아문화」 제14집.

김용섭, 1971 「조선후기 농업사 연구 II」. 일조각.

박상태, 1982 “중국의 인구: 역사적 변천과 추계.”「동아연구」 제1집. 서강대학교.

1984 “실학에 나타난 인구사상.”「한국사회와 사상」. 한국정신문화연구원

소재영, 1982 「壬內兩亂과 文學意識」. 한국연구원.

候外廬 編, 1955 「中國思想通史」. 제5권, 中國早期啓蒙思想史. 北京.

McEvedy, Colin and Richard Johnes, 1985 Atlas of World Population History. Middlesex, England : Penguin Books.

Myint, H., 1964 The Economics of the Developing Countries. London : Hutchinson.

Spengler, Joseph J., 1968 "Physiocratic Thought." International Encyclopedia of the Social Sciences Vol. 4. New York : Macmillan

Unites Nations, 1973 The Determinants and Consequences of Population Trends. New York : United Nations.

(1987)

제4장 동아시아의 인구사상

- 洪亮吉과 맬서스의 비교 -

요약

오늘날 전 세계 학문에 절대적인 영향을 미치고 있는 서구 학문의 기초는 그리스와 로마 문명임은 잘 알려진 사실이다. 그 결과 이집트와 페르시아를 포함하는 아랍세계의 훌륭한 업적과, 인도대륙의 심오한 사상, 그리고 중국을 포함하는 동아시아의 탁월한 업적이 등한시되거나 도외시되어 왔다. 인구에 관한 사상과 이론도 예외는 아니다. 본 연구는 우리가 간과(看過)한 과거 인구사상 중 동아시아 부분을 중국학자들을 중심으로 고대, 중세, 근세 등 시기로 나누어 유럽학자들과의 비교를 통해 재조명해 보았다.

중국을 위시한 동아시아에서는 고대로부터 과잉 및 과소 인구에 대한 우려가 자주 거론되었다. 춘추시대 인구에 대한 주요 관심은 인구와 자원과의 균형관계였으며 인구가 국부의 원천임은 대체로 인정하고 있었으나 과소인구에 대한 대책뿐만 아니라 과잉인구에 대한 단점도 심각하게 거론되고 있어 적정인구와 근대 맬서스주의의 기초는 이미 고대 춘추전국시대에 마련됐다고 볼 수 있다. 서양고대 그리스와 로마시기의 인구 사상의 발전은 플라톤과 아리스토텔레스의 적정인구론과 로마시기 팽창주의적 인구증가 장려책으로 대표된다.

천년이란 장기간의 중세 시기 유럽의 발전은 정체되어있었으며, 동아시아의 발전 역시 부진했으나 아랍세계의 발전은 주목할만한 것으로 알려져 있다.

근세에 들어와 유럽 특히 서구에서는 눈부신 학문적 발전을 이룩한데 비해 동아시아의 발전은 매우 저조한 것이었다. 그러나 맬서스가 그의 인구이론을 발표하기 수년전 중국의 홍량길은 불완전하나마 인구의 기하급수적 증가율의 문제를 논하고, 인구증가에 대한 규제로서 맬서스의 적극적 규제 및 궁극적 규제에 해당하는 천지조제법과, 소극적 규제 및 즉각적 규제에 해당되는 군상조제법을 들고 있다. 특히 그가 상대적 과잉인구에 대해 논의를 전개하고 있음이 주목된다.

마지막으로 고대 탁월한 동아시아의 학자들과 근세 맬서스 직전 홍량길과 같은 학자도 있었으나 동아시아에서의 학문발전은 근세 이후 서양에 비해 비교될 수 없을 정도로 부진하게 된 이유를 학문내적 요인과 학문외적 요인으로 나누어 검토했다.

I. 서론 - 연구목적 및 방법

인구현상은 자연환경의 제약과 인간의 생물학적 제약 등 두 가지의 인간 의지와 관계없는 변수의 한계 내에서 인간행위에 의해 이룩되는 정치, 경제 및 사회 문화적 현상과 밀접한 관계를 유지하며 발전된 결과이다. 즉 인간의 통제가 불가능하거나 매우 어려운 신체 외적 자연조건과 신체 내적 요인인 생물학적 진화 요인을 제외한 사회적 조건들의 상관관계에 의해 인구의 구조와 변화과정이 형성된 것이다. 그러므로 인구의 구조와 변화과정은 당시의 사회경제적 조건을 반영하고 있으며 동시에 사회경제적 조건에 영향을 주어 변화를 가져오게 한다.

본 연구의 첫째 목표는 인구에 관한 관점의 변화를 살펴봄으로써 당시의 사회경제적 상황을 추리할 근거를 마련하고 동시에 객관적으로 널리 알려진 사회경제적 변화가 인구에 대한 관점에 어떤 영향을 주고 있는가를 밝힐 수 있게 하는 것이다. 인구에 관한 사상은 장기간을 놓고 보면 시계추와 같아 한때는 과소 인구와 낮은 증가율을 걱정하다가 다른 시기에는 같은 지역에서 과잉인구와 높은 증가율을 염려한다. 이와 같이 지금까지 수천 년 간 인구사상은 매우 순환론적인 양상을 보여주고 있다. 여기서의 이론적 전제는 순환론적 진화론(Cyclical Evolutionism)이다. 왜냐하면 과소 또는 과잉 여부에 대한 관점은 순환적이나 다른 한편 세계인구가 60억을 넘어선 적은 인류역사상 한번도 없었으며 도시인구가 전 세계인구의 반을 넘어선 적도 없었기 때문이다.

우리나라의 경우를 예로 들어본다. 근대화의 맹아기라고 할 수 있는 근세조선 말기에 이르러 토지－인구의 압박 즉 식량 생산량과 인구수와의 불균형 현상이 자주 일어난다. 이것은 17세기 전반 임진왜란(1592-1598)과 병자호란(1636-1637)으로 감소했던 인구가 그 후 숙종, 영조, 정조 시기(1675-1800)를 거치며 급격히 증가한 데서도 그 원인을 찾을 수 있다. 순조 시기(1801-1834) 수많은 기근과 민란은 토지에 대한 인구압박의 결과라고 볼 수 있다. 1910년 이후 일본의 팽창정책으로 인구압박 현상은 관심사에서 밀려났다가 2차대전 후 한국전쟁을 거쳐 급격한 인구증가는 가족계획사업으로 증가율의 감소를 가져왔으나 1990년 이후 세계에서도 가장 낮은 출산율을 보인 현재 우리는 다시 새로운 문제에 직면하게 되었다.

둘째, 그리스와 로마를 종주로 여기는 서구의 학문이 오늘날의 세계학문에 절대적인 영향을 미치고 있음을 우리는 잘 알고 있다. 그 결과 이집트와 페르시아를 포함하는 아랍세계의 찬란한 학문적 업적과, 인도 대륙의 심오한 사상, 그리고 중국을 포함한 동아시아의 탁월한 사상적 발전에 의한 학문적 업적이 등한시되거나 아예 도외시되고 있다. 서양에서 그리스와 로마 시기 훌륭한 학자들이 많이 배출되었듯이 동아시아에서도 춘추전국시대 제자백가들이 찬란한 학문적 발전을 이룩하고 있었다. 여기서는 제자백가 사상가들의 업적 중 인구에 관한 부분만을 발췌요약하고 이를 시기별로 서양 사상가들과 비교해 보고자 한다. 다음 중세와 근세초기 중국 사상가들의 인구에 관한 관점을 서양 사상가들과 비교하고자 한다. 과거 우리나라 학자들에 대한 연구가 간혹 있었으나(朴商台, 1984) 우리나라와 중국과의 비교는 이 연구의 범위를 넘어서므로 다음 기회로 미룬다.

셋째, 인구연구에 가장 큰 업적을 이룩한 학자로 공인되는 맬서스(1766-1834)의 인구 사상을 맬서스 보다 20년 앞서 출생한 중국의 홍량길(洪亮吉, 1746-1804)의 사상과 비교해 보고자 한다. 홍양길은 20세기 중반부터 중국학자들에 의해 유럽과 미주에 소개되었으나 그 내용은 인구학적 관점에서가 아닌 경제학 특히 고전경제학적 관점에서 소개된 것이었으므로 여기서는 인구학적 사회학적 관점에서 그의 업적을 맬서스와 비교해 보고자 한다.

위의 목적을 위해 본 연구는 자료 분석을 위해 과거 문헌자료를 이용했으며 본 연구에서의 역사적인 시대구분은 역년(曆年)적인 구분에 의할 수밖에 없었으며 서양의 경우 고대와 중세 그리고 근세로 나누어 연구하는 것이 통례이므로 비교하는 뜻에서 이에 상응하는 중국의 시기를 맞추어 보고 동시에 중국의 특출한 사상가를 중심으로 그 시기 서양 사상가를 비교하는 방식을 병행했다. 우리가 소개하지 못하고 있으나 역사적으로 당대에 지대한 영향을 미쳤던 많은 학자들에 대한 연구가 선행되어야 하지만 우선 여기서는 지금까지 사회과학의 각 분야에서 주목을 받아온 일부 학자들을 위주로 비교해 보았다.

Ⅱ. 고대

서양에서 역사학자들에 의해 규정된 고대는 로마제국이 멸망한 시기까지를 말하므로 그 시기는 매우 장구하다. 동아시아에서의 이 시기는 춘추전국시대(春秋戰國時代;BC 770 - BC 221)와 진한(秦漢)을 거쳐 위진남북조(魏晉南北朝: BC 221 - AD 581)까지로 볼 수 있다. 이 시기 남아있는 기록에는 田制를 비롯한 인구와 관련된 많은 학자들의 논의가 전해오고 있으나 여기서는 이들 중 우리의 논의에 가장 적합하다고 생각되는 8명 학자들의 주장만을 살펴보고자 한다.

1. 고대 동아시아

고대 중국의 인구문제에 대한 주류추세는 인구증가를 장려하는 것이었으며, 인구의 증감은 국가의 성쇠를 가늠하는 표준이 되었다. 고대 통치계급으로서 인구증가를 장려하지 않은 경우가 없었으며 그 주된 이유는 병력충원과 세금부과를 위한 것이었다. 주의 선왕(周宣王:(BC 827 - BC 782)이 태원(太原)지방에서 인구를 헤아렸다(料民)는 기록이 있다. 이것은 군사목적의 인구조사였다(胡寄窓, 1998; 82).

춘추전국시대(BC 722 - AD 221)의 특징은 춘추시대(BC 722 - 481)보다는 전국시대(BC 403 - 221)에 패도정치(覇道政治)를 지향하는 군소제후들에 의해 인구수의 중요성이 강조되고 있다. 즉 노자나 공자 등 춘추시대의 학자들에서 찾아 볼 수 없는 적극적인 다산 장려 견해가 전국시대에 풍미한다.

가. 노자 (老子 BC 604 - 531): 중국에서 인구의 크기에 대한 나름대로의 입장을 밝힌 최초의 학자는 노자(老子 BC 604 - 531)라고 볼 수 있다. 그는 그의 도덕경(道德經) 제 80장에서 소국과민(小國寡民)을 주장한다. 이것은 국가의 규모를 작게 하고 백성의 수를 적게 유지하면 국민복지(民福)의 수준을 높일 수 있다는 – 즉 인간의 무분별한 욕망을 낮춤으로써 행복한 생활을 영위할 수 있다는 – 도교적 사상의 일단이지만 노자는 집중과 통일 그리고 확장보다는 분산과 해체 속의 자율을 강조한 것으로 해석된다 (최진석, 2001: 541).

나. 공자 (孔丘 BC 551 - 479): 공자는 인구의 다과에 대한 뚜렷한 관점을 주장하지는 않았다. 그러나 그는 간접적으로 인구가 많은 것을 선호하고 출산장려를 바람직하게 생각하고 있었음을 추리할 수 있다.
<論語 子路篇 第九章 子適衛 冉有僕 子曰 庶矣哉 冉有曰 旣庶矣 又何加焉? 曰 富之 曰 旣富矣 又何加焉? 曰 敎之>
공자가 위나라에 갈 때 염유가 수레를 몰았다. 공자가 백성들이 번성하구나 하자, 염유가 이렇듯 백성들이 많으니 더욱 보태야 할 것은 무엇입니까? 하고 묻자 공자가 백성들을 부하게 해주어야 한다고 말씀했다. 부한 다음에는 가르쳐야 한다고 했다(張基權, 1970: 322).

공자를 중심으로 하는 중국 유학자들의 대부분은 기본적으로 가족, 혼인, 출산 등에 대해 인구 증가를 장려하는 다산론적 견해를 갖고 있었다는 것이 보편적으로 알려진 사실이다.

다. 맹자 (孟軻 BC 372 - BC 289): 맹자(孟子)는 공자와 더불어 한 나라의 인구가 많고 물산이 풍부한 것을 훌륭하게 여겼고 후대의 유가사상가들의 대부분은 이들의 의견에 동조하는 것이었다. 한 예를 들면 다음과 같다. 양혜왕이 말하기를, "과인은 나라에 마음을 다하고 있습니다. 하내에 흉년이 들면 그 백성을 하동에 옮기고 하동의 곡식을 하내에 옮기며, 하동에 흉년이 들면 역시 그렇게 합니다. 이웃나라의 정치를 살펴보면 과인이 마음 쓰는 것 같이 하는 자가 없는데, 이웃 나라의 백성은 더 줄지 않고, 과인의 백성은 더 늘지 않는 것은 무엇 때문입니까? (孟子 梁惠王 章句上 王無罪歲章; 隣國之民 不可少, 寡人之民 不加多, 何也?)" 이에 대해 맹자는 저 유명한 五十步百步의 예를 들며 패도가 아닌 왕도정치의 중요성을 강조한다 (車柱環, 1970, 81-89).

라. 묵자 (墨翟 BC 468-376): 묵자는 중국에서 최초로 인구문제를 거론한 사상가라고 부를만하다. 묵자가 생존했던 시기는 전국시대 초기로서 당시 월의 왕(越王) 구천(句踐)이 강력한 인구증가 정책을 시행했다. 구천은 오 나라와의 전쟁에서 패전한 것을 설욕하기 위해 그

리고 월나라를 복구하기 위해 인구 증가 정책을 시행한 것이다.

그러나 묵자의 인구사상은 위와 같은 군사적 목적이 아니었다. 전쟁을 목적으로 하지 않고 사회 생산 발전을 위해 인구증가가 필수적임을 역설했다. 그의 주요 논지는 인구의 증가는 재부의 증가보다 이룩하기가 훨씬 느리고 어렵다는 것이었다. 당시 농업에 있어 가장 중요한 문제로 묵자는 토지와 인구수의 불균형을 들었다. 즉 땅은 많은데 인구가 부족함을 지적한 것이다. 무엇이 이같은 현상의 원인인가. 묵자는 봉건제후들 간의 끊임없는 전쟁으로 인구가 감소하고 무거운 조세부담으로 백성들이 빈곤에 빠지게 된 것을 주요 이유로 들었다. 인구－토지간의 불균형을 해소하는데 그는 仁政을 주장한다. 어진 정치가 바로 국부의 원천이 된다는 것이다. 그는 여러 가지 인구증가를 위한 정책을 제시했다. 그중 중요한 것은 1. 조혼의 장려 (남 20세: 여 15세). 2. 축첩금지 (독신남자수 감소). 3. 전쟁금지 (사망율 저하) 4. 중세(重稅) 금지. 5. 단상박장(短喪薄葬－상기를 단축하고 殉葬을 금함) 등을 들고 있다(胡寄窓, 1998; 82-85).

마. 상앙 (商鞅 BC 390 - BC 338): 춘추시대 이후 각 학파의 사상가들은 모두 자국의 인구증가를 추구했으나 전국시대 중기 이후부터 점차로 인구와 토지간의 균형 (비례적)문제를 중시하는 견해가 자주 나온다. 상앙은 민승기지(民勝其地)와 지승기민(地勝其民)론을 주장하고 백성의 숫자가 땅의 크기를 앞지를 경우 개간에 힘써야 하고, 땅(농지)의 크기가 백성의 숫자보다 클 경우 인구이입에 적극적(내민－徠民－招民사상이라고도 함)이어야 한다는 것이다. 당시 상앙이 거주한 진(秦)나라의 경우 지승기민의 경우로서 그는 전국 인구의 출생과 사망을 조사하여 등록(등기)하고 성인남녀 및 노약자의 수를 파악하려고 시도한 최초의 인물이다. 또한 자연증가를 기다리기엔 너무 많은 시간이 소요되므로 전입－인구이입을 장려할 것을 주장했다(胡寄窓, 1998; 114).

바. 관자 (管子 BC 300?): 관자는 관중(管仲, BC ?-BC 645)을 일컫는다. 춘추시대 제나라 환공을 도와 강력한 패자(霸者)로 만든 재상으로서 "관자"를 저술한 것으로 알려졌다. 그러나 관자를 관중의 저술로 받아들이는 학자는 드물며 400여년 후인 기원전 BC 200-300년경 후인의 저술로 믿고 있다.

위의 상앙과 더불어 관자는 인구와 토지간의 비를 중심으로 인구의 과소 과잉 여부를 가름하고 있다. 즉 그는 부민정치를 강력하게 주장한 사상가로서 인구 토지 비율에 대한 관심을 중시했다. 그는 지만(地滿)과 인만(人滿)이란 두 개의 개념을 비교하고 있다. 지만은 과소인구(under-population)를 말하는 것으로서 땅은 넓으면서 천명(天命)을 제대로 수행하지 못함을 의미하고, 인만은 과잉인구(over-population)를 말하는 것으로서 인구가 많으나 땅이 적어 천명을 수행하지 못함을 의미한다. 이것은 중국 역사상 최초로 과잉인구의 폐해를 말한 것으로서 주목된다. 특히 그는 목민(牧民)의 도로서 "창고에 곡식이 충분할 때 예절을 알고 의식이 충족돼야 영욕을 구분한다(倉廩實則知禮節, 衣食足則知榮辱)"고 주장했다 (胡寄窓, 1998; 133).

사. 한비(韓非子 B.C. 280-233): 전국시대 말기 한비는 인구가 많은 것이 재난의 근원이 된다고 했다. 고대가 인구는 적은데 재화가 많았던 시기였다면 전국시대는 인구는 많은데 재화가 적은 시기라 하여 인구와 재화의 관계에서 인구 쪽이 많은 것을 혐오하는 관점을 최초로 제시하여 묵자와 반대되는 견해를 보여준 것이다.

한비 이전에 인구문제를 제기한 사상가들은 대체로 인구증가 자체에 대한 것보다는 토지에 대비되는 인구문제를 주요 관심사로 삼고 있었다. 한비는 이와 다른 견해를 제시했을 뿐만 아니라 하나의 새로운 견해를 제시했다. 그는 놀랍게도 당시의 인구가 너무 많다고 본 것이다. 당시 많은 사람들이 생각했던 바와는 달리 그는 "요즘사람들은 아들 5명도 많다고 보지 않는다. 아들 5명이 각각 5명씩 아들을 낳으면 조부 생전에 손자가 25명이 된다. 이로써 사람은 많은데 재화는 적어지게 된다" 고 했다 (韓非子, 五蠹篇). 맬서스의 기하급수적 인구증가를 세계최초로 표현한 것이라 할 수 있다.

인구와 토지와의 대비 관계에 대해서는 春秋時代 말기부터 수많은 학자들이 언급하고 있다. 한비는 토지란 요소를 재화란 개념 안에 포함시켜 인구와 토지란 한정된 관계보다는 넓은 관계로 확대해서 본 것이다. 이것은 인구문제를 다루는 데 있어 중요한 발전으로 볼 수 있다.

"예전엔 남자가 밭 갈지 않아도 초목의 열매가 풍부하여 먹기에 충분했고, 여자가 옷을 짜지 않아도 동물들의 가죽이 풍부해서 입기에 충분했다. 힘써 노력하지 않아도 부양하기에 족했고 사람 수가 적어 재화가 남아 백성들이 다투지 않았다. 그러나 오늘날 (戰國時代 말기를 말함) 사람 수는 많으나 재화가 적어 힘써 일해도 부양하기 어려운 고로 백성들이 다투게 되어 상을 더 주고 벌을 더 가해도 혼란에서 벗어나지 못하고 있다"(胡寄窓, 1998; 124-125).

위와 같은 그의 논조는 여러 상황에 대한 변수를 고려한 깊은 연구나 정확한 측정은 아니더라도 그가 인구와 재화간의 관계를 가지고 사회적 혼란의 근원을 분석하려고 시도했던 것이 주목된다.

아. 서간(徐幹 AD 171-218): 秦漢시기(BC 221-AD 220) 인구에 관한 뚜렷한 견해를 밝힌 학자는 춘추전국시대에 비해 매우 적으나 그 중 서간을 대표적인 학자로 들 수 있다. 서간은 대대로 벼슬한 집안의 자제였으나 그는 당시 무리 지어 당파를 만들고 이름을 날리고 권력을 잡는 것을 저속하게 보고 조용히 자신을 지키면서 <中論> 20여 편을 저술했다. 그중 그는 인구수에 대해서만 한편의 논문을 저술했다.

역사적 인구 기록에 의하면 서기 2세기 상반기 서간이 생존했던 당시 중국의 인구는 약 6천만 내외로 증가했고 이 숫자는 14세기 중엽까지 기록된 중국 인구 중 가장 많은 수치였다. 이것이 아마도 서간을 비롯한 당시 중국 학자들의 인구사상에 영향을 미쳤을 것으로 짐작된다. 당시 학자들 중 일부는 "인구수가 적으면 재물이 족하게 된다"고 하여 인구가 많은 것 보다 적은 것을 선호했다. 이런 관점은 선진(先秦)시대

법가(法家) 사상가인 한비자의 관점과 매우 유사한 것이었다.

인구조사를 정무(政務)의 가장 기본적인 관장사항으로 여기고 제반 정치 경제의 정책 및 조치는 모두 그 나라의 인구를 기초로 해야 한다고 주장했다. 그는 "인구수는 모든 사무의 출처가 되므로 바른 수를 취하지 않을 수 없다. 전지(田地)를 나누어주는 것, 공부(貢賦)를 정하는 것, 기용(器用)을 만드는 것, 식록(食祿)의 제정, 역(役)의 배분과 징발, 등은 모두 인구수에 기초하여 마련된다. 국가의 법전이나 가정의 법도를 제정하는 것, 오례(五禮)의 실시, 구형(九刑)의 집행 등은 모두 백성의 숫자로부터 찾아야한다"고 했다.

인구관리를 잘못하면, 호구(戶口)가 누락되고, 이에 따라 역(役)을 기피하는 사람들이 생기고 버려진 사람들과 유랑자들이 생긴다. 여기에 모든 부패가 생겨 엄형(嚴刑)으로 다스려도 바로 잡을 수 없게 된다고 한다 (胡寄窓, 1998; 265-266).

요약하면 서간의 인구 사상은 인구가 정치 경제 정책의 기본임을 강조하고 있으며 다른 사상가들은 인구를 다른 정치 경제 사회 현상과 관계해서 논의를 전개하고 있으나 그는 인구를 독립된 편장으로 구성하여 논의하고 있다는 점이다. 이것은 대단히 의미 있는 것으로서 인구를 독립변수로 보았음을 의미하며 맬서스가 최초로 이 작업을 했기에 인구론의 비조라 일컫게 되었다는 점과 비교해 볼 만 하다.

2. 고대 서양

서양의 고대시기인 그리스의 초기 사상가들은 인구성장을 지지했으나 후에 플라톤과 아리스토텔레스부터 인구의 규제가 필요함을 강력히 주장했다. 이들의 인구론은 복잡한 이론보다는 인구정책을 수립하기 위한 논의가 주류를 이루고 있었다. 즉 그들은 당시 도시국가 체제에 맞추어 인구의 잠재력을 최대한으로 발휘할 수 있는 이상적인 조건에 맞는 적정인구규모에 관심을 두고 있었다. 따라서 당시의 인구 적정 규모는 경제적인 면보다는 국가안보나 정부의 유지란 목적에 초점을 두고 있었다. 그러므로 당시 주요 관심사는 자급자족할 수 있을 만큼의 시민 수와 그 인구를 부양할 수 있는 영토를 확보하는데 있었다. 특기할 만한 점은 지나치게 많은 인구는 투표관리 등 민주 헌정을 수행하기 어렵게 만든다는 점을 강조하고 있다는 것이다.

플라톤(BC 427-347)은 도시국가를 유지 발전시키기 위한 가장 적합한 인구규모를 그의 <법률론(Law)>에서 5,040명이라고 했다. 이는 남자 시민권 소유자의 수를 지적한 것으로 보이며 여자와 노약자 그리고 노예를 포함하면 6만-8만 명을 이상적 도시규모로 본 것이다. 플라톤은 실제 인구규모는 항상 이상적인 수에 미달하거나 초과되므로 바람직한 수준을 유지하기 위해서는 인구가 과소할 경우 젊은이들을 타이르거나 꾸짖어서라도 출생율을 높이도록 하고 이도 어려우면 타지에서 이입을 장려해야 한다는 것이다. 인구가 이상적인 수준을 초과할 경우 자녀가 많은 사람들은 산아를 제한하고 식민지를 건설함으로써 과잉인구를 분산 흡수시켜야 한다고 주장했다. 이것은 플라톤이 이상적 유토피아적 철학자였던 점을 감안하면 수긍할 수 있는 견해이다.

아리스토텔레스(BC 384-322)는 플라톤의 철학적 전통을 이어받았으나 그 학문적 성향은 플라톤과는 다른 학자로서 플라톤이 이상주의적 학설을 주장한데 만해 논리적 과학적 학설을 정립한 철학자였다. 그에 의하면 한 도시국가의 인구규모는 국민들이 자유롭고 안일한 생활을 영위할 정도의 규모를 유지해야한다고 <정치학(Politica)>에서 밝히고 있다. 그러나 토지나 생활에 필요한 재산은 인구증가에 비례하여 증가할 수 없으므로 인구수가 지나치게 많을 경우 빈곤과 사회악이 만연하게 되며 과잉인구의 결과인 사회악은 영유아 유기나 유산과 같은 형태로 나타난다는 것이다. 실제로 당시 그리스에서는 과잉인구의 공포로 출생률이 감소하고 출생률 증가를 위한 정책도 시행되었으나 그리스의 헬레니즘 문명은 종말을 고하게 된다(UN, 1973: 33-35).

작은 도시국가적 관점을 가지고 인구현상을 다룬 그리스 사상가들과는 달리 로마에서는 인구를 대제국적 관점에서 다루고 인구증가의 단점보다는 오히려 군사적 목적 등의 이점을 강조했다. 로마는 건국초기부터 출산예찬론이 지배적이었으며 군사적 정치적 세력 확장을 위해 다산을 강력히 지지하고 있었다. 에니우스(Ennius)나 바로(Varro)등 대부분의 초기 사상가들은 혼인의 제일차적 기능은 국가를 위한 시민의 생산이라고 주장했으며 아우구스투스 황제는 인구감소를 염려한 나머지 출산을 장려하는 법제를 정비했다. 키케로(Cicero BC 106-43))는 인구증가를 도모하기 위해 일부일처제를 주장하고 혼인율을 높이기 위해 독신을 금지하고 독신자에게는 혹독한 세금을 징수하여 독신을 강력히 제제했다(Sauvy, 1979, 349-358).

유태교와 가톨릭 사상: 유태교의 성전(聖典)인 <구약성서(舊約聖書)>[1]에서도 출산과 자녀번성을 매우 중요하게 여기고 불임을 하나님이 내린 가장 큰 불행이라고 보았다. 이와 같은 구약의 전통은 가톨릭으로 이어져 내려오지만 신약성서(新約聖書)를 중시하는 기독교 전반의 저술가들은 사회-경제적 관점에서보다는 도덕적-윤리적 차원으로 국한시켜 인구를 논의한 것이 대부분을 차지하고 있었다. 그러므로 기독교 교리 상 출산에 대한 양면적인 논리가 전개된다. 한편으로는 일부다처, 이혼, 유산, 영아살해, 소년유기 등을 거부하면서 출산예찬론을 펴는가 하면, 다른 한편으로는 처녀성(성모 마리아의 순결 등)을 찬양하고 재혼을 용인하지 않는 가톨릭 전통을 남겼다. 특히 독신 수도의 중요성은 매우 자주 나오는 구교적 가르침이 되었

---

1) 구약성서에 나오는 인구에 관한 기록은 해석 여하에 따라 무수히 많은 내용을 추출할 수 있다. 그러나 그중 가장 직접적으로 인구수의 많고 적음에 대한 견해는 몇 가지로 제한되므로 대표적인 두 구절을 들면 다음과 같다.

잠언 (14:28):

백성이 많은 것은 왕의 위대함을 말하며 그 수가 적으면 임금은 미약한 존재가 된다.

창세기 (13:6):

그 지방은 그들이 함께 살만한 곳이 못되었다. 땅이 그들을 모두 수용할 수 없었기에 아브라함과 롯의 목자들 간에는 잦은 싸움이 있었다.

다. 일부 학자들은 구교의 독신주의 전통을 경제적 이유, 즉 잉여인구의 예방으로 해석하기도 하지만 당시 서력기원 후 중세말기까지의 보편적으로 높은 사망률과 기근, 역질, 전쟁 등으로 인한 끊임없는 인구감소의 위협을 고려해 보면 독신과 재혼의 금지 등 출산에 부정적인 요소들은 도덕적 윤리적 차원의 규제로 보이며 인공적 산아제한을 배격하는 구교적 전통은 교리상의 이유와 더불어 인구감소 위협을 완화하기 위한 것으로 해석된다(朴商台, 1986; 18-20).

3. 고대 요약 및 비교

동아시아의 춘추시대는 고대 그리스시기와 더불어 비교적 이성(理性)을 중시한 시대였다. 당시 인구규모나 증가 혹은 분포에 대한 관점들은 매우 유사한 점이 많다. 특히 그리스시기의 시민사회의 형성은 역사상 초기 민주주의 형태를 갖춘 시기였으며 춘추시대의 제자백가의 찬란한 학문적 발전도 인간의 기본적인 특성에 대한 보편적 연구를 토대로 이룩된 것이었다.

그러나 이와 같은 인간의 이성이나 보편적 특성을 중시했던 시기와 달리 중국의 전국시대와 로마시기로 이행하면서 유토피아(utopia) 사회에서 주장되고 수용되었던 인구에 관한 관점은 설 땅을 잃게 되고 무력이 지배하는 비이성적인 사회의 냉엄하고 무자비한 관점과 정책이 시행된다.

앞서 소개한 춘추전국시대의 노자, 공자, 묵자, 맹자 등은 이상적 다산론(多産論-pronatalism)을 주장한 데 반하여 소산론(少産論-antinatalism)을 주장한 학자로서 상앙, 관자, 한비 및 서간 등이 있었다. 전국시대 상앙(商鞅)은 민승기지(民勝其地)와 지승기민(地勝其民)이란 용어를 쓰고 있다. 전자는 땅은 좁은데 인구가 많음을 나타내는 것이고 후자는 땅은 넓으나 인구가 희소함을 일컫는 말이다. 관자(管子)는 지만(地滿)과 인만(人滿)이란 두 개의 개념을 비교하고 있다. 지만은 과소인구(under-population)

를 말하는 것으로서 땅은 넓으면서 천명(天命)을 제대로 수행하지 못함을 의미하고, 인만은 과잉인구(over-population)를 말하는 것으로서 인구가 많으나 땅이 적어 천명을 수행하지 못함을 의미한다. 이것은 중국 역사상 최초로 과잉인구의 폐해를 말한 것으로서 주목된다. 이와 같이 상앙과 관자는 인구와 토지간의 대비를 중심으로 인구의 과소, 과잉 여부를 논한 것이다. 전국시대 말기 한비(韓非子)는 인구가 많은 것이 재난의 근원이 된다고 했다. 고대가 인구는 적은데 재화가 많았던 시기였다면 전국시대는 인구는 많은데 재화가 적은 시기라 하여 인구와 재화의 관계에서 인구 쪽이 많은 것을 혐오하는 관점을 최초로 제시하여 묵자 등과 반대되는 견해를 보여준 것이다. 그 후 한(漢) 시대 서간은 인구와 인구통계의 중요성을 강조한 점에서 돋보인다.

이처럼 중국에서는 고대로부터 과잉 인구에 대한 우려가 자주 나온다. 가장 시기적으로 앞선 노자와 유학을 대표하는 공자와 맹자는 인구와 환경(자원)과의 균형을 강조하고 있었다. 묵자는 인구증가와 감소에 대한 방책(수단)을 제시하고 있다. 현대의 과잉인구론은 이미 춘추전국시대에 그 기초가 이룩된 것이다. 특히 상앙, 관자, 한비, 서간 등 전국시대와 한시대의 학자들은 과잉인구에 대한 단점을 깊이 천착했다는 점에서 주목된다.

Ⅲ. 중세 (6세기-15세기; 500-1499)

중세의 규정은 매우 애매하지만 서양에서는 대체로 로마제국이 멸망한 때부터 르네상스까지를 일컫는다. 동아시아의 경우 이에 해당하는 중국왕조는 隋, 唐, 宋, 元 시기로 볼 수 있다. 동서양 모두 찬란했던 고대 학술 발전에 비해 중세 시기 (6세기 중반-16세기 중반까지)의 학술발전은 매우 정체된 시기였다. 이 시기 주목될만한 학자는 동서양 합쳐 4-5명에 불과하다.

1. 중세 동아시아

가. 소식(蘇軾 1037-1101): 소식의 호는 동파(東坡), 송시기에 가장 유명한 문장가 특히 시인으로 알려져 있다. 그의 적벽부(赤壁賦)를 모르고 중국문학을 논할 수 없다고 전해오는 말이 이를 증명하고 있다. 그러나 그가 학자로서도 문학 못지않게 중요한 인물이란 점은 잘 알려져 있지 않다.

그는 왕안석(王安石)의 신법(新法)을 반대하고 유가의 주장을 답습한 사람이다. 인구문제에도 깊은 관심을 가졌던 그는 가우 연풍(嘉祐 年豊, 宋 仁宗 1056-1063)년간 에 올린 제도적 정책 건의 중에서 良民을 안정시키는 주요 방책으로 다음과 같이 주장했다. 그는 "중국의 토지는 충분하여 중국의 백성을 먹이고도 남는다"는 전제를 가지고 출발하여 백성들의 빈곤원인을 분석하고 그 이유를 인구와 토지의 분포가 서로 맞지 않기 때문이라고 했다.

정전제(井田制)가 폐지된 이후 사람들의 모이고 흩어짐이 무상하여(인구이동의 원칙이 없다는 뜻) 좋으면 무리가 모여 시(市)를 이루고 있다. 그 결과 천하에는 늘 나머지가 있어도 백성들의 용도에는 부족함이 있게 된다. 사람들의 주관적 판단이 이와 같은 고르지 못한 인구분포를 가져오게 된 것이다. 적정한 인구와 토지의 배분을 위해서는 개간되어 방치된 빈 토지와 개간할 토지로의 이동이 필요하다. 그는 일부 사대부들의 형양(荊襄) 지구로의 이동을 주장하고 일반 백성들 중 형양 지구로의 이동을 원하는 사람들에게는 이주비용과 식량을 제공하고 전지의 분배, 경작기구의 대여, 조세부담의 경감 등을 요구한다. 개간가능 지역으로의 이동은 흔히 보아온 것이지만 봉건 사대부를 참가시키자는 것은 매우 적극적인 주장이었다.

대부분의 인구문제에 대한 사상가들은 인구가 많아지고 적어지는 현상을 국가 흥망성쇠의 표지로 삼았다. 그러나 소식은 "예전엔 민수(民數)의 다과로서 국가의 빈부 기준을 삼았다. 그러나 소식이 보기에 당시 백성의 숫자는 요역(徭役)의 동원에 이용될 뿐 국가의 빈부와 무관할 뿐만 아니라 오히려 재난의 근원이 되고 있다. 생산하는 사람은 적고 소비하는 사람만 많다면 이것은 오히려 여러 폐단을 생기게 할 뿐이라고 주장한다. 소식은 인구가 많은 것이 부의 축적에 이롭지 못할 뿐만 아니라 재앙의 근거가 된다고 했다. 왜냐하면 삶에 필요한 일을 하는 사람 이외에 먹기만 하는 사람의 수가 많아지면 이로 인해 백폐(百弊)가 생겨나기 때문이다 (胡寄窓, 1998, 351-353).

소식이전 대체로 인구문제에 대해 관심이 있던 사람들은 일반적으로 노동능력이 있는 사람들은 당연히 모두 생산에 참여하는 것으로 알고 있었으며 그러기에 인구수의 다과(多寡)는 한 나라의 빈부를 결정한다고 보았다. 그러나 소식은 처음으로 비생산인구에 큰 관심을 가졌던 학자로서 이들 비생산적 인구가 국가 경제 번영에는 오히려 위협이 된다고 보고, 인구수와 국부와는 관계가 없다는 결론을 얻고 있다. 이것은 인구분석의 역사상 새로운 관점을 보태준 것으로 특기할 만 하다.

나. 마단림(馬端林 1254-1313): 그의 字는 귀여(貴與), 요주의 낙평(饒州 樂平) 사람이다. 宋과 元의 교체기에 가장 걸출했던 학자였다. 유일한 저서인 문헌통고(文獻通考)에서 그는 호구고(戶口考)를 짓고 중국역대 호구에 대한 저술들을 찾아 호구에 대해 상세하게 기록하여 후인들에게 훌륭한 참고자료를 마련해 주었다.

그는 인구에 관한 특수한 견해를 제시했다. 당시 인구의 크기가 국가의 흥망성쇠를 결정한다는 것은 보편적으로 받아들이고 있는 관점이었다. 北宋 시대 소식(蘇軾)을 제외하고 이에 이의를 제기한 학자는 없었다. 마단림은 하나의 전제를 가지고 논의를 전개했다. 그에 의하면, 예전에는 호구수가 적었으나 모두 재주와 지혜가 있는 사람들이었다. 그러나 후세에 올수록 인구수는 많아졌으나 게으르고 나약한 사람들이 대부분이다. 그러므로 백성 수의 다과(多寡)가 국가의 성쇠를 좌우한다고 볼 수는 없다는 것이다. 후대의 인구가 전대의 인구에 비해 나태하다는 전제는 받아들이기 어려운 것이지만 그는 인구의 양보다는 질을 중요시한 최초의 학자라 할 수 있다. 즉 그는 인구 개념에 새로운 내용을 보충한 것이다 (胡寄窓, 1998, 386).

다. 임훈(林勛 1127-1279): 임훈은 옛 정전법을 되살릴 것을 주장했다. 이것은 단지 복고주의적이고 감상적인 차원에서의 주장이 아니었다. 그는 당시 농민이 가난하게 되고 실직자가 많아지고 군 병력은 많으나 사병들이 달아나 도적처럼 된 것은 토지분배상의 문제에 기인한다고 보았다. 그는 개량된 정전제의 도입을 주장하고 조세를 노역이나 지조(地租)가 아닌 실물과 화폐로 대납할 것을 주장했다. 정전제를 주장하는 학자는 빈번히 나오지만 조세를 화폐로 납부해야 된다는 학자는 임훈이 처음이었다.

2. 중세 서양

흔히 서양의 중세를 암흑의 시대라고 한다. 이 시기의 인구에 관한 언급들은 사회경제적 문제와는 거리가 먼 것들뿐이며 국가, 민족, 인종 등과 더불어 그다지 중요하지 않은 개념이었기에 인구 증감에 관한 정치적 관심도 희박했다. 다만 잦은 전쟁에 의한 폐허와 그로 인한 급격한 인구감소를 경험하게 되어 인구증가 자체를 바람직한 현상으로 보고 하느님의 은총의 결과라고 믿었다. 이런 관점은 오랜 동안 계속되어 최근까지도 서양에서도 자녀수가 많은 것을 다복한 것으로 보는 전통적인 관념이 지속되어 온 것이다. 특히 서양 중세 봉건주의 시대 지배계급은 그들을 위해 일할 수 있는 사람들 즉 피지배계급의 노동력의 감소를 두려워하고 노동력의 증가를 환영했으리라는 추리는 의심할 여지가 없다. 이와 같이 고대에 자주 논의되었던 인구문제는 봉건주의 종말 후에야 거론되기 시작한다 (Sauvy, 1979).

초기 이슬람교 저술가들의 인구에 관한 관점은 유대교나 기독교사상과 별반 차이가 없었다. 그러나 학문발전이 찬란했던 14세기 아랍세계 학자들 중 **이븐 할둔(Ibn Khaldun)**은 중세 기독교 세계에서 찾아 볼 수 없는 매우 발전된 관점을 제시하고 있다. 그의 인구에 관한 관점을 요약해 보면, 첫째, 높은 인구밀도를 갖고 있는 사회는 자원을 효율적으로 활용할 수 있으며 동시에 군사 및 정치적 안보를 유지할 수 있고, 분업이 발전되어 생활수준의 향상에 유리하다는 점을 강조하고 있어 근세 정치경제학자들의 주장보다 200여 년 이상 앞서고 있다. 다음, 경제적 기복(현대용어로 경기변동)으로 인해 한 국가는 번영과 쇠퇴를 주기적으로 맞게 된다는 순환론적 관점을 제시하고 있다. 즉 한 국가 또는 사회(문명 단위로 보고 있음)가 번영하게 되면 출산력이 증가하고 사망력이 감소하여 인구증가를 촉진하게 된다. 이와 같은 번영기가 오랜 동안 지속되면 사회 성원들이 사치스럽게 되고 조세부담이 커짐과 동시에 국가나 사회가 쇠퇴하게 되어 출산율이 저하되고 사망률도 증가하여 인구가 감소하게 된다는 것이다 (Rosenthal, 1962).

할둔의 주장이 서양 근세 정치경제학자들에게 미친 영향은 자세히 연구되어 있지 않다. 그러나 그는 인구와 사회와의 관계를 매우 체계적으로 탐구하여 현대적 이론에 비추어 보아도 손색이 없을 정도의 업적을 남기고 있음을 다시 한번 강조하고 싶다.

3. 중세 요약 및 비교

고대부터의 기존 사상가들의 업적을 인용하지 않아 서로 연관이 없는 듯한 논의가 계속해서 나온 것은 동서양 모두 비슷하다. 이들은 모두 대체로 독자적인 논의라고 보기보다는 과거 업적과 상당한 연관성이 있었을 것으로 추정된다. 동아시아에서의 논의도 고대 제자백가의 사상적 업적을 기본으로 했다는 증거를 찾기는 어렵지 않다.

천년이란 장기간의 중세를 통해 동서양에서 모두 지배적이었던 사상은 상식이 된 것으로서 인구는 노동력이며 동시에 군사력이기에 국력 그 자체라고 본 것이다. 이런 인식은 역사시기 이래 오늘날까지 계속된 관점인 것은 사실이다. 그러나 인구에 관한 문제제기는 국가에 따라 그 사회의 특성에 따라 다양한 상황적 제약에 반응하고 있었다. 전쟁의 위협 아래서는 수적 우세를 바람직하게 보았으며, 생활필수품이 부족한 시기에는 소비자가 적기를 바랐다.

Ⅳ. 근세

서구에서 르네상스라 일컫는 15세기 후반부터 18세기 후반까지의 3백년간은 인류역사상 짧은 시기에 불과하나 크나큰 변혁을 겪은 시기였다. 민족국가의 출현, 과학적 발명과 신대륙의 발견, 점진적인 봉건제도의 해체, 초기자본주의의 발달과 무역의 신장 등 산업혁명의 기틀을 마련하게 된다. 따라서 인구에 대한 사상도 다양하게 되고 수많은 관점을 통한 전례 없는 학문적 발전을 보여준다. 이와는 대조적으로 동아시아에서의 학문발전은 매우 부진했다. 서양에서는 맬서스 이전까지 셀 수없이 많은 학자들이 인구에 대해 논의를 전개한 데 비해 동아시아에서는 홍량길 이전까지는 3-4명의 학자만이 인구에 관해 직접적인 논의를 했을 뿐이다.

1. 근세 동아시아

인구에 관한 관점에 있어 **서광계(徐光啓, 1562-1633)**는 특기할만한 점이 있다. 당시 식자들 간에는 예전엔 인구가 많았으나 당시 인구가 희소해졌다는 생각이 지배적이었다. 그러나 그는 이것이 잘못된 판단에 근거하고 있음을 지적했다. 인구는 대체로 30년에 배가하는데 큰 변란이 일어나지 않는 한 감소하기 어렵다는 주장을 하고 있다. 이에 대한 경험적 증거는 제시하지 않고 있으나 일시적인 기복은 있을 수 있으나 오랜 기간을 놓고 보면 인구가 감소하지 않았음을 논증하고 있으며 또한 증가율이란 개념을 사용했다는 점에서 주목된다(胡寄窓, 1998, 418-419).

그후 명청교채(明淸交替) 시기 **왕부지(王夫之 1616-1692)**도 30년을 인구증가의 단위 기간으로 삼았으나 그 구체적인 증가율의 과정은 밝히지 않았다. 명말 청초 동아시아 사상가로서 가장 영향력이 컸으며 중요한 위치를 차지하고 있었던 **황종희(黃宗羲 1610-1695)와 고염무(顧炎武 1613-1682)**는 경제사상에서 전제의 개혁과 농업이외의 산업에 대한 중요성을 밝히는 등 큰 업적을 남기고 있으나 인구와의 관계에 대한 구체적이고 직접적인 언급은 아직까지 천착되지 않고 있다. 그러나 청나라 중기 **홍량길(洪亮吉 1746-1804)**은 인구에 대한 탁월한 업적을 남기고 있다. 이에 대해서는 다음 절에서 맬서스와의 비교를 통해 살펴보고자 한다.

2. 근세 서양

중상주의 학파이론은 17세기와 18세기 중반까지 유럽 경제사상을 지배했으며 이들 학자들의 신사조 중 절대국가론은 특히 **마키아벨리(1469-1527)와 보뎅(Bodin 1530-1596)**의 영향을 받은 것이다. 대부분의 중상주의자들은 다수의 인구와 높은 인구 성장률의 장점을 강조하고 인구성장을 유인하는 방안으로서 혼인과 다 자녀를 장려하고, 공중보건 수준을 높이고, 외국으로 나가는 이민을 제한하고 숙련노동력의 이입을 촉진해야 한다고 주장했으나 그 주장의 강도는 다양했다(Hutchinson, 1967; 18-19)

서양에서 16세기 후반부터 맬서스 이전까지 인구에 관한 비관적 견해가 많은 저작에 나타난다. Hutchinson은 최초의 선구자로서 **보테로(Giovanni Botero, 1540-1617)**를 들고 있다. 맬서스보다 200여 년 앞선 그의 주장은 맬서스의 주장 중 타당한 것들 대부분을 포함하고 있는 것이었다. 수도회인 예수회 회원이며 Borromeo 추기경의 비서였던 그는 그의 저서(Delle cause della grandessa citta, 1588)에서 인구수를 엄청나게 증가시킬 수 있을 만큼 인간의 재생산 능력은 대단히 크지만 실제로는 생존수단의 한계로 제한된다고 했다. 즉 생계유지가 불가능한 수준으로 증가할 경우 기근이나 역질과 같은 주기적인 재난에 의한 사망력의 증가로 제한이 가해진다는 것이다. 보테로는 잉여인구의 흡수방법으로는 식민지의 건설을 주장했다. 이처럼 그는 인구수의 딜레마를 지적하고 수적 힘의 장점과 다른 한편 많은 인구의 단점에 대한 두 가지 상반되는 견해를 밝히고 있다.

헤일(Matthew Hale, 1609-1676)도 그의 저서(The Principle of Origination of Mankind, 1677)에서 보테로와 비슷한 논리를 전개하고 있다. 인간은 '기하급수적 비율'로 증가할 수 있는 능력을 가지고 있다. 그리하여 34년 또는 그 이내에 인구가 2배로 증가할 수 있다. 인간보다 하등동물들의 경우 번식력은 더 크지만 이들의 증가를 저지하는 세력이 더 크기 때문에 수가 어느 정도 고정되어 있다. 마찬가지로 인간의 수적 증가도 이를 교정하거나 체크하는 힘 즉 역질이나 다른 요인에 의한 사망력에 의해 조절된다.

월러스(Robert Wallace,1697-1771)는 인구수에 관한 논문(Dissertation on the Numbers of Mankind, 1753)과 인간에 관한 다양한 예측 (Various Prospects of Mankind, 1761)에서 비관적 요인을 기술하고 있으며 특히 인간의 생식력에 대한 체크를 강조했다.

스츄어트 (James Steuart, 1712-1780)와 타운센트(Joseph Townsend, 1739-1812) 두 사람은 당시까지 정치경제학에 포함되지 않았던 인구의 경제적 의의에 대해 분석했다는 점에서 고전경제학의 선구자이며 동시에 인구의 경제적 연구의 선구자라고 부를 수 있다 (Hutchinson, 1967: 136-139).

중상주의 학파의 이론에 대한 수정과 보완을 위해 나온 이론이 중농주의라 할 수 있다. **지드(Gide)와 리스트(Rist)**로 대표되는 이들의 주장은 '자연의 질서'를 중시하고 생산에 있어 토지의 역할을 강조했다. 그들은 공업부문보다는 농업부문을 전략적으로 가장 중요한 경제부문으로 보고 전체 경제성장은 농업무문의 성장이란 전제하에서 가능하다고 보았다. 중상주의 학자들이 국력과 국부의 증가를 위해 생활수준이 저하되더라도 인구의 성장이 필요하다는 주장에 회의적이었던 데 비해 중농주의 학자들은 증가하는 인구만큼 농업생산이 따라갈 수만 있다면 인구성장은 바람직한 현상이라고 보았다.

위와 같은 중농주의 학자들의 유보된 낙관론적 주장에 비해 가장 낙관적인 견해를 표명한 학파는 **고드윈(Godwin)과 꽁돌세(Condorcet)**를 대표로 하는 계몽주의 학자들이다. 예컨대 고드윈은 과학을 신뢰하고 과학의 발달로 식량공급의 증가를 기할 수 있으며 한 사람이 하루에 반시간씩만 일을 해도 필요한 것을 충족시킬 수 있을 것이라고 했다. 그는 이러한 풍요 속에서도 인간은 합리적이기에 성욕과 출산을 억제할 수 있으므로 인간사회의 과잉인구 현상은 일어나지 않으리라 예상했다. 그가 문제시한 것은 사회제도에 의한 구조적 불평등이었다. 계몽주의를 집대성한 꽁돌세는 과학의 발전과 인간의 완전성을 믿어 인간의 수명은 연장되고 식량생산이 놀라울 정도로 증가되어 불합리한 인구성장 즉 과잉인구란 영원히 있을 수 없다는 극단적인 낙관론을 주장했다 (UN, 1973; 35-36).

3. 맬서스 이전까지의 종합 - 낙관론과 비관론

근세에 들어와 동아시아에서는 서광계와 왕부지 등이 장기간에 걸친 인구의 증가율에 대해 주목하고 인구가 계속 증가하고 있음을 주장했으나 이에 대한 경험적 자료나 수리적 증명을 해놓지는 못했다. 이에 반해 서양에서는 중상주의 학파와 계몽주의 사상가들을 중심으로 하는 낙관론자들과 중농주의와 기타 학파 학자들의 비관론이 현저하게 대립 발전하고 있었다.

먼저 낙관론자들의 주요 명제는 두 가지로 요약된다. 첫째, 큰 인구

규모는 국력과 안보의 원천이 된다는 것이다. 군사적 팽창주의가 대두되는 사회에서는 인구규모의 중요성은 더더욱 강조된다. 또한 계몽주의 학자들은 인간의 완전성을 확신하고 인구는 자율적으로 조정된다고 믿었다. 둘째, 생산이론상의 경제학적 측면에서의 낙관론이다. 인구가 증가함에 따라 총인구수에 대한 총 생산량의 비 즉 생산성은 증가하거나 최소한 같은 수준을 유지할 수 있다는 것이다. 이른바 수확 체증 및 수확 불변의 기본적인 가정은 두 가지로서 첫째, 지구상의 자원은 무한하므로 노동력을 투입할 경우 최소한 투입한 만큼 또는 그 이상의 생산을 기대할 수 있으며, 둘째, 인구증가는 생산의 효율을 증가시킨다는 것으로서 이는 경쟁의 유발과 통신수단의 발달, 농업의 발전, 국제무역의 증진을 통해 가능해진다는 것이다. (Hutchinson, 1967:108-109)

그러나 다른 한편 이와 같은 낙관론에 대한 유보적, 수정적 관점이 같은 중상주의와 중농주의 학자들 간에 자주 등장한다. 첫 번째의 수정은 수확체증이나 수확 불변의 법칙은 자연자원 특히 토지의 경우 적용될 수 없으며, 다만 인구증가에 따른 고용의 증대와 토지의 확보가 가능할 때 경제성장에 유리하다는 것이다. 또한 일부 학자들은 인구의 수 못지않게 인구의 질이 중요하다는 관점을 제시한다.

비관론적 견해는 맬서스 보다 200 여 년 전에 나타난다. 보테로에 의하면 인간의 생식력은 지대하므로 생존수단의 제한으로 인해 인구가 제한된다고 보고 생존을 위한 투쟁력의 증가나 사망률의 증가가 바로 조절요인이 된다고 했다. 그 후 헤일, 월러스, 스츄어트, 타운센트 등으로 대표되는 비관론적 학자들의 공통된 견해는 인간의 잠재적 생식력이 크다는 점과 인간의 생존수단은 무한하지 않다는 점, 그리고 그 두 가지 즉 인간의 재생산은 생존수단과 균형을 이루어야 된다는 점 등 세 가지로 요약된다 (Hutchinson, 1967; 136-139).

V. 맬서스와 홍량길

1. 맬서스의 인구이론

맬서스(Thomas R. Malthus, 1766-1834)의 제1차 인구론은 1798년 익명으로 발표되었으며 앞서 소개한 당시 계몽주의 사조를 대표한 고드윈(Godwin, 1756-1836))과 꽁돌세(Condorcet, 1743-1794)가 인간 이성의 완벽성과 사회진보의 불가피성을 역설한 낙관주의에 반대하여 나온 것이다. 맬서스는 여기서 인간이 비참하게 되고 사회진보의 가장 큰 장애물은 바로 생존수단에 비한 인간의 생식력이 지나치게 크다는 점을 강주했다. 일종의 삼단론법(三段論法)으로 전개된 그의 전제는 다음과 같다.

첫째, 인구의 증가는 반드시 생존수단에 의해 제한이 가해진다.

둘째, 생존수단도 증가하지만 인구는 변함없이 계속 증가한다.

셋째, 인구의 월등한 증식력으로 인한 과잉인구 현상은 곤궁과 악덕에 의해 부양할 수 있는 수로 제한된다.

인구의 증식력이 생산수단의 증가를 앞선다는 전제는 이른바 수확체증 또는 수확불변의 법칙을 반대하고 수확체감의 법칙이 작용할 수 있음을 밝힌 것이다. 그는 이것을 증명하기 위해 역사적 사실과 비(산술급수와 기하급수)를 예시하고 있다. 최저생활 수준에 도달한 후의 결과에 대해서는 그가 도처에서 밝히고 있는 이른바 소극적 규제와 적극적 규제에서 찾아 볼 수 있다. 즉 원시사회에서 곤궁에 의한 약육강식은 적극적 규제로서 월등한 생식력을 규제한 것이며 이것은 목축 농업사회에서도 적용된다. 문명사회에 들어오면 초기에는 소극적 규제-비도덕과 악덕 등-가 적용되다가 일정한 한계를 넘어서면 적극적 규제의 형태-즉 전쟁 등-가 작용하기 시작한다. 맬서스의 초판은 수많은 논쟁을 불러일으켰다.

그는 1803년 초판을 증보하여 제2판을 출판한다. 여기서 그는 규제

(check)를 궁극적(ultimate)인 규제와 즉각적(immediate)인 규제로 나누고 궁극적인 규제는 인구증가와 식량증산과의 비가 다른데 따른 식량부족이라고 보고 이것은 기근이란 형태로 나타난다. 즉각적인 규제는 생산수단의 희소화에 따른 관습의 변화와 질병의 발생 등으로 도덕적인 것과 물리적인 것을 다 포함하여 인간의 신체를 약화 또는 파괴하는 것이라 했다. 그는 즉각적인 규제를 다시 예방적인 규제와 적극적인 규제로 구분한다. 예방적인 규제는 자발적인 것이며 인간사회에서만 있을 수 있는 특유한 것이다. 인간은 먼 장래에 나타날 결과까지를 예견하여 합리적으로 행동할 수 있는 능력이 있다는 것이다. 여기에는 비도덕적인 규제(악덕 등)와 도덕적인 규제(혼인연기와 금욕 등)가 모두 포함된다.

맬서스 이론은 본질적으로 인구와 생산과의 관계에 대한 것이다. 그 이론의 내용을 분석하면 다음의 세 가지로 요약된다.

첫째, 인구가 증가하면 인당 생산량이 감소되는가의 문제; 둘째, 인당 생산량이 감소해도 인구는 계속 증가할 수 있는가의 문제; 셋째, 인당 생산량이 감소하면서도 인구가 증가할 경우 그 결과가 그의 예측과 같이 될 것인가의 문제이다. 첫 번째 논지는 그의 이론의 가장 취약한 점이자 동시에 가장 중요한 점이다. 당시까지의 경험적 사실을 가지고 예시한 그의 급수에 관한 설명으로 모든 독자들에게 확신을 주기는 어려웠다. 두 번째 논지는 물론 첫째 논지가 받아들여질 때 논의가 가능한 것이다. 그는 도덕적 억제라는 예방적 규제를 대안으로 제시했으나 이에 큰 의미를 부여하지 않고 생활수준이 저하될 때까지 인구가 증가할 것을 확신했다. 세 번째의 주장 또한 앞의 두 주장이 수용될 때 의미 있는 것이 될 수 있다. 그는 과잉인구가 인간 비참의 원인이라는 것을 여러 지역의 예를 들어 설명하고 있다. 특히 악덕과 곤궁은 대부분의 지역에서 생존수단과 인구와의 비례가 균형을 이루지 못할 때 만연한다는 역사적 사실을 상기시키고 있다 (Flew, 1970; 31-34).

위의 세 가지 논지와 예견에 대한 비판과 경험적 불일치 현상은 오늘날 많은 일반인들도 잘 알고 있고 또 예측이 빗나갔다는 것도 인정된다. 첫째, 수확 체감의 법칙은 대체자원이란 매우 복잡한 문제와 더불어 아직까지도 논쟁이 종결된 것은 아니다. 둘째, 생활수준이 저하할 때까지 인구가 증가하리라는 예견이 빗나간 것은 많은 사회 특히 현대의 저 개발 국가에서의 자발적 출산 저하정책의 성공을 보면 알 수 있다. 마지막으로 빈곤은 과잉인구의 증거가 되고 많은 경우 과잉인구의 결과이긴 하지만 빈곤과 곤궁은 인류역사상 도처에서 발견되며 과잉인구 현상이라고 볼 수 없는 곳에서도 발견된다.

맬서스에 대한 비판은 그 후 수없이 많은 학파에서 논쟁의 대상으로 삼고 있으나 그의 가장 큰 공헌은 아마도 당시까지 상품의 생산에만 관심을 기울였던 주류 사조에 인간의 재생산도 그에 못지않게 중요하다는 점을 환기시키고, 특히 사변적 차원을 넘어선 학문적 차원에서 인구를 다루어 인구라는 변수가 생산함수 관계에서 독립변수의 지위를 갖게 했다는 점에 있다고 할 것이다. 즉 인구라는 변수(인구의 증가나 감소)가 사회경제적 변수에 영향을 미칠 수 있음을 논리적으로 증명한 데 있다.

2. 洪亮吉의 人口理論 - 동아시아의 맬서스 선구자

서기 16세기 이후 서양에서는 르네상스시기를 거쳐 과학기술의 발전과 더불어 사상적 사회경제적으로 엄청난 발전이 이룩된데 비해 동양에서는 이에 비견될 큰 발전이 없었다. 그 이유에 대해서는 결론에서 살펴보기로 한다.

비록 과학적 발전은 서양에 비해 미약했으나 일부 사상적 발전은 서양을 앞선 것들이 자주 나온다. 대표적인 학자로서 홍량길을 들 수 있다. 홍량길(1746-1804)은 중국 江蘇省 사람으로 그의 인구에 대한 탁월한 업적이 알려지지 않고 있다가 1920년대부터 중국학자들에 의해 소개되기 시작했다 (Ho, 1960). 그의 사상과 이론은 맬서스와 유사한 점이 너무나도 많았다. 그는 참으로 동아시아에서의 맬서스의 사상적 선구자라고 부를 만 하다. 그것은 그가 맬서스(1766-1834) 보다 20년 먼저 태어났고, 맬서스가 인구론을 발표하기 전에 그의 사상이 발표됐으며 맬서스 인구이론이 논란을 일으켜 제2판이 나올 때 그는 이 세상 사람이 아니었기 때문이다.

그는 생물계에는 강약이 공존할 수 없고 소수가 다수를 당할 수 없다는 진화의 원리를 그의 천연론<天演論>에서 주장했다. 이것은 헉슬리(Thomas Huxley: 1825-1895)가 그의 진화론에서 약육강식론(弱肉强食論)과 우승열패론(優勝劣敗論)을 주장한 것과 매우 유사하며 헉슬리는 물론 다윈(Charles Darwin: 1809-1882)의 진화론보다도 수십 년 앞서 발표된 것이다.

홍량길 인구사상의 주요 관점은 그의 의언<意言>이란 책의 치평(治平)과 생계(生計)란 두 편의 논문에 나타나 있다. <의언>은 1793년에 발표된 것으로 맬서스의 <인구론>보다 5년 전에 나왔다 (楊家駱, 1983; 33-34). 실제로 인구와 토지와의 관계, 인구와 재화(생산)와의 관계, 인구증가율에 대한 개념 등은 홍량길 이전에 이미 광범위하게 논의되었으며 이것이 그에게 영향을 주었음은 의심할 바 없다. 또 그가 <의언>을 저술하기 이전 청대의 인구는 이미 3억 9천만 이란 최고봉에 도달해 있었다. 이것이 그의 인구사상에 직접적 영향을 미쳤을 것이라 생각된다. 당시 (乾隆 시대) 기록된 인구는 다음과 같다.

건릉 6년(1741), 143,410 천명
29년(1764), 205,590 천명
45년(1780), 227,554 천명
51년(1786), 391,102 천명
57년(1792), 374,600 천명
<淸代文獻通考 卷十九 戶口> 및 <續淸代文獻通考 卷二十五>

홍량길은 인구문제 분석의 단위를 戶로 하고 있다. 이것은 개인단위의 분석에 익숙한 사람들에게는 생소하겠으나 그가 제시한 인구증가의 일

반적 추세에 대한 결론과 이에 대한 보완조치는 맬서스의 결론과 정책적 보완책과 너무나도 흡사한 것이었다(陳金陵, 1995; 359-369).

호구증가에 관한 그의 예측은 다음과 같다 (의언; 치평 및 생계편). 물론 그의 기하급수적 증가에 대한 주장은 정확하지는 못했다. "태평한 시대가 오래 계속되는 것을 좋아하지 않을 사람은 없다. 100년간 평화가 계속되면 오랜 기간이라 할 수 있다. 그런데 호구는 30년에 5배가 되고, 60년에 10배가 된다. 100년이 지나면 20배에 그치지 않고 그 이상 증가한다." 호구의 증식은 이처럼 빠르다. 그러면 주택(房屋)이나 토지(田地)의 경우는 어떨까? "한 집을 가지고 계산해 보자. 증조부시절 땅 1경에 방 10간이 있었다고 하자. 당시 증조부와 증조모 두 사람에 밭 1경, 방 10칸은 풍족한 것이었다. 그러나 증조부 내외가 아들 3, 딸 셋을 낳아 딸은 시집으로 내보내고 아들들을 결혼시켜 아내들을 맞으면 모두 8인이 된다. 이들이 다시 손자들을 낳아 손부(孫婦)들을 맞아들이면 모두 20-30인이 된다. 3-4대를 거치는 동안 처음 한 호가 10여호 이상으로 증가한다. 이와 같이 집과 전지는 큰 변화 없이도 호구는 부단히 증가한다." 이에 그는 다음과 같은 결론을 내린다. "몇 집은 쇠락(衰落)하기도 하겠으나 남정(男丁)이 번창하는 가족의 경우 4-5대 기간 중 더러는 3-5배, 많은 경우 20배가 된다. 이로써 전지와 가옥은 늘 부족하게 되고, 인구는 남게 된다. 더구나 한 가족이 많은 전지와 가옥을 겸병(독점)하면 도처에 거처 없고 굶는 이들이 많아지게 된다."

그의 논거를 요약하면 호구는 100년간 5-10, 많은 경우 20배로 증가하지만 토지와 가옥(생활에 필요한 자원)의 증가는 기껏해야 3-5배밖에 증가할 수 없다는 것이다. 이것은 대체로 맬서스가 기하급수 및 산술급수의 대비를 가지고 예시한 것과 비교된다. 차이가 있다면 홍량길의 논지는 수적으로 덜 정확한 것이며 그 이유는 맬서스가 개인을 비교의 단위로 했음에 비해 그는 호(戶)를 단위로 했기 때문이다.

중국에서는 역사적으로 인구 조사의 단위를 호로했음은 잘 알려진 사실이며 홍량길은 이와 같은 관습을 따른 것이다. 과거 중국 왕조시대 정부의 인구통계를 보면 1911년 이전 모든 인구통계는 호수를 먼저 제시하고 다음 구수(口數)를 제시하고 있다. 호를 단위로 한 인구통계는 구를 단위로 한 것보다 인구수를 추계함에 있어 덜 정확하다. 예컨대 한 호 내에 고용되어 있는 사람은 그 호에 포함되어 실제 두호가 한호로 계산되는 등 부정확성을 나타내는 것이다. 또한 과학기술의 발달로 인한 단위 면적 당 식량생산의 증가도 고려하지 못했다. 오늘날 우리가 흔히 보는 과학기술의 발달로 인한 소비재의 대량생산을 맬서스도 예견하지 못한 것은 홍량길과 동일하다.

부분적이고 부정확한 자료 제시라 하더라도 인구와 생활 자료와의 관계뿐만 아니라 그의 인구증가에 대비한 대안은 맬서스와 매우 비슷하다는 점에서 놀랍기 그지없다. 그는 천지조제법(天地調劑法)과 군상조제법(君相調劑法)이라고 부르는 두 가지 자연적. 인위적 조절 방법을 제시하고 있다. 천지조제법에 대해 그는 다음과 같이 설명한다. "천지에 법칙이 있는가? 그렇다. 수해 한발 및 역질이 바로 천지의 조제법이다(자연이 인구를 조절한다는 뜻). 그러나 백성 중 이런 폐해를 당하는 사람 (자연에 의해 규제되는 인구의 수)은 열명 중 한둘에 불과하다." 이것은 맬서스의 적극적 규제에 해당되지만 맬서스처럼 잔인하지 않은 방법이었다. 홍량길 자신은 이 규제의 역할이 크지 않다고 생각했다.

이어 군상조제법에 대해 홍량길은 다음과 같이 말한다. "군상엔 법칙이 있는가? 들에 휴경지가 없게 하고 남는 노동력 (잉여노동력)이 없게 하고 새로운 개간지를 마련하여 백성들을 옮겨 살게 하고, 과세를 단순하게 하여 이중과세를 없애고, 음탕하게 노는 것을 금하며, 토지의 겸병을 억제하고, 수해 한발 및 질병을 얻은 사람들에게 창고를 열어 구휼하는 것이 바로 군상의 법이다. 요컨대 태평시대가 오래 지속되면 세상에 인간이 많이 태어나게 되고 천지가 양인(養人) 가능한 인구수는 제한되어 있다. 또한 오랜 태평시대 후에 군상(君相)도 인간의 삶을 유지하게 해야 하는 바 군상의 양육가능 계수치도 일정 수준을 넘지 못한다."

이와 같은 조절법도 그가 보기에 그 효과에는 한계가 있는 것이었다. 이런 방법의 알맹이 즉 요체는 농업생산의 증가와 소비절약이란 두 가지 방법을 이용하여 호구에 대한 경제적 압박을 경감시키자는 것에 지나지 않는다. 이것은 맬서스가 가구를 부양할 수 없는 사람들은 <도덕적 억제>라는 수단으로 결혼을 허락하지 말아야 한다는 것보다는 훨씬 미온적인 방법이다. 그는 위에 말한 두 가지 방법의 효과가 크지 못하여 어쩔 수 없다고 포기하는 경우가 우려된다고 했다.

홍량길은 절대적 인구과잉이나 상대적 인구과잉이란 용어는 쓰지 않았지만 위에서 말한 절대적 인구과잉뿐만 아니라 상대적 인구과잉에 대해서도 다음과 같은 견해를 발표했다. 이것은 그가 물가상승의 문제를 지적하는 데에 나타난다.

"농업(農業)이나 공업(工業)은 자력으로 먹고사는 직업이다. 그러나 상고(商賈)는 나머지를 가지고 쉽게 먹고사는 사람들이다. 사인(士人) 또한 하찮은 책을 가르치며 쉽게 사는 사람들이다. 농업을 제외하고 공인과 상인들 중 수입이 가장 적은 자라도 하루에 백전(百錢)을 남긴다. 글 가르치는 사인들도 백전은 벌고 있다. 이렇게 따지면 이들은 일년에 4만전의 수입을 갖는다. 듣자니 50여 년 전에는 쌀 한 되에 6-7전 포(布) 한 장(丈)에 30-40전이었다. 한사람이 쌀 4석(石)이면 굶주리지 않고, 포 5장이면 의가 족하다고 한다. 한 사람에게 쌀 4석 2,800전, 포 5장 200전 합하여 3,000전이 든다. 당시 한 사람이 10명을 부양할 수 있었다. 그러나 요즘은 그렇지 못해 농사짓는 사람이 10배 늘었어도 전지는 늘지 않았고 장사하는 사람들이 전보다 10배 늘었어도 재화는 늘지 않았다. 또한 선비들이 10배 늘었어도 서당의 수는 늘지 않았다. 이로 보면 수입은 줄었어도 지출은 늘고 있다는 것을 알 수 있다."

당시 농민과 소시민들의 실질수입에 대한 홍양길의 분석은, 물가가 올라 생활필수품의 가격이 상승하여 생활수준이 저하하고 있다는 점 등을 고려한 점으로 보아, 명확했다. 이것은 당시까지의 경제이론 중 드물게 볼 수 있는 탁월한 견해였다. 그러나 그는 당시 물가의 상승이나 생활수준의 저하가 전부 인구증가 때문이라고 보고 있다. 당시 백은(白銀) 등 재화가 대량 해외로 반출되어 동전 등의 가치가 등락한 점 등을 고려하지 못했다. 그러므로 그의 관점은 부분적으로 부적합한 것이었다. 그는 사농공상(士農工商) 인수는 10배로 늘었으나 전지, 재화, 학교 등이 그만큼 증가하지 못했음을 지적하고 이어 호구가 10배로 늘어나 일하고 싶어도 일을 할 수 없는 사람들이 많이 늘어나고 있어 이들은 수한 역질을 만나 그냥 죽어 갈 수밖에 없는 현실이 심히 염려된다고 했다. 이것은 그가 실업문제에 더 큰 관심을 가졌던 것으로 분석된다. 근대 경제학에서 말하는 소위 상대적 과잉인구를 논한 것이다. 그는 상대적 과잉인구를 비교적 간단하게 이해했기에 군상조제법에서 황무지를 개간하고, 일이 없는 자들(무업자)에게 일할 기회를 제공하고, 토지겸병을 억제하여 수많은 실업을 구제하고 예방해야 된다고 강조했다. (陳金陵, 1995; 359).

홍량길의 인구사상은 청조의 사회 발전과정과 밀접히 관련되어 있었다. 북경에 도읍한 청 왕조의 통치 집단은 농민반란, 반청투쟁, 번왕(藩王)반란 등을 무력으로 진압하고 그 통치를 공고하게 하기 위해 먼저 민족간의 갈등을 완화하는 정책을 시행하고 다음 황무지를 개간하고 부역을 경감 감면시키는 등 생산 증가정책을 시행하여 오랜 기간의 안정된 통치를 도모하려 했다. 강희(康熙) 50(1712)년 인구증가를 장려하는 정책으로서 인구수의 증가에 의한 조세와 부역의 증가를 억제한(永不加賦) 정책을 한시적으로 시행하고 옹정(雍正) 2(1724)년 과거 천 여 년 간 시행했던 인구증가에 비례하는 조세와 부역의무의 증가정책을 폐지한 결과 인구가 증가했다. 옹정(雍正) 2-12년간 (1724-1733) 청조의 인구는 현저히 증가하여 매년 100여만 명 씩 증가하여 증가율이 1% 가까이 올랐다. 건륭(乾隆) 5년 (1740) 청나라 조정은 보갑문패법(保甲門牌法)을 제정하고 과거 16세 이상 남자인구인 정(丁)만을 대상으로 했던 불완전한 인구통계에서 탈피하여 전체인구를 파악하기 시작했다. 건륭 6년(1741) 중국의 전체인구는 1억 4341만에 도달했으며 건륭 29년(1764)에는 2억 559만 까지 증가하여 건륭 13년 (1748년) '호구번식'이 빈곤의 원인이란 지적도 나온다.

이런 당시의 배경 하에서 홍은 인구문제를 좀 더 예리하게 분석하게된 것이다.

홍량길의 인구론은 그의 사회사관의 중요한 측면을 보여주고 있으며 이것이 그의 인구학과 사회학에 대한 큰 공헌이라 불 수 있다. 특히 장기간 보여주지 못했던 관점을 제시한 점에서 그의 공헌은 특기할 만 한 것이었으나 그의 저술 당시까지는 큰 관심을 끌지 못했다. 그러던 중 1926년 장음린(張蔭麟)이 그의 인구이론을 <東方雜誌>에 소개하고 다음과 같이 개탄하고 있다. "나는 홍씨가 남긴 글을 읽고 그 불행한 점과 다행한 점을 느끼고 탄식을 금할 수 없었다. 불행한 점이란 홍씨 같은 이론이 양계초의 명저 <淸代學術槪論>과 <中國近代三百年學術史>에서 모두 빠져 있다는 점이며, 다행한 점은 과거 학자들이 제대로 챙기지 못한 이론이나 사상을 찾아 밝힐 수 있었다는 점이다." 장은 또한 겸손하게 "내가 선현의 업적을 표창할 자격이 있어 이런 말을 하는 것이 아니라 선현들의 업적을 앞선 학자들이 발견하지 못하고 소홀히 한 데 대한 불만을 표시한 것일 뿐"이라고 기술하고 있다.

3. 비교 - 공통점과 차이점

앞에서 지적한 바와 같이 홍량길의 인구사상은 청조의 사회 발전과정과 밀접히 관련되어 있었으며, 맬서스의 이론적 전개도 당시 급격한 인구증가와 중상주의와 계몽주의 학자들의 지나친 낙관론을 경계하기 위해 나왔다.

두 학자의 공통점은 인구가 급격하게 증가했으며 그 증가율은 계속된다는 것이다. 다만 홍량길의 인구 증가에 대한 수리적 주장은 정확하지 못했다. 홍량길의 서술방식은 전통적으로 중국에서 통용되는 서술방식을 이용했으나 맬서스는 기하급수 및 산술급수를 대비하고 많은 지면을 할애하여 이것을 입증하려했다는 점이다. 홍량길의 논지가 수적으로 정확하지 못한 데에는 집계의 단위를 맬서스는 자연인구수로 했는데 반해 홍량길은 호(戶)를 단위로 했다는 점이다. 호를 단위로 한 인구통계는 구(口)를 단위로 한 것보다 인구수를 추계함에 있어 덜 정확하다. 예컨대 한 호 내에 고용되어 있는 사람은 그 호에 포함되어 실제 두 호가 한호로 계산되는 등의 오류를 배제할 수 없기 때문이다.

다음 과학기술의 발달로 인한 단위 면적 당 식량생산의 증가와 인당 생산성의 향상을 고려하지 못한 점도 유사하다. 즉 수확 체감의 법칙을 주장한 것이라 볼 수 있다. 또한 오늘날 우리가 흔히 보는 과학기술의 발달로 인한 소비재의 대량생산을 예견하지 못한 것은 맬서스와 동일하다.

부분적이고 부정확한 자료를 제시했다 하더라도 인구와 생계 자료와의 관계뿐만 아니라 인구증가에 대비한 대안은 홍량길과 맬서스의 이론은 매우 유사하다. 그의 천지조제법(天地調劑法)과 군상조제법(君相調劑法)이라고 부르는 두 가지 자연적 및 인위적 조절 방법은 맬서스의 적극적 규제 및 소극적 규제에 대응하는 개념이다. 수해 한발 및 역질이 바로 자연이 인구를 조절하는 천지조제법이다. 이것은 맬서스의 적극적 규제에 해당되지만 맬서스처럼 잔인하지 않은 결과를 예상한 것이었다. 그러나 백성 중 이런 폐해를 당하는 사람은 열명 중 한둘에 불과하다 하여 홍량길은 이 규제의 역할이 크지 않다고 생각했다.

홍량길의 군상조제법은 들에 휴경지가 없게 하고 남는 노동력이 없게 하고 새로운 개간지를 마련하여 백성들을 옮겨 살게 하고, 수해 한발 및 질병을 얻은 사람들에게 창고를 열어 구휼하는 것을 말한다. 즉 태평시대가 오래 지속되면 세상에 인간이 많이 태어나게 되고 천지가 養人 가능한 인구수는 제한되어 있기에 군상의 양육가능 계수치도 일정 수준을 넘지 못한다 하여 이와 같은 조절법도 그가 보기에 그 효과에는 한계가 있는 것이었다. 군상제조법 즉 인위적 조절의 요체는 농업생산의 증가와 소비절약이란 두 가지 방법을 이용하여 호구에 대한 경제적 압박을 경감시키자는 것이다. 이것은 맬서스가 가구를 부양할 수 없는 사람들은 <도덕적 억제>라는 수단으로 결혼을 허락하지 말아야 한다는 것보다는 훨씬 미온적인 방법이다. 그는 위에 말한 두 가지 방법의 효과가 크지 못하여 어쩔 수 없다고 포기하는 경우가 우려된다고 했다.

위와 같은 홍량길의 분석방법은 맬서스의 분석과 매우 흡사하다. 다만 서술방식이 전통적으로 중국에서 통용되는 것을 이용한 점만이 다르다.

맬서스와 홍량길의 차이는 다음과 같다. 맬서스는 인구과잉 자체는 자연적 규제에서 벗어날 수 없는 것으로 보고 어떤 사회경제적 개혁을 위한 이론적 무기로도 해결할 수 없는 것으로 본데 반해 홍은 중하층 인구를 중심으로 스스로 개선방법을 고안해 문제 해결이 가능하다고 본 점이다. 그러나 홍량길도 이와 같은 노력으로 얻을 수 있는 효과는 크지 않다는 비관적 관점을 제시했다는 점에서 다시 맬서스와 유사해 진다.

마지막으로 홍량길은 절대적 인구과잉이나 상대적 인구과잉이란 용어는 쓰지 않았지만 그가 농민과 소시민의 실질수입 문제를 지적하는 데에서 나타난다. 그는 물가가 올라 생활필수품의 가격이 상승하고 생활수준이 저하하고 있다는 것을 명확히 지적하고 있다. 이것은 당시까지의 경제이론 중 드물게 볼 수 있는 탁월한 견해였다. 그러나 그는 당시 물가의 상승이나 생활수준의 저하가 전부 인구증가 때문이라고 보고 있다. 당시 백은(白銀)등 재화가 대량 해외로 반출되어 동전 등의 가치가 등락한 점 등을 고려하지 못했다. 그러므로 그의 관점은 부분적으로 타당한 것이었다. 그는 이어 호구가 10배로 늘어나 일하고 싶어도 일을 할 수 없는 사람들이 많이 늘어나고 있어 이들이 水旱이나 역질을 만나면 그냥 죽어 갈 수 밖에 없는 현실이 심히 염려된다고 했다. 이것은 그가 실업문제에 더 큰 관심을 가졌던 것으로 분석된다. 근대 경제학에서 말하는 소위 상대적 과잉인구를 논한 것이다. 그는 상대적 과잉인구를 비교적 간단하게 이해했기에 군상조제법에서 황무지를 개간하고, 일이 없는 자들(무업자)에게 일할 기회를 제공하고, 토지겸병을 억제하여 수많은 실업을 구제하고 예방해야 된다고 강조했다. (陳金陵, 1995; 359).

Ⅵ. 평가 및 결론

인구에 관한 사상은 장기간을 놓고 보면 시계추와 같아 한때는 과소인구와 낮은 증가율을 걱정하다가 다른 시기에는 같은 지역에서 과잉

인구와 높은 증가율을 염려한다. 이와 같이 지금까지 수천 년 간 인구사상은 매우 순환론적인 양상을 보여주고 있다.

그리스와 로마문명에 기초한 서구의 학문이 오늘날의 세계 학문에 절대적인 영향을 미치고 있음은 부인할 수 없는 사실이다. 그 결과 이집트와 페르시아를 포함하는 아랍세계의 찬란한 학문적 업적과, 인도 대륙의 심오한 사상, 그리고 중국을 포함한 동아시아의 탁월한 사상적 발전에 의한 학문적 업적이 등한시되어 왔다. 본 연구에서는 특히 근세시기 맬서스 보다 20년 앞서 출생한 중국의 홍량길(洪亮吉, 1746-1804)의 사상을 맬서스와 비교하는데 큰 비중을 두었다. 홍량길은 20세기 중반부터 중국학자들에 의해 구미에 소개되었으나 그 내용은 인구학적 관점에서가 아닌 경제학 특히 고전경제학적 관점에서 소개된 것이었으나 여기서는 인구학적 관점에서 그의 업적을 맬서스와 비교했다.

고대, 중세, 근세로 나누어 인구사상의 발전과정의 분석하고 종합한 것을 요약해 보면 다음과 같다.

고대: 동아시아의 춘추시대는 고대 그리스시기와 더불어 비교적 이성(理性)을 중시한 시대였다. 당시 인구규모나 증가 혹은 분포에 대한 관점들은 매우 유사한 점이 많다. 특히 그리스시기의 시민사회의 형성은 역사상 초기 민주주의 형태를 갖춘 시기였으며 춘추시대의 제자백가의 찬란한 학문적 발전도 인간의 기본적인 특성에 대한 보편적 연구를 토대로 이룩된 것이었다.

그러나 이와 같은 인간의 이성이나 보편적 특성을 중시했던 시기와 달리 전국시대와 로마시기로 이행하면서 유토피아(utopia) 사회에서 주장되고 수용되었던 인구에 관한 관점은 설 땅을 잃게 되고 무력이 지배하는 비이성적인 사회의 냉엄하고 무자비한 관점과 정책이 시행된다.

중국에서는 고대로부터 과잉 인구에 대한 우려가 자주 나온다. 가장 시기적으로 앞선 노자와 유학을 대표하는 공자와 맹자는 인구와 환경(자원)과의 균형을 강조하고 있었다. 묵자는 인구증가와 감소에 대한 방책(수단)을 제시하고 있다. 현대의 과잉인구론은 이미 춘추전국시대에 그 기초가 이룩된 것이다. 특히 상앙, 관자, 한비, 서간 등 전국시대와 한시대의 학자들은 과잉인구에 대한 단점을 깊이 천착했다는 점에서 주목된다.

중세: 천년이란 장기간의 중세를 통해 동서양에서 모두 지배적이었던 사상은 상식이 된 것으로서 인구는 노동력이며 동시에 군사력이기에 국력 그 자체라고 본 것이다. 이런 인식은 역사시기 이래 오늘날까지 계속된 관점인 것은 사실이다. 그러나 인구에 관한 문제제기는 국가에 따라 그 사회의 특성에 따라 다양한 상황적 제약에 반응하고 있었다. 전쟁의 위협 아래서는 수적 우세를 바람직하게 보았으며, 생활필수품이 부족한 시기에는 소비자가 적기를 바랐다.

근세: 서구에서 르네상스라 일컫는 15세기 후반부터 18세기 후반까지의 3백년간은 인류역사상 짧은 시기에 불과하나 크나큰 변혁을 겪은 시기였다. 민족국가의 출현, 과학적 발명과 신대륙의 발견, 점진적인 봉건제도의 해체, 초기자본주의의 발달과 무역의 신장 등 산업혁명의 기틀을 마련하게 된다. 따라서 인구에 대한 사상도 다양하게 되고 수많은 관점을 통한 전례 없는 학문적 발전을 보여준다. 이와는 대조적으로 동아시아에서의 학문발전은 매우 부진했다. 서양에서는 맬서스 이전까지 셀 수없이 많은 학자들이 인구에 대해 논의를 전개한데 비해 동아시아에서는 홍량길 이전까지는 3-4명의 학자만이 인구에 관해 직접적인 논의를 했을 뿐이다.

홍량길의 분석방법은 맬서스의 분석과 매우 흡사하다. 다만 서술방식이 전통적으로 중국에서 통용되는 것을 이용한 점만이 다르다. 즉 경험적 자료의 제시와 논지를 증명하기 위한 수학적 방법의 원용에 있어 홍은 맬서스에 비해 부족했다. 맬서스는 인구과잉 자체는 자연적 규제에서 벗어날 수 없는 것으로 보고 어떤 사회경제적 개혁을 위한 이론적 무기로도 해결할 수 없는 것으로 본데 반해 홍은 중하층 인구를 중심으로 스스로 개선방법을 고안해 문제 해결이 가능하다고 본 점이다. 그러나 홍량길도 이와 같은 노력으로 얻을 수 있는 효과는 크지 않다는 비관적 관점을 제시했다는 점에서 다시 맬서스와 유사해 진다. 특히 상대적 인구과잉에 대해서도 논의하고 있음은 그의 탁월한 점이라 하겠다.

이처럼 홍량길과 같은 탁월한 학자도 있었으나 현대 사회과학적 입장에서 보면 동아시아에서의 이 기간 학문 발전은 서양에 비해 비교할 수 없을 정도로 부진했다. 근대에 들어와 과학적 지식이 엄청나게 생산되고 있으며 이들 지식에 관한 한 유럽을 포함한 서양의 업적이 동양에 비할 수 없이 크다는 것은 잘 알려진 사실이다. 또한 중세 이전까지 중국을 포함한 동양에서의 과학적 지식이 서양을 능가했다는 점에서도, 화약이나, 종이, 활자 등 예를 들지 않더라도, 역사적 기록에 의해 증명되고 있다. 그러나 왜 동양에서 근세에 들어와 과학적 지식의 축적과 발전이 부진한 이유에 대해서는 일치된 견해가 없다.

이에 대해 혹자는 정치경제 제도적인 문제로, 혹자는 사회 문화적인 문제로, 또 다른 편에서는 근대 국제 환경상의 문제로 설명하고 있으나 여기서는 학문내적 요인과 학문외적 요인 중 몇 가지 문제만을 가지고 설명해 보고자 한다.

첫째, 학문 목표상의 차이: 동양 특히 고대 중국의 과학적 창조와 발명은 실용에 편중되어 있었다. 동아시아의 과학기술 발전 유형은 경험형 성과가 대부분이었음에 비해 근대 서양 과학은 그리스와 라틴의 전통에 뿌리를 두고 있어 인간의 이성을 가장 높은 기준으로 삼아 '지식을 위한 지식' 자체가 학문의 목표가 되고 진리자체의 추구가 학자들의 연구 목표였다.

둘째, 과학의 독립 여부: 전통사상의 영향을 받아 중국을 비롯한 동아시아 사상가들은 음양(陰陽) 오행사상으로 모든 현상을 분석하고 자연현상에 대해서도 오행사상으로 해석했다. 이와 같은 사고방식은 주관적 억측이나 신비주의로 귀결되기 쉽다. 이에 비해 서양의 근대 과학자들은 준거의 기준이 명확한 중량, 질량 등 지시자가 확실한 술어들을 사용하여 나름대로의 기초를 쌓아 자신들의 연구 분야를 확립하고 과학으로서의 필수 조건을 구비하게 했다.

셋째. 논리성(論理性)에서의 차이: 앞에서 말한 바와 같이 동양 고대

과학자들은 실용성을 중시한 나머지 논리학적 발전을 위축시켰다. 따라서 명가학설(名家學說－묵자, 공손룡 등)이나 주로 불교에서 논의된 因果論 등을 증명하지 못했다. 그 결과 공리(公理) 계통의 업적이 나오지 못했다. 서방에서의 근대과학 발전에는 순수논리학과 형식논리학의 발전이 선행했으며 이들은 모두 고대 그리스에서의 유크리트 기하학과 아리스토텔레스의 형식논리학 연구 성과를 원용하여 개념, 정리(定理), 이론 등 문제에 대해서 명확한 정리(整理)가 가능했다.

넷째. 量化 정도상의 차이: 동양 고대과학을 통털어 보면 양적인 표시를 위한 수학적 도구의 사용은 극도로 제한되어 있고 특히 보편적으로 이용할 수 있는 계산공식이 없고 대부분 규칙성이 있는 현상에 대한 설명에도 그 성격을 묘사하여 서술하는 정도에 머물러 있었다. 이에 비해 서양에서는 그리스시대의 수학자인 알키메데스, 피타고라스 등의 업적과 전통을 이어 받아 수학적 연구가 발전하고 근대에 이르러 더욱 더 빛나는 업적을 이룩해 규칙적 현상에 대한 계산공식을 만들어 표현하는 현상이 과학적 연구에 보편화 되었다.

다음 동양에서의 과학적 발전을 저해한 학문외적 원인을 중국학자들의 견해를 중심으로 살펴본다 (蔡方鹿 등, 1993: 175-177).

첫째, 공업적 자극과 과학기술 정책의 부재: 근세 서양의 국가 흥성의 역사를 훑어보면 모든 국가가 과학기술 장려정책을 시행했음을 쉽게 발견할 수 있다. 즉 국민들에게 과학 지식의 교육과 과학연구를 장려하고 이를 국가예산에 반영했다. 그러나 중국의 역대왕조는 소위 중본억말(重本抑末) － 근본을 중요하게 여기고 지엽적인 것을 경시하는 － 정책을 시행하여 자연히 과학기술 발전을 위한 정치적 환경이 조성되지 못하고, 그나마 민간에서의 연구조차 이용하지 않았다.

둘째, 귀사천공 (貴士賤工)적 문화적 분위기: 중국은 예로부터 詩文을 가지고 벼슬자리를 했고 육체노동을 천시하고 선비적 文風을 높이 평가했다. 그 결과 기술지식은 천대받고 이 현상은 수당(隋唐)이래 실시된 과거제도에 의해 더욱 심화되었다.

셋째, 제국주의의 침략: 중국 내부에서의 제약 요소도 많았으나 아편전쟁 이후에는 각 열강들이 중국에 대하여 부분적으로 식민지화하여 통치했으며 이것이 중국에서 근대과학이 자생적으로 발전할 것을 저해한 큰 요소로 손꼽히고 있다.

<참고 문헌>

朴商台(1986),"人口思想의 發展," 韓相福 權泰煥 편, <經濟人口學>, 서울대학교 출판부, 17-40.

朴商台(1984), "實學에 나타난 人口思想," 한국정신문화연구원, <韓國社會와 思想>, 105-144.

楊家駱 主編(1983), <洪北江詩文集 上, 中國學術名著第六集, 第二十一冊>, 臺北, 世界書局. 民國 七十二年.

張基槿(1970), <論語>, 서울, 明文堂.

陳金陵(1995), <洪亮吉評傳>, 北京, 中國人民大學出版社.

車柱環(1970), <孟子>, 서울, 明文堂.

蔡方鹿等(1993),"近代科學何以沒有在中國産成?,"<中國文化與中國社會>,成都出版社, 175-177.

崔珍晳(2001), <도덕경>, 소나무.

胡寄窓(1998), <中國經濟思想史導論>, 五南圖書出版有限公司, 中華民國 87年.

侯外廬 主編(1955), <中國思想通史>, 北京.

Flew, Anthony J. ed.(1970). *Malthus: An Essay on the Principle of Population*, New York: Penguin Books.

Ho, Ping-ti(1959). *Studies on the Population of China, 1368-1953*, Cambridge, Harvard University Press.

Hutchinson, Edward P.(1967). *The Population Debate*, Boston, Houghton Mifflin Co.

Rosenthal, Erwin J.(1962). *Political Thought in Medieval Islam*, Cambridge University Press.

Sauvy, Alfred(1978). "Population Theories," *International Encyclopedia of Social Sciences*, Vol. 12., 349-358.

United Nations(1973) *The Determinants and Consequences of Population Trends*, New York, United Nations.

追記: 본 연구는 2001년도 서강대학교 교내연구비 보조를 받아 수행한 연구임. 자료수집에 도움을 주시고 자료해석에 큰 도움을 주신 서강대학교 철학과 鄭仁在 교수님, 崔珍晳 교수님, 그리고 사학과 曺秉漢 교수님께 감사드립니다.

(2004)

제5장 인구쟁점에 대한 가치관의 변화

- 1955-96년간 우리나라 주요 신문의 사설을 중심으로 -

I. 머리 글

인구의 구조와 변화과정과 한 시대 한 지역 주민의 가치관과는 밀접한 관계가 있다. 인구도 변화하며 가치관도 고정되어 있지 않고 변화한다. 인구의 변화는 가치관의 결과일 뿐 아니라 새로운 가치형성의 원인이 된다. 인구학자들과 사회과학자들은 지금까지 인구와 가치에 대한 직접적인 연구와 수 없는 간접적인 연구결과들을 발표했다. 과거 고전적 연구에서 주로 다루어졌던 것은 인구의 크기에 관한 적정인구, 과잉인구, 과소인구, 그리고 다산론과 소산론 등이 대표적이라 하겠다. 이와 같은 논의는 대체로 경제적이거나 정치적 · 군사적인 이유를 근거로 학자들이 추상적인 개념들을 논리적으로 정리한 것이었다.

제2차 세계대전 후 인구학자들은 인구예측이 빗나가고 선진국 · 후진국 모두 급격한 인구증가를 경험하게 된다. 그 결과 수많은 조사연구가 실시된다. 대표적인 것이 KAP Survey라 하겠다. 출생조절에 대한 지식 · 태도 · 실행은 물론 혼인에 대한 태도, 자녀수에 대한 태도, 남아선호에 대한 태도, 수명과 관련된 질병의 예방에 대한 지식과 실행, 인구이동에 대한 동기조사, 인구교육을 위한 기초조사 등 모두 가치관의 변화를 측정하고 바람직한 방향으로의 변화를 위한 정책 구성을 위해 이루어졌다. 우리 나라에서도 1960년대 초부터 주로 국제기구의 협조와 원조를 얻어 많은 조사연구를 실행했다. 또한 우리 나라의 가족계획사업은 세계적으로 알려져 있을 만큼 성공적인 사례로 손꼽히고 있다. 이와 같은 성공은 가치관의 변화가 전제되거나 병행되지 않고서는 불가능한 것이라고 생각된다.

어느 시대, 어느 지역을 가릴 것 없이 시대정신이 있다. 이것은 대중 또는 공중의 감정을 구현하고 있다. 한 사회 구성원의 공통된 가치는 공공감정(public sentiment)에 기초하여 이룩된다. 인간의 가치지향은 다양한 형태로 분석될 수 있다(Parsons, 1952). 또한 가치는 사회성원이 공유하고 있는 願望을 표현하며 그 가운데 일부가 행위의 규칙이 되는 규범이 되고 이 규범을 잘 지킬 때 보상을 받게 되고 위반했을 때 벌칙이 따른다. 규범은 강제의 유형, 집단감정의 강도, 및 규범의 起源에 따라 원규, 민습, 법 등 여러 형태로 구분된다(Davis, 1949). 가치는 많은 것을 포함하는 포괄적인 개념으로 쓰여지고 있다. 1950년대 인구연구를 주도했던 학자들은 문화적 가치를 특수한 사회구조에 의해서 생기는 태도와 관심이라고 보고 개인행위의 지침이 되는 것이라고 하여 넓은 의미로 파악하고 있었다 (Lorimer, 1954). 그러나 개인적 차원에서의 태도(가치)와 사회 전체적 차원에서의 규범과의 관계는 분명히 밝혀지지 못하고 있다. 개인의 태도와 관심에 대한 조사연구는 2차대전 후 지난 50년간 수없이 많이 나와 있으나 그것이 그 사회전체에서 합의를 이루어 규범적인 구속력을 갖게되는 과정은 분명히 밝히지 못했다.

대부분의 경우 태도조사를 한 결과를 놓고 가치라고 규정한다. 태도는 공공감정의 일부에 불과하다. 태도는 특성이나 사실과는 구분되는 일종의 성향(disposition)을 말한다. 성향이란 일정한 상황에 처했을때 나타날 수 있는 경향(tendency)을 말한다. 즉 자극에 대한 반응유형이라고 할 수 있다. 사회과학자들은 질문표를 통해서 태도자료를 얻는다. 쎈서스 같은 사실이나 특성에 관한 자료는 정확한 자료의 확보가 가능하다. 그러나 질문표를 통한 태도자료는 실제상황에 접하지 않고 가상적인 상황을 설정하고 그에 대한 반응을 알아낸 자료이기에 정확한 자료를 얻기 어렵다. 태도조사는 국민적 가치를 정확히 나타내지는 못하지만 일종의 경향·성향을 나타내는 양적(quantitative) 지침이 된다.

Ⅱ. 이론적 관점 및 자료

1. 이론적 관점

본 연구에서는 태도와 지식을 포함하는 넓은 의미의 가치에 의해 인간의 행위가 이루어진다고 가정한다. 또한 인간의 가치는 구체적인 상황에서 계속 적응·변화한다고 가정한다. 따라서 본 연구의 주제인 인구변동과 가치관의 변화는 교대적 상호대응관계를 유지하여 시간의 변화에 따라 계속 진행되는 연결고리를 이루고 있다고 전제한다.

여기서의 이론적 관점은 순환론적 진화론(Cyclical Evolutionism)이다. 인구에 관한 관점은 시계추와 같이 한때는 다산론으로 다시 한때는 소산론으로 기울어지곤 했다. 그러므로 순환적이나 다른 한편 세계인구가 60억이 된 적은 과거 한번도 없었으며 도시인구가 세계인구의 반을 점한 예도 없었다. 그러므로 진화론적이다.

진화론은 오래동안 사회학분야에서 사회변동 현상을 설명하는 이론들 중 주도적 위치를 차지하고 있었다. 진화론은 세가지 가정을 가지고 출발한다. 첫째 사회변동은 축적적이며, 둘째 사회변동은 분화와 복잡성을 수반하며, 셋째 사회변동은 그 사회구조와 사회 구성원의 적응력을 높여주고 진보를 촉진한다는 것이다. 19세기 사회학을 시작한 거장들의 대부분은 진화론자들이었다. Comte로부터 Spencer, Durkheim은 물론 Marx와 인류학자인 Morgan 등은 모두 진화론자들이며 이들을 크게 Social Darwinist라 부른다. 이들은 모든 사회가 몇 개의 단계를 거쳐 진화한다고 보는데 공통점이 있다.

성쇠 순환론이라고도 부르는 순환이론은 한마디로 문명의 생성과 몰락에서 나타나는 바와 같이 변동의 순환적 성격을 강조한다. 三國志의 첫머리에 쓰여있는 글귀 – 天下分久必合 合久必分 – 즉 천하는 분렬된지 오래되면 반드시 통일되고 통일된지 오래되면 반드시 분렬하게 된다 – 이란 표현은 대표적인 이분법적 순환론이라 할 수 있겠다. 우리는 흔히 Spengler의 순환론을 대표적으로 손꼽는다. 슈펭글러는 文明은 숙명적이라 보고 각각의 문명은 생물유기체와 비슷하여 출생, 성장, 노화, 사망으로 이어지는 생활주기를 갖고 있다고 본다(Appelbaum, 1970).

2. 자료

1945년 제2차 세계대전 종전과 1950년 한국전쟁 등으로 우리 나라의 인구는 남북과 해외이동의 결과 불안정한 인구구조로 성장했다. 1953년 7월 27일 한국전쟁이 휴전된 이후 46년이 지났다. 이 기간 중 우리 나라 국민의 가치관을 보여 준 대중매체로서 신문, 라디오, TV, 잡지 등을 들 수 있다. 이중 필자는 신문의 역할이 가장 컸다고 생각한다. 라디오의 경우 그 역할이 신문 못지 않게 컸다고 볼 수도 있겠으나 신문에 비해 시간적 제약을 많이 받아 영향력 있는 논설을 규칙적으로 방송한다 해도 그 시간대에 청취할 수 없는 사람들을 제외하게 되고 주로 스포츠, 연속극 등 오락 기능에 치중했으며, 그나마 1970년대 이후에는 TV의 영향으로 종래의 역할을 계속할 수 없었다. TV는 오늘날 가장 큰 영향을 주는 매체가 되어 있으나 60년대 말까지 그 보급율은 미미했다. 잡지는 대중적인 것과 더불어 전문적인 분야까지도 어느 정도 포함하고 있었지만 월간이 대부분이어서 시간적 경과에 따른 가치관의 반영이 신문보다 약했다.

신문이 우리 나라 국민의 정서 내지는 가치를 대표하지 않았을 수도 있다. 논설의 주제가 많았을 경우 인구에 대한 것을 우선적으로 다루지 않았을 가능성도 있다. 또한 인구에 대한 자료는 숫자 특히 통계치로 표현되기 때문에 이에 대한 전문적 지식이 없는 사림들에게 의사를 전달하기 어려운 점도 있었을 것이다. 그러나 인구수는 예로부터 인류사회의 가장 큰 관심사가 되어 왔으며 혼인과 가족에 대한 기본적 규범의 변화는 다른 어느 제도의 변화 못지 않게 중요하기에 인구에 관한 논설을 소홀히 할 수 없었으리라는 점에서 위의 단점들은 그리 큰 문제가 되지 않으리라고 본다.

우리 나라 신문 중 가장 역사가 오래되고 또한 많은 사람들이 구독한 신문 두 가지를 든다면 역시 동아일보와 조선일보를 들게 된다. 1955년부터 1996년 말까지 두 신문의 사설 약 30,000여 편 중 인구에 직접적으로 관련된 논설을 찾아 본 결과 모두 130건을 게재하고 있었다. (동아 76편; 조선 54편)

Ⅲ 항목별 분석 내용

신문사설의 내용을 항목별로 분류한 바, 분류자체는 상호배제적이고 분명하나 실제 내용은 다른 항목의 내용과 혼합되어 있다. 그러므로 여기서는 한 논설이 주장하고자 하는 가장 대표적인 목표를 제목으로 제시했다고 가정하고 제목을 중심으로 분류했다.

1. 총인구조사 및 호적

1955-59

1955년 최초로 나타난 인구에 관한 논설은 바로 1955년 9월 1일 실시한 간이 총인구조사에 관한 것이었다. 우리 나라가 해방, 6.25 등 혼란시기를 겪으며 완전한 통계자료가 없고 국가정책 결정에 필요 불가결한 자료인 정확한 인구조사가 없이 하는 행정은 마치 暗夜中行路와 같다고 전제하고, 유용한 자료가 되도록 관계자와 일반국민의 적극적인 협조를 당부하고 있다 (조선: 1 − 부록참조 − 이하 같음). 52년 12월에도 총인구조사를 한다고 했으나 모르고 지난 사람들이 더 많았으며 53년 8월에 시행한다던 조사도 흐지부지됐다. 53년 2.14 통화개혁 때 경찰자료를 이용하였으나 매우 부정확하여 엉터리임이 판명됐다. 인구조사는 일정(日政) 시기에는 정확했으며, 그 노력의 역사는 과거 이조(李朝)와 고려 시기까지 거슬러 올라간다. 숫자를 무시하는 정부의 행정은 고려시대 이전의 수준이며 암흑정치에 비견된다고 경고한다 (동아: 1).

1959년 국세조사위원회가 유엔 FAO의 권유에 의해 대충자금으로 구성된다. 여기에 마지못해 하는 수동적인 자세를 버리고 적극적으로 60년 센서스에 대비할 것, 60년 국세조사는 농업국가라 하지만 농업인구가 36%에 불과한 우리 나라에서 광공업 및 기타 산업 인구에 대한 조사가 필요하다는 것을 강조한다. 재무부에서 稅收행정의 오류가 밝혀질까 두려워 비협조적이라 하더라도 각 기관들은 협조해야 하며 유능한 인재의 확보 (당시 공무원들의 봉급은 대단히 낮았음)가 필요하고 특히 정치적 인사배치가 없어야 함을 지적한다 (동아 3).

1960-64

이 기간에 4편의 인구 관련 사설이 보인다. 그중 3건은 센서스에 관한 것이고, 1편은 호적에 관한 것이다. 60년 12월 1일 센서스는 이승만 정권에서 계획한 것으로 4.19이후 수립된 제2공화국의 행정상 필수 불가결한 자료를 제공해 줄 것이므로 조사에 만전을 기해야 한다. 특히 1955년 간이총인구조사와 호적 등이 모두 부정확하다 하니 이번 조사에서 요원훈련 계획을 철저히 하고 국민들도 이에 적극 협조하여 국가번영을 지향하는 제2공화국의 목표를 달성하게 해야 한다 (조선 6). 4282년(1949) 제정된 인구조사법에 의거 매 10년마다 실시되는 국세조사는 유엔의 권유에도 호응하여 실시하는 것이며 팽창하고 유동하는 인구를 파악하여 제2공화국의 과학적 정책수립에 이용해야 한다. 인구동태 조사통계도 있으나 이것은 센서스처럼 여러 변수를 다룰 수 없기에 부분적인 자료에 불과하다. 정확한 기입과 통계처리를 위해 각급 요원들은 주의 해줄 것과 국민들의 협조를 당부한다 (조선 7).

1960년 인구조사 자료를 이용하여 국정을 쇄신할 것을 요구한다. 우리나라 인구가1955년 2,153만에서 1960년 2,500만으로 증가한 높은 증가율을 보고 사설 중 처음으로 팽창하는 인구에 대한 우려를 표시하고 있다. 인구팽창은 질병이나 핵 보다 더 인류를 위협할 수 있다. 가족계획이란 술어를 사용하며 각국에서 이에 대해 찬반 양론이 맞서고 있으나 우리나라에서 막바로 산아제한을 바랄 수는 없다고 하며 오히려 투자의 극대화를 통해 공업화를 이룩하고 경제발전을 추구해야 한다고 주장한다 (조선 8).

이 기간 중 우리가 가지고 있는 자료의 부정확함을 잘 지적한 사설로서 "七百萬 인구를 증가시킨 엉터리 호적부"를 들 수 있겠다. 1962년 대법원이 발표한 우리 나라 호적부상의 인구는 3,196만으로 60년 센서스 인구 2,500만 보다 700만 이상이 많다. 2년간 인구가 30% 증가했을 수는 없으며 월남한 동포들이 가족을 모두 호적에 등적한 것과 사망신고가 제대로 되지 않았음을 그 원인으로 들고 있다. 당시 700만 매 가구당 유령인구가 한 명씩 있다는 것이다. 실제 경주시의 만여 가구 중 100세 이상 호적상의 인구가 258명임을 예로 들고 있다. 족보를 귀히 여기는 민족의 호적이 엉터리라는 것 그리고 매장허가 없이 매장한 경우가 많다는 것을 개탄한다. 정확한 통계자료는 정책입안의 전제조건임을 알고 이것을 교훈 삼아 통계관념을 정립해야한다 (조선 10).

1965-69

이 시기에 게재된 센서스 관련 사설은 3편으로 모두 1966년 10월 1일 센서스 준비에 관한 것이다. 조사에 만전을 기하기 위해 조사원과 피조사자인 국민 모두의 협조가 요망된다. 지금까지 조사한다는 말은 여러차례 들었으나 조사다운 조사가 없었다. 조사원을 본 사람도 없다. 해마다 인구조사는 하면서 증가율에 대해서는 일언반구도 없다. 자유당시절 2.88%를 계속 쓰고 있었다. 만일 증가율이 낮다면 왜 가족계획이 필요한가. 인구조사도 제대로 못하면서 경제성장률 몇% 운운은 말이 안

된다(동아 8). 10월 1일의 조사는 매 5년마다 일제 때인 1925년부터 해온 것으로 국민들이 국가발전에 협조할 수 있는 가장 손쉬운 방법이다. 인구는 모든 계획의 기초가 되며 조사가 부정확하면 피해는 국민들에게 돌아온다. 당국자들의 열의와 인내를 촉구하며, 국민들에게 이것이 병역이나 과세 등 자료로는 이용되지 않을 것임을 홍보해야 한다(동아 9 및 조선 14)

1970-74

1970년 10월 1일 총인구 및 주택조사는 우리 나라 통계법 제3조와 유엔의 권고에 따라 실시된다. 60년에 이어 10년만에 거행되는 이 조사의 중요성을 국민들이 인식하고 선진국으로서 통계가 정확하지 않은 나라가 없음을 상기한다. 이 조사는 빈곤층이나 부유층 모두에게 피해가 없을 것임을 강조한다(조선 17 및 동아 17).

70년 센서스 결과(속보)를 음미한 사설이 11월에 나온다. 추계인구 3,146만 명으로 과거 사설들과 달리 만 단위로 끊어 제시한 것은 큰 발전으로 보인다. 추계결과에 대해 인구 증가율은 괄목할 만하게 저하했지만 핵가족이 증가하고 대도시 지역의 인구 집중을 문제로 거론하고 있다. 증가율이 2% 이하로 떨어진 것은 가족계획 사업의 성공이며 핵가족의 증가는 전통적 대가족의 쇠퇴로 풀이한다. 전라도와 충청도 지역의 인구는 감소한 반면 대도시의 인구가 급격히 상승했다. 농촌의 공동화(空洞化)를 방지하기 위해 농촌과 중소도시의 공업화가 필요하다. 또한 핵가족 비율의 상승으로 노령층 인구의 보호와 무주택 (25.4%) 문제에 대한 연구가 필요하다(동아 18).

1980-84

이 기간 한편의 사설이 보인다. 80년 11.1 센서스를 맞아 센서스와 통계에 대한 인식전환을 촉구한다. 막대한 인원과 예산을 들이는 센서스에 전국민의 협조를 요망하며 통계 없는 국가정책은 고장난 나침반으로 항해하는 것에 비유된다. 또한 통계를 경시하는 풍조를 비판하고 계속

어긋나는 통계는 조작 때문이며 통계가 활용되어야함을 강조한다. 또한 각 부처마다 각각의 통계기구를 설치하고 있어 혼란스러우므로 통계관리의 체계화가 필요하다. 통계직에 있는 요원들의 이직 희망율이 가장 높은 것도 인식의 전환이 필요한 증거가 된다. 통계기관의 중립성이 유지되어야 하며, 캐나다의 경우 통계국장 자리가 공무원들이 가장 좋아하는 보직이다(조선 39).

1985-89

85년 11.1 센서스에는 과거에 없던 새로운 항목(종교, 본관, 주택 임대차등)이 들어 있어 이에 대한 기대가 크다. 87년 시작되는 6차 5개년 계획에 통계 개선작업이 들어 있으며 센서스의 정확도와 활용도를 높여야 된다. 참여와 비밀보장은 법으로 보호된다는 점을 강조해야 한다(조선 48; 동아 55).

1990-96

센서스의 문제점을 두 신문 사설에서 한편씩 다루고 있다. 센서스는 모든 통계의 근간이고 모든 국정자료의 기초가 된다. 또한 전수와 표본조사를 병행하여 전수 17개 문항 표본 11개 문항 도합 28개의 문항을 조사하며 정확성이 중요한 것은 말할 필요가 없다. 그러나 감사원 감사결과 서울시에서 공무원들이 주민등록표를 이용하여 적당히 조사하여 제출했음이 밝혀졌다. 이와 같은 오류를 제거하기 위해서는 재조사, 자기 기입식 조사와 대비하거나 지리정보 씨스템을 이용할 수 있다 (동아: 73). 센서스 부정은 있을 수 없고 있어서는 안될 사건이다. 정밀성, 객관성, 정확성을 확보해야 하며 더구나 OECD에 가입을 신청한 나라에서 이것은 나라망신이며 담당 공무원들의 태만과 허위보고가 광범위하게 자행되고 있음은 한심한 일이다 (조선: 54).

전반적으로 1960년을 전후해 센서스의 중요성을 인식하고 강조하며 인구통계의 부정확함을 지적하는 논조가 계속되다가 1990년대에 들어와 오욕으로 끝난다. 그러나 전문가들이 볼 때 우리 나라의 센서스는 그 정확성 면에서 몇몇 선진국들을 제외하고서는 그 정확성과 완전성에 있어 높이 평가되는 것이며, 그것은 우리 나라 국민들이 연령에 민감하고 연령을 정확하게 보고하는 비율이 다른 어느 나라보다 높기 때문이라 분석된다(권태환, 김두섭: 1990).

2. 인구증가 및 가족계획

1960년 우리 나라의 인구증가율은 연 3%로 경제성장을 저해하는 가장 큰 원인의 하나로 인식되었다. 정부는 1962년부터의 제1차 경제개발 5개년 계획에서 이와 같이 높은 증가율을 1966년까지 연 2.7%로 저하시킨다는 목표로 출산조절정책을 시행한다. 초창기부터 피임약재는 정부지원으로 무료 보급되고 1960년대 초반 보건소(농촌－군단위;도시－구단위)와 읍면단위의 행정사무소에 가족계획요원을 배치하여 이들이 유배우 가임부녀들을 대상으로 계몽교육과 피임보급을 확산시켰다. 1968년 대한가족계획협회 주관으로 전국 마을단위의 어머니회를 조직하여 가족계획요원들과 공조하게 함으로써 자율적인 피임실천을 도모하도록 했다.

1970년대에 들어와 여성불임시술을 확대 실시하고 모자보건법을 제정하여 인공임신중절을 조건부로 합법화하고 각종 규제를 완화하고 보상책을 마련하는 등 제도적 지원시책을 도입하여 가족계획사업의 지속적 발전을 도모했다. 1960년대부터 시작된 농촌으로부터 도시로의 대량 인구이동의 결과 도시영세민이 크게 증가하여 도시 저소득층에 대한 체계적인 접근방법을 고안하여 피임 보급을 강화했다.

1980년대에는 인구증가의 경제사회개발에 대한 영향을 강조하면서 새로운 인구조절 강화정책을 시행했다. 여기에는 규제－보상 등 사회적 지원시책의 단계적 강화가 주요 내용을 이루고 있다. 1980년대 후반부터 합계출산율이 대치수준이하로 크게 저하하면서 인구전환의 계기를 맞는다. 이에 따라 인구의 양적 문제보다 질적 관리에 대한 관심과 논의가 활발해지면서 1989년 정부에 의한 피임보급지원 물량이 축소되는 현상을 보게 된다.

1990년대에는 인구의 질적 관리를 강조하는 신 인구정책으로의 방향전환에 대한 관심이 고조되면서 정부의 가족계획 사업규모는 해마다 축소되는 가운데 취약계층에 대한 지원에 중점을 두는 동시에 인구자질 측면에 – 예컨대 모자보건 – 중점을 두는 방향으로 정책을 전환한다. 1996년 35년간 지속된 정부의 인구증가 억제정책을 공식적으로 폐지하고 인구자질향상과 복지정책에 역점을 두도록 정책이 변경된다(홍문식, 1998). 이것은 한편의 파노라마를 연상케 한다.

1) 인구증가

1955-69

도시인구집중 문제나 가족계획에 대한 사설은 60년대 이전부터 나오고 있으나 전국인구의 절대수가 지나치게 많다는 것은 1968년에 들어서 처음 나타난다. 67년말 경제기획원 조사통계국에서 우리 나라 인구가 3천만을 넘었다는 추계발표를 보고 나온 것이다(조선: 15).

1970-74

73년 3월 경제기획원의 인구 증가율 발표를 보고 인구증가율의 둔화를 환영하고 있다. 특히 모든 선진국의 인구 증가율이 매우 낮다는 점을 들어 이것은 바람직한 현상이다. 세계적으로 인구와 자원의 문제가 심각하며 가공할 높은 증가율로 21세기초에는 세계인구가 70억으로 예상된다며 정지상태에로의 인구증가율을 달성하기 위해서는 국민적인 노력이 필요하다(동아: 24). 이것은 당시까지의 논평으로서는 참신한 것으로 보인다. 다음 70년 총인구 및 주택조사 결과 발표에 대한 여러 가지의 문제점을 제시한 것으로 인구증가에 따라 우리 나라가 세계 3위의 인구조밀 국가가 된 것 그리고 인구의 지역집중, 산업구조변화, 무주택율, 급수문제, 電化율 등을 우선적 문제로 삼고 있다(조선: 26). 74년 부카레스트

세계인구회의를 앞두고 전례없는 세계인구의 증가의 결과 서기 2천년 인구가 70억이 되리라는 것과 이것은 핵보다 더 무서운 결과를 초래할 수 있다는 것, 인구증가에 있어 선후진국간의 격차를 들어 우리 나라 인구증가율의 둔화에 박차를 가해야 된다는 것을 강조하고 있다(동아: 26). 74년 3월 30일 현재 한국 인구는 33,333,333명이며 증가율의 둔화가 소망스럽다. 그러나 인구는 양보다 질이 더 중요하다. 인구억제도 중요하지만 기존 인구에 대한 인적자원의 개발이 이에 못지 않게 중요함을 논한다(조선: 27). 같은 해 인구증가에 국민적 관심을 호소하고 출산을 제한해야 부(富)도 행복도 내 것이 될 수 있으므로 아들 딸 한 명씩만 갖기를 제창하고 있다(조선: 28). 이것은 55년 이후 가장 강한 출산억제(anti-natalism)의 표현으로 보여진다. 74년은 루마니아 인구회의가 있었던 해로서 세계적인 관심을 불러 일으켜 전세계의 인구가 정원초과 상태임을 강조하고 이에 더하여 우리 나라에서는 남아선호에 의한 문제가 있음이 지적되고 있다(조선: 29).

1975-79

76년에 들어서 산아조절과 더불어 적극적인 이민정책을 제안하며 인구증가억제에 효율적이고 적극적인 정책을 제안하는 글이 나온다. 특히 가족계획운동을 새마을운동과 결부—통합시켜 효과적인 피임실행을 제안한다(조선: 31). 같은 해 인구압력을 염려하며 폭발상태에 이르면 이미 때는 늦게 된다는(동아: 34) 경고와 인구증가 억제를 위해 전국적인 조직단위의 작업이 요구되며 특히 남아선호에 대한 문제해결이 선결과제임을 강조한다(동아: 35).

78년부터 한걸음 더 나아가 절대인구수 못지 않게 인구의 질적 개선 문제가 중요함을 지적하며 인력개발과 복지수준의 향상을 주장하기 시작한다(조선: 37). 79년 인구 3,735만의 사회경제적 조건을 중시하고 소득향상과 복지수준의 개선이 인구증가와 더불어 이루어진다면 수의 증가 자체는 큰 문제가 되지 않는다는 견해도 나온다(조선: 38). 이것은 우리 나라에서 인구증가를 보는 견해에 대한 크나큰 전환점이 된다고도 볼 수 있다.

1980-84

81년 인구억제를 위해 전통적인 남녀차별의 시정이 급선무라는 논지는 계속되지만, 이것을 법적으로 강제하기는 무리라는 소극적인 관점이 나오고 있다. 또한 가임여성의 수에 좀더 관심을 가져야 한다는 것은 사설의 내용이 매우 전문적이 되고 있음을 알게 해준다(동아: 48). 1983년 7월 29일 인구가 4천만을 넘어 섰다는 것에 다시 논지는 급선회하여 50초에 한 명 하루에 1700여명의 증가에 대한 경각심과 인구증가 공포증이란 표현이 나온다. 주민세 등 구체적 인구억제책과 더불어 가치체계의 변화 요구 그리고 인구문제의 과제에 대한 논의가 계속된다(동아: 52). 다른 신문에서는 4천만 돌파에 대해 불임시술의 확대와 여성 호주제의 인정 등 법적 제도의 장치 마련과 권력의 분산, 인구 활용을 위한 노동집약적 산업의 육성을 권장하고 나아가 인구가 많아도 발전에 기여할 수 있으며 현재인구의 효율적인 이용도 중요하다고 본다(조선: 44).

1985년 이후

먼저 85년 센서스 결과를 가지고 느는 인구 몰리는 인구란 표현의 사설이 나오고(동아: 57), 86년 세계적으로 곡물 잉여 현상을 보였으나 8억의 인구는 식량부족으로 기아에서 허덕이고 있다. 한편 세계 최다 인구의 중국은 녹색혁명으로 식량수출국이 되었으나 아직도 멜서스 이론을 기우라고 보기는 어렵다(동아: 58). 87년 7월 11일 세계인구 50억으로 또 한 차례 인구과잉에 대한 논의가 활발했으나 이번에는 그 절대수보다 세계적 빈익빈 부익부 현상을 우려하고 있으며 인구 50억 시대의 윤리가 필요하다고 한다(조선: 49).

2) 가족계획

1960-64

1955-59년간 가족계획이란 표제어의 사설은 없었으나 민간운동으로서의 가족계획은 이미 60년에 시작되었으나 61년 박정희 국가재건최고회

의 의장이 가족계획을 재건국민운동을 통한 계몽사업으로 추진하겠다는 성명에 대하여 종교단체와의 마찰을 우려하고, 혁명당국의 강압에 의한 것이 되지 않기를 바란다는 것, 그리고 탕아들의 풍기문란 행위가 만연될 것을 주의하고 주시하겠다는 사설이 처음 나타난다(조선: 9). 그러나 62년 인구증가의 폐해를 강조하고 가족계획사업을 추진함에 있어 재건국민운동본부와 가족계획협회의 역할을 강조하고 정부의 더 많은 예산배정을 요구한다(동아: 4).

1965-69

가족계획의 달이 5월로 지정된 것은 뜻깊은 일이며 경제성장의 요체는 인구증가율의 억제에 있기에 가족계획 상담소와 특히 농촌 가족계획 지도원이 성과를 인정하고 이들의 활약을 기대한다(동아: 6). 같은 해인 65년 제1회 아태지구 가족계획 대회를 우리 나라에서 개최하며 이 기회를 가족계획의 이해와 보급의 계기로 삼자. 외국원조를 받아 경제성장률이 4.5%인데 인구증가가 경제성장을 잠식하고 있다. 사람들이 가족계획을 낙태로 오해하고 있으나 그것은 임실조절 즉 피임이라는 점을 알려야 한다. 피임이 도시지역에서는 광범하게 받아들여지고 있으나 농촌지역에서는 저조하다(조선: 13).

1970-74

가족계획에 대한 사설이 가장 많이 보이는 기간이며 모두 72년 한 해에 있었다. 먼저 한국사회학회에서 가족계획 연구활동에 대한 사회학적 평가를 인용하며 정부에서 1963년부터 시작한 이래 당초 2.9%이던 인구증가율이 1.9%로 저하한 데 대해 기대와 성원을 보내며, 가족계획 지도원들의 이직율이 높은 점 등 이 사업 수행에 차질이 있을 수 있으므로 정부에서 충분한 예산배정과 지원이 필요하다(조선: 20). 또한 2000년까지 인구증가율을 0.5%로 저하시키고 인구를 4천 5백만이 넘지 않게 한다는 목표를 달성하기 위해서는 혁명적인 조치가 있어야 한다. 그것은 바로 산아조절을 위한 농어촌 집중사업 실시, 남아선호를 불식하기 위한 상속법상 남녀차별 제거, 낙태의 허용 등 모자보건법 개정 등이 앞서야 함을 말한다(조선: 21). 같은 달 유사한 사설이 다른 신문에 보인다. 즉 70년에 들어와 증가율이 2% 이하로 저하되었다. 그러나 농촌인구의 증가율은 아직도 높고, 남아선호도 도시보다 농촌이 더 강하며, 원하지 않는 임신에 대한 낙태허용과 더불어 전통적 관념의 수정을 위해 사회보장제도가 확립되어야한다(동아: 20). 이와 병행하여 가족계획을 학교교육에 통합시켜 초중고 교육과정에 인구교육을 실시하고 인공유산이 합법화되고, 상속법이 개정되어야 한다(동아: 21). 제3차 5개년 경제개발 사업이 시작된지 1년이 지났고 가족계획 사업도 실시 10년을 맞아 우리나라가 가족계획 사업의 모델 국가가 되었지만 농촌의 수용율은 아직도 낮고, 잘못된 루머(정관수술의 부작용을 말함)에 의해 남성들의 피임실행율이 여성에 비해 낮으므로 전국적인 홍보가 필요하며 유능한 지도원의 확보가 필요하다(조선: 23).

1980-84

가족계획이란 표제의 사설은 81년 두 신문에 각각 한 편씩이 게재된 것을 마지막으로 더 이상 나타나지 않는다. 먼저 가족계획 사업 20년간의 성공을 기리고, 이제는 인구의 질적 향상에 관심을 두어야 하며 노령화 문제를 처음으로 거론하고 있다(동아: 47). 다음 두 자녀주의를 지지하고 두자녀를 가진 사람들에게 줄 수 있는 혜택을 제안하고 싱가포르의 예를 들고 있다. 또한 경제인구학의 연구 결과 소득과 자녀수간의 정상관 관계를 우려하고 있다(조선: 41).

3. 법 및 정책

1955-59

1957년 정부에서 민법안 중 혼인연령을 남자 18세 여자 16세로 개정하려는 데 대해 반대하는 의견이 나온다. 그 이유는 예전에는 혼인을 가족에서 결정했으나 요즘은 대부분 개인들이 결정하는데 혼인연령을 낮추면 조혼을 장려하는 결과를 초래하게 된다는 것이다(조선: 4). 이것은 간접적이나마 출산을 억제하려는 견해로서 주목할 만한 것이다. 다음 봉건구습을 타파하는 것은 용이한 일이 아니다. 친족범위를 8촌으로 제한하고, 서자차별을 철폐하고, 남녀 균등 상속권의 인정, 혼인연령 남 18, 여 16, 등은 모두 문제가 있으므로 법이 앞장서 나갈 필요가 없다(조선: 3). 이것은 발전과정에서의 부작용을 최소화하기 위한 노력으로 볼 수 있지만 매우 보수적이고 소극적인 견해가 당시까지 우리 사회 전체의 정서이었음을 알려 주고 있다.

1960-69

이 기간 중 66년 인구정책의 모순에 대해 비판한 사설이 한 편 있다. 정부에서 인구 증가율의 억제에 의욕적이고 적극적인 점은 인정되지만 60년 인구 증가율이 2.88%이었고 65년에도 2.8%라면 어떻게 5년 후인 1971년 2.0%를 기대할 수 있겠는가. 현재(66년) 2.8%도 믿기 어렵고 의심이 간다. 이것은 현재로서는 막연하기에 좀 더 효율적인 방안과 정책이 요구된다(동아: 7). 이 사설은 예리한 지적을 하고 있으나, 증가율은 구조에 영향을 받는다는 것을 당시 논객들은 잘 모르고 있었던 것을 보여 주고 있다. 표준화된 율 즉 부부당 종합 코호트율은 많이 저하했어도 증가율은 인구 구조 때문에 계속 높은 율을 유지하고 있었던 것이다.

1970-74

70년 임신중절 수술의 확대와 더불어 임산부에 대한 무료건강진료의 필요성을 지적하며 이에 대한 모자보건법의 문제점이 지적되고 낙태의 부작용에 대한 여성들의 건강상의 문제점 제거는 궁극적으로 피임의 보급으로 해결하고 전국에 모자보건 상담소 설치를 위한 예산 확보가 필요하다(동아: 15). 법제처에 여러 차례 제출한 모자보건법은 인공유산의 합병증 문제 해결을 위한 의료요원의 확보 및 임산부들의 임신 신고 의무가 이행되기 어려운 점등이 고려되어야 하며 궁극적으로 산아제한에서 수

태조절로 이행될 때 이 모든 문제가 해결될 수 있다(동아: 19).

73년 인구증가억제, 식량증산, 공업화 등이 ECAFE 지역 국가들의 당면한 과제라는 보고서에 대한 논평으로서 이를 위해서는 새로운 인구정책이 필요하다. 인구억제책은 기본이며 이에 더하여 취업기회의 창출과 사회보장제도의 확립이 요구된다. 과잉인구만 탓하지 말고 현존인구의 활용과 생활수단의 공급확대에 주력해야 한다(조선: 25).

1975-79

76년 한 해에 정책에 관한 사설이 5편 있었으며 그 내용도 다양하다.

먼저 우리 나라는 절대인구수, 연령구조, 인구분포 등 세 가지 문제에 시달리고 있다. 즉 三重苦를 겪고 있다. 가임 여성의 증가에만 초점을 맞추면 근시안적이 된다. 새로 탄생한 인구정책심의회에서 종합적 대책을 세워 줄 것을 기대해 본다(동아 30). 인구의 지역에 따른 차별적 증가, 전국의 1일 생활권화, 농업국에서 선진국으로 면모를 바꾸는 전환기를 맞아 행정구역은 전면적으로 개편되어야 한다. 그러나 그 개편은 부분의 이익이 아닌 전체의 이익이 되도록 해야 한다(동아 31). 70년대 초에 이어 다시 한번 모자보건법의 낙태죄에 대한 문제점과 개선책을 제시한다. 과거 낙태죄는 인도주의적 관점과 더불어 인구를 증가시키기 위한 방책으로 이용되었다. 낙태의 허용 요건에는 사회적 경제적 부적응이란 항목이 있으나 대체로 의학적 윤리적 이유가 주종을 이룬다. 그러나 이젠 사정이 다르다. 한 해 40만 건의 낙태중 위의 요건에 맞지 않아 기소된 예는 한 건도 없다. 다만 인도주의적 입장에서 임산부의 동의가 없거나 위계에 의한 것, 임산부 死傷의 경우는 인정한다 하더라도 그것은 모두 과도적인 조처에 불과한 것이었다. 그러므로 남아선호와 남녀평등 등 보다 근본적 사회정책으로 낙태수는 감소될 수 있을 것이다(동아 32). 76년 정부는 안보적 차원에서 인구정책을 마련하여 공포했다. 그 내용은 6가지로서 가임 여성의 카드작성, 두자녀 조세 혜택 및 주민세 부과, 불임수술 보조금 지급, 학교에서의 인구교육, 인구문제 홍보, 및 해외이민 장려 등이다. 여기서 가임 여성에 대한 카드작성과 학교의 구체적 인구 교육 이외의 것들은 이미 시행중인 것이었다. 이들 각각의 방안이 실효를 거두기 위해서는 좀더 근본적인 취업, 법제상의 남성우위가 폐지되어야 함을 주장하고 있다(조선 32). 76년 12월 2일 정부는 인구정책 추진계획을 발표했다. 모두 11가지의 시책으로서 피임시술자에 대한 생계비 보조, 무료 진료, 취로 우선권 부여, 세제상의 혜택, 공공주택 입주 우선권, 인공유산 허용 범위 확대, 간호학과 및 각급 학교의 교육 확대, 해외이주 권장 등으로 모두 정부대책을 성원하고 고무했다(조선 33).

79년 12월 상주인구 조사 결과에 대해 인구 재배치, 핵가족화의 문제, 노인문제를 제기하고 증가율이 2% 이하로 저하된 것은 환영하나 서울 인구 21%란 과밀 문제에 대한 효과적인 정책을 기대하고 있다(동아 44).

1980년 이후

80년 인구 및 주택조사 결과를 보고 인구정책의 새로운 과제로서 핵가족화와 주택난 심화에 따른 문제를 제기하고 고율의 인구 이동 사회에서의 문제점도 새 과제로 보고 있다(동아 46).

86년부터 인구증가율이 1%이하로 떨어져 인구 선진국에 진입했다고 보나 이에 따른 새로운 과제를 제시한다. 첫째는 전국인구의 44%가 5대 도시에 거주하고 있다는 점, 노령화 시대가 되므로 연금제와 정년제의 재고가 요구되고, 80년 이후 棄兒수가 10만인 점을 들어 소외계층의 보호가 필요하고, 일반 서민들에 대한 고용, 교육, 복지 문제에 더 큰 노력과 관심이 요구되며, 40대 남성 사망률이 여성의 2.7배란 비정상적인 문제에 대한 대책과 개선을 요구하고 있다(동아 61).

마지막으로, 1996년 인구정책의 방향이 바뀌어 산아제한 정책을 완전히 폐지하고 복지와 삶의 질 개선으로 선회함에 따른 새로운 정책과제가 제시된다(동아 75).

4. 노동력과 취업 문제

1955-59

50년대 후반기 중 노동력과 취업에 관한 주제는 의외로 한 편 뿐이었다. 58년 농촌의 잠재실업이 문제임을 지적하고 이들을 곧바로 광공업으로 전환하기는 어렵지만 농지의 생산력을 증강시키고 일본의 예를 들어 가축사육과 가내수공업을 장려하여 농촌을 구제하고 유휴노동력을 활용해야 한다고 주장한다(동아 2).

1965-69

60년대 전반에는 해당 사설이 없었다. 후반 기간중 경제활동인구에 대한 사설은 한편만이 보인다. 69년 경제활동인구(유업자를 말하는 것으로 보임)는 63.5%, 이 중 농수산업 종사자가 62.5%로서 후진적이며, 전체 노동인구 중 자영업이 33.3%, 가족종사자 33.8%, 피고용자 32.9%로서 고용구조의 근대화와 저생산성 부문의 생산성 제고가 당면과제임을 밝히고 있다. 또한 부양인구비가 높고, 기술지식인구가 적어 후진성을 탈피하지 못하고 있음도 지적했다(동아 14).

1975-79

70년대 초반에는 해당 사설이 없었으나 78년 2편, 79년 1편이 나타난다. 78년 경제발전에 따른 과학기술분야의 인력 수요가 높아 졌으며 정확하게 수급을 추정하기 어려운 난점이 있지만 대학정원 조정과 초급 및 전문대학의 증설을 요구하며 아울러 여성교육과 중등 교육 체계의 개편이 필요하다. 우리 나라 경제성장과정에서 교육의 역할은 절대적인 것이었으나 교육은 인력수급만을 위한 것이 아니고 이상적인 국가건설을 위한 지도자 양성임을 강조한다(동아 37). 여성인력개발에 대한 논의가 뒤따른다. 78년 전체 취업인구의 38.4%를 차지하는 482만 여성취업인구의 직종, 임금, 조건 모두 남성에 비하여 열악하다. 임금은 남성의 43.9%,

노동시간은 남성보다 훨씬 길다. 특히 산업구조가 기술 집약적인 경우에 대비하여 여성 노동력의 양성이 필요하다. 그러나 78년 현재 고등교육을 받은 여성 고급인력을 활용하지 못하고 있으며 이것은 여성인력을 외면하기 때문이다. 여성에 더 적합한 고급인력의 양성이 시급하며 여성자신들의 의식개혁도 따라야 한다(동아 38).

79년 불황으로 실업률이 전년도에 비해 1% 이상 증가했다. 실업대책의 추진방안으로서 주 2일 휴무제, 임금동결 등 경영합리화와 더불어 해외훈련 기회를 확대하고, 기술훈련도 확대하며, 해외건설 경쟁력을 높여 건설수주액을 높이고, 정부주도의 기술 및 기능인력 훈련을 강화하는 방안 등을 제안한다(동아 41).

1980-84

1980년대 본 주제에 관한 것은 2편이 게재되어 있었다. 첫째, 인구구조가 선진국형이 되어 20세 이하의 인구 비율이 감소하고 50세 이상의 비율이 급격히 증가하고 있다. 이와 같은 경제인구구조의 변화로 불가피하게 정년년령(현행 55세)의 조정이 필요하다. 즉 고령자의 경제활동을 확대하고 보장하는 조치가 필요하다(동아 50).

1985-89

85년 KDI는 고용사정이 악화되어 가고 있다고 발표한다. 이것은 주로 자동화에 의한 고용흡수력이 저하된 데 기인한다. 정부는 고용창출산업의 지원을 강화하고, 노동집약적인 농촌경제의 활성화, 임금조정, 자동화 억제, 대학정원조정 등 다각적이고 종합적인 대책을 마련해야 한다(동아 56).

1990-

91년 정부는 외국인 인력수입을 공식화하고 연수기간을 종전 3개월까지에서 1년으로 연장하고 과거 외국인 노동자 비율을 3% 이내로 제한하던 것을 중소기업 10%, 대기업 5%까지 허용하기로 했다. 이것은 노동집약적 인력이 부족하여 공장 가동율이 저하된 데 대한 조치였다. 그러나 인력수입은 신중해야 한다. 실제 총체적 인력은 주부와 노령자를 포함하면 남아돌고 있으며, 자생적으로도 이 문제의 조정이 가능하고, 서독의 경우를 참고하면 인력수입으로 큰 사회문제가 발생할 수도 있으며 외교적 마찰까지도 일으킬 수 있기 때문이다. 그러므로 국내인력의 우선적 활용이 요구된다(동아 67).

93년 우루과이 라운드의 영향으로 부산지역 신발 사업 250여 개의 업체가 도산하고 잠재실업을 제외하고도 실업률이 2.5%내외로 추정된다. 더구나 기업 경쟁력 약화로 신규 노동인력의 흡수가 불가능해지고 있다. 이에 대해 정부는 실업자를 파악하고, 전직훈련을 광범하게 실시하여 노동력의 질을 향상시키고, 고용보험제도를 도입하는 등 대책을 마련해야 한다(동아 68). 같은 해 노동부에서 실시하고 있는 고용정책은 한계가 있다고 지적한다. 인력수급의 왜곡현상 – 제조업의 인력은 모자라고, 서비스업 인력은 급증하는 등 – 에 정부개입이 불가피하다. 고용관련법안 중 과당경쟁과 중복투자를 막기 위해 인력 모집의 인원수, 시기, 지역을 제한하고 있다. 또한 직업안정법은 직업선택의 자유에 대한 위헌 소지가 있고, 고용을 창출한다는 점에서는 수긍할 수 있으나 기본적 원칙 면에서 어긋날 수 있기에 간접적인 정책의 개발이 필요하다(동아 69).

마지막으로 96년 대량의 조기퇴직이 시작되어 중년 실직자들이 설 땅을 잃게 된다. 이것은 복지사회를 지향하는 우리의 가장 큰 고민이 되고 있다. 기업체, 군, 정부에서 조기 퇴직한 이들 고급인력의 사장은 국가적 손실이므로 이들의 활용방안과 소득을 보전해 줄 방안을 연구해야 한다. 고급인력 정보센터의 운영, 인력은행 설립 및 지역사회의 자문관으로서의 鄕長制채택 등이 거론된다(동아 74).

5. 사회문제

앞의 주제들도 모두 사회문제의 범주에 속할 수 있다. 여기서 사회문제란 제목아래 구분한 사설들은 인구의 구조와 과정이 좀 더 복잡하게 다른 문제들과 얽혀 있는 경우들을 묶어 놓은 것이다.

1975-79

도시인구의 급격한 증가와 농촌인구의 과소화 현상을 75년 센서스와 70년 센서스를 비교 분석하고 같은 농촌지역에서도 138개군 중 91개 군의 인구는 감소했으나 47개 군의 인구는 증가했다. 현대화 과정에서 농촌인구의 감소는 환영할 만한 일이나 안보문제와 균형적인 지역발전이란 점에서 문제가 있다(동아 29).

1980-84

인구구조가 선진국형이 되어 새로운 문제의식이 있어야 한다. 노인인구는 크게 증가한 반면 소년인구과 대가족의 비율은 저하했다. 출생률의 저하는 환영할 일이며 근대화 과정상 인구의 노령화는 피할 수 없는 현상이다. 그러나 고연령층의 상대적 과잉문제와 이들의 핵가족화(부부가족)는 오늘 우리의 의식을 반영하고 있기에 노령층에게 원하는 직업을 배려하는 것이 요구된다(동아 51).

80년 센서스 결과 독신가구의 증가는 과밀화, 핵가족화, 고령화와 더불어 나타난 현상이다. 자기중심적 사고방식으로 자기충족과 자기도취에 빠져있는 사람들의 숫자가 증가하고 있다(조선 43).

인구가 4천만을 초과하고 있다. 인구폭발을 막자면 여성의 지위가 향상되어야 한다. 남아선호가 있는 한 1자녀 갖기는 어렵다. 남아에게 대를 잇는다는 것과 노후의 위탁을 바라는 것 등이 문제이다. 특히 여성들은 결혼 후 직장에서의 퇴직압력, 낮은 봉급, 승진 불가능, 중요 직책에서의 제외, 호주 불인정 등 많은 불평등 대우를 받고 있다. 인구증가율을 낮추기 위해서는 여성의 지위 향상이 선행돼야 한다(조선 45).

남녀 평균수명 66세, 72세는 아직 미국과 일본에 뒤지지만 높은 수준으로서 정년연장과 복지연금 실시 등이 당면 문제가 되고 있다. 이것은 대졸자 취업문제, 인문계와 자연계, 실업고와 전문대 간의 임금 격차 해소 등과 더불어 해결해야 할 과제임을 말해 주고 있다(동아 53).

1985-89

85년 센서스 결과 무주택 가구가 75년에 비해 10%나 증가했다. 인구증가와 가구수의 급격한 증가로 인한 것이며 소형 아파트의 개발 건축에 대한 적극적인 금융지원이 요구된다(조선 51).

노인의 소외감과 심리적 문제는 노인들만의 문제가 아니다. 누구나 늙기에 노인문제는 우리 모두의 문제라는 시각이 확산되어야 하며 이를 위해 지역단체와 국가 모두 노력해야 한다. 그 한 방안으로서 국민연금의 확대 — 조기 실시가 필요하다(동아 59).

국정감사 결과 행정 고위직(시장, 군수, 경찰간부 등) 11명, 교수 18명, 교장 109명, 교감 47명 등이 호적상 나이를 고친 것으로 드러났다. 이들의 양식도 문제지만 정년문제가 재고돼야함을 시사한다. 고령자는 실업에서도 제외되고 있다. 우리 나라의 인구구조는 너무 빨리 변화했으므로 그 대응도 그만큼 빨라야 한다(동아 60).

1990-

단순직종 인력난을 타개하고 노인 층 복지대책에도 부응하기 위해 기업들로 하여금 55세 이상 남자와 35세 이상 여성의 고용을 장려하는 중고령자 고용 촉진법을 입안했다. 여기에 몇 가지 문제점을 제기한다. 첫째, 의무고용의 경우 생산성 문제가 있다. 다음 젊은 취업자들과의 관계 등 노조와의 갈등이 예견되며, 셋째, 일용직과 임시고용의 비율이 증가하는 문제 등이 해결되어야 한다(동아 64).

제조업이 호황을 맞아 인력난을 겪고 있으며 구직 대 구인 비율이 1:2.6

을 보이고 있으며 지방에서는 그 비율이 8-16 대 1을 보이고 있다. 이에 반해 먹고, 마시고, 노는 음식 숙박업 도소매 등 소비성 서비스업 종사자들은 5백만을 넘어서 전체의 25%를 넘고 있다. 이에 조기 출퇴근제를 실시하여 부업이나 다른 일을 겸업하게 하는 방안이 고려되고 있는 바 그 성공이 기대된다(동아 71).

95년 세계인구는 57.6억으로서 지구 남반부 저개발국의 경우 농업생산에도 한계가 있으므로 절대빈곤 등 이들의 열악한 생활 조건은 그들만의 문제가 아니고 인류 공동의 짐이 되어 가고 있다. 반면 북반구에서는 노령화와 도시화, 환경문제가 주요 문제로 제기되고 있다. 우리 나라의 경우 위의 북반구 문제에 더하여 수도권 과밀 문제와 성비 불균형 문제가 있다(동아 72).

태아의 성감별은 죄악이다. 성감별 자체는 문제가 없으나 성 선택적 낙태에 문제가 있다. 출생시 성비 116(1994년)은 문제가 크며 우리 국민의 양식에 호소한다(동아 76).

6. 인구재배치 및 수도권 인구억제

수도권 인구 집중에 대해 두 가지의 대립되는 관점이 있다. 수도권집중이란 현실을 인정하고 이에 대한 각종규제를 완화 또는 해제해야 한다는 "자유방임론"과 수도권 집중의 문제점에 주목해서 이를 해결하기 위해 정부의 관련정책을 지속하거나 강화해야 한다는 "정부개입론"간의 대립된 입장이 있다.

자유방임론은 수도권의 인구증가 추세를 '당연한 것' 또는 '주어진것'으로 파악한다. 즉 신고전경제학파적인 입장에서 수도권 인구집중은 집적의 '이익'이 '불이익'보다 큰 시장상황에서 자유경쟁의 시장원리에 따라 일어나는 극히 자연스러운 결과로 본다. 아울러 자유방임론에서는 수도권집중을 부정적인 시각에서 성장의 부산물이나 부작용으로 볼 것이 아니라 긍정적인 시각에서 경제성장의 전제조건으로 파악해야 한다고 주장한다. 즉 특정지역에 인구가 집중해서 다수의 인구가 사회-경제적으로 통합되면 이들간의 기능적 분업이 이루어져 생산성이 향상되고 이것이 경제성장으로 이어진다는 것이다.

이에 반해 정부개입론은 자유경쟁의 원리에 입각한 시장경제 메카니즘은 '시장의 실패'를 낳는다는 게인스주의적 입장을 취한다. 즉, 시장경제의 논리에 맡겨진 지역개발은 지역간의 불균형을 돌이킬 수 없을 지경으로 심화시킨다. 따라서 사회내의 다수 권익을 대변하는 정부가 각종 행정규제나 재정지원을 통해 시장논리에 의해 왜곡된 현실을 정상상태로 되돌려야 한다고 본다. 정부개입론에 따르면, 수도권 문제는 급속한 경제성장 과정에서 일시적으로 나타나는 '성장통'이 아니라, 잘못된 사회발전 전략에서 비롯된 '고질병'으로, 서둘러서 치유하지 않을 경우, 지역개발에서 소외된 지방의 주민들에게는 상대적 박탈감을 심어주고, 과잉 집중에 시달리는 수도권 주민에게는 삶의 질을 악화시킴으로써, 국가의 기반을 흔드는 위기를 초래할 수 있다고 본다 (장세훈, 1998).

수도권 인구집중의 문제를 자유 시장경제 국가에서 정부정책만으로 해결한 경우는 없다고 해도 과언이 아니다. 반대로 인구집중을 무방비적으로 경제원리에 내맡긴 경우도 찾아보기 어렵다. 시장원리를 수긍하면서도 최악의 사태가 일어나지 않도록 예방한 경우가 주종을 이루고 있다.

1) 인구 재배치

인구 재배치에 관한 사설은 원칙적으로 전국인구의 재배치, 도시화의 문제 등을 다룬 것이며, 다음에 나오는 수도권 인구 억제에 관한 사설들은 서울 및 그 주변의 수도권 인구 억제에 관한 것으로 구분되어 있으나 그 내용은 매우 중복되어 있다. 이 두 주제에 관한 사설은 지난 40여 년간 모두 45편(인구 재배치 22편, 수도권 인구 억제 23편)이 게재되어 있다.

1955-59

55년 처음 도시인구의 증가가 부자연스럽다는 지적이 나온다. 정확한 통계는 아니지만 55년9월 1일 현재 서울 인구는 153만이며 이와 같은 증가는 북에서 남으로 월남한 인구와 농촌에서 도시로의 이동 인구에 의한 증가가 큰 부분을 차지하고 있다. 증가의 이유로서 일자리 등 경제적 이유와 각종 문화시설의 서울집중, 중앙집권적 정부의 부처가 모두 서울에 있기 때문이다. 이로 인한 사회악의 만연과 국방상의 문제점 등을 검토해야 한다 (조선 2).

1960-64

1960년 서울 인구가 220만이 되고 인구의 도시집중은 실업문제와 더불어 큰 사회문제가 되고 있나. 산업과 관계없는 도시로의 집중은 무작정 이동에 기인하며 이에 대한 개선방법으로서 살기 좋은 농촌 만들기, 주요기관의 이전, 대학의 지방이전 등을 제의한다 (조선 5).

1964년 한 해에 도시인구분산정책에 대한 사설이 3편 나온다. 먼저 서울시 인구가 45년 90만에서 64년 360만으로 증가했다. 증가의 이유는 소득 차에 의한 농촌에서 도시로의 이동, 정치, 경제, 사회, 문화의 중심이라는 점, 농촌 실업자들의 무작정 진입 등으로 볼 수 있다. 도시인구의 분산과 종합적인 국토계획을 위해 이동의 강제적 억제나 권장은 거주 이전의 자유에 대한 위헌이다. 인구도 治水와 같아 물이 흐를 곳을 마련해 줘야 한다. 국립대학 등 시설을 이전하거나 교육기관의 대량 이전, 공업신도시건설, 이농방지를 위한 농촌진흥책 등이 구체화되어야 한다 (조선 11). 외국의 경우를 보면 한 나라의 정치, 경제, 행정의 중심지들이 각각 분산되어 있다. 미리 도시를 계획하여 일부 관공서를 지방으로 분산하고 도시별 기능을 분산시키고 한 도시 내에서도 지구별 기능을 구분해야 무분별한 집중을 방지할 수 있다 (동아 5). 정부가 계획하고 있는 지역의 균등발전안을 환영한다 (조선 12).

1965-69

이 시기에 도시인구증가의 긍정적인 면을 주장한 사설이 있다. 66년 센서스 결과 도시인구의 증가가 자연증가보다 사회적 이동현상에 의한 것이 더 큰 것으로 밝혀졌으며 (이것은 사실과 다르지만) 도시인구가 60년 28%에서 66년 33.6%가 되었다. 도시화는 단순한 도시의 인구증가라는 현상을 넘어서 도시적 생활양식의 확산을 의미한다. 이에 따른 혼란과 사회적 모순도 있겠으나 도시화는 산업화를 의미하므로 환영할 만한 일이다 (동아 10). 다음 도시화에 대한 정책을 전국적 견지에서 마련해야 한다는 것이다. 서울을 예로 보면 도시정책은 임갈굴정식(臨渴掘井式)이다. 서울로의 집중은 상하수도 보급율, 도로율 등 서울이 살기 좋다는 것을 의미하며 집적의 이익이 불이익을 초과한다는 것을 의미한다. 그러므로 분산을 위해서는 도시의 미래상을 만들고 중앙집권의 분산을 시도해야한다 (동아 11). 한강이북의 일부 지역은 군사적 고려에 의해 개발이 억제되고 있으나 그 외의 지역은 과밀화 문제가 심각하다. 도시화는 어차피 불가피한 현상이며 우리는 공해산업의 이전, 국영기업 및 국립대학교의 이전 등으로 이 문제를 해결해야한다 (동아 12).

1970-74

70년 센서스 결과를 놓고 인구의 특정 도시집중이 경제발전과 현대화의 징표라는 주장에 문제가 있다. 이것은 오히려 생산적 취업기회의 집중이라기 보다는 부의 편중을 의미하며 지역간 산업간의 불균형 발전의 표징에 불과하다. 이에 대한 연구와 대책 마련이 시급하다 (조선 18). 농업인구가 45%로 저하된 것에는 어두운 면과 밝은 면 두 가지가 있다. 공업화된 선진국의 경우 농업인구의 비율은 10-25%에 불과하다는 점에서 산업구조의 변화를 보여주고 있으나, 농촌인구의 막연한 이농, 도시 거주지 및 산업지구의 확대에 따른 호당 경지면적의 저하와 식량자급 불능 등은 어두운 면을 나타내는 것이다. 농업진흥정책이 병행되어야 한다 (조선 19). 대도시에 공장 신설을 금지하고 지방공업단지를 조성하는 것 등은 지금까지 산업과 인구의 지방분산책으로 이용된 정책들이다. 그러나 우리 나라의 경우 대부분 제품의 원료는 수입품이므로 대도시의 공장이 유리하고 값싼 양질의 노동력도 대도시에서 확보가 용이하다. 특히 주식이 아닌 부채로 운영하는 기업 즉 타인자본의 비율이 높은 우리 나라에서 금융상으로 유리한 점은 대도시 특히 서울 집중의 원인이 되고 있다 (조선 22). 정부에서 서울 인구가 600만이 넘자 시민세를 부과하는 등 대책을 마련하고 있는 것은 만시지탄이 있으나 환영한다. 그러나 시민세의 부과보다는 국영기업체나 중앙관서의 일부를 이전하는 방안이 더 효율적일 것이다 (동아 23). 이에 더하여 대도시에서 교육기관의 신설을 불허하고 중앙에서의 관장사무 중 많은 부분을 지방에 위임하는 것과 무엇보다도 소득수준의 균등화가 이루어져야 한다 (조선 24).

1975-79

한강의 오염을 방지하고 서울의 과밀을 해소하기 위해 서울에서 30-70km의 거리에 있는 서해안 지역(반월)에 신공업도시를 건설한다는 발표에 대해 이것이 어떻게 입안되었는지가 불분명하다. 조세지원을 입안하고 있으나 우리 나라에서는 금융지원이 더 중요하다. 또한 서울 집중 방지에 중점을 두는 것보다는 전 국토 이용 차원에서 접근해야 한다 (동아 33). 77년 정부는 수도권인구의 비대화에 대비하여 임시행정수도 건설안과 수도권 재배치 및 5대 성장거점도시 개발 계획안을 결정했다. 또한 소 도읍의 기능화를 위한 구상도 마련했다. 즉 소도읍의 소득을 향상시키기 위해 취업기회를 확대하고 소도읍의 생활에 질적 향상을 도모한다는 것이다. 그리하여 소 도읍 인구의 안착 정주에 도움을 주고 각종 기능을 담당하게 하여 특성화한다는 계획이다. 여기에서의 문제는 전국토의 오염화가 예상된다는 것이며 이에 대한 철저한 평가가 사전에 이루어져야 한다 (조선 35). 79년 대도시권 정비법이 제정되어 이를 소개한 사설이 있다. 전체 대도시에 대해 각 도시별로 토지이용의 합리화, 인구, 산업의 적정배치, 사회간접자본의 합리적 재 배정 등이 바로 이 법안의 요체이다. 특히 거점도시의 개발에 중점을 두고 건설부장관과 지방장관에게 공장 등 기업의 이전명령권을 부여한다 (동아 43).

1980-84

인구가 급격히 증가하면 생활수준이 저하되고 도시화율이 급증하면 직업, 식량, 주택, 교육시설이 이에 따르지 못할 경우, 문제가 된다. 그러므로 인구정책은 팽창억제와 분산정책이 그 골자를 이루고 있다. 그러나 우리는 또 하나의 문제 인구 구조상의 문제를 가지고 있다. 80년 들어서 노령화의 문제가 대두되고 있다 (동아 45). 경제발전과 근대화와 더불어 농촌인구가 감소하고 있음은 사실이다. 그러나 농촌인구의 감소와 더불어 농업 자체의 의미가 축소되고 있다. 농업 자체의 영세성과 채산성의 하락으로 인한 것이다. 농업생산의 상대적, 절대적 감소는 국민부담을 증가시키고 도시저변의 영세민의 증가를 초래하고 있다. 비교우위론에 입각해 농업을 도외시함은 위험하다. 농업정책은 어느 정도의 강제성이 요구된다 (조선 40). 82년 정부는 그 동안의 인구재배치정책이 성공하지 못하자 수도권정비개혁법을 제정한다. 성공하기 위해서는 경제력의 지역적 집중현상이 없어져야 하며 소득격차가 감소되어야 하고, 전국적으로 교육, 취업 등 다른 기회가 같아야 한다. 지방자치제의 단계적 실시에 기대해 본다 (동아 49).

1985-

89년 인구동태 특별조사 결과 셋방가구의 인구가 60%이었으며 86년부터 인구증가율이 1%이하로 저하했다. 인구 이동율은 계속 높은 율을 유지하고 있었다. 노령화의 문제가 새로운 문제가 되고 있으며 이 문제에 역점을 두고 복지사회 실현을 목표로 해야 할 것이다(동아 63).

90년 센서스 결과 인구구조는 선진형이며 도시인구 74%중 43%의 인구가 수도권에 거주하고 있다. 이로서 고비용과 자원의 비효율적 이용이란 짐을 안고 있다. 대도시의 서비스산업은 계속 증가일로에 있다. 이에 대해 지방자치제에 맞는 정책개발에 기대한다 (조선 53).

90년 센서스의 인구이동분석 결과 영세민들은 농촌에서 대도시로 대도시에서 주변도시로 계속 떠밀려 이동하고 있음을 알게 되었다. 그리하여 대도시권은 점점 더 비대해 지고 있다. 반면 서울, 부산, 대구의 도시 경계내의 인구는 감소했다. 인구이동율은 22%로서 일본의 4배를 기록하고 있다. 지역적 균형개발, 중소도시 소득원 개발, 농촌 주거환경 개선, 등에 과감한 투자가 필요하다.

2) 수도권인구억제

1969년까지

수도권 인구 익제에 대한 직접적인 표현은 1969년에 처음 나온다. 박정희 대통령이 수도권 방위를 위해 인구증가를 억제해야 한다는 발표가 그 시작이라 할 수 있다. 여기에 통제적 방법만이 능사가 아니라는 견해가 나온다. 산업간 불균형 발전을 해소할 장단기 정책이 요구되며 지역간 소득격차의 해소와 권력의 중앙집중 해소가 해결방법이다 (조선 16). 69년 수도권 과잉 비대 억제책의 일환으로 재무부는 기업의 등록세와 취득세 등 세제 혜택을 입안했다. 그러나 이것은 소극적이며 대담한 손질이 요구된다. 즉 집적이익이 되는 모든 요인을 따져봐야 한다. 사회간접자본의 분산 배정도 큰 몫을 차지하며 이를 위해 여러 부처의 협조가 필요하다 (동아 13).

1970-74

수도권 인구집중 억제책은 조세 수입만을 올리고 생산시설의 한강이남 이전은 그 지역의 비대화를 가져오고 결국 서울 집중을 촉진하고 있다. 인천항의 개발과 아산만 개발도 수도권 집중을 초래하고 있다. 서울의 집적이익이 지방분산 특혜보다 더 큰 한 해결이 되지 않는다. 중앙집권의 분산, 행정만능주의 철폐, 대도시 위주의 개발정책 지양 등과 더불어 서울로부터 1일 생활권을 벗어난 곳에 국립대 등을 이전하는 방법을 고안해야 한다 (동아 16). 72년 시민세에 대한 논란이 다시 나온다. 시민세는 세수만 증가시키고 있다. 행정결정권이 유지되는 한 지방의 불편은 해소되지 않는다 (동아 22). 농촌의 배출요인을 저하시키기 위해서는 농어촌 소득증대사업의 개발과 교육, 문화, 보건, 위생 등 환경조건의 개선을 통해 서울의 흡입요인을 저하시켜야 한다 (동아 25). 74년 유엔 인구연감에 의하면 서울은 세계 8위의 도시가 되었다. 이것은 중앙집중과 도시의 경제성장률이 농촌의 경제성장률을 앞서고 있기 때문이다. 공공기관의 지방이전과 서울 자체의 도심인구 분산이 요구된다 (동아 27).

1975-79

이 기간 중 서울 및 수도권 인구에 대한 사설이 8편으로 이에 대해 가장 큰 관심을 보이고 있다. 서울인구 분산에 대한 각종 방안이 모두 효과가 없었다. 이제 용단이 필요하다. 안보 상한선이 650만이란 이유도 애매하다. 수도방위를 위해 기민성을 확보해야 된다는 것은 수긍한다. 평가교수단은 지방도시개발을 제의하고 있다 (동아 28). 서울시에서 계획하는 주요시설의 강남이전과 사회간접자본 투입 등은 근본 해결책이 못된다. 수도서울 인구의 재배치에 불과하고 인구증가억제가 아닌 집중요인을 유발하는 것이다. 그 효과가 매우 의심된다 (조선 30). 서울 인구집중의 인과관계를 규명하지 않고 강북에서 강남으로의 이전은 미봉책에 불과하다 (조선 34). 수도권 인구 재배치는 그 동안 서울시 차원에서 입안되었으나 이제 정부 차원으로 넘어갔다. 강북에서 강남으로의 이동보다는 농어촌의 유출요인을 해소하거나 아니면 거점도시개발로서 인구를 흡수해야 한다 (동아 36). 더불어 지방자치제의 실시로 행정기능이 지방으로 이전되어야 한다 (동아 39). 78년 서울의 인구증가율이 다시 상승하자 그 원인을 부동산붐과 인기 학군의 편재 등으로 분석하고 있다 (조선 36). 79년 임시수도의 건설도 미온적이며 일관성과 지속성이 없는 정책을 비판하고 중앙집중의 분산과 교육기관의 집중을 그에 못지 않게 큰 원인으로 다루고 있다 (동아 40). 79년 8월 국토개발연구원의 국제회의에서 영국, 프랑스, 미국의 경험을 가지고 우리 나라 인구 집중 문제에 대한 정책회의가 있었다. 여기서 내린 결론은 다음과 같다. 행정수도의 건설은 한국경제 여건상 민간기업이 정부와 기타 중앙기관과의 긴밀한 접촉이 필요하므로 현실성이 없다. 지하철건설은 도심과밀화를 조장하고 있다. 그러므로 인구분산 자체를 집적경제의 이익차원에서 볼 수도 있다는 것이다. 즉 집적의 이익도 무시할 수 없는 인구집중 현상에 대해 굳이 인구분산 정책을 시행할 필요가 있겠는가 라는 것이다 (동아 42).

1980-84

82년 유엔 인구연감(UN Demographic Yearbook)을 인용 서울시 인구가 836만 세계 4위이며 주변에 10개 위성도시가 있다. 일부 지방의 전원생활을 선호하는 사람들이 늘어나고 있으나 대부분 투자의 수단으로 이용하고 있는 실정이다. 비만에서 탈피하여 날씬한 서울은 언제 오려나 (조선 42). 83년 9월말 서울 인구는 945만으로 천만이 되는 날이 얼마 남지 않았다. 더구나 GNP의 30%, 기업의 90%, 예금의 65%, 자동차 42%, 의료기관 40%, 대학 55%가 서울에 몰려 있다. 분산의 필요성은 이제 말할 필요가 없다 (조선 46). 서울은 초만원(超滿員)이란 제목에서 8순 노부부가 사망했다. 그들의 자녀 6남매들은 서울에 살고 있었으나 모르고 있었고 20여일 후에서야 발견됐음을 개탄하고 있다. 높은 인구밀도에서 오는 개인들의 고독감과 산업화에 따른 전통적인 가족관념의 급격한 변화를 묘사하고 있다 (조선 47). 정책적인 이상과 실제 현실간의 괴리를 보여주는 대표적인 예로서 서울 인구의 억제정책을 들 수 있다. 88올림픽을 준비하며 도심 재개발이 가속화되고 있으며 건축규제도 완화쪽으로 선회하고 있다. 서울 을지로입구의 녹지가 롯데 32층 건물로 둔갑하고 있다. 투자를 분산하지 않는 인구억제책은 실패하게 마련이다 (동아 54).

1985-89

87년 인구의 서울 전입 역조 즉 서울로의 전입이 서울에서의 전출보다 적어진 현상으로 인구분산이 실현되는 것으로 착각하기 쉽다. 인구소산책(疏散策)은 계속 강화되어야 한다. 지방의 중소도시인구는 계속 감소하고 있으며 빈집들은 늘어나고 (過疎化) 있다. 서울의 순 유출 이상 수도권으로 순유입이 이루어지고 있다. 다시 지자제의 성공에 기대해 본다 (조선 50). 86년부터 우리 나라 인구 성장률이 1%이하로 저하했다. 노령화 현상이 두드러진 반면 수도권 인구집중은 여전하다. 주택공사의 대량 주택건설로 외곽도시 인구가 전례없이 급성장하고 있다. 경제 사회 발전과정에서 보여 주는 U-turn 이론을 적용한다면 충청과 호남 지역의 개발이 수도권 인구 분산에 효율적일 수 있다 (동아 62). 서울인구가 천만을 돌파하여 세계 6위를 차지하고 있다. 수도의 핵심적 기능을 지방으로 이전하는 것이 우리 나라의 여건상 불가능하다는 것이 판명되었다. 대신 지방의 성장 잠재력을 최대한 개발하는 것이 타당하며 서울은 나름대로의 수요에 부응하도록 하여 삶의 질을 향상시키는 것이 현실적임이 판명되고 있다 (조선 52).

1990-

88올림픽 이후 일산과 분당 등 신도시 지역에의 개발 투자가 편중되고 있다. 그 결과 수도권 지역의 인구 유입이 가속화되고 있다. 과밀은 투자 효율을 저하시키므로 이를 해결하기 위해서는 투자재원의 지방이전이 필수적이며 이의 실현을 위해 지방의 생산기반 확대, 지방 소재 명문대학의 발전, 지자제의 조속한 실시 등 세 가지 정책이 실행되어야 한다 (동아 65). 94년 수도권 인구가 2천만명을 넘어선다. 이에 따라 교통문제를 위시한 거주자들의 불편, 환경파괴, 투자효율의 저하 등 문제를 해결하기 위해 수도권 정비 계획법을 확정하고 과밀부담금을 부과하기로 한다. 인구, 교통, 환경 영향을 타당하게 평가할 수 있는 기준을 마련하여 부담시켜야 한다 (동아 70).

Ⅳ. 요약 및 맺는 말

1. 요약

1955-59

이 기간 중 해당 사설은 두 신문을 합쳐 모두 7건에 불과했다. 그중 3건은 55년 인구조사에 관한 것이었다. 55년 9월 1일 시행되는 총인구조사에 성의를 다 하자는 것과, 인구조사에 대한 준비 태세에 官과 民모두 만전을 기하자는 것이었다. 특히 당시 정부에서 주로 이용한 경찰에서 조사한 인구의 부정확성을 지적한 것이 두드러지게 보인다.

다음 두 건은 민법 개정안 중 혼인연령 남자 18세 여자 16세가 너무 어리기에 법정 혼인연령을 높여야 한다는 것으로서 이것은 간접적이지만 최초로 출산억제의 의지가 보인 사설이라 볼 수 있다.

마지막 두 건은 55년 말 도시인구의 비정상적인 증가에 대한 우려가 처음 나타난 것과 58년 당시 경제발전에 대한 세계적인 관심과 특히 우리 나라의 경우 토지에 대한 인구 압박이 크므로 농촌 유휴 노동력에 대한 대책 마련을 요구하고 있다.

1960-64

60년대 초반 우리 나라 대표적 언론기관들의 주요 관심사는 세 가지로 요약된다. 총 11건의 인구 관련 사설 중 5건은 인구조사에 관한 것이었다. 다음 4건은 도시인구 증가에 관한 것이었고 나머지 두건은 가족계획을 받아들인다는 정부의 정책을 우려하며 다른 한편 기대하는 것이었다.

국세조사위원회의 전문성을 강조하고 그 탄생에 큰 기대를 걸고 있음을 필두로 60년 10-11월에 국세조사 준비에 완벽을 기할 것과 전국민이 협조할 것을 당부하고 있다. 당시까지 인구조사를 國勢조사라 하여 인구 자체를 國力으로 보고 있는 것은 요즘 크게 달라진 것 중의 하나이다.

1965-69

1960년대 후반 13건의 사설 가운데 3건은 1966년에 실시한 인구조사에 관한 것이었고, 이 시기부터 도시인구 증가에 대한 사설이 부쩍 증가하기 시작한다. 60년대는 도시로 향하는 농촌인구의 이동이 가장 컸던 시기이었던 만큼 도시인구 특히 대도시 인구증가에 대한 관심이 높아지고 있어 이에 관한 사설이 5건을 기록하고 있다. 당시까지도 정부에서는 적극적이었으나 일반 국민들은 가족계획(피임실시)에 대해 적극적이지 않았음을 보여주는 사설이 2건 보인다. 인구증가율의 대대적인 감소계획에 회의적인 사설과 더불어 인구가 67년 말 3천만을 넘었다는데 대한 경각심을 나타내는 사설이 보인다.

1970-74

1970년대는 전후반기에 걸쳐 인구에 관한 사설이 가장 많이 실린 연대로 기록된다. 지난 40여 년간 총 130건 중 70년대에만 52건이 게재되고 있다. 전반기의 경우 인구조사에 관한 것은 3건에 불과했으나 도시화와 인구분산에 관한 것이 9건으로 가장 많았다. 당시의 주요과제는 농촌인구 감소에 대한 충격과 수도권의 인구분산에 관한 방안, 산업의 지방분산책 등이 주종을 이루고 있었다.

또한 60년대까지 미온적이었던 논조에서 벗어나 가족계획의 성과를 높이 평가하고 모자보건 등 적극적인 연계방안 까지도 고려하고 있다. 인구증가율은 현저하게 낮아졌으나 인구는 계속 증가하고 있는데 대한 대처방안 등이 논의되고 있다.

1975-79

70년대 후반은 도시화에 대한 관심이 최고로 고조되었던 시기로 기록된다. 막연한 도시인구 증가에 대한 논의보다는 구체적으로 서울의 인구를 억제해야 된다는 것이 주종을 이루고 있다. 더불어 수도권 인구증가에 대한 관심도 서서히 나타나기 시작한다. 또한 인구와 환경에 대한 관심도 갖기 시작한 것이 바로 이 시기였다. 인구와 여성,

인구와 복지 – 삶의 질에 대한 논의가 시작되는 것도 돋보인다. 인력 수급에 대한 구체적 자료를 이용한 논의도 이시기부터 나타나기 시작한다.

1980-84

도시인구성장 억제와 지방분산에 대한 논의는 계속되는 주제가 되고 있다. 특히 수도권 정비계획에 대한 논의가 활발하게 일어나고 있음은 정치적인 요인과 더불어 주목된다. 인구정책면에서도 센서스 결과를 이용하여 노인문제 – 인구의 노령화 문제를 부각시키고 있으며 핵가족화에 따른 주택문제가 주요 논제로 부각되고 있다. 경제인구학의 결과인 소득향상에 따른 자녀수 증가문제도 거론되고 있다. 특히 세계적으로 모범이 된 가족계획 사업 20년의 결과를 높이 평가하고 남아선호사상의 폐단을 강력하게 비판하고 있다. 여성 및 노년인구의 취업에 대한 전망과 해결책 등이 거론되기 시작한다.

1985-89

도시인구 증가에 대해서는 아직도 부정적이나 간간히 그 긍정적인 면도 평가하고 있다. 이 시기부터 도시인구의 절대적인 수보다는 삶의 질에 대한 것이 더욱 강조된다. 이것은 인구의 서울 유입 역조 현상에 대한 반응으로 보인다. 노령화와 남자 사망률이 비정상적으로 높은데 대한 우려가 나온다. 인구증가율의 둔화와 합계출산율의 저하를 놓고 맬서스의 가설이 기우인가의 여부도 따지고 있으나 50억 세계인구의 상당수가 굶주리고 있다는 점을 들어 빈부격차가 지속되고 더욱 커지고 있다는 사실은 맬서스의 가설이 현실에 적용되고 있음을 부인하기 어렵게 만들고 있다.

1990년 이후

노령화, 인구의 특정지역 집중 문제는 계속되는 주제가 되고 있으나, 중년실업과 일부 직종에서의 인력난에 따른 노동력 수입의 문제점 등이 새로운 논의 대상으로 대두된다. 특히 태아의 성감별은 출산 행위에 대한 주요한 논의 대상이 되고 있다. 이 시기는 두 가지 점에서 지금까지의 인구논쟁에서 특기할 만 하다. 첫째는 1995년 센서스에서 공무원들이 전문조사원을 이용하지 않고 부정을 저질러 센서스의 신빙성을 저하 시켰다는 것이 감사원 감사 결과 밝혀진 것이다. 다음으로 특기할 사항은 1996년 지난 35년간 채택한 정부의 산아 제한정책을 완전히 폐기하고, 인구정책을 성비 불균형과 노년인구 문제에 치중하기로 한 점이다. 이것은 그 동안의 산아제한정책을 폐기하고 인구의 자질향상과 국민복지증진에 역점을 두는 방향으로 전환하는 것이다. 실로 35년만에 정책의 방향이 역전하게된 것이다. 한국의 산아제한정책은 성공했으며 더 이상 자녀를 적게 낳자는 구호가 필요 없게 된 것이다.

2. 맺는 말

이 글에서 사설을 이용하여 분석한 내용을 크게 세 가지로 나눠 볼 수 있다.

첫째 인구 센서스는 계속해서 부정확하다는 지적을 받다가 96년 부정이란 오욕으로 끝나고 있다. 그러나 우리 나라의 인구 통계 중 센서스는 다른 후진국에 비하면 대단히 정확한 편에 속한다. 센서스 부정은 통계처리를 위해 비전문인들을 동원하면서 생긴 이해할 수 있는 일이었으나 국민감정은 대단히 격앙된 것이었다.

둘째 인구증가에 대한 압력은 1960년대부터 대단히 컸다. 이에 대한 가족계획의 실행에 대해서는 60년대에는 기피하는 대상이었으나 70년대에는 크게 환영받고 그 성공에 대해 매우 큰 치하를 받았다. 인구정책 중 성공했다고 공인된 것은 오직 이 사업 하나 뿐이었다.

셋째 인구 재배치와 수도권 집중 문제는 비록 집중의 이익을 인정하는 경우도 간혹 있었으나 계속 우려에서 우려로 남아 있다.

인구사상은 시계추와 같다. 순환적 진화를 보이고 있는 것이다. 이제는 알맞는 수의 자녀를 낳아 기르는 것이 사회발전의 한 몫을 담당하게 된다는 가치관을 정립할 때가 왔다 해도 이르다고 할 수 없을 정도로 표준화된 출산율 즉 본원율(intrinsic rates)이 낮아 졌다. 우리나라의 인구는 당분간 감소하지는 않을 것으로 예상된다. 그러나 지속적이고 큰 폭으로 감소된 출산력으로 인하여 인구의 노령화에 박차를 가하고 있다. 다음 세기에도 출산력이 다시 증가하지 않는 한 우리 나라 인구의 노령화 현상은 지속될 것이 확실하다. 또한 2000년대 초까지도 인구의 대량이동이 예상되지만 6.25 한국전쟁 종전 후에 이루어진 것과는 매우 다른 현상을 보일 것이다. 일부지역으로의 집중은 계속 예상되지만 과학기술 발전에 따른 단지 등 토지수요와 교통수단의 발전에 의한 거리개념의 변화는 대도시 주변의 신도시와 항만 및 공항 근처의 지속적인 신도시 개발이 예상되며 과거와 같은 과도 집중현상은 어느 정도 해소될 수 있으리라 예상된다.

사망력의 저하 즉 평균수명의 대폭적인 증가가 없는 한 사망률이 크게 저하한 시기 이후에 태어난 인구가 가임기에 들어서면서 전체 인구의 감소도 예상되며 지역적 계층적으로는 그보다 훨씬 이전에 인구가 감소하는 경향을 보일 것이다. 인구가 감소할 경우, 주택, 사무실, 및 점포의 공동화(空洞化)와 더불어 일부 지역의 불량 자산화 현상도 나타날 것이다.

정부는 1996년 35년간 시행했던 인구증가 억제정책을 공식적으로 폐기했다. 이제 우리 앞에 놓여진 인구문제는 그 동안의 문제보다 더 해결하기 어렵고 복잡한 것이다. 출산율 저하로 인한 노령화의 문제, 세대간의 갈등문제, 혼인 및 출산에 대한 바람직한 가치관의 확립, 보건복지제도의 선진화를 통한 건강지수의 향상 등이 바로 우리가 개선하고 해결해야 될 문제들이다. 또한 우리 나라의 인구증가율이 둔화되고 안정됐다고 해서 세계 전체의 높은 인구증가를 외면할 수는 없다. 우리는 현재 지구촌 시대에 살고 있으며 따로 떨어져 잘 살 수 있는 시대는 지났다. 정치뿐만 아니라 경제적 도미노 현상을 우리는 IMF 사태로 경험했다. 우리가 끊임없이 관심을 가져야 될 과제는 북한을 포함한 세계각국의 인구동태를 정확히 파악하여 각국의 인구변화가 우리 나라 경제 사회 전반에 미칠 영향을 분석하여 능동적으로 대처하는 것이다.

요 약 표

우리 나라 주요 신문의 사설 중 인구에 관한 주제별 사설 편수, 1955-96

주제	기간								계	%
	1955-59	1960-64	1965-69	1970-74	1975-79	1980-84	1985-89	1990-96		
1. 인구 증가	0	0	1	6	5	3	3	0	18	13.8
2. 출산 억제	0	2	2	5	0	2	0	0	11	8.5
3. 법 및 정책	2	0	1	3	6	1	1	1	15	11.5
4. 인구재배치	1	4	3	5	3	3	1	2	22	16.9
5. 수도권억제	0	0	2	4	8	4	3	2	23	17.7
6. 인구와 사회문제	0	0	0	0	1	4	3	4	12	9.2
7. 노동력 및 취업	1	0	1	0	3	1	1	4	11	8.5
8. 인구 조사 센서스	3	4	3	3	0	1	2	2	18	13.8
계	7	10	13	26	26	19	14	15	130	100.0

자료: 동아일보 및 조선일보, 1955. 1. 1. - 1996. 12. 31.

<참고 문헌>

권태환, 김두섭(1990), **<인구의 이해>**, 서울대학교 출판부.

장세훈(1998), "수도권 정비정책의 쟁점과 향후과제," **<발표논문집>**, 한국사회학회 인구도시연구회 1998년 추계 학술대회, 53-77.

韓國保健社會硏究院(1991), **<人口政策30年>**, 한국보건사회연구원.

홍문식(1998), "인구정책개관, 1960-1997," **<발표문요약집>**, 1998년 한국인구학회 특별 심포지엄,5-9.

Appelbaum, Richard P.(1970), **Theories of Social Change,** Chicago: Markham Publishing Co.

Barton, Allen H.(1962), "The Concept of Property-Space in Social Research," in Paul F. Lazarsfeld and Morris Rosenberg, eds., **The Language of Social Research,** Glencoe: The Free Press, pp. 40-57.

Davis, Kingsley(1949), **Human Society,** New York: The MacMillan Co.

Kwon, Tai-Hwan(1997), **The National Family Planning Program and Fertility Transition in Korea**, East-West Center, Population Series No. 88-20.

Parsons, Talcott and Edward A. Shils, eds.(1952), **Toward A General Theory of Action,** Cambridge, Mass.: Harvard University Press.

Lorimer, Frank, et.al.(1954), **Culture and Human Fertility,** Paris: International Union for the Scientific Study of Population.

United Nations(1973), **The Determinants and Consequences of Population Trends,** New York: The United Nations.

(1999)

<분석 자료>

동아일보, 사설 1955년 1월 1일부터 1996년 12월 31일까지
조선일보, 사설 1955년 1월 1일부터 1996년 12월 31일까지

신문목록

동아일보

1. 1955. 8.30 인구조사의 준비는 충분한가
2. 58. 1.11 農村救濟와 遊休勞動力의 稼動
3. 59. 2.12 國勢調査委員會의 胎動에 寄함
4. 62.10. 2 家族計劃을 汎 國民運動으로
5. 64. 9.23 人口의 大都市集中防止와 都市計劃
6. 65. 5.26 <家族計劃의 달>에 즈음하여
7. 66. 6.20 人口計劃의 矛盾
8. 66. 9. 1 人口調査와 그 事前準備
9. 66. 9.29 人口調査와 國民의 協力
10. 67.10.31 都市化의 急進展
11. 68.12.13 都市化政策의 方向
12. 69. 4.29 都市人口適正化문제
13. 69. 8. 6 首都圈過剩 肥大抑制策
14. 69. 9.24 經濟活動人口의 實態
15. 70. 5.23 母子保健法의 問題點
16. 70. 9.28 首都圈人口集中抑制策
17. 70.10. 1 人口.住宅調査는 正確하게
18. 70.11.26 人口센서스의 음미
19. 71. 8. 3 母子保健法의 問題點
20. 72. 4.28 家族計劃의 將來

21. 72. 5.23 家族計劃과 學校敎育
22. 72. 9.28 首都人口抑制와 市民稅
23. 73. 2. 7 都市人口抑制策
24. 73. 5.31 人口增加率의 鈍化
25. 73.12.29 六百 三十萬人口의 서울市
26. 74. 2. 7 世界人口會議를 앞두고
27. 74. 3.21 서울人口의 地方分散
28. 75. 4.18 서울 人口를 抑制하라
29. 76. 2.11 人口移動과 現代化過程
30. 76. 3. 3 人口政策의 課題
31. 76. 4.27 行政區域의 改編문제
32. 76. 4.30 母子保健法과 人口政策
33. 76.10. 4 新工業都市建設
34. 76.11.11 人口壓力
35. 76.12. 6 人口抑制
36. 78. 1.25 首都圈人口의 再配置計劃
37. 78. 5.20 人口需給計劃과 敎育體系
38. 78. 9.27 女性人力開發과 活用
39. 78.11.23 時急한 서울의 人口疏散策
40. 79. 3.24 서울의 人口分散對策
41. 79. 8. 1 積極的인 失業對策의 推進
42. 79. 8.13 首都圈對策의 再檢討
43. 79. 9.28 大都市圈整備法의 制定
44. 79.12.13 人口動態와 政策的對應
45. 81. 4.16 人口와 都市化
46. 81.11. 7 人口政策의 새課題
47. 81.12. 7 家族계획 20년
48. 81.12.19 人口의 抑制
49. 82. 9.18 首都圈 정비계획법

50. 82. 9.27 經濟人口構造의 變化
51. 83. 1.15 人口構造의 先進國型
52. 83. 7.28 4천만의 人口
53. 84.10. 9 高齡化와 취업난과 景氣
54. 84.12.12 서울人口集中과 돈
55. 85.10.30 새로운 國勢調査
56. 85.12.11 人力需給과 雇用불안
57. 86. 3. 4 느는 人口 몰리는 人口
58. 86.12.10 맬서스의 仮說은 杞憂인가
59. 88. 8.31 老齡化사회와 그對處
60. 88.10.31 高齡化社會 근본대책을
61. 88.11.17 <人口先進>사회의 과제
62. 88.12.22 首都圈의 인구집중
63. 89. 1.19 인구의 成長과 移動
64. 90. 8.17 高齡社會와 일자리
65. 90. 8.26 수도권 過密化의 斷絶
66. 91. 7.18 大都市圈의 인구 肥滿症
67. 91.10.11 人力輸入 신중해야한다.
68. 93. 2. 3 생산력감퇴와 고용불안
69. 93. 7.31 노동부 고용정책의 한계
70. 94. 3.26 수도권 過密 막아질까
71. 94. 8.19 조기출퇴근제와 인력난
72. 95. 7.10 인구의 증가와 노령화
73. 96. 3.20 인구센서스가 엉터리면
74. 96. 5.11 중년 실직자 설 자리를
75. 96. 6. 5 바뀌는 인구정책
76. 96.10. 1 태아의 성감별은 죄악

조선일보

1. 55. 8. 30. 총인구조사에 각기 성의를 다하자.
2. 55. 11. 28. 부자연한 도시의 인구증가.
3. 57. 9. 14. 민법안과 혼인제도에 관하여.
4. 57. 12. 5. 혼인연령을 더 높여야 한다.
5. 60. 10. 7. 인구의 도시집중을 방지해야 한다.
6. 60. 10. 26. 국세조사 준비에 완벽을 기하라.
7. 60. 11. 28. 국세조사에 다같이 협력하자.
8. 61. 4. 29. 국세조사의 결과와 국정의 쇄신.
9. 61. 10. 19. 가족계획운동의 추진에 대하여.
10. 62. 12. 12. 7백만 인구를 증가시킨 잉터리 호적부.
11. 64. 7. 28. 도시의 인구분산구상과 종합적인 국도계획.
12. 64. 9. 24. 도시인구의 분산정책과 지역의 균등발전.
13. 65. 5. 27. 국제 가족계획대회와 우리의 현실.
14. 66. 9. 30. 정확한 총인구조사가 되도록.
15. 68. 1. 6. 3천만의 대가족.
16. 69. 4. 17. 서울의 인구 집중현상을 막을 근본대책.
17. 70. 9. 29. 전국통계조사의 의의.
18. 71. 7. 9. 인구의 도시집중현상.
19. 71. 12. 11. 농촌인구가 45%로 됐다.
20. 72. 3. 14. 가족계획사업의 차질 없는 추진을 위해.
21. 72. 4. 26. 장기 가족계획사업이 내포하는 혁명성.
22. 72. 9. 20. 산업과 인구의 지방분산.
23. 72. 12. 16. 가족계획사업의 새 단계.
24. 73. 2. 7. 인구의 지방분산책.
25. 73. 3. 21. 경제개발과 인구정책.
26. 73. 6. 12. 긴절한 인구억제.
27. 74. 4. 3. 33,333,333의 입
28. 74. 6. 28. 인구증가에 국민적 관심을.

29. 74. 8. 22. 정원초과 상태의 인구.
30. 75. 8. 6. 서울의 인구억제 시안.
31. 76. 2. 20. 인구억제에 적극책을.
32. 76. 11. 12. 안보차원의 인구문제.
33. 76. 12. 4. 인구정책 추진계획.
34. 77. 11. 8. 서울 인구집중의 인과.
35. 77. 11. 24. 전국 소도읍의 기능화－인구의 도시집중 방지에 크게 기여했으면.
36. 78. 11. 22. 서울의 인구증가.
37. 78. 12. 10. 인구와 인력 그리고 인간－3,660만의 인력과 복지.
38. 79. 12. 13. 인구와 인간－37,354,883의 식구와 자원.
39. 80. 11. 1. 통계는 국가경제의 기초－인구 센서스에 즈음, 인식의 전환을 촉구한다.
40. 81. 4. 25. 인구동태로 본 농업.
41. 81. 12. 16. 두 자녀주의－그 전통형 난제와 미래형 난제.
42. 82. 9. 12. 비만서울은 괴롭다－고삐 풀린 수도인구 억제책을 우려.
43. 83. 1. 16. 가정파괴라는 마－인구센서스에 나타난 미래시각의 과제들.
44. 83. 7. 29. 4천만 인구
45. 83. 7. 31. 딸－인구폭발 막자면 여성 지위 향상을.
46. 83. 11. 3. 천만이 내일 모레인데.
47. 84. 12. 12. 서울은 초만원.
48. 85. 10. 25. 정확과 활용－인구주택 센서스－통계의 신뢰도.
49. 87. 7. 12. 50억 시대의 사람.
50. 87. 8. 2. 인구의 서울전입 역조.
51. 87. 11. 11. 서민을 위한 집－인구주택 센서스에 나타난 문제점.
52. 89. 1. 12. 인구 천만의 삶의 질.
53. 91. 4. 13. 산업재배치로 인구집중 막아야.
54. 96. 3. 21. 나라망친 센서스 부정.

Abstract

Population and Value:

Changes in Values on Population Issues, Republic of Korea, 1955-96

This paper is an attempt to explore changes in values on such population issues as population increase and population control in Korea. Value here refers to attitudes and interests engendered by a particular social structure which in turn motivate and direct the activities of the individuals who form a society. Korea has been widely known for her most successful programs in population control through effective family planning programs initiated by the government since early 1960s together with the married couples highly motivated toward the practice of birth control. In due course of the development, there were many surveys on attitude toward birth control, so-called KAP surveys. Data from such surveys have been secured by the questionnaire. However, the verbal reaction to an entirely symbolic situation may indicate what the respondents would do when confronted with the real situation, but there is no assurance that it will.

Considering the limitations mentioned above, editorials of major newspapers in Korea were thought to be the best resource materials for such research purposes. In Korea, newspaper had been the most influential one among various mass media during last several decades. Chosun Ilbo and Dong-A Ilbo were selected as the representative newspapers in Korea for various reasons. More than 30,000 editorials were published by the two newspaper during the period from 1955 to 1996. Although there were several hundreds of editorials indirectly related to the population issues, only

130 were identified as those directly related to the issues.

The editorials are classified by eight major categories, viz., population increase, birth control and family planning, laws and policies, population redistribution, control of the population of Seoul Metropolitan Area, population and social problems, labor force and employment, and population census. The trends and patterns of the changes in the major population issues are presented by five-calendar-year period.

Key Words: norms and values, population control, population increase, population policy, population redistribution

인구쟁점에 대한 가치관의 변화

- 1955-1996년간 우리 나라 주요 신문의 사설을 중심으로 -

이 논문의 목적은 우리 나라에서 인구증가나 인구억제 등 인구에 관한 국민들의 가치관의 변화를 살펴보기 위한 것이다. 여기서 말하는 가치란 특정한 사회구조의 산물이며 동시에 그 사회를 구성하는 개인들의 행위의 동기가 되며 행위의 지침이 되는 모든 태도와 관심을 말한다. 우리 나라는 1960년대 초부터 정부가 주도하여 실시한 가족계획 사업을 국민들이 적극적으로 받아 들여 출산율의 억제에 성공한 대표적인 나라로 손꼽힌다. 이에 따라 우리 나라에서는 많은 조사 특히 인구억제를 위한 피임 및 자녀수에 대한 조사연구를 실시했다. 이들 조사는 대부분 질문표를 이용한 조사였기에 실제상황에 접하지 않고 가상적인 상황을 설정하여 그에 대한 반응을 알아 낸 자료이기에 실제상황에 봉착했을 때 꼭 그와 같이 행동하리라는 보장은 없다.

위와 같은 단점을 고려하여 주요 신문의 사설을 국민감정과 가치를 대변하는 가장 적합한 자료로 이용했다. 우리 나라에서 지난 수십년간 가장 큰 영향을 미친 대중매체는 신문이었으며 또한 오늘날까지 계속 발간되고 있는 신문으로서 동아일보와 조선일보를 손꼽을 수 있다. 1955년부터 1996년 말까지 두 신문이 발간한 사설의 수는 30,000여 편을 넘는다. 인구에 간접적으로 관련되는 사설의 수는 수백 수천편에 달하겠으나 직접적으로 관련된 사설은 130편으로 집계되었다.

이 자료를 인구증가, 산아제한 및 가족계획, 법 및 정책, 인구 재분배, 수도권 인구억제, 인구와 사회문제, 노동력과 취업, 및 인구자료 —센서스 등 8가지 범주로 구분했다. 이들 각각에 대한 관점을 5년 간격으로 제시하고 마지막으로 역년(曆年) 5년 간격으로 그 주요 쟁점의 변화를 요약했다.

제 2 편

북한과 중국의 인구

제1장 中國의 人口

- 歷史的 變遷과 推計 -

序言

人口연구는 그동안 주로 社會學과 經濟學의 한 분야로서 발전해 왔다. 人口學은 잘 알려진대로 實用的으로 發展되어 人口變遷理論과 같은 비교적 複雜한 理論들과 아울러 많은 人口分析에 관한 方法과 技術을 발전시켰다. 그 결과 靜止人口理論에 입각한 生命表 의 눈부신 발전을 이룩하고 安定人口模型에 의한 出産力, 死亡力의 推計와 人口구조의 分析에 큰 업적을 이룩했다. 그러나 위와 같은 精確性에 대한 지나친 偏愛등의 實用性에 너무 執着한 나머지 긴 眼目으로 人口를 볼 수 있는 觀點-遠視眼目的觀點이라고 부른다면-보다 近視眼的관점에서 人口를 다루어 大理論이 나올 수 없었던 것도 사실이다. 여기에 人口史를 社會學의 한 硏究分野로서 발전시켜야 되는 필요성을 느끼게 되고 근래에 와서 史學者, 考古學者, 人口學者들과의 協同연구가 많아지게 되었다.

世界人口에서 中國人口가 차지하고 있는 重要性은 말할 나위도 없다. 中國人口는 서기 元年부터 줄곧 기복은 있었느나 세계인구의 約4

분의 1을 차지하고 있다(Durand, 1974,p.9). 따라서 어느 시기를 막론하고 中國人口推計가 잘 못 되었을 경우 전 세계 인구 추계에 미치는 영향은 4분의 1이 된다. 오늘날과 같이 국제교류가 빈번해지는 시기에 있어 중국인구의 구조와 변화과정의 연구는 그 정치적 경제적 문화적 의의가 크다고 하겠다.

그런데 문제는 中國의 人口가 점차로 수수께끼가 되어가고 있다는 사실이다. 1953年 센서스 이래 60年代에 한차례 센서스가 있었으나 현대적인 의미의 센서스 자료제공을 하지 못했다. 예를 들어 1964年의 센서스 결과는 주판을 사용하여 집계하여 겨우 5가지 항목에 대해서만 발표 되었을 뿐이다.

본 논문의 目的은 첫째, 여러가지 자료를 이용하여 지난 2000年間의 中國人口推計를 整理하고 신빙성이 있는 推計値를 提示하고 둘째, 中國人口가 1500年代까지는 완만히 증가하다가 A.D. 1500~1750年間에 約 倍로 增加하고 다시 1750년~1850年間은 倍加, 1850~1950年間은 미미하게 증가하다가 1950~1980年 시기에 다시 倍加하는데, 이와 같은 인구증가는 社會經濟制度的인 조건은 물론 食糧의 增産없이는 도저히 불가능한 것이므로 그 增加가 가능하게 된 要因을 밝혀 보고자 하는 데 있다.

Ⅰ. 中國人口의 變遷 A.D. 2~1750

中國의 人口가 수수께끼가 되고 있다는 사실은 현재 中國人口의 正確한 性別-年令別 構造조차 없다는 사실로써 짐작할 수 있다. 그러나 逆說的으로 中國人口에 관한 자료는 부분적인 자료이지만 아주 오래 전부터 數百가지가 있다.

인구연구의 기초자료는 대체로 세 가지로 부터 얻을 수 있다. 첫째, 人口調査資料(census data): 현대적 의미의 센서스는 가장 중요한 자료로서 센서스는 누구에게나 적용된다는 보편성과 同時에 시행된다는 同時性, 集團을 單位로 하지 않고 個個人을 조사의 단위로 하며, 地域이 明確히 限定되어 있고, 一定期間에 한 번씩 시행되는 규칙적이라는 5가지의 특성을 가지고 있다. 이와 같은 현대적 의미의 센서스는 1953年, 1964年, 1982年의 세차례에 걸쳐 實施되었으나 1953年, 1964年의 센서스 結果는 위의 다섯 가지 기준에 맞는 현대적 의미의 센서스가 되지 못했다. 둘째, 生政統計: 出生, 死亡, 婚姻등의 자료로서 臺灣등 一部 地域은 日本의 영향으로 자료가 있으나 中國 전체에 대해서는 아직까지 발표된 것이 없다. 세째, 규칙적인 조사: 기타 여러 가지 조사가 여기에 해당된다.

人口學者들은 자료의 신빙성이란 점을 고려하여 인구 통계 자료를 A,B,C,D의 四等級으로 나누어 본다.

A級 자료–出生, 死亡, 轉入, 轉出에 대한 자료가 있어 將來 人口의 豫測과 過去人口의 逆産이 가능한 경우

B級 자료–위의 자료가 一部 地域, 一部 年齡層, 혹은 男性에게만 있는 경우

C級 자료–天災地變, 疾病, 饑饉, 戰爭에 관한 記錄 등

D級 자료–推測的 資料

中國에는 아주 오래 전부터 B級 程度의 자료가 數百 가지가 있다.

中國歷史上 최초의 인구조사는 夏의 創始皇 禹(우) 시절에 있었다고 한다. B.C. 2000年頃 北部中國을 支配한 當時 人口數는 13,553,923 또는 39,220,000이라고 한다. 周 (1050~247B.C.) 때부터는 人口調査가 行政의 중요수단이 되었다. 그러나 信憑性있는 자료는 없었다. 그것은 다음과 같은 숫자를 보면 알 수 있다.

B.C. 110年頃 13,714,923名

B.C. 1100年頃 13,704,923名

B.C. 1100年頃 17,304,923名

B.C. 680年頃 11,841,923名

위와 같이 끝자리 숫자가 923으로 끝나고 있다(Durand, 1960, p.210). 西漢末 A.D. 2年頃부터 좀 더 근거 있는 자료가 나오기 시작한다. 西漢時代의 黃金期인 A.D. 2年부터 1921年 淸나라 마지막 皇帝가 물러갈 때까지 約 1900年間 數百개의 센서스가 시행됐다. 그러나 이들 자료는 모두 앞서 말한 기준으로 보면 B級 이상의 자료가 되지 못한다. 왜냐하면 전후시기와 지역을 놓고 볼 때 있을 수 없는 숫자가 너무 자주 나오기 때문이다. 그러나 수정하여 대체적인 경향을 찾아볼 수는 있다. 第1表는 記錄된 人口數와 修整된 人口數를 각각 제시하고 있다.

戶當 人口數를 보면, 西漢, 隋, 宋 , 元은 唐에 비해 낮다. 特히, 宋의 戶當 人口數는 2.2~ 2.4에 불과하며 대단히 적은 數를 보여주고 있다. 東洋史에서 宋나라 때 莊園制度가 발전하고 또한 大家族—九世同居等—이 同居同爨했다는 것은 널리 알려진 史實이다. 또한 宋나라 때 譜學이 발전된 것도 잘 알려진 사실이다. 이것으로 미루어 보면 宋의 戶當 人口數가 적어야 될 근거는 없다. 다른 기준이 같다면 오히려 커야 된다고 생각된다. 따라서 家口 수에 6을 곱하는 것이 타당하다고 본다. 第1表에 나타난 修整된 人口數는 가구 수에 평균가구원 수 6을 곱하여 낸 숫자이다. 西漢, 隋, 宋, 元의 가구 기준이 달랐을 가능성을 고려하면 호당 인구수가 꼭 같아야 된다는 가정이 適合하지 않을 수도 있다. 그러나 平均家口員數 1.5~2.5는 수긍키 어려운 숫자이다. 宋, 金代 에는 男子만 등록했다는 가정 아래서 가구수에 2倍를 곱하여 인구수를 계산하고 있는 학자도 있다. 그러므로 수정된 숫자도 人口 추세를 정확히 반영하지는 못한다. 왜냐하면 인구자료가 실제보다 낮게 되었을 경우와 높게 보고되었을 확률도 크다. 예를 보면 다음과 같다.

明나라 以前의 경우 登錄과 合計報告 등은 租稅負擔, 軍役 등의 대상이 되므로 地方官吏들은 人口數를 적게 보고하여 住民의 부담을 줄이게 하는 것이 훌륭한 官吏로 稱誦되었을 것이라고 짐작된다. 따라서 어린아이와 婦女子들은 除外되었을 가능성이 크다. 또한 少數

民族, 支配階級 등은 물론 부역의 대상에서 除外되었을 것이다. 이것은 부분적인 자료에서 나오는 性比(女子 100名當 男子人口數)가 140~150을 오르내리는 것을 보면 알 수 있다(Taeuber, 1973). 대체로 性比는 出生時 105~108에서 점차 105~100으로 줄게 마련이다. 어떤 학자는 隋나라때 城廓修築資料를 利用하여 A.D. 618년의 인구를 132百만으로 추정한다. 이 숫자는 表에 제시된 A.D. 606年의 46百萬의 3배가 되는 숫자이다. 第1表에 나타난 歷史上 中國帝國들은 그 疆域이 一定치 않다. 따라서 比較를 가능케 하기 위해 中國本部[1)]의 人口를 提示했다.

한편 계속해서 씨리즈로 나오는 숫자를 놓고 보면 誇張되었을 가능성도 크다. 즉 死亡者와 轉出者를 포함하여 조금씩 더하여 報告한 것으로 보이는 숫자가 많이 나타났다. 明나라 末期부터 淸나라까지도 租稅單位로 集計된 人口이므로 보편성이란 기준에 맞는 現代的인 의미의 센서스 人口가 아니다. 특히 明나라 자료는 人口增減面에는 無用한 資料로 여겨진다. 里街를 單位로 調査되었으나 같은 숫자가 계속되고 1381~1620年까지 戶數는 增加하나 人數가 감소한 경우와 人數는 增加하나 戶數는 감소된 경우가 많다. 이와같은 현상은 가족 및 기타 制度的으로 큰 변화가 없는 社會에서는 있을 수 없는 현상이며 특히 中國과 같은 큰 規模의 人口에서는 납득할 만한 事件이나 制度的 變化가 없었다면 發生될 수 없는 現象이다.

1500~1600年間 記錄이 별로 없다. 그러나 1400~1500年間(明前期)에는 人口가 相當히 增加되었을 것이라고 推測된다. 17세기 초에는 戰爭, 大量虐殺, 饑饉, 疾病과 經濟破綻으로 明이 망하고 淸이 일어선다.

---

1) 現在의 中國영토에서 臺灣, 黑龍江, 吉林, 遼寧, 內蒙古, 新疆, 靑海, 西藏등 八個省을 除外한 地域.

<第1表> 中國의 人口, A.D. 2~1980

年度	國名	記述된 總數					修整된 人口數		
		人口數		戶口數 (百萬)	戶當人口數		全地域 (百萬)	中國本部 (百萬)	
A.D.2	西漢	59.6		12.2	4.9		74	71	
88	東漢	43.4		7.5	5.8		45	43	
156	東漢	56.5		10.7	5.5		64	62	
606	隋	46.0		8.9	5.2		53	53	
705	唐	37.1		6.2	6.0		37	37	
755	唐	52.9		8.9	5.9		53	52	
1014	宋	22.0		9.1	2.4		55	55	
1310	宋	46.0	1)	20.5	2.2		123	123	1)
1193~95	宋金	76.3		19.5	–		121	121	
1290	元	58.8		13.2	4.5		86	86	
1393	明	60.5		10.6	5.7		61	61	
1751	淸	181.8					209	206	
1774	淸	221.0					261	260	
1775	淸	264.6					265	264	
1805	淸	332.2					332	331	
1851	淸	431.9					432	429	
1874	淸	274.6					350±25		
1892	淸	377.6	2)				385±25		
1902	淸	439.9							
1910	中華民國	374.2				1913	430±25		
1920	中華民國	476.0	4)						3)
1930	中華民國	493.0				1933	550±25		
1940	中華民國	512.0							
1950	中共	556.0				1953	583±15		
1960	中共	688.8	5)			1957	647±15		
1970	中共	836.0							
1980	中共	1,054.0				1980	1,027±15		6)

資料

1) John D. Durand, "The Population Statistics of China," Population Studies Vol. 13, No. 3(March 1960), pp.209~256

2) Ito, "Chinese Population Statistics," in A-Tung Company, ed., Collection of

Articles on Chinese Popoulation Problems in Retrospective(Hong Kong:LungMen., 1965), pp.247~299.

3) Dwight H. Perkins, Agricultural Development in China, 1368~1968(Chicago: Aldine Publishing Co., 1969).
4) United Nations, The Population of Asia and Far East(New York: United Nations, 1959).
5) John S. Aird, Population Policy and Demographic Prospects in the People's Republic of China, A Paper Submitted to the U.S. Congress, 1972(U.S.N.I.H Reprint).
6) U.S. Bureau of the Census, Dept. of Commerce, Demographic Estimates for Countries with a Population of 10 Million or More:1981(washinton, D.C.:U.S. Bureau of the Census, 1981), pp.61~62.

Ⅱ. A.D. 1750~1850

1. 人口

17세기 初 滿洲族이 侵入하여 淸을 建立했다. 처음에 丁(16~60세의 男子로서 政府의 勞役이 가능한 者)을 基準으로 하여 登錄시키고 各省의 課稅額은 이에 따라 賦課했다. 따라서 地方官吏들은 丁數를 덜 報告하려고 노력했을 가능성이 크다. 丁의 登錄은 每五年마다 實施했으나 形式的으로 되었고 믿을 만한 申告書나 調査에 의한 것이 아니었다. 따라서 地方官吏들은 丁의 數를 늘릴 필요성을 느끼지 못했을 것이다. 예컨대 A.D.1712~1725年間의 丁數에 變動이 없었다. 1730年代에 丁稅와 田稅를 綜合하여 丁田法이 나온다. 이후 1772年까지는 每 五年間의 丁調査가 있었다. 1740年 保甲法이 나온다. 10家를 1牌, 10牌를 1甲이라하고 10甲을 1保라 하여 1741年부터 1851年까지 保甲單位의 丁數에 대한 資料가 있다. 第1表에서 보여주고 있는 바와 같이 1774~1775年間 人口가 4,360萬이 증가한다. 이와같이 단 1年에 全體人口의 5分의 1이 증가될 수 없는 일이다. 或者는 皇帝가 人口가 적다고 不滿足스러움을 나타내자 皇帝를 즐겁게 하기 위해 4,300萬을 늘렸다고도 한다. 그러나 當時는 淸代에서 가장 太平한 시기로서 商業(農業)이 發展하고 따라서 人口增加率이 높았다고 추측되는 시기이다. 따라서 第1表의 1751~74年間수정된 人口는 1775年의 人口를 기준으로 逆算한 것이다. 물론 이것도 確實한 것은 아니다. 왜냐하면 1775년의 숫자가 더 신빙성이 있다고 할 수 있는—예를 들어 統計蒐集體制가 發展했다는 등의—증거가 없기 때문이다. 人口總數가 不確實하므로 당시의 出生率과 死亡率의 推定은 推測에 불과하다. 간혹 나타나는 小單位의 年齡別, 性別 人口 구조를 보면 130~150의 性比를 보이고 있어 女兒(嬰兒)殺害가 상당 수 있었음을 알 수 있다. 修整된 人口數의 年平均增加率을 보면 1751~75年間 年平均 人口 千名當 9名의 純增加率을, 1775~1805年間 9名, 1805~1851年間 6名의 增加率을 나타내고 있다.

2. 人口移動

이 시기에 국내 인구이동은 계속되었으나 대부분 1771年 以後 東南部地方으로 移動했으며 東南亞로의 이동은 금지했으나 적은 수나마 계속 出國했다. 中國人의 滿洲移動은 禁止했으나 淸末(1860年 以後)에는 허용되었다. 이와 같은 人口移動으로 人口增加가 심한 地域의 人口壓迫은 어느 정도 輕減될 수 있었느나 東南部 諸省과 인접한 省들 이외의 人口壓迫은 여전했으리라고 본다.

3. 農業發展

20세기 이전까지 農業部門은 中國經濟의 全部였다고 볼 수 있다. 다른 부문은 농업에 부수적인 것일 뿐이었다. 1940~50年가지만해도 工業은 衣類食品 및 기타 農産物加工에 불과했다. 商業은 衣類와 食品

의 分配役割을 했을 따름이었다. 기타 약간의 鑛業部門, 政府서비스와 建設部門이 農業으로부터 독립해서 있었으나 그 규모는 극히 적었다(Perkins, p.5).

18세기는 中國歷史上 드물게 나타나는 長期間의 平和와 번영의 시기였다. 따라서 기록된 人口는 1751年의 182百萬에서 1851年의 432百萬으로 倍加되었다. 농업이 全體 産業生産의 主宗을 이루고 있었다는 뜻에서 이 기간 중 늘어난 人口의 부양은 전적으로 농업발전에 의지한 것이라고 볼 수 있다. 즉 食糧의 增産 없이는 百年間 증가한 2억 5千萬의 인구를 부양할 수 없었을 것이다.

食糧의 增産에 기여한 여러가지 요인 중 제일 먼저 손 꼽을 수 있는것은 新大陸으로부터 農作物 新品種이 도입됐다는 사실이다. 고구마, 담배, 옥수수, 땅콩 등은 16세기(컬럼버스가 美大陸을 발견한 1492年부터 百年以內)中에 이미 중국에 소개되었으나, 그 보급은 아주 느려 오랜 기간 후에야 널리 사용하게 되었다(第2表參照).

<第2表> 中國으로의 農作物新品種導入

品種	世紀頃	最初 耕作省	原産地
茶	3-5	?	東南亞
木棉(亞)	6-8	?	北部및 南部邊境
早生米	11	福建	참파
수수	12-13	四川	中央亞
고구마	16	福建, 雲南	新大陸
담배	16	福建	新大陸
옥수수	16	福建, 浙江	新大陸
땅콩	16	廣東, 福建	新大陸
애란種감자	17	福建	新大陸
木棉(美)	19	黃河流域	新大陸

資料 ; Dwight H. Perkins, Agricultural Development in China, 1368~1968(Chicago: Aldine Publishing Co., 1969), p.50.

中國의 各地方史에 나오는 자료를 綜合해 보면 쌀, 수수, 밀 등 재래식 食糧生産에 適合한 땅 이외의 메마른 高原地帶, 傾斜地帶, 山地 및 沙土 등 척박한 땅에 이들 신품종이 전파되었음을 발견할 수 있다. 西紀 1700年頃까지 揚子江유역의 山地와 北部中國은 거의 處女地로 남아 있었으나 18세기 초부터 옥수수와 고구마를 재배하기 시작했다. 즉 쌀 耕作이 限界點에 도달하여 소위 收獲遞減의 法則에 봉착하게 되자 新大陸으로부터 低濕地帶 耕作에 알맞는 新品種을 도입하여 食糧增産이 가능했고 계속적인 人口增加가 가능했던 것이다(Ho, p.184).

땅콩은 窒素同化作用을 통한 土壤의 自體再生이 可能한 作物이므로 모래땅에도 경작이 가능하며 특히 效果的이었다. 이와같은 땅콩도 揚子江유역의 東南部諸省에 광범위하게 재배되기까지는 200여년이 걸렸다. 18세기와 19세기 초에 이르러 당시까지 미개발 지역이었던 廣東西部에까지 들어간다. 그러나 오늘날 땅콩의 大産地인 北部中國에는 18세기 후반까지도 완전히 보급되지 않았다.

고구마(sweet potatoes)는 17세기 초엽 東南部 海岸地方의 여러 省에 전파되었다. 고구마는 재래식 중국감자(yam)에 비해 單位면적당 所出이 많고, 칼로리가 많으며 가뭄과 병충해에 강하여 혁신적 農作物이 되었고 특히 빈곤층 人口에게 중요한 食糧이 되었다. 18세기 初 가뭄을 극복하기 위해 皇帝의 勅令으로 北部農民에게 재배토록 했으며 19세기 초에는 북부중국의 主産物의 하나가 되었다.

옥수수(maize)는 17세기까지는 별로 보급되지 않았으나—농민들은 옥수수보다는 쌀이나 고구마를 주로 재배했기 때문에—18세기 양자강유역의 低地帶에 더 이상 개간이 불가능하게 되자 東南部省으로부터 移住한 수백만의 농민들은 양자강유역 內陸地方의 高原地와 丘陵地를 옥수수 경작에 이용하기 시작했다.

新品種의 導入과 더불어 재래식 품종의 개량이 병행됐다. 16세기까지는 쌀의 早期수확 품종은 파종 후 60일 걸린것이 가장 早生種이었다. 50일 型이 개발되고 이어 18세기 40일 型이 나타났다. 1834~5年頃 江蘇省에 큰 洪水가 났을 때 湖北地方에서 개발된 30일型 品種을 강소성 농민에게 보급 재배시켜 큰 효과를 보았다고 한다. 이와같은 早期收獲품종이 개발된것으로 미루어 보아 稻作이 중국 本部에서 이미 포화점에 이르렀음을 시사한다.

또한 18세기에 농민들은 湖北省 低地帶에서 보리를 大量耕作하여 늪지대에서 경작이 가능한 보리는 雨期가 닥치기 전에 수확할 수 있어 年例的洪水의 피해를 예방할 수 있었다 한다.

이러한 農作物의 品種改良과 더불어 水利事業도 발전하게 되었다. 水利事業은 14세기 이후 충분한 노동력(인구증가에 의한)이 확보되면서 대량의 돌과 흙을 운반할 수 있게 되자 활발하게 전개된다. 十數世紀에 걸쳐 시행된 水利事業 約 5萬여 개 中 5千여 개가 기록되었는데 그 가운데서 千여개가 16세기(明代)에 시행되었다(Perkins, p.334). 補修工事가 새로운 수리시설 사업보다 많았으리라 추측되나 大體로 16세기 北中國 定着事業의 일환으로 이루어졌다고 한다. 淸代에 四川과 雲南省의 수리사업 수가 18세기에 늘어나는 것을 보면 定着事業의 일환이었음을 짐작할 수 있다.

4. 國際貿易

A.D. 1750~1850年間 국제무역의 主宗을 이루었던 비단과 茶 以外에는 공업생산 활동이 없었다. 地方豪族들은 근본적으로 商工을 천시했다. 생활에 필요한 鑛業과 陶窯業도 정부 官吏가 主體가 되어 있었으므로 個人이 하는 산업에 비해 기업정신이 없었고 따라서 사업이 번창할 수 없었다. 또한 大資本家들은 정부의 간섭이 덜한 토지에 투자하고 기타 산업에 투자하지 않았다.

19세기까지 중국의 국제무역量은 근소했다. 1840年까지 外國상인들은 홍콩과 마카오(廣東)에서 정부가 지정한 일부 특정집단(Hong行)과 交易하게 했다(Eberhard p.286). 중국과의 交易에 큰 관심을 갖고 있던 대부분의 구라파 상인들은 小量의 商品으로 큰 돈을 벌 수 있는 阿片을 발견하고 아편을 팔아, 1850年까지는 茶와 비단 등으로 外國銀이 들어 왔으나 1850年 이후에는 중국의 銀이 나가게 되었다. 이와같은 무역 逆潮現象으로 유명한 阿片戰爭이 勃發한다.

Ⅲ. A.D. 1851~1911

1. 政治狀況[2)]

1750~1850年의 100年間은 平和와 安定의 시기였다. 그러나 19세기 중엽부터 정치적으로 불안정해지기 시작했다. 歐美列强의 제국주의적 위협과 더불어 중국의 銀이 밖으로 나가기 시작하자 政府는 坐視할 수 없었다.

1839年 정부에서 파견한 林則徐는 영국상인들의 아편을 태웠다. 극동에서의 자기들의 利權을 보호하고 중국의 문호를 개방시키기 위해 영국정부는 중국의 東南해안에 전함을 보내고 양자강 하구까지 들어와 南京을 위협하여 아편전쟁이 일어났다. 해군도 무기도 없는 중국은 항복하였고, 영국은 租借權에 만족하지 않고 저 유명한 不平等條約의 代名詞인 南京條約을 체결하는데 이 조약은 홍콩이 영국에 양도되고 막대한 배상금이 지불된다. 그러나 南京條約이 그대로 준수되지는 않았다. 1857年의 충돌 후 1860年, 영국은 20,000의 遠征軍을 파견했다. 그 결과 天津條約이 체결되고 불평등 통상조약으로 인한 財政위기, 통화팽창 등으로 국민이 피폐하게 된다.

이에 곁들여 國內的으로 터키系회교도 반란이 일어나(1825~27, 1845) 約 30年 後 이 지역(터키스탄)을 잃고 결국 소련과 아프카니스탄에, 그리고 일부는 新疆에 병합된다.

당시 가장 큰 內亂은 湖南省에서 시작된 太平天國의 亂이었다. 太平

---

2) 이 部分은 全海宗 · 閔斗基共譯 『東洋文化史』(下)(乙酉文化社, 1969)를 參照.

亂의 洪秀全은 처음에 기독교와 유교의 혼합사상 운동을 전개했으나, 곧 국수주의적—민족주의적 운동이 되었다. 1853~55年間 天津근교까지 세력이 확장되어 정부군은 1864年 南京을 탈환했으나 국내소요는 계속되었다.

구라파 열강뿐 아니라 日本이 근대화를 추진하자 중국은 또하나의 큰 도전을 받게 된다. 1894年 中日戰爭 後 중국은 朝鮮에 대한 形式上의 宗主國으로서의 地位조차 잃고 臺灣을 日本에게 빼앗긴다. 滿洲를 놓고 日露가 對立했으나 결국 滿洲도 1905年 日本의 영향 아래로 들어간다.

日本과는 달리 中國정부의 지배계급은 근대화가 구미열강으로부터 독립된 自主國이 될 수 있는 유일한 길임을 모르고 있었다. 중국의 地方豪族들은 힘은 강했으나 급진적 변화를 원하지 않았다. 더구나 1898年, 시대에 역행하는 反動的 太后의 집권이 시작되고 1900年 北京政府는 외국인 배척의 北淸事變을 배후에서 조종했다. 그 결과 西洋연합군이 들어와 1900年 北京이 함락되고 막대한 전쟁배상금을 물게 된다.

地方軍閥들은 거의 독립하다시피 중앙의 제약에서 벗어나 있었고 지리멸렬되어 있었다. 마침내 철도국유화에 반대하고 일어선 孫文이 이끄는 近代化志向의 중국 청년들이 1911年 10月 10日 革命을 일으키자 정부는 속수무책이었고 南京에 임시정부를 둔 중국혁명단은 1912年 2月12日 滿洲人의 淸國의 뒤를 이어 입헌중국—中華民國—을 建國한다.

2. 人口

1850~1950年까지의 기간에는 신빙성 있고 일관성 있는 人口統計資料가 없다. 統計蒐集을 저해한 여러가지 요인이 있겠으나 대충 중요한 것으로 다음과 같은 것을 들 수 있다.

1. 붕괴해 가는 淸朝 말엽 帝國政府는 地方政府의 통제능력을 상실하고 있었다.

2. 계속되는 소요와 반란으로 정부의 公式기능이 마비되었다.

3. 叛亂軍은 수많은 人命을 살상하고 토지 등 재산을 파괴했다.

1851年의 근 431百萬이었던 人口는 1858年 242百萬, 1874年 274百萬, 1892年 377百萬으로 推定되었다. 그러나 1874, 1892年間의 人口는 소금 사용을 기초로 한 人口推計이므로 부정확할 것은 自明하다. 기록된 인구는 짧은 시기에 크게 줄었다가 또 크게 增加한다. 이와같이 人口가 23年사이(1851~1874)에 비록 太平天國亂이란 전례없는 人命훼손이 있었다 하더라도 4.3억중 2억이 사망하여 감소될 수 없으며 또 18年間에 人口의 3분의 1인 10억이 增加한 것도 당시의 높은 사망률 수준을 고려할 때 수긍할 수 없다. 1851~1911年間의 인구는 증가와 감소를 거듭하지만 대체로 375百萬~425百萬 정도가 가장 타당한 추계로 보여진다(第1表參照).

3. 農業과 貿易

農業과 貿易에 대한 資料는 혼란기였기에 신빙성 있는 자료를 얻기가 힘들다. 이 시기에 농업은 대체로 침체되어 있었다. 농업기술혁신의 필요성은 느꼈으나 기술발달의 계기가 없어 實現되지 못하고 있었다. 19세기 후반에 이르러 수리사업에 대한 투자는 대부분의 경우 투자효과가 크지 못해 부진했다.

13~14세기부터 중국농촌에 여러가지 肥料를 사용한 記錄이 있으나 1960年代까지는 化學肥料가 보급되지 않았다. 19세기 말 신대륙으로부터 들어온 木棉은 새로 소개되어 광범위하게 사용된 중요한 농산물이다.

외국상품, 特히 工産物의 수입증가로 국내상품시장은 위축되어 상업발전은 물론 공업발전도 저해되었다. 더구나 앞서 말한 바와 같이 地方豪族들은 工業에 투자하기를 꺼려했다. 여러가지 資料를 綜合한 Perkins의 연구에 의하면 주요 수출상품은 전통적인 수출품목인 茶와 비단 외에 農産物이 전부였다. 그러나 19세기 중엽 미미했던 수출은 淸末까지 約 3倍가 增加했다(Perkins, p.137).

Ⅳ. A.D. 1911~1980

1. 政治狀況

1911年 中國革命부터 1949年 공산당의 대륙장악까지의 시기는 중국대륙에 있어 가장 혼란한 시기였다. 1911年부터 孫文이 사망한 1925年까지는 軍閥의 亂鬪期로서 여러 軍閥이 자칭 정부수반이 되어 있었다. 또한 일본의 침략이 이어진다. 南京政府를 세운 蔣介石이 數的으로 적지만 현대적 軍을 창설했으나 1931年 日本이 만주를 장악하고 있음에 속수무책이었다. 日本은 만주침략에 이어 몽고와 북중국에 침투했다. 1937年 南京은 함락되고 일본군의 점령하에 들어간다. 日本軍은 이어 全中國의 해안지방과 중국대륙의 東半部를 점령한다. 이 지역은 중국에서 가장 부유하고 가장 발달된 지역이다. 蔣介石政府는 重慶으로 西退하고 2차대전 末까지 항일전쟁으로 일관한다. 1945年 日本의 패전 후 중국은 다시 自主國이 되었다.

抗日期間中 國民黨政府와 공산당은 협력하여 소위 國共合作이 이루어졌으나 전쟁직후 국민당정부가 行政權을 장악하게 되자 농민들은 과거의 지주가 땅을 되찾게 되는 것을 원하지 않았기에 해방된 지역에서의 국민당정부는 날로 대중의 지지를 잃게 되었다. 노동자들은 새로운 입법을 원했으나 實現되지 못하고 사업가는 극심한 인플레이션에 따른 資本부족으로 허덕이게 된다. 국민당소속 軍人들은 퇴역하여 민간인이 되었으나 공산당은 군대식으로 잘 조직되어 있었으며 裝備도 국민당보다 우수했다. 곧 국민당정부와 공산당은 內戰에 들어갔고 1948年 末까지 중국대륙의 대부분은 공산당 지배하에 들어갔다.

2. 人口

1911年 中國 센서스가 시행중이었으나 皇帝廢位로 흐지부지 되었

다. 國民黨政府는 1912年과 1928~29年 두 차례에 걸쳐 센서를 施行했으나 不正確한 資料밖에 蒐集하지 못했다. 資料의 缺點은 주로 두가지 요인에서 나온다(Durand, 1960 p.245). 都市에서는 훈련조차 받지 않은 경찰감독하에 센서스가 시행되고 농촌에서는 예전의 保甲制에서 나온 자료를 약간수정해서 제출했기 때문이다. 1953年 자료를 신빙성이 있다고 믿는다면 1953年 以前의 人口는 1953年 자료를 이용하여 逆算될 수 있다. 1953년 人口總數 582.6百萬은 당시 중국인구가 5억 內外일 것이라는 대다수의 짐작을 뒤엎었다. 그러나 1953年의 센서스는 현대적 의미의 센서스처럼 조사원이 직접 家家戶戶를 방문하여 조사한 것이 아니고 家口主로 하여금 各集計單位別 센서스 事務所에 나오게 하여 필요한 정보를 물어 記入하는 方式을 취했다. 더구나 1953년 센서스는 約 一年間에 걸쳐 실시했다. 따라서 同時性이 결여되었고 家口主에 따라 누락되거나 誤記된 것이 많았으리라고 본다. 1851~1953年間 約 101百萬이 增加했고 이는 102年間 年平均 0.2%로 增加한 셈이 된다. 이와같은 數値는 中國의 여러가지 사건으로 보아 타당한 增加率이라고 볼 수 있다(Durand, 1960, p.246).

U.N.(1959)의 연구보고서에 의하면 1900~48年間의 粗出生率과 粗死亡率은 인구 千名當 각각 37.0과 33.4라고 推定했다. 특히 死亡率은 1930年代 인구 千名當 33에서 1940年代에는 29, 그리고 1953年 前後에는 21로 감소되었다. 出山力과 死亡力을 놓고 볼 때 위와 같은 수치로 각각 出生時 평균수명은 30年, 35年, 42.5年으로 볼 수 있다. 한편 Aird는 1953년의 粗出生率 人口千名當 45.0, 粗死亡率 22.5였으며, 1970년에 이르러 粗出生率 37.3, 粗死亡率 15.0 으로 떨어졌다고 推計했다(Aird, 1972).

最近 發表되는 中國人口의 出生率과 死亡率은 중국인구 발전단계로 보아 거의 불가능할 듯싶은 출생율의 저하 현상을 보이고 있다. Coale은 Wang(Wang, 1980)등의 자료를 가지고 중국인구를 분석했다(Coale, 1981). 第3表에 最近 中國(中共)에서 公式발표된 人口, 粗出生率, 粗死亡率, 自然增加率을 年度別로 기술했다. 出生率은 기복은 있

으나 계속 감소되어 人口 千當 40名에 가까운 38~39에서 半以下인 17~18로 감소됐다. 死亡率 人口 千當 13名에서 半以下로 감소되어 6名으로 되었다.

지금까지 공식발표된 人口자료를 이용하여 주요기간별로 出生數, 死亡數, 人年數를 第4表에 요약하여 제시했다. 中國의 人口는 中共政府가 들어서면서부터 8年間 높은 수준의 出生率과 死亡率을 보유하고 年間 2%이상 증가했다. 그러나 50年代 末 大躍進運動(1958~61)기간중 死亡率은 높은 수준을 유지하고 있었으나 出生率은 급격히 저하됐다.

<第3表> 中國의 公式發表된 人口, 粗出生率,
粗死亡率 및 自然增加率 1953-1981*

年度	人口	人口千名當		
	(百萬)	粗出生率	粗死亡率	自然增加率
1953	583	38.1	13.1	25.0
1955**	601	—	—	—
1960**	650	—	—	—
1964	691	39.4	11.6	27.8
1965**	712	38.0	9.6	28.4
1970**	818	33.6	7.6	26.0
1975**	912	23.1	7.4	15.7
1976	926	20.0	7.3	12.7
1977	939	19.0	6.9	12.1
1978	952	18.3	6.2	12.1
1979	965	17.9	6.2	11.7
1980	983	—	—	—
1981***	989	—	—	12.0

資料 ; * Ansely J. Coale, "Population Trends, Population Policy, and Population Studies in China," Population and Development Review, Vol. 7, No.1(March 1981),pp.85~97. See p.86.

** 公式發表된 人口와 動態率이 아니고 推計된 人口 및 動態率임.

*** United Nations, Population Division, ESCAP, Asian-Pacific Population Programme News, Vol. 11, Nos. 1&2(1982), p.63.

이 기간(58-61) 중 中國의 自然增加率은 지극히 낮은 0.7%수준으로 떨어졌다. 그러나 다시 60年代(62~71)文化革命기간을 포함한 시기에 出生率은 높은 수준으로 되돌아 갔으나 死亡率이 급격히 저하되어 年間 2.5%이상의 높은 자연증가율을 보게 되었다. 1970年代 초기까지도 출생률은 높은 수준에 머물러 있었으나 第3表에서 본바와 같이 70年代 후반기에 이르러 놀랄만큼 낮은 수준으로 出生率이 저하되어 인구증가율이 年間1%內까지 이르게 되었다.

이와같은 中國의 출생률 저하는 두 가지 정책의 결과라고 본다.

<第4表> 中國人口의 出生數, 死亡數 및 人年數의 推計値 1950~1979

期間	人口數(百萬)			人口千當比率		
	出生率	死亡率	人年數*	出生率	死亡率	增加率
1950-57	167	66	4,679	35.7	14.2	21.3
1958-61	61	44	2,580	23.8	17.0	6.8
1962-71	268	66	7,460	35.9	8.9	27.0
1972-79	165	51	7,328	22.5	7.0	15.0
1950-79	661	227	22,047	30.0	10.3	19.7**

* 人年數라 함은 당해기간중 中國人口가 살았던 總햇수(年數)를 말함. 즉 年央人口의 總合으로 볼 수 있다.

** 1950-70年의 30年間 기하급수적 年間증가율은 17.0임.

資料 : Ansley J.Coale(第3表參照) p.87.

첫째, 人口에 대한 이념논쟁에 있어서의 현격한 변화와 둘째, 정부의 직접적인 산아제한 정책이다.

1950年代에는 인구에 대한 여러가지 자유로운 견해가 신문에 나타난다(급격한 대량의 인구증가는 社會主義 政策수행에 지장을 가져온다는등). 그러나 毛澤東을 引用하는 소위 맑시스트的 反말서스主義가 1960年代부터 강력히 대두된다. 즉 인구문제는 資本主義體制의

內的인 모순에서 생기는 현상이며, 人口가 많은 것은 결코 사회주의 혁명 완성에 지장이 되지 않는다는 것이었다(Aird; Coale, p.89).

1970年代에 들어오면서부터 1960年代의 敎條的이고 독단적인 견해가 누그러지고 급기야 人口의 再生産은 경제적 生産 못지않게 계획되어야 한다는 정부대표의 공식발표가 나온다. 1979年 부주석(Chen, Muhua)은 강력한 出産조절 정책의 필요성을 역설한다. 中國은 해방 후 6억 이상의 出生을 가졌다. 만일 4억정도로 제한 할 수 있었다면 현재의 경제발전 계획에 큰 도움이 될 수 있었다고 한다. 국민총생산에서 양육비와 교육비로 들어가는 비율이 지나치게 크기 때문에 질적으로 우수한 양육과 교육을 불가능하게할 뿐만 아니라 더 시급한 분야에의 투자를 불가능하게 하였다. 또한 종전의 人口에 대한 맑시스트的 입장은 잘못 해석된 것이리고 시인한다.

1970年代 초기부터 晩婚을 장려하고 기혼부부의 出産을 제한할 것을 강력히 추진해왔다. 周恩來는 "한 子女는 가장 훌륭한 선택이며, 두 자녀는 빈손이 되고, 세자녀부터는 失手다."라고 하여 한 자녀 가족을 가질 것을 장려했다 한다. 한 자녀 가족 목표달성을 위해 여러가지 제도적 장치를 마련하고 있다.

中國政府 發表에 따르면 지난 32年間 中共의 主要 의료보건관계 사업의 업적은 다음 表와 같이 요약될 수 있다. 中國政府는 지난 30年間 말라리아, 티프스, 마마, 性病등을 완전히 퇴치했다고 한다. 또한 出生時 평균수명은 지난 31년간 35年에서 68年으로 거의 배가 되었으며 粗死亡率은 人口千名當 25명에서 4分의 1로 감소되어 6.2名, 嬰兒死亡率(出生後1年 以內 死亡數)은 出生兒 千名當 200명에서 농촌의 경우 20~30으로, 도시의 경우 12명으로 감소되었다. 보건소 數(醫療業所數)는 50배가 증가됐고, 의료인 數(의사, 간호원, 약사포함)는 約 50萬에서 280萬으로 증가되었다.

<第5表> 主要保健指數의 變化 1949~1980

保健指數	1949	1980
平均壽命(出生時)	35(年)	68(年)
粗死亡率(人口千名當)	25	6.2
嬰兒死亡率(人口千名當)	200	(農村)20~30 (都市)12
保健所	3,760(個)	180,553(個)
醫療人(醫師 看護員 藥師등)	約 500,000(名)	2,800,000(名)

資料: ESCAP, Population Headlines, No. 87(June 1982), p.2

다른 指數는 제쳐놓더라도 嬰兒死亡率이 지난 30年間 10分의 1로(200에서 10~30으로) 감소되었다는 것은 놀라운 사실이다. 최근에 발표된 중국인구의 生命表推計에 대한 한 연구에 의하면 1972~75年間 生命表上의 영아사망률(Mo)은 千名當 59.0명이었으며 出生時 평균수명은 男子 合하여 63.4세였다(Banister와 Preston, 1981, p.105). 이와 같이 5~8年이란 짧은 기간에 영아사망률을 약60에서 20으로 감소시켰다는 것은 믿을 수 없는 일이며 앞으로 더 많은 연구의 대상이 될 것이다.

3. 人口移動과 農業發展

새로운 公衆保健制度의 確立과 식량저장 및 分配機構의 발전으로 中共政權기간 中 年 2%씩 人口가 增加했다. 1900~1950年間 約 150百萬이 增加하고 1950~70年間 約 250百萬이 증가했다. 그러면 어떻게 이와같이 증가된 人口를 吸收하고 부양했는가?

1750년~1850 期間에서와 같이 國內 人口移動은 人口壓迫을 다 해결할 수는 없었을 것이다. 今世紀에 들어 主로 미개척지로서 가장 많은 人口를 吸收한 지역은 滿洲였다. 滿洲의 人口는 1904年 17百萬에서 1930年 34百萬으로 倍가 增加했으며 自然증가보다 純移入 人口增加가 대부분이었다.

滿洲人口는 1940年 44.5百萬, 1953年에는 47.0百萬으로 증가했다. 그러나 1950年代 以後 未墾된 지역의 質은 개간된 지역에 비해 농업에 부적합한 지역이며 따라서 滿洲의 北中國으로부터 移入人口數나 增加率은 전과같이 계속될 수 없게 되었다(Ho, p.163). 內蒙古地域과 四川地方으로의 人口移動은 상당량이라고 추정되나 19世紀 初에 비하면 20세기에 들어와서는 근소한 숫자에 불과하다.

增加한 人口를 부양한 가장 重要한 요인은 기존 거주지역과 耕作地域에서의 人當 農業生産性의 향상을 가정해 볼 수 있다. 그러나 1914~57年間에는 식량생산 증가의 대부분은 生産性의 向上(單位面積當)보다는 경작면적의 확장으로 이루어졌다. 1950年代 양곡종자개량사업을 대대적으로 벌여 거의 모든 재래식 종자를 신품종으로 개량했다. 또한 二毛作을 확대 실시하였으며 水利改良事業도 실시했으나 生産性 向上은 크게 이루이지지 못했다(Perkins, p.33).

1960年代에 들어오면서 水利, 種子改良, 二毛作등 재래식 방법을 다 동원해도 생산성 향상에 큰 진전이 없자 다음으로 농업투자와 기술발전의 혁신에 눈을 돌렸다. 대규모 화학비료공장의 설립은 이를 증명한다. 1949~66年의 17年間 화학비료의 사용이 보편화되었다. 그러나 1965年 中國의 單位面積當 화학비료 사용은 日本의 當時 사용량의 10~20%에 불과했다(Perkins, p.76) 增加된 農業生産性은 영농의 기계화에도 힘입었을 것이다. 중국은 거대한 人口와 노동력을 가지고 있으나 파종기와 수확기, 그리고 農業用水개발 등에 필요한 인력은 계절적으로 부족했다. 현재까지 농업생산은 비록 기복은 있었으나 人口增加와 병행하였다. 1950年代 人當양곡생산량은 日本보다 높았으나 양곡이외에 다른 食品사용은 비교할 수 없었으므로 中國人口의 영향상태를 쉽게 가능하기가 어렵다.

中國은 天災地變을 많이 겪는다. 가뭄과, 홍수 후의 기근, 內戰과 反亂 후의 기근 등. 1920~21年間 가뭄 후의 기근으로 추정된 사망수 50萬은 1928年의 300萬名의 기근 사망자 수에 비하면 적은 편이다.(Ho,1959).

中共政府가 들어서고 양곡시장 전체를 통제하게 되면서부터 主要

凶作地의 기근을 어느 정도 해결하게 되었다. 1951~52年間의 現物稅로 들어온 糧穀저장 總量은 淸代 全盛期 平均 저장량의 10倍가 되고 中共政府는 이와같이 잉여농산물 分配能力을 과시했다. 단적인 예로서 1959~61年間의 농업생산 부진에 대해 다음과 같이 대처했다.

당시 中國大陸은 전체적으로 예상 生産量보다 約 15~20% 減收되었다. 이와같은 減收는 예전 같으면 數百萬의 기근사망이 감수가 심한 지역에서 발생할 정도였다. 그러나 식량배급 등 긴급정책과 철도의 부설 등으로 사망자가 거의 나타나지 않았다. 전국적인 영양수준은 유지되었으며 이와같이 주요한 天災를 극복할 수 있었다 (Perkins,p.166).

장래 인구증가에 대하여 가장 중요한 두 가지의 객관적 指數로써 都市人口比와 文字解得率을 들 수 있다. 중국과 같은 거대한 人口가 단시일 내에 都市化와 工業化, 그리고 이에 병행되는 文盲의 퇴치를 이룩하기란 어려운 일이다. 위의 두 가지는 出産力 低下와 밀접한 관계가 있다(U.N., 1973, 參照).

Aird에 의하면 1957年 都市라고 규정된 地域에 거주하는 人口는 전체인구의 14%였다. 人口 十萬 以上의 도시거주 인구는 8~9%였다. 60年代까지도 중국정부는 도시성장을 억제하고 농업발전에 주력하고 있었다. 1972年 都市 人口는 約 15% 정도로 추정되며 成人 人口中 25%만이 文字解得이 가능했다(Aird p.326). 1980年에 들어서 都市人口比와 文字解得率은 1970年代보다 어느 정도 높아졌을 것이다. 그러나 中國은 지금까지 經驗的 硏究結果에 나타난 어느 나라보다도 낮은 水準의 文字解得率과 都市 人口比를 가지고 人口增加를 낮은 수준으로 抑制할 수 있다는 可能性을 보여준 唯一한 나라가 되었다.

4. 1982年 中國人口調査[3)]

世界歷史上 최초의 十억이 넘는 人口에 대한 센서스를 한 나라에서

3) U.N., ESCAP, 1981, pp.24~25 參照.

조직하여 실시했다. 여기에 참여한 調査員 數만해도 6百萬 명, 자료처를 위해 29臺의 컴퓨터가 동원되고 年 4500萬弗씩 3年에 걸쳐 1억 3천 5백萬弗이 소요된다. 本調査를 위하여 1980年 上海南部에서 최초 탐색조사가 실시되고 1981년 다른 地域에서 1차 탐색조사를 결과로 2차 탐색조사를 실시했다.

1982年 7月 1日을 기해 全數調査가 실시됐다. 이 全數조사 결과는 1984年 자료중 一部가 발표될 예정이며 1982年 人口調査는 1985~90年間 五個年 계획에 利用된다.

공산주의체제 建立後 두 차례(1953年과 1964年)에 걸쳐 실시한 인구조사는 앞서 말한 바와 같이 현대적인 의미의 인구조사가 못 되었다. 특히 1964年의 인구조사는 5가지 問項에 대한 기초적인 집계밖에는 발표된 것이 없다. 製表등 자료처리를 위해 주판을 사용했다는 기록을 보면 그 수준을 알 수 있다.

1982年 인구조사의 長期的 목표는 첫째, 현대적 센서스 시행능력을 실험하고 能力을 배양하며 둘째, 인구와 개발정책 수립에 필요한 자료를 얻어 근대화작업에 도움을 주기 위한 것이다. 20개의 人口學的 變數를 포함한 이 조사가 직접적으로 도움을 줄 수 있는 분야는 (1) 가족계획 (2) 인구조절 (3) 식량과 피복생산 (4) 주택, 병원, 학교건물과 기구설립 등이다.

처음에는 標本調査를 실시하려고 계획했으나 全數調査의 利點이 너무 크므로 全數調査를 실시하게 되었다. 本調査의 第2의 長期的 목적은 399個의 大行政區域과 2,168個 縣에 자료처리 체계를 定立시키기 위한 것이다.

센서스에서 사용된 설비는(인적기구 포함) 人口 및 가족계획 사업과 그 평가에 이용되며 더 나아가서 현재의 住民登錄體制를 컴퓨터化 하여 가장 빠른 기간에 자료를 수집하도록 하는 데 있다.

臺灣을 제외한 中國人口는 中共當局 公式發表에 의하면 1979年 970百萬이며 自然增加率은 年 1.2%다. 今世紀 末까지 12억을 넘기지 않

고 자연증가율을 0으로 한다는 것이 中共當局의 정책이다(U.N. 1981).

그러나 全體人口의 60%가 30세 미만이며(約 6억) 이들이 앞으로 1명씩의 자녀를 갖는다 해도 3억 이상의 인구가 출생하게 되며 사망률이 지극히 낮은 年平均 人口千名當 6名이라는 점을 감안할 때 政府의 시책이 성공하기는 거의 불가능에 가깝다.

1982 Census 자료수집

도시와 농촌에서 각각 人民公社의 單位別로 1981年初 統計組를 구성했으며 이들은 各縣에, 그리고 各縣은 省의 통계사무소에 보고한다. 1979~80年間의 예비조사 결과를 이용하여 질문표를 만들고 本調査는 29個省(5個自治區와 北京, 上海, 天津등 3個 市 포함)에 대하여 실시하여 最下 行政單位는 人民公社가 된다. 約 60萬 名의 조사원이 30~40가구를 담당하고 4,500名의 전문직원이 배치되며 이들이 자료처리의 기본단위가 된다. 1982年 8月부터 조사표를 수집, 편집 검토하여 1年 後에는 速報의 形式으로 발표하게 된다. 이에 앞서 中國人口調査를 위한 특수 컴퓨터 프로그램을 작성하고 9月 末까지 완성한다. 따라서 자료의 사용은 1984年 以後에나 가능하게 된다.

여기에 사용될 컴퓨터 모델은 WANG VS 2200(8臺)와 IBM 4300(21臺)의 두가지이며 WANG 컴퓨터는 中國정부에서 재정을 부담하고 美製IBM은 UNFPA(U.N. 인구활동기금)에서 1,300萬弗을 보조하여 시스템과 장비를 제공한다. 도합 29臺의 컴퓨터를 各省에 배치하게 된다. UNFPA는 200萬弗을 추가 부담하여 U.N. 기술 고문–시스템과 프로그램 두 부문에–을 北京에 파견하여 주재하게 했다. 또한 수시로 자문단이 北京에 가고 있으며 컴퓨터 훈련은 1979年부터, 集計員 훈련은 1980年부터 UNFPA에서 담당했다. 人口調査所가 자료를 분석하고 발표하면 이것을 가지고 장래 인구 예측작업에 들어간다. 또한 이 자료를 가지고 다른 社會 經濟的 조사의 표본설계 등의 기초자료로 사용한다. 西紀 2000年까지 中國정부는 여러 차례에 걸친 大, 小규모 인구조사사업을 벌일 예정이다. 동시에 出生, 死亡, 婚姻申告 등 生政統計에 관한 것과 人口移動 등 住民登錄體制를 정비하려고 서두르고 있다.

中國의 이번 인구조사가 어느 정도 성공적일지는 두고 볼 일이다. 그러나 이와같은 대규모 사업을 벌였다는 데 첫째 의의가 있으며 일단 발표된 자료는 모순성을 갖고 있더라고 有用性은 修整과정을 통하여 커지게 마련이다.

V. 概觀 및 結論

대체로 西紀 元年頃 中國人口는 70~100百萬의 범위 안에 있었으며 韓(漢四郡)과 越南등 주변국가와 中國本部 以外의 地域을 除外하면 約70~90百萬 程度로 推計한다. 紀元年間부터 西紀 1000年까지는 人口의 起代은 있었으나 대체로 비슷한 수준을 유지했다. 그 중 西漢末(紀元年頃)과 東漢末(A.D. 200年頃), 唐나라의 全盛期에 人口는 가장 많았으리라고 보며 後漢末 三國鼎立期와 唐末 安祿山의 亂 期間中 가장 적었으리라고 본다.

西紀 1000年 이후 四期의 增加期와 三期의 沈滯期가 있었다. 增加期로는 첫째, 11세기 宋나라 全盛期에 人口增加는 전례 없이 컸을 것이다. 이 시기에 南部植民이 대규모로 이룩되고 都市가 發生했던 것을 보면 알 수 있다. 둘째, 15~16세기 明나라 全盛期, 세째로 18~19세기 淸나라 全盛期, 마지막으로 中共의 大陸席捲 後 지금까지의 기간이다.

減少 및 沈滯期로는 첫째, 北中國의 농업의 황폐화와 몽고인의 대량학살, 기근, 역질 등이 1368년(明建國期)까지 계속된 13~14세기의 元代를 들 수 있다. 둘째, 17세기초 明과 淸의 交替期와 세째, 19세기

후반 約 六千萬이 死亡했던 洪秀全의 太平天國亂期이다.

保甲法 資料는 대체로 1740~1775年間에는 누락 보고되어 있으며 1775~1850年間은 과장보고 되어 있다. 1850年 以後 1952年까지는 특히 누락보고된 것으로 보여진다. 따라서 어느 정도의 오차가 있는지를 정확히 추정하기는 어렵다. 그 예로 太平天國亂(1850~1863)에 의한 사망자 수는 學者에 따라 2,500~8,000萬이 死亡했다고도 한다.

어떤 人口學者도 중국인구의 역사적 변천상황을 완벽하게 그려내지는 못할 것이다. 그만큼 중국인구의 자료는 미비하기도 하지만 방대하기 때문에 逆算 혹은 進算을 위해 어떤 가정을 세우느냐가 중요하다.

농업生産은 人口增加와 병행되어 증가했으며 그 增加分의 約 半은 경작면적의 확대에 (특히 西部, 北部, 南部, 南東 등), 나머지 半은 生産性의 向上에 의존했다. 新品種, 種子改良, 화학비료, 영농기계화 등은 단위면적당 生産性의 增大에 공헌한 중요한 요인들이다.

구라파와 일본의 人口가 증가할 때 中國의 人口도 增加했다. 그러나 歐美와 日本에서는 人口壓迫이 크게 作用하기 전에 産業化와 都市化가 진행되어 농촌의 잉여인구를 흡수할 수 있었다. 中國의 인구조절정책은 어느정도 성공한 듯하고, 中國大陸의 出生率과 死亡率은 臺灣의 경우보다 훨씬 느리지만 계속해서 低下되고 있기는 하다. 그러나 특기할 사실은 都市化와 文字解得比率이 저조한 상황에서 이와같은 出生과 死亡의 低下가 일어나고 있다는 것이다.

中國의 人口變遷은 臺灣과 韓國의 人口變遷과 매우 흡수한 점이 많으리라고 짐작된다. 우리나라가 出生 및 死亡 변천에 있어 어느 정도 앞서 있는 것도 사실이다. 따라서 우리나라의 경험은 중국연구에 큰 도움이 될 것으로 생각된다.

<參考 文獻>

金俊燁, 東洋最近世史(서울 一潮閣, 1971).

金海宗, 閔斗基共譯, 東洋文化史(下) 서울 乙酉文化社, 1969).

A-Tung Co., ed., *Collection of Articles on Chinese Population Problems in Retrospective* (Hong Kong; Lung-men Co., 1965).

Aird, John S., *Population Policy and Demographic Prospects in the People's Republic of China*, United States N.I.H. Reprint, 1972.

Banister, Judith and Samuel H. Preston, "Mortality in China", *Population and Development Review*, Vol. 7, No. 1(March 1981), pp.98~110.

Coale, Ansley J., "Population Trends, Population Policy and Population Studies in China," *Population and Development Review*, Vol. 7, No. 1(March 1981), pp.85~97.

Durand, John D., "The Population Statistics of China, A.D. 2—1953," *Population Studies*, Vol. XIII, No. 3 (March 1960), pp.209~256.

Durand, John D., *Historical Estimates of World Population*: An Evaluation, Analytical and Technical Reports No. 10, The University of Pennsylvania, 1974.

Eberhard, Wolfram, *A History of China* (Berkeley and Los Angeles: University of Califonia Press, 1969).

Ho, Ping-ti, *Studies on the Population of China*, 1368~1953 (Cambridge, Mass.: Harvard University Press, 1959).

Perkins, Dwight H., *Agricultural Development in China*, 1368~1968(Chicago: Aldine Publishing Co., 1969).

Taeuber, Irene B., "The Data and Dynamics of the Chinese Population," *Population Index*, Vol. 39, No.2(April 1973), pp. 137~169.

United Nations *The Population of Asia and the Far East* (New York: United Nations, 1959).

_______, *The Determinants and Consequences of Population Trends* (New York: United Nations, 1973).

_______, Population Division, ESCAP (Economic Commission for Asia and the Pacific), Asian-Pacific Population Programme News, Special Issue, 1981. "The Asian Giants: China and India," pp.24~25.

_______, Population Division, ESCAP, *Asian-Pacific Population Programme News*, No. 1&2, 1982.

_______, Population Division, ESCAP, *Population Headlines*, No. 87 (June 1982).

United States Bureau of the Census, Dept. of Commerce, Demographic Estimates for Countries with a Population of 10 *Million or More*: 1981(Washington, D.C.: U.S. Bureau of the Census, 1981).

Wang, Naizong, "Solving China's Population Problems," *China Reconstructs*, Vol. 19, No. 4(April 1980).

(1982)

The Population of China : Historical Transition and Estimates

No careful student of Chinese population statistics will pretend to offer a definitive series of figures. Relying very much upon Professor Durand's work in 1960, the author can arrive at a general picture of population growth from A.D. 2 to 1953. China's population was large at the beginning of the Christian Era, probably at least 70 million and possibly more than 100million. The trend over the next ten centuries seems to have been one of ups and downs with little or no net gain in th long run. Peaks of populations were reached at the time under the Western, the Eastern Han, and the Tang in the eighth century. Deepest depopulations were during the periods of the disintegration of the Han Empire (third century), re-unification under the Sui rule(sixth century), and during the An Lu-Shan rebellion (latter half of eighth century). Since A.D. 1000, four major periods of greatest growth were the eleventh century (Sung), the fifteenth to sixteenth century(Ming), eighteenth and early nineteenth(Ching), and the twentieth century especially since the establishment of the People's Republic of China. Major losses were apparently sustained in the thirteenth and fourteenth centuries under Ching Dynasty), and the latter half of the nineteenth century (Tai-Ping Rebellion).

Agricultural production has kept up with population growth during the period from 1750 to 1950, half due to extention of cultivated areas primarily in the West, North, Southwest, Southeast, and about half due to a rise in productivity per se. New crops and new seeds raised the carrying capacity of the land. Very recently, chemical fertilizers and power farm machinery have been employed, though as yet the techniques and implements have been imported from abroad.

The populations of Europe and Japan increased at about the same time as China's. But before population pressure became too serious in Europe and Japan, industrialization and urbanization prededed and absorbed the excess population. There are somewhat optimistic signs and views of the goverment's current family limitation program.

Based on the various data from the government sources, it may by safely concluded that during the last thirty years there has been a steady decline in fertility and mortality at rates faster than those for Taiwan and Korea although there were apparent intermittent periods during 1960s and early 1970s. It should be remembered that China program has been successful so far in context of much lower urbanization and literacy rates than prevailed elsewhere during the demographic transition.

제2장 在外韓人의 分布와 現況

Ⅰ. 序言

"1986年 6月末 현재 共産國을 除外한 韓國僑民 체류자를 합친 在外國民數가 마침내 二百萬名을 突破했다"고 東亞日報는 1986年 9月 1日字제 1면에 大書特筆로 報道하고 있다. 이것은 지난 10年간 101만 6천에서 200萬 8천으로 약2배가 증가한 숫자이며 共産國(中共, 소련)의 230만과 더불어 430만의 韓人이 外國에 거주하고 있어 南韓人口의 10%나 되며 남북한인구(1986年 현재 推算되는) 6,300萬과 합하면 전세계에 거주하는 韓人의 數는 1986年 현재 6,750萬으로 推算된다.(<表-1> 參照).

最近世 百年간 韓人의 海外移住는 重要한 의미를 지니고 있다. 그것은 우리 나라가 위치한 韓半島에 미친 歷史的 事件의 結果이며 동시에 각국에 거주하고 있는 同胞들은 그 국가와 우리 나라와의 政治, 外交, 經濟, 社會, 文化的 관계에 중요한 영향을 미칠 것이다. 그러므로 在外韓人에 대한 연구는 대단히 중요한 의미를 지니고 있다. 이런 뜻에서 본논문에서는 먼저 韓人의 外國移住에 대한 歷史的 배경을 살피고, 다음 현재 在外韓人의 人口數와 地域的 分布 그리고 韓人들이 居住하는 主要國家에서의 少數民族政策, 韓人의 社會的 地位등에 대

해 考察하고 마지막으로 各國에서 韓人의 同化와 正體性維持問題를 장래 展望에 대신해서 言及해 보고자 한다.

<表-1> 在外韓人의 地域別 人口數*

1986年 6月末 現在
(單位: 千名)

地　　域	人 口 數	
아시아洲		2,560
中國大陸	1,836**	
日本	697	
기타	27	
소련		417***
北美		1,082
美國	1,024	
캐나다	57	
中南美		73
브라질	29	
알젠틴	25	
歐洲		37
中東 및 아프리카		93
計		4,262

資料 * 東亞日報 第19,975號(1986.9.1) 第1面

** 1982年 中國人口調査에 의한 人口數 1,764千名에 年平均 增加率 1%를 적용 推計함.

*** 1979年 蘇聯人口調査 결과 389千名에 年平均 增加率 1%를 적용하여 推計함.

Ⅱ. 移住의 歷史的 背景

近代以前까지 國際移民에 가장 큰 영향을 미친 조건은 所屬國家 즉 出發國의 移民政策이었다. 각국이 국민들에게 外國으로 移民할 것을 許容하기 시작한 것은 그리 오래되지 않는다. 우리가 여기서 주로 대상으로 하고 있는 네 개의 나라－中國, 美國, 日本, 소련의 경우 미국을 제외하고는 19세기 말에 이르러 비로소 國民의 海外移住를 許容하기 시작했다. 中國 淸나라 政府는 法令으로 1718年부터 1860年까지 海外移住를 禁止했다. 日本도 1885年 이후에야 해외이민을 許容하기 시작했다. 소련의 경우도 帝政러시아시절까지는 海外移住를 허용하지 않고 있었으며 韓國도 越境을 禁止했다.1)

現代에 와서 國際移動은 海外移民에 대한 出發國 의 政策보다는 移民을 받아들이는 到着國의 移民政策에 더 큰 영향을 받게된다. 오늘날 어느 나라를 莫論하고 移入人口의 數나 資格 및 入國後의 活動에 제한을 가하고 있다.

19세기 세계의 주요 移入國에서는 移入을 적극적으로 권장하고 있었다. 미국, 카나다. 오스트레일리아 등 국가에서는 廣大한 土地를 무상으로 제공하거나 헐값으로 내 주었다.* 남미의 브라질, 아르헨티나와 오스트렐리아 및 뉴질랜드 등의 국가에서는 더 나아가 移住費用까지 부담하거나 資金을 대여하고 定着金을 支拂하면서 移民을 誘致하려고 노력했다. 그러나 第一次世界大戰後 특히 1930年代 世界經濟恐慌이후 失業者數가 전례없이 증가하자 각국 특히 資本主義國家들의 移民政策은 급선회하여 移入을 적극적으로 규제하기 시작했다. 국가마다 다투어 이민을 엄격히 규제하는 정책을 수립하고 法令을 制定하여 自國內의 勞動者들을 보호하기 시작했다. 단순히 이민의 數만을 제한하기도 하고, 자격이 있는 일정數의 이

1) U.N., 1973, p.240.
* 이것은 美國에서 1862年에 제정된 Homestead Act에 의해 시행된 것이다.

민만을 받아 들이는 법령을 제정했다. 예로써 移民稅(head tax), 移民割當制(quota)를 들 수 있고 가장 보편적으로 시행된 법률은 직업별로 이민을 허용하는 것이었다.

1. 中國

韓國은 러시아가 沇海州를 占領하기 전까지는 유일하게 中國과 國境을 接하고 있었다. 그러므로 歷史上 언제부터 韓人이 中國으로 移住했는가의 問題는 우리 民族의 形成과 歷史的 發展과 관련되므로 이 문제는 간단하지 않으며 여기서는 論及을 회피하고자 한다. 元末明初 朝鮮王朝가 들어서고 15세기 전반기(世宗年간)에 약간의 국경변동이 있었으나 그 후 오늘날까지 5百여년간 韓中國境의 큰 變動은 없었다. 앞서 말한 바와 같이 中國과 韓國 모두 19세기 후반까지 自國民의 外國移住를 許容하지 않고 있었다. 그러나 在中 韓人들이 自身들의 背景에 관해 陳述한 것을 중심으로 한 연구에 의하면 韓人들이 中國으로 移住하기 시작한 것은 17세기 明淸交替期까지 거슬러 올라간다고 한다.[2] 이는 현재의 國境線에 面한 지역 특히 間島地方에 韓人들이 부분적으로 농사를 짓고 있었던 것이 대부분이며 人口도 많지 않았다. 큰 규모의 移住는 19세기 중엽이래 이루어졌으며 특히 1869년 韓半島 北部지역에 大凶年이 들어 많은 사람들이 두만강을 건너 기왕에 개척해 왔던 간도지역으로 이주하게 되었다. 이 시기의 移住를 흔히 제1차 大移住라 한다.

그러나 韓人들이 間島地方뿐만 아니라 滿洲全域과 中國大陸으로의 移住地域이 확대되고 大規模로 移住하게 된 것은 日帝의 韓半島 침탈에서 비롯되었다. 1910年 韓日合邦이후 많은 사람들이 독립운동 및 기타 정치적 이유로 中國으로 건너갔다. 이를 제2차 이주라고

2) 金光億, 1984, pp.37~40.

한다. 그후 日帝의 土地調査事業으로 韓半島의 土地가 强占당하면서 零細民들은 경제적 기반을 잃고 滿洲로 民族大移動을 방불케하는 移住가 성했다. 日帝는 1931年 만주사변을 일으켜 滿洲侵略을 위해 日人과 韓人을 計劃的으로 移住시킨다. 이시기의 대이동을 제 3차 이동이라고 한다. 北間島地域에서 4~5대 이상을 살고 있는 사람들을 제외한 대부분의 在中 韓人은 이 시기에 移住한 사람들이다.

2. 蘇聯

소련으로의 移民은 滿洲移民과 더불어 시작된다. 그 이유는 현재 소련영토가 된 沿海州가 1860年 北京條約으로 露領이 되었기 때문이다. 이 地方이 露領이 되기 전에도 韓人들이 살고 있었겠으나 露領이 된 후의 첫 이민은 1863年 13戶로 시작하여 매년 그 수가 증가하여 1884年 韓露條約이 締結될 때까지 萬餘名의 移住民이 있었다고 한다. 당시 韓國政府는 越境 流移民을 防止하려고 노력했으나 1869~70年의 大凶作으로 많은 사람들이 滿洲와 露領 으로 떠났으며 韓露條約前까지의 流入民은 러시아 국적을 받고 歸化하도록 했으나 그후의 移住民은 二年을 기간으로 하여 기간 만료후에는 韓國으로 歸國하도록 되어 있었으나 대부분은 歸國하지 않고 러시아에 귀화하였다. 러시아政府에서는 地理的으로 근접해 있기에 이주한 한국인 이민들에게 土地도 無償으로 주고 세금도 면제해 주며 土地의 개간과 道路의 개통을 도모하기 위해 한국으로 부터의 移民을 장려했다.[3)]

3. 日本

韓國人이 日本에 거주한 것은 韓日合邦 이전부터이며 이들은 모두

3) 徐大肅, 1984, pp.88~90.

유학생이나 망명객들이 대부분이었다. 合邦當時 幾百名에 不過했던 韓國人은 合邦以後 정식으로 韓國勞動者를 고용하기 시작하면서 1915年 이후 특히 1918年에 끝난 韓半島에서의 日人 土地調査事業에 의해 日人들은 많은 土地를 소유하게 되었고 土地를 잃은 韓國農民들이 일자리를 구하러 故國을 떠나지 않을 수 없엇다. 反對로 日本은 세계 제1차대전을 계기로 産業이 급속히 발전하여 勞動力의 수요가 급격히 증가하게 되었으며, 日本政府는 저렴한 韓人의 勞動力을 利用하기 위해 法을 제정하여 韓人의 日本 往來를 自由롭게 했다. 그리하여 1915年 870名에 불과했던 渡日 韓人의 수는 기하급수적으로 증가하여 1916年 2,179명, 1917年에는 14,013명에 이르렀다. 農村出身의 노동자들이 대부분인 이들 日本移住韓人들은 日本전역에 분산되었으나 특별한 기술을 갖지 못한 단순노동자들로서 과반수가 大都市에 있는 공장에서 일하고 있었다. 따라서 이들의 거주지는 사업장의 임시막사나 貧民街가 주를 이루고 누추하고 지저분한 이들 한국인에게서 받는 印象은 후일 日本人이 韓國人에 대해 갖는 편견을 고정시키고 강화시키게 된 것이다. 1923年 關東大地震이 일어나자 유언비어에 의해 죄없는 수많은 韓人이 무참하게 학살당했으나 渡日노동자의 수는 감소하지 않고 增加하고 있었다. 日本은 1931年 滿洲事變을 계기로 도일 한인의 流入을 北쪽으로 향하게 하고 北韓地方에 工場을 建設하여 滿洲와 中國本土로의 進入基地로 삼았다. 그러나 1937年 中日전쟁이 반발하고 이어 世界 第二次大戰으로 돌입하면서 日本政府는 國家總動員令을 발표하고 1931年 國民徵兵令을 발표했다. 즉 일본의 광산이나 군수시설, 군사시설 등에 필요한 勞動者를 강제로 징용한 것이다. 마지막에는 女子들까지 挺身隊란 이름으로 강제 징발하여 징용과 징병으로 끌려간 사람이 約 64만명으로 추정되며 死亡者와 行方不明者가 約20萬名으로 推算되기도 한다. 二次大戰終戰當時 約200萬名으로 推算되는 韓人이 日本에 거주하고 있었다 한다. 전쟁중 폭격이 심하여 疏開된 한인의 수는 물론 정확히 알 수 없다.

戰後 이들은 거의 모두 歸國하기를 願했으나 韓國으로의 船便을 구하기가 容易하지 않았다. 더구나 1945年 11月 聯合軍司令部는 귀국하는 韓人들에게 소지품을 制限했다. 一人當 千円, 짐은 손과 머리에 들고 올 수 있는 것으로 제한하여 그 이상은 지참하지 못하게 했다. 이에 따라 약간의 재산이라도 日本에 있는 사람들은 귀국을 주저하지 않을 수 없었다. 1946年 12月末에 귀국행렬이 멈췄으며 約 60萬名이 귀국을 보류하고 日本에 남아있게 되어 이들 중 대부분은 在日韓國人一世가 되었다.[4)]

4. 美國

美國은 1921年과 1924年 各國家別로 移民의 數를 割當해서 받아들이는 쿼타制를 制定했다.[5)] 그 후 1930年代 경제사정이 악화되자 기존의 법령적용을 강화하고 經濟的으로 自立할 수 있는 移民만을 받아 들이게 되엇다. 그러나 世界 第二次大戰후 다시 미국경제가 호황을 누리게 됨에 따라 미국내 노동력중 부족하거나 희소한 기술과 자격을 갖춘 移民을 우선적으로 받아 들이는 政策을 立案하고 시행하게 되었다. 二次大戰前에는 유럽系의 이민을 특히 選好하고 다른 大陸 특히 아시아系 移民을 차별했던 미국, 캐나다, 호주 등 여러나라에서 국적보다는 기술이나 자격을 더 중요하게 여기고 이에 대한 法制定을 서둘렀다. 이것은 물론 미국내의 국적차별이나 인종차별 철폐에 대한 여론을 반영한 것이지만 좀더 실질적으로는 유럽으로부터 미국으로의 이민을 희망하는 숙련노동자수가 급격히 감소한데서 그 원인을 찾아볼 수 있다.[6)]

---

4) 李光奎, 1984, pp. 239~242.

5) Edward P. Hutchison, 1949.

1965年 아시아－ 太平洋 沿岸國에 대한 差別을 포함한 國籍別 쿼터制는 철폐되고 移民을 七個의 範疇로 나누어 미국시민의 직계 가족이나 친척 및 미국내에 거주하는 외국인에 해당하는 1,2,4,5범주를 선정하고 亡命者는 제7범주에 속하도록 했다. 여기서 특히 注目되는 것은 제3, 제6범주로서 제3범주는 專門的, 技術的직업에 종사하는 그 방면의 탁월한 과학 및 예술인력을 포함하고 있으며 제6범주는 미국에서 부족하거나 요구되는 숙련 및 비숙련노동자를 말한다.

1965年 제정된 移民法은 1968年 7月 1日부터 적용됨과 동시에 전체 쿼터는 그대로 남겨두어 매년 17萬名으로 하되 미국시민의 배우자와 직계존속 비속은 이 쿼터에서 제외된다. 당시까지 많은 쿼터를 차지하고 있던 西半球內의 이민수의 上限線을 12만명으로 하고 어느나라를 막론하고 2萬명을 넘지 못하게 했다. 이와 같은 移民法 制定이후 지난 20年간 韓國, 中國, 日本을 포함한 아시아－太平洋 沿岸國의 移民入國者數는 크게 增加했다.

Ⅲ. 人口 및 分布

1. 中國

1982년 현재 朝鮮族으로 분류된 人口數는 約176萬 4千名으로 이는 中國大陸에 존재하는 54개의 주요 少數民族中 人口의 크기로 10번째이며, 海外韓人中 가장 많은 수를 占有하고 있다. 이들은 吉林省에 約 110萬名, 黑龍江省에 46萬餘名, 遼寧省에 約 18萬名이 있어 주로 東北三省에 散在해 있다. 나머지는 內蒙古自治區에 비교적 큰 숫자의 인구(約 5萬)가 거주하고 기타 北京, 上海등 대도시와 山東, 廣西地方의

6) U.N., 1973, pp.241~245

주요도시에 적게는 百명에서 크게는 수 千명에 이르는 韓人들이 거주하고 있다.

韓人이 가장 많이 集中되어 있는 地域은 吉林省의 延邊 朝鮮族 自治州로서 중국 거주 한인 총수의 40%이상이나 되는 75만명이 살고 잇다. 그러나 이 숫자는 1982년 7월 1일 中國에서 실시한 인구조사 결과를 直接인용할 수 없으므로 정확한 숫자가 아니다. 발표된 숫자에는 中國으로 귀화한 韓僑와 中國公民權을 갖지 않고 外國居留民으로 있는 동포등이 제외되었으며 中國 전역에 결쳐 대략 2百萬으로 推算하는 것이 妥當할 것이다(第1表 參照). 또한 한국인으로 보고된 中國人도 있겠으나 中國人으로 보고된 朴氏, 金氏, 李氏등이 상당수 있을 것이다.7)

2. 蘇聯

소련內에 거주하는 韓人의 70%以上은 Uzbek 共和國과 Kazakh 共和國에 있다. 1979年 소련 人口調査에 의하면 소비에트 聯邦內의 韓人總數는 38만 9천명으로 1959년의 31만 4천, 1970년의 35만 6천과 비교하면 59~79年의 20년간 約 24%, 70~79年의 9年간 約 10%가 증가한 것이다. 年平均增加率을 1%로 보면 86年 현재 約 41만 7천명이 거주하고 있는 것으로 推算된다(<表-1> 參照).

Uzbek와 Kazakh 共和國外에도 Kirgizia, Tadjikstan, Turkmenia 등 공화국에 各 1萬여명 이상씩 거주하고 있으며 사할린, 하바로브스크, 캄차카 등지를 포함하는 러시아공화국에 10여만 이상이 널리 分布되어 살고 있다.8)

---

7) 金光億, 1984, pp.40~42.

8) 徐大肅, 1984, pp.101~102 및 p.117.

3. 日本

1986年 현재 日本에는 69만 7천명의 韓人이 居住하고 있다고 한다(<表-1> 參照). 在日韓國人이 居住하고 있는 地域은 北海道에서 福岡까지 전국에 分布되어 있으며 農村보다는 都市 특히 大都市에 거주하며 이들은 大阪, 東京, 神戸, 名古屋, 京都, 福岡, 廣島 등지에 集中되어 있다. 이 中 大阪市에 가장 많으며 그 중에서도 生野區에만 약 4만명이 밀집해 살고 있으며 生野區 住民中에는 濟州道出身이 많다고 한다.[9] 다른 地域에서와 달리 在日韓國人의 數는 계속 감소하고 있다. 그 이유는 在日韓國人과 日本人과의 結婚數는 과거 1950年代까지 30%內外에 불과하던 것이 1965年이후부터 급격히 증가하기 시작하여 1970年에 42%가 되고 1975年에는 50%를 육박하고 1981년에는 58%를 넘어섰기 때문이다. 즉, 夫婦가 다 같이 韓國人인 경우는 1965年까지 전체 한국인 결혼수의 2/3이상이었던 것이 1980年대에 들어와서 2/5이하로 감소하고 있기 때문이다. 過去日本의 國籍法은 父系主義로써 日本人이 外國人과 결혼한 경우 그 子女의 국적은 父의 國籍을 따르게 되어 있었다. 그러나 1985年부터 國籍法이 改正되어 父母兩系主義로 되어 父母 어느 한쪽의 국적을 선택할 수 있게 됨에 따라 日本人을 父로 하고 韓人을 母系로 태어난 사람은 물론 日本人을 母로서 父系가 한국인인 사람도 日本 국적을 취득할 수 있게 되었다. 每年 증가하고 있는 日人과 韓人의 結婚數는 그 子女들로 하여금 日本국적을 선택할 수 있는 범위를 넓혀 주게 된 것이다. 또한 개정된 국적법에 의해 20세 미만의 韓國人 國籍 소유 青少年은 申請手續을 하는 것만으로써 日本國籍을 취득할 수 있게 되었다.[10]

---

9) 李光奎, 1984, pp.245~246.

10) 佐藤勝已, 1984, pp.224~228.

<表-2> 配偶者別 在日韓人의 結婚數, 1955~1980

年度	總數	夫妻韓人		韓人과 日人	
		數	%	數	%
1955	1,102	737	66.9	336	30.5
1960	3,524	2,315	65.7	1,172	33.3
1965	5,693	3,681	64.7	1,971	34.6
1970	6,892	3,879	56.3	2,922	42.4
1975	7,249	3,618	49.9	3,548	48.9
1980	7,255	3,061	42.2	4,109	56.6

資料: 佐藤勝己,, "在日韓國人의 現狀과 展望"「在外韓人의 社會와 文化」(서울: 國際文化協會, 1984), pp.225~226.

4. 美國

1986年 6月末 현재 外務部 發表에 의하면 美國에 居住하는 韓人의 數는 102萬 4千으로 中國大陸內에 거주하는 韓人의 推定數 184萬에 이어 두 번째로 큰 숫자이며 이 숫자는 앞으로 계속 增加할 전망이다.

1903~1905年간 하와이로 7천명가량으로 시작한 韓人系 移民은 1960年代初가지는 주로 하와이와 캘리포니아에 국한되어 있었으나 오늘날 韓人은 전 美國에 分布되어 있다. 中國系가 캘리포니아와 뉴욕에 집중되어 있고, 日本系가 캘리포니아와 하와이에 집중되어 있는데 반해 韓國系는 이들 민족집단에 비해 分散되어 있다. 예컨대, 1980年 미국 인구조사에 의하면 日本系의 81%, 필리핀系의 69%, 中國系의 53%가 美國西部地域에 몰려 살고 있는 반면 韓國系는 43%

만이 西部地域에 居住하는 것으로 나타났다. 더욱이 동양계가 별로 거주하지 않는 美國 南部地域에도 한인들의 20%가 정착하고 있다.[11]이것은 이민의 역사가 中, 日에 비해 짧은 이유도 있겠으나 한국 移民들의 사회경제적 배경이 다양하므로 韓僑들은 美國內내에서 多樣한 직업을 가지고 여러 지역에서 活動하고 있다는 데에 起因한다고 볼 수 있겠다.

Ⅳ. 少數民族政策

1. 中國

中國에는 一千萬平方킬로의 廣大한 地域에 漢族과 더불어 中國政府가 公式的으로 발표한 55個의 少數民族이 살고 있다.[12] 約十億餘의 人口를 가지고 있는 漢族에 비해 이들 少數民族의 수는 많은 경우 千萬이 넘으며(壯族), 千名內外에 불과한 경우(廣西의 京族 800名, 新疆의 俄羅斯族 1,000名)도 있다. 전체 합하여 1980年 현재 6千萬이 넘는 漢族 以外의 人口中 千萬이 넘는 民族은 壯族이며 五百萬이 넘는 少數民族은 回族, 維吾尓族의 세 民族集團이다. 또한 55개 少數民族中 百萬이 넘는 民族數는 13개나 된다. 이중 韓族(朝鮮族)은 彝, 苗, 藏, 滿, 蒙, 布依族에 이어 10번째로서 1980年의 人口數는 160萬으로 發表됐다.

---

11) 兪義瑛, 1984, pp.172~173.

12) Fei Hsiao Tung, 1981, pp.113~116.
中國政府가 公式的으로 發表하는 少數民族의 數는 一定하지 않다. 때로는 54個, 혹은 55個 發表한다.

<表-3> 中國內 百萬以上의 少數民族, 1980年

民族名	人口數(萬)	主要居住地區(省)
壯族	1,200	廣西, 雲南, 廣東
回族	640	寧夏, 甘肅, 河南, 河北, 青海, 山東, 雲南, 安徽, 新疆, 遼寧, 北京, 天津
維吾尔族	540	新疆
彝族	480	雲南, 四川, 貴州
苗族	390	貴州, 湖南, 雲南, 廣西, 四川, 廣東
藏族	340	西藏, 青海, 四川, 甘肅, 雲南
滿族	260	遼寧, 黑龍江, 吉林, 河北, 北京市, 內蒙古
蒙古族	260	內蒙古, 遙寧, 黑龍江, 吉林, 新疆, 甘肅, 青海, 河北, 河南
布依族	170	貴州
朝鮮族	160	吉林, 遼寧, 黑龍江
瑤族	120	廣西, 湖南, 雲南, 廣東, 貴州
侗族	110	貴州, 湖南, 廣西
百族	100	雲南

資料: Fei, Hsiao Tung, Toward a people's Anthropology(Beijing: New World Press, 1981), pp.113~116

新華字典(北京, 商務印書館, 1972), pp.590~593.

中國의 少數民族政策은 莫大한 것으로 보인다. 왜냐하면 예로부터 중국은 以夷制夷의 政策을 써왔기 때문이다. 漢族의 生存을 위협하는 民族이 있을 경우 스스로 대항함과 동시에 侵入하는 民族에게 그 주위 민족을 이용하여 對抗토록 하는 것이다. 中國共産黨의 경우 그들은 1927年 大敗하여 敗走할 때 주로 少數民族地域으로 피신했으며 이후 對國府軍 전투와 抗日鬪爭에서 共産黨은 여러 少數民族의 도움이 絶對的으로 必要했다. 中共은 1949年 大陸席捲後 少數民族의 重要性을 절감한 경험을 바탕으로 政策을 수립했다.

1950年代 初半에 中共은 行政體制의 改編을 實施했다. 當時 54개로 分類된 少數民族中 36개의 소수민족 거주지에 99개의 自治區, 自治州, 自治縣을 設置했다. 대체로 이들은 少數民族集團이 大多數인 區, 州, 縣으로서 自治區는 省級行政單位로서 內蒙古, 西藏, 新疆위그르, 寧夏回族, 廣西壯族自治區 등 5개가 있고, 그 밑의 單位로서 延邊朝鮮族, 海南壯族, 臨河回族自治州등 26개가 있고, 그보다 下位級 行政單位로서 長白朝鮮族自治縣과 같은 縣級自治單位는 65개 그리고 그보다 下位行政單位인 自治旗가 3개 있다. 물론 自治區 밑에는 여러 개의 州가 있으며 自治州 밑에 여러 개의 自治縣이 있다. 예컨대, 延邊朝鮮族自治州는 吉林省소속으로 圖們市, 延吉市 등 2개 市와 延吉縣, 和龍縣, 敦化縣, 旺青縣 등 6개 縣으로 구성되어 있다.[13]

1954年 公表된 中共의 憲法에는 少數民族에 관한 8個의 項目이 들어 있었다. 이에 의하면 各 少數民族은 그 尊嚴性과 權利 및 自由가 保障되며 人民會議에 代表를 參加시키며, 政府·財政· 警祭組織에도 그들의 代表를 參與시킬 권리를 인정했다. 그러나 가장 중요한 經濟計劃과 國防에 관한 부문에는 言及이 없었으며 모든 事業은 黨의 指導下에 승인된다고 했다. 黨과 政府가 우선적이라는 立場을 지키고 있었다.

中共은 文化的 측면에서 정치적 측면에서보다 온건하고 더 우호적인 정책을 실시했다. 中國語와 漢文化를 수용할 것을 권장하지만, 各 民族에 固有한 言語와 傳統文化를 보존하고 사용함을 인정했다. 의료봉사팀을 파견하고 식량보급에 주력하며 稅金면제 등의 혜택을 주었음에도 불구하고 경제분야에서는 성공적이지 못했다. 漢族과 非漢族간의 경제발전의 차이는 심화되고 이에 따른 소수민족의 불만이 증대되었다. 1950年代末과 1960年代初 漢族과 少數民族의 관계 즉

---

13) 金光億, 1984, pp.55~63.

少數民族集團과 中國政府와의 관계는 악화되었고, 1959년의 티벳사건, 1961~62年간의 中蘇분쟁의 결과인 新疆地域사건, 內蒙古에서의 獨立運動등은 이와 같은 불만이 表出된 것이다.

漢族과 非漢族에 대한 동일한 政策을 實施한 것은 다음과 같은 주요 政策에서 찾아볼 수 있다. 첫째, 人民公社制를 少數民族에게도 적용시킴으로써 經濟體制를 합치시켰다. 둘째, 人口增加를 억제하기 위해 婚姻法을 制定하고 少數民族에게도 적용시켰다. 셋째, 少數民族의 각급학교에서 公用語로서 中國語敎育을 義務化했고 公式職位로 나가기 위해서는 中國語使用能力을 필수조건으로 했다. 마지막으로 文學, 藝術活動에 있어 各民族의 傳統的樣式을 保存하되 內容은 반드시 社會主義에 充實해야 한다는 것이다. 위에서 두드러진 현상은 同一한 政策을 적용함으로써 漢族의 우위와 漢쇼비니즘(chauvinism)이 오히려 강화된 것이다. 각 소수민족지역에 漢族人口를 대거 이주시키고 漢族行政要員이 投入됐다. 따라서 地方經濟發展의 혜택은 少數民族 구성원들에게 보다는 漢族이나 中央政府로 돌아가게 되고 傳統的인 生計經濟의 기반을 변질시키고 위협하게 되었다.

그러나 1960年代 후반으로 접어들면서 농촌경제가 회복하게 되고 民族갈등 現象도 점차 小康特態를 유지하게 되었다. 1970年 改訂된 中共憲法에는 少數民族關係條項이 1953年 헌법의 8個조항에서 1개 조항만 남게 되었다. 表面的으로 잘 융화되어 가는듯한 漢族과 非漢族간의 관계의 근저에는 中國人의 강력한 漢 쇼비니즘이 자리잡고 있었으며 특히 文化革命기간 동안 少數民族은 뚜렷한 差別待遇와 迫害를 받게 되었다. 經濟的 平等이나 物質的 惠澤만으로만족할 수 없었다. 少數民族가운데서도 敎育을 통해 民族幹部가 培養됐고 高級人力이 養成됐기에 政治的 發言權을 要求하게 된 것이다. 그리하여 보다 根本的인 對少數民族政策이 강구되었다. 1978年에 制定된 新憲法에는 各民族의 固有文化를 發展시키며, 民族代表權을 保障하고, 自治條例를 스스로 制定할 權限을 부여하고, 少數民族幹部를 養成한다는 4個條項이 들어가 있다. 1982年 現代新憲法內의 少數民族에 관한 項

目은 11개로 늘어났다. 自治地域의 首長을 해당 民族出身으로 한다는 것, 地方財政自治權의 認定, 經濟建設과 資源開發에 대한 自主的管理의 認定, 治安維持를 위한 公安部隊의 許容등의 조항이 新設되었다. 이와 같은 憲法上의 項目增加와 더불어 1983年 5月에는 이들을 補强하는 胡耀邦의 6個項目이 나왔다. 나아가 1984年 5月에는 第六屆 全人大會 第二次會議에서 少數民族區域 自治權에 대하여 前年 胡耀邦의 6個案을 補强했다.

이와 같은 일련의 向上되는 法的 措置는 中國의 政治的 狀況을 反映해줌과 동시에 政治的 可變性과 漢族中心社會인 中國에서의 소수민족 지위상에는 限界가 있음을 示唆하는 것이다.

한 예로서 人口政策에 대한 最近 中共學者의 論議를 살펴보자.14)앞서 논의한 바와 같이 현재 中國에는 總人口의 6%를 차지하고 있는 6千여만명의 소수민족이 중국전국토의 60%를 차지하는 지역에 거주하고 있다. 中國은 원칙적으로 모든 國民에게 적용되는 인구정책을 펴나가야 한다고 주장하다. 少數民族이라 해서 無限한 自由를 줄 수는 없고 더욱이 漢族이 1949년이후 급격한 人口增加에 의해 人口壓迫을 받았으므로 少數民族에게는 이와 같은 前轍을 되풀이 밟게 해서는 안된다고 하여 産兒制限을 普遍化시켜야 한다고 주장한다. 그러나 다른 한편 例外도 있다. 邊境地方의 廣大한 山地에 分布되어 있는 少數民族에 대해서는 漢族과 같이 一夫婦當 一子女를 强要해서는 안되고 이들에 대해서는 어느정도 융통성있게 다루기를 提案한다. 왜냐하면 실제로 몇몇 少數民族은 지난 數十年間 人口가 減少한 예도 있다. 예컨대 Oroqen, Hezhe, Russian, Kazakh, Jingpo, Tartan, Uzbek, Wa 등의 少數民族은 1950年이래 계속 숫자가 감소하고 있다는 것이다. 감소의 이유는(中國人과의 婚姻 또는 他地方으로의 移轉등) 밝히고 있지 않으나 이들에게는 産兒制限보다는 出産奬勵政策을 써야한다고 주장한다. 또한 숫자는 감소하지 않더라도 人口密度가 지나치게 적은

14) Liu, et. al., 1981, pp.75~76.

Tibet 人에게도 出産을 장려할 것을 강조했다. 이와 같은 政策은 少數民族과의 紐帶를 강화시키고 國境地帶의 發展을 圖謀하여 궁극적으로 中國의 近代化計劃推進에 도움을 줄 수 있다고 보기 때문이다.

2. 蘇聯

소련은 세계에서 가장 넓은 국토를 가지고 中國과 마찬가지로 다양한 민족으로 구성된 연방국가이다. 소련에는 100여개의 民族이 섞여 살고 있다.[15]따라서 소련의 少數民族政策을 一括한다는 것은 本論文의 範圍에서 벗어나므로 여기서는 韓人에 대한 것만을 몇가지 記述해보고자 한다.

앞서 人口分布에서 본 바와 같이 帝政러시아에서 韓國移民에 대한 대우는 비교적 寬大한 편이었다. 韓日合邦 이후 많은 사람들이 沿海州를 위시한 各 地方으로 移住했다.

韓日合邦前의 러히아 總督은 당시 歐美에 팽배해 있던 黃禍(yellow peril)를 우려했으며 韓國으로 부터의 大量移民을 두려워하고 統制하는 政策을 시행했다. 表面的인 이유로 韓人들이 露語를 배우려고도 하지 않고 러시아內의 他民族과 同化하려고도 하지 않고 自己들의 部落만을 만들려고 한다고 하여 韓人은 러시아에 害를 끼친다는 것이었다.

그러나 韓日合邦後 1911年 새로 부임한 총독은 韓人을 되도록 많이 歸化시키려고 努力했다. 이런 政策下에서 韓人의 수는 급격히 증가하여 러시아혁명기간이 끝날 무렵 露領韓人의 수는 20여만이었다고 한다. 이들 韓人은 紅軍에도 있었으며 帝政軍에도 있었다. 帝政이 終焉을 고함에 따라 紅軍出身이 勝者가 되고 英雄이 되었다. 당시 韓人들은 歸化人과 非歸化人으로 區分되어 歸化人은 철저히 보호 받았으나 非歸化人은 時限附居住가 許容되고 二年기간 內에 韓國으로

15) 高松茂, 1984, p137.

歸國하지 않을 수 없게 되었다. 露領에 있는 사람들은 러시아의 급격한 政變에 처하여 서로 協同하고 歸化人, 非歸化人을 막론하고 全露韓族社會를 形成했다.

그후 沿海州에 集中해 있던 韓人들이 中央아이사로 移住하기 시작한 것은 1924年頃부터미며 1920年代 中央아시아로의 移住는 自意에 의한 것이었다. 그러나 1930年代 日本軍國主主義政府가 滿洲를 占領하고 이어 中國本土를 侵略하게 되자 沿海州에 있는 韓人들을 대거 中央아시아로 강제 移動시켰다. 現在 소련學者들은 中央아시아로의 强制移動은 다만 벼농사와 果樹栽培에 유리했기 때문이라고 하나 당시 韓人의 이주는 日本侵略에 대비해 소련 國境防備를 充實히 하기 위해 猶太人, 中國人, 韓國人 등을 모두 移住시키고 믿을 수 있는 러시아계 白人으로 交替하려는 것이 目的이었다. 이와 같은 강제이주는 非人道的인 것이었으나 이것이 韓人이나 黃色人種에 局限된 것은 아니었다. Stalin 政權下에서 世界제2차大戰이 발발하자 Volga 江沿岸의 獨逸人 自治共和國이 해산되고 1943~44年간 獨逸軍에 協助했다는 여러 自治州도 해체되고 移住시켰다. 이렇게 强制移住당한 韓人의 數는 18萬이었다고 하며 2次大戰中 蘇聯軍에 入隊하여 싸웠다.

그후 在소련 韓人들은 祖國과 密接한 關係를 유지하고 있지는 않았다. 소련에서는 中國에서 보다도 더 各共和國의 自治를 보장하고 있으나 韓人의 경우는 독립된 共和國을 갖고 있지 않다.16)

3. 日 本

中國이나 소련, 美國과 달리 日本內에는 百萬을 넘는 日本人以外의 民族集團이 없다. 단지 70萬에 가까운 在日韓人이 가장 큰 異民族

16) 徐大肅, 1984, pp.88~96

集團으로 存在한다. 日本은 日本國土內에 他民族의 居住를 원칙적으로 許容하지 않는다. 앞서 지적한 바와 같이 日本에 오래 居住하려면 日本에 歸化하거나 日本人과 結婚하여 日本國籍을 획득하는 것이 가장 손쉽고 빠른 길이다.

日本學者에 의하면 日本內의 外國人(韓人)문제는 심각하지 않다고 하다. 즉 1982年 1월 1일부터 在日韓國人에 대한 社會保障, 社會福祉面에서 國民年金의 '經過措置'를 제외하고는 日本人과 同一하게 됨으로써 制度的으로 差別이 全廢되었다고 한다. 단지 日本國民과 다른 制度上(法律上)의 제약은 '出入國管理 및 難民認定法'과 '外國人登錄法'의 적용을 받으며 國家 및 地方自治體制의 選擧權, 被選擧權이 없다는 것이다. 그밖의 職業制限으로서 公證人, 般路案內人, 辨理士 등 23항목의 外國人에 대한 禁止條項이 있다. 이들 조항은 모든 外國人에 適用되며 韓人에게만 適用되는 것은 아니라고 표현한다.[17)]

그러나 在日韓國人中에는 自意로 日本에 간 사람도 있겠으나 대부분 强制로 끌려가다시피 移住한 사람들이 많으며 더구나 이들의 後孫들은 이제 韓國社會에 대해 전혀 알지 못하는 日本人 아닌 日本國民이 되어 가고 있다는데 문제의 심각성이 있다. 그럼에도 불구하고 日本政府는 이들에게 다른 外國人과 마찬가지로 滿14세가 되면 居住하는 구청에 가서 指紋을 찍고 등록을 필한 후 그곳에서 발행하는 등록증을 항시 휴대해야 할 의무를 부과하고 있다. 또한 경찰 등록증제시를 요구하면 반드시 제시해야 한다. 더구나 在日韓國人은 出入國管理令에 의해 6年이상의 刑을 받는 죄를 범하면 刑을 받은 후 祖國으로 追放 당하도록 되어 있다. 일가친척도 없고 한국어란 한마디도 몰라도 韓國이나 北韓으로 떠나야 한다는 것이다.[18)]그러므로 앞서 지적한 바와 같이 在日韓國人은 願하지 않아도 生計를 위해 日本國籍을 취득하지 않을 수 없다는 結論이 나온다.

---

17) 佐藤勝己, 1984, pp.233~234.

18) 李光奎, 1984, pp.250~251.

4. 美國

Melting Pot라고 불리울 만큼 多樣한 民族과 人種으로 構成된 美國은 소련처럼 共和國으로 民族이나 人種이 어느정도 區分되어 居住하고 있지도 않다. 美國의 移民史는 民族差別과 逆境을 딛고 일어선 여러 民族의 수많은 受難으로 점철되어 있다. 初期 英國과 스칸디나비아 및 프랑스 계통의 移民을 主宗으로 시작한 美國社會는 初期에 노예로 팔려온 黑人들은 말할 것도 없거니와 그후 大量이주한 Irish와 독일系이민들이 差別을 甘受해야했으며 다음 伊太利 와 南歐系移民, 그리고 二次大戰 前後의 東歐系移民과 猶太系移民, 最近에는 南美와 아시아人등이 새로운 삶을 개척하기 위해 노력하고 있다.

이와 같이 複雜한 美國의 少數民族政策은 移民法의 制定과 改訂을 통해 어느정도 이해할 수 있다. 앞서 歷史的 背景에서 言及한 바와 같이 美國은 1965年 移民法을 改訂했다. 1965年의 移民法은 John F. Kennedy가 上院議員으로 在職할 당시 成案하여 1963년 그가 大統領 在任時 提案되어 被殺된 후 1965年 Johnson大統領 在任時에 通過된 것이다.

이 法案의 要點은 1924年에 制定된 國籍別 쿼터제를 止揚한다는 것이다. 얼핏보면 대단치 않은 것 같은 이 法案의 修正案은 맥카시즘이 풍미하던 1940~50年代를 지나 民權運動이 성숙하고 多樣한 人種的－民族的不滿이 高潮된 1960年代 미국사회의 단면을 보여주며 과거의 人種民族差別이란 오류를 是正하기 위한 것이었다. 또한 이 法案은 민족과 종교를 초월하여 압박받고 핍박받는 사람들을 신대륙에서 받아 들여야된다는 미국 건국초기로 부터의 정신을 계승하고자 한 것이다.[19] 公正하고 융통성이 있으며 또한 관대함을 전제로 한 이와 같은 移民法制定이후 지난 20年간 한국, 日本, 中國을 포함한 아시아－ 태평양 연안국의 이민 入國者수는 크게 증가했으나 英國의

19) Edward M. Kennedy, 1966.

經濟人口學者 Thomas는 당시 미국으로의 頭腦流出 現象(brain drain)을 지적하고 미국은 移出國 비해 相對的으로 利益을 본다고 主張했다.[20]유럽 諸國과 특히 개발도상국에서는 제3범주나 제6범주에 해당하는 전문적 기술적 人力과 熟練勞動力을 養成하기 위해 많은 資本을 投資한 후 自國을 위해 活用하지 못하고 美國으로 빼앗긴다는 것이다. 이 두뇌유출 현상은 간단히 결론짓기 어려운 것이다. 단시일을 놓고 보면 경제학적 投資－産出(investment-output)모형에 위해 두뇌유출이 移出國에 주는 타격이 큰 것으로 보이나 장기간을 놓고 移民들이 民族的 正體性을 유지하고 계속 母國과 연계를 가질 때 이것은 반드시 어느 모형에 맞추어 移入國이나 移出國이 一方的으로 경제적 이익을 본다고 할 수 없기 때문이다.

V. 社會的 地位와 民族的 正體性

1. 中國

지금까지 알려진 바에 의하면 在中韓人들의 經濟的 基盤은 과수원과 벼종사를 위주로 한 農業으로서 쌀이 귀한 北中國地方에서 쌀은 다른 農作物을 비해 값이 비싸고 벼재배에 능숙한 韓人들은 相對的으로 漢族에 비해 높은 收益을 올리고 있다.

韓人集團도 다른 少數民族과 마찬가지로 中國의 政治的狀況에 의해 영향을 받았으며 다른 少數民族에 대한 政策이 韓人에게도 적용됐다. 그러나 모든 少數民族이 동일한 대우를 받고 똑같은 갈등을 겪은 것은 아니다. 韓人集團은 티벳이나 몽고처럼 數百數千年間 유지돼온 土着社會가 아니었으므로 세습적인 정치구조나 土着的인 사회

20) Brinley Thomas, 1996.

경제구조의 변화를 겪을 필요가 없었다.

韓人이기에 제한되는 고급인력 수급에서의 차별대우나 연고지가 남한이라는 이유로 사상성을 의심받고 黨幹部나 軍官으로의 진출이 거부된 사례도 있었으나 그것은 극소수에 불과하고 오히려 醫師나 敎育, 硏究分野, 工業技術職등 一般專門職으로 進出하고 있다.

그렇다해도 漢族과의 葛藤이나 마찰이 없었던 것은 아니다. 1950年代末부터 山東省의 農民과 勞動者들이 대거 東北三省으로 移住하고, 人民公社制에 따라 韓人과 中國人이 同一生産小隊나 大隊에 편성됨에 따라 잦은 충돌이 일어났다. 表面的으로는 벼농사기술과 작업스타일 및 기질상의 차이로 인한 것이었으나 기실 漢쇼비니즘과 韓우월감의 충돌이었다. 1960年代 후반의 文化革命으로 漢族과의 충돌이 심화되기도 했다. 過去模範大隊로 칭송받던 韓人大隊들은 四人幇으로부터 利己的이며 資本主義根性의 典型이란 혹평을 받고 南朝鮮의 앞잡이라 해서 投獄되기도 했다.

鄧小平體制이후 과거 迫害를 받았던 사람들은 다시 復權되고 대우받고 있다. 韓人들중 共産化以前 社會, 經濟的으로 높은 地位를 유지했던 사람들은 대체로 政府에 대해 批判的이지만 가난했던 대부분의 사람들은 中國政府가 경제적 기반을 마련해 주고 敎育의 惠澤을 준데 대해 감사하고 있다.[21] 中國內의 韓人들은 美 · 日 · 소에서와는 달리 韓國幼稚園, 小學校, 中學校에서 韓國語로 교육을 받고 특히 延邊朝鮮自治州의 首都인 延吉에 있는 延邊大學은 韓人同胞를 위한 綜合大學으로서 1949年에 建立되어 韓國語, 中語, 英語. 數學, 物理, 化學등 專攻科가 있고 醫學, 農學, 藝術등 特殊分野를 전담하는 7個의 單科大學이 있다.[22]

'朝鮮族의 民族意識은 아주 强하다'고 在中韓人들은 自身들을 評

21) 金光億, 1984, pp.45~54.

22) 玄雄, 1984, pp.77.

한다. 이와 같은 民族正體性은 中國 漢族과 비교하여 자신들이 우월하다는 느낌을 바탕으로 형성된 것이다. 朝鮮族은 漢族에 비해 비교적 교육수준이 높고, 經濟的으로 윤택하고, 勤勉하기 때문에 少數民族이지만 스스로 더 우월하다고 느낄 수 있는 것이다. 이와 같은 우월감은 配偶者選擇에서도 나타나고 있다. 韓人과 中國人의 婚姻은 흔하지 않고 大都市에서 中國人男子와 韓人女子의 婚姻은 더러 찾아볼 수 있다고 한다.[23] 이것은 勿論 逆으로 中國人女子가 韓人男子와의 婚姻을 忌避하는 결과라고도 볼 수 있겠다.

2. 蘇 聯

在蘇韓人中 거의 3/4을 차지하고 있는 中央아시아의 韓人들은 韓國의 米作文化를 전파시켰고, 근면과 단합으로 이 지역의 수많은 異民族 및 土着民族들과 共存하면서 가장 성공적인 생활기반을 마련하여 이지역에서 '富者'民族集團으로 불린다고 한다. 韓人들 중에는 農業英雄이 된 사람들도 많으며 우수한 품종의 쌀 뿐만아니라 단위면적당 綿生産量이 가장 높은 韓人이 재배하는 模範農場이 허다하다.[24]蘇聯의 한 人類學者는 中央아시아 韓人의 특성을 다음과 같이 세가지로 要約하고 있다. 첫째, 韓國人들은 自己傳統을 지키고 있으며 둘째, 소련文化와 言語를 배우고 소련사회에 同化하려는 것과 셋째, 中央아시아 他民族의 文化를 吸收하고 있다는 것이다.[25] 在中央亞韓人들은 지난 40여년간 거의 母國과 단절된 채로 살아오면서도 전혀 새로운 生活環境에 적응해 왔으며 그들은 中央아시아 土着民族文化의 많은 요소들을 받아들였지만 그들이 가져간 韓國文化는 여전히 그들의 日常生活 구석구석에서 찾아 볼 수 있으며 그 사회의

23) 金光億, 1984, pp.63~66.

24) 李文雄, 1983.

25) 李文雄, 1984, p.126.

生活原理로 작용하고 있다 한다. 集團的으로 居住地域을 形成하여 定着한 것이 韓國傳統文化의 要素들을 유지하고 民族統合을 가져오는 데 크게 기여했다고 우리나라의 한 人類學者는 주장한다.

中央아시아의 韓人들은 在日僑胞와는 성격을 달리 하고 있다. 日本에서는 日本人과 文化的 區分인 民族만 다르지 人種上 차이가 없다. 그러나 소련에서는 自身의 民族을 감추고 유럽人이나 中央아시아 土着人으로 행세할 수 없다. 왜냐하면 체질상의 區分인 人種이 다르기 때문이다. 아무리 러시아人이나 카자크人이 되고 싶어도 몽골리안 계통의 韓人으로 남기 때문이다. 또한 소련에는 百餘個以上의 少數民族이 거주하며 소련의 一貫된 少數民族政策에 따라 民族的인 차별이 없기 때문에 民族的 아이덴티티를 감추어야 할 必要性이 없다. 또한 中央아시아의 韓人들은 수많은 少數民族이 共存하는 地域에서 뿔뿔이 흩어져 다른 民族집단에 흡수되기에는 數的으로 너무 많았고, 단합하여 民族的 正體性을 고수하지 않을 경우 三等市民으로 전락할 수밖에 없었던 것이다.[26] 그러나 在蘇韓人이 모두 韓國語에 능통하고 韓國의 傳統文化를 지키고 있는 것은 아니다. 母國을 그리워하고 母國에 대한 鄕愁는 二世나 三世에게는 희박할 것이며, 2,3世는 물론 대부분의 一世들도 모두 共産主義者이며 러시아어를 母國語로 하는 韓國系소련인일 뿐이다. 특히 2차대전중 강제로 징용되어 간 在사하린 韓人들은 모두 소련으로 歸化했으며 단지 一世中 一部가 소련으로 歸化하지 않고 있을 뿐이다.[27]

3. 日 本

職業構造를 통해 在日韓人의 社會的 地位를 살펴보면 대체로 日本産業의 核心部門에 참여하지 못하고 小規模企業이나 日本人의 하

26) 李文雄, 1984, p.126.

27) 徐大肅, 1984, pp.98~101 및 108~111.

청을 받아 시행하는 소규모 공업이 대부분이다. 日本人에게 종속된 이들 업체들은 經濟的으로 불황이 닥치면 가장 먼저 어려움을 겪게 된다. 그럼에도 불구하고 과거 單純勞動, 建設, 古物商, 行商등이 1,2,3 위를 차지했던 것과 달리 오늘날 事務員, 販賣業과 管理職등 위세가 높은 직업을 가진 韓人들이 계속해서 증가하고 있어 이들 직업의 상대적 순위도 계속 높아지고 있다. 또한 韓國經濟가 成長함에 따라 무역과 관광업이 활기를 띠고 이방면에 종사하는 사람의 수가 增加一路에 있다. 몇몇 在日韓人은 日本社會의 惡條件에도 不拘하고 事業에 크게 성공하고 있다. 롯데재벌 같이 2,600명의 社員을 거느리고 數千億円의 판매고를 올리는 경우가 있다.

무엇보다도 在日韓人에게 가장 견디기 어려운 문제는 日本人이 갖는 差別과 偏見이다. 在日韓人들은 極少數를 제외하고 대부분 韓國人이란 身分을 감추고 韓人임을 은폐시키고자 하기에 가정내에서도 日語를 사용하고 父母들은 日本人과 똑같이 행동한다. 이런 가정에서 성장하는 韓人二世, 三世들은 자기가 韓國人의 後世인지 모르고 자란다. 韓人이 밀집해서 살고 있는 곳에서는 韓人學校나 朝總聯系學校에 入學하지만 이들은 전체 在日韓人學生의 20%에 불과하며 나머지 大多數는 日本學校에 入學한다. 그들은 日本의 學習過程을 통해 日本人의 價値觀을 받아들이고 동시에 韓人에 대한 偏見을 갖는다. 그러나 小學校 上級學年이 되어 自身이 韓國人임을 알고 級友들도 알게 될 때 그 충격은 대단히 큰 것이다. 中學校까지 義務敎育을 마치고 高等學校에 진학할 때부터 韓人은 差別된다. 특히 高等學校를 卒業하고 就職을 하려 할때 또는 多幸히 大學까지 卒業하고 취직할 때 또 한번 좌절의 쓰라림을 경험한다. 日本人과 똑같은 교육을 받고서도 日本의 公務員이 될 수 없음을 말할 것도 없고 私企業에서도 韓人을 채용하기 꺼려한다. 그렇다고 自營業을 위해 은행에서 자금을 貸與하려해도 日本銀行은 日本人의 보증없이는 韓人에게 資金을 貸與해 주지 않는다.[28)]

28) 李光奎, 1984, pp.246~251.

一部 日本學者들은 日本에서의 韓人差別은 制度的으로는 없으며 감정적으로도 없어져가고 있다고 主張하며, 差別待遇를 받고 있는 것은 오랫동안 培養되어 온 偏見에 의한 것임을 是認하지만 韓人에게도 責任이 있다고 한다. 아무리 制度를 改善한다 해도 日本國民과 韓人의 의식변화가 없을 경우 그 제도는 意味가 없다는 것이다. 每日의 日常生活에서 韓人들이 日本人들보다 훌륭한 일을 하고 있을때 日本國民의 의식도 점차 변화하리라는 것이다.[29] 社會經濟的으로 劣惡한 地位에 있는 韓人들은 暴力組織과 기타 마약, 賣春등에 종사함으로써 日本社會의 周邊人으로 남아 있는 경우가 허다하다. 따라서 신문을 위시한 매스콤에서 獵奇的인 사건이 일어났을 경우 의례 韓國人이 끼어있음을 지적하고 편견은 가중되고 시정되지 않는다. 그러므로 日本人의 자세도 중요하지만 在日韓人의 행위가 韓人에 대한 편견에 더 큰 作用을 하고 있음을 지적하고 있다. 이것은 간단히 해석할 문제가 아니다. 犯罪가 社會의 産物이냐, 단순히 個人의 責任이냐는 社會學의 오랫동안 논의되는 과제이며 學派에 따라 社會나 人性에 대한 기본가정이 다르기 때문이다.

4. 美 國

美國으로의 移民은 소련이나 日本으로의 이민에 비해 역사가 그리 짧지 않으나 1965年이후 移民法改訂後의 移民들이 대부분을 차지하고 있다. 그러므로 L.A., New York, Chicago등 대도시에 형성되고 있는 소위 Korean town들은 20세기 初 유럽이민들이 형성했던 Italian town이나 Jewish town등과는 그 성격이 다르다. 즉 오늘날 韓人타운들은 韓人中心의 住居地域이라기 보다는 少數民族 複合居住地域에 韓人商店이 密集해 있는 것을 말한다.[30]

1984年 韓人이 가장 많이 살고 있는 南加州地域에서 692명의 主婦

29) 佐藤勝已, 1984, pp.233~236

30) 兪義瑛, 1984, p.173.

를 대상으로 조사한 바에 의하면 男便들 중 38%는 美國人이 경영하는 職場에 나가고, 20%는 韓國人이 경영하는 직장에 다니며, 나머지 42%는 自營業에 從事하고 있다 한다. 이중 主宗을 이루고 있는 것은 縫制業, 酒類小賣業, 注油所, 洗濯業, 衣類店, 食料品商, 햄버거스탠드를 위시한 食堂業이다.31)

在美韓人들은 열심히 일하고 위험성있는 사업을 시도해서 경제적으로 他人種集團에 비해 비교적 빠른 속도로 생활수준이 향상되어 가고 있다. 미국내 사정에 밝지 못해 破産한 경우도 간혹있으나 대부분 생활을 영위하는데 필요한 만큼의 所得을 올리고 있다.

美國 韓人커뮤니티는 韓國에서 出生하여 成長한 一世와 美國에서 出生한 二世 및 三世, 그리고 어렸을 때 부모를 따라와 美國에서 成長했거나 유학와서 영주하는 1.5世의 세 그룹으로 區分된다. 이들의 共通點은 韓人이라는 人種的, 民族的 共通背景을 기초로 하는 抽象的 一體感과 所屬感이 있다는 것이다. 그러나 이들은 몇가지 次元에서 서로 각기 다른 特性을 가지고 있다. 常用言語次元에서 1세들은 韓國語를 상용어로 사용한다. 反面 2세, 3세들은 대부분 韓國語를 잘 하지 못하고 英語만을 사용한다. 1.5세들은 二重言語를 사용한다. 이에 따른 家族內의 問題는 널리 알려져 있으며 이를 해결하기 위해 수많은 한글학교가 대부분 教會附設로 運營되고 있다.

다음 自我意識 乃至 正體性面에서 在美韓人은 여러 範疇로 區分된다. 1981年 남가주에서 행한 한 意識構造 調査에 의하면 應答者의 60%가 自身이 韓國人임을 자랑스럽게 여기고 있으며, 35%는 자랑스러울 것도 없지만 창피할 것도 없다고 하고, 한국인임을 창피스럽게 여기는 응답자의 數는 1%미만이었다. 응답자중 35%는 돈을 번후에 歸國하고 싶다고 했으며, 25%는 한국사회가 좀더 안정되고 통일이 되면 歸國하겠다고 하고, 17%는 은퇴한 다음에, 17%는 전혀 돌아갈 생각이 없다고 했다. 위에서 우리는 60%는 아직도 歸國을 원하고 있

31) 兪義瑛, 上揭書, p.208.

다는 사실이며 나머지 40%는 韓國人임을 의식하고 있지만 韓國系美國人으로서의 의식이 强함을 알 수 있다. 그러나 이 조사 결과는 그 對象者의 80%이상이 一世라는 점을 감안해야 할 것이다.

價値觀面에서 在美韓人은 傳統的이고 保守的인 多數와 進步的인 少數로 나뉘어져 있다고 한다. 勿論 傳統性과 保守性의 區分은 애매하지만 대부분 1세는 權威主義, 男性優越主義, 人脈主義的인 경향이 강한데 비해 2세나 3세의 경우 平等主義, 民主主義, 合理主義的 性向에 기울고 있다.

위와 같이 一見 同質的인 韓人集團內의 多樣하고 異質的인 要素들을 어떻게 調和시켜 協力體制를 구축하느냐의 여부에 따라 美國內 韓人社會의 運命의 左右될 것이다.

二世들의 社會關係의 테두리는 벌써 韓人社會를 벗어나고 있다. 이들은 政治, 文化 및 社會活動에서 다른 民族이나 人種과 잘 섞이고 있다. 二世나 三世들은 韓國人 以外의 男女를 그들의 配偶者로 選擇하는데 주저하지 않고 있으며 이런 경향은 점차로 增加一路에 있다. 在美日本人의 경우 20% 以上, 在美中國人의 경우 50%以上이 他民族配偶者를 選擇하고 있음을 볼때 韓人도 이와 비슷한 추세를 보일 것으로 展望된다.32)

Ⅵ. 同化와 統合

過去 歐美社會에서 가장 바람직한 移民像은 到着國의 文化를 재빨리 收容하고 그 나라 言語를 習得하여 그 社會에 統合되는 것이었다. 그러기 위해서는 過去 自記나라의 文化的 背景을 떨쳐 버리고 母國語를 되도록 빨리 잊고 새생활에 適應해야한다는 것이다. 移民들은 自己母國의 慣習, 言語, 宗敎 및 나름대로의 독특한 이념체계를 지

32) 兪義瑛, 上揭書, pp.181~188 및 p.208.

닌채 새로운 環境에 適應하기 위해서 수많은 問題를 겪게 된다. 따라서 移民을 받는 國家나 社會에서 얼마만큼의 文化的 多樣性을 容認하거나 勸奬하는가의 정도에 따라 同化(assimilation)나 統合(integration)이 이루어지게 된다. 同化는 自身의 正體性(identity)을 버리고 相對方에 單純히 吸收融化 되는 것이다. 그러나 統合은 自己의 正體性을 가지고 相對方에게 영향을 주면서 새로운 社會를 建設함을 말한다. 그러므로 統合은 相互交換的인 過程을 거친다. 한편으로는 移民간 나라의 土着民族이나 國民과의 關係를 통해 移民自身들이 變化하게 되고 다른 한편 그 社會에 영향을 미쳐 그 社會의 變化를 가져오게 된다. 오늘날 여러 나라에서는 社會的으로 전국민의 一致와 和合을 견지하면서 文化的 多樣性을 認定한다. 즉 이민의 경우 一定 社會生活 領域에서는 그나라 전체 국민과 一致된 생활양식을 共有하면서 다른 領域에서는 文化的差異를 갖고 있는 것이 바람직하다는 것이다. 즉 文化的 正體性을 維持하면서 그나라 社會에 積極參與하도록 유도하는 것이다.

위와 같은 統合의 成敗는 여러 가지 요인에 의해 결정된다. 첫째는 移民을 受容하는 나라 政府의 態度, 둘째는 受容國 國民의 態度, 그리고 마지막으로는 移民自身들의 자세이다. 19세기 北美에서 유럽 系의 移民들에게 非移民과 거의 같은 經濟的, 社會的 機會를 부여했던 여러 혜택은 統合을 촉진 시켰다. 19세기와 20세기 大量移民을 受容했던 南美 특히 브라질 國民은 人種的, 宗敎的 偏見이 다른 나라에 비해 훨씬 적었다. 그 결과 브라질에서의 移民集團은 그 社會에 統合되는데 큰 문제가 없었다. 言語, 宗敎, 外貌가 현격하게 다르고 뚜렷하고 특수한 慣行과 傳統이 있는 民族集團은 他社會에 統合되기 어렵다. 19세기 美國에서의 Irish커뮤니티나 東南亞에서의 中國人과 印度人民族集團을 그 代表的 예로 들 수 있다.33)

韓國人이 美國이나 中國 또는 蘇聯과 같은 多民族國家에 移民가

33) United Nation, 1973, pp.259~260

는 것과 日本 같은 單一民族國家로 가는데에는 큰 差異가 있다. 多民族國家인 美, 中, 蘇등에서는 民族의 特性을 認定해 주고 그들의 身分을 保障해 주려고 하지만 대체로 歸化를 奬勵하고 歸化人과 非歸化人을 區別한다. 그러나 日本같은 경우는 歸化를 장려하지도 않고 他民族의 特性을 理解해 주지도 않는다. 또한 移民과 移住國 國民의 人種이 같은 경우와 다른 경우에도 큰 차이가 있다. 韓國人이 日本이나 中國에서는 外觀上 큰 차이가 없으므로 同化되기 쉽다. 그러나 美國이나 소련에서 白人이나 黑人행세를 할 수는 없다. 이런 점에서 美·蘇와 中·日에 거주하는 韓人들에 대한 政策은 區別되어야 한다.

우리가 本 論文에서 살펴본 主要 在外韓人集團은 모두 數百年이상 살고 있는 土着民族이 아니면 最近에 移住해 간 移民集團들이다. 그러므로 自意로 갔던 他意로 갔던 이들은 모두 離散家族의 범주에 속할 수 있다. 특히 韓人集團은 주로 世界最强國에 居住하고 있다. 中國은 世界最大人口와 莫大한 自然資源을 가지고 있으며 소련은 가장 넓은 國土를 가지고 共産圈의 指導者役을 하고 있다. 美國은 名實共히 自由世界의 軍事, 經濟大國이며 日本도 美國에 버금가는 經濟大國이다.

모두 어려운 상황에서 우리 민족의 傳統과 文化를 지키고 있는 이들에게 따뜻한 배려가 필요하며 무엇보다 중요한 것은 융통성 있고 一貫性있는 政策을 樹立하여 이들로 하여금 正體性을 지니고 統合될 수 있도록 도와주워야 할 것이다. 韓國과 在外韓人과의 關係는 韓國과 中, 日, 美, 蘇와의 政治·經濟的 關係에 重要한 要因으로 作用하고 있으며 對外關係에 있어 肯定的이고 發展的인 기틀을 마련하는데 이들의 役割은 더 重要해 질것이다.

〈參考 文獻〉

高松茂, “소련 중앙아시아의 한인들,“「在外韓人의 社會와 文化」(한국국제문화협회, 1984), pp.137~170).

金光億, “중국의 한인사회와 문화,” 上揭書, pp.35~76.

佐藤勝己, “재일한국인의 현상과 전망,” 上揭書, pp.224~228.

徐大奎, “소련의 한국인,”, 上揭書, pp.85~118.

兪義瑛, “남가주 한인,” 上揭書, pp171~223.

李光奎, “재일한국인,“ 上揭書, pp.239~262.

李文雄, “中央아시아 韓人社會에 있어서의 民族藝術活動에 關한 考察,”「東亞硏究」 第2輯(1983年6月), pp.119~136.

玄雄, “중공의 한인들,”上揭書, pp.77~84.

新華字典(北京, 商務印書館, 1972).

Fei, Hsiao Tung, Toward a people's Anthropology(Beijing: New World Press, 1981)

Hutchinson, Edward P., "Immigration Policy since World War I," The Annals of the American Academy of Political and Social Science, Vol.262(March 1949), pp.15~21.

Kennedy, Edward M., "The Immigration Act of 1965," The Annals(Ibid), Vol.367(September 1966), pp.137~149.

Liu, Zheng, Song Jian, et.al., China's Population: Problems and Prospects(Beijing: New World Press, 1981).

Thomas, Brinley, "From the Other Side: A European View," The Annals of the Amsrican Academy of Political and Social Science, Vol.367(September 1966), pp.63~72.

United Nation, The Determinants and Consequences of Population Trends(New York: United Nation, 1973).

(1987)

제3장 北韓人口의 構造와 變化[1)]

- 南北韓의 比較 -

Ⅰ. 序 言

여러 해 동안 북한의 인구는 베일속에 가려져 있었다. 그 이유를 우리는 여러가지로 추측할 수 있다. 첫째는 북한이 개방된 체제가 아닌 폐쇄된 체제를 오랜동안 유지해온 결과 자료가 외부에 공개될 수 없고 정부의 공식발표에만 의존할 수 밖에 없었다는 점이다. 둘째, 인구에 관한 숫자 특히 성별 · 연령별 숫자는 병력에 동원될 수 있는 인구의 규모를 나타내 주므로 보안상의 관점에서 의도적으로 발표를 기피해 왔을 가능성이 크다. 세째, 인구통계에 관한 지수는 고도의 기술적 지식이 필요한 분야이며 설사 전문지식이 있는 사람이 있다해도 그 수가 극소수일 경우 이들이 2천만에 가까운 인구의 구조와 변화과정을 모두 다룰 수 없다는 점이다.

기초적인 자료(성별, 연령별 인구구조)가 전혀 없는 상황에서도 1970년대까지는 중앙정보부와 북한연구소등에서 인구규모를 추계했으나 체계적인 자료를 제시해 주지 못했다. 또한 북한에 관계되는

---

1) 본 연구는 1990年度 文敎部 共産圈 硏究支援金을 받아 西江大學校 東亞硏究所가 주관하여 이루어진 것임.

여러 편의 논문에서 인구의 구조와 변화를 단편적이나마 기술하고 있으며 체계적인 연구도 있었으나 대체로 추리에 의한 가정에 입각한 인구추계였으므로 정확성이란 점에서 높은 수준에 도달할 수 없었다.[2)]

1989년 북한은 1940년대 일제하에서 한국전체에 대해 행한 센서스 이후 최초로 현대적인 센서스를 실시하기로 결정하고 UN의 인구활동기금(UNFPA)에 기술적· 재정적 지원을 요청했다. 북한에서 실시할 최초의 센서스는 1992년 1월로 예정되어 있다. 1982년 컴퓨터를 이용하여 현대적인 센서스를 실시한 중국에 비해서 늦은 감이 있으나 북한의 결정은 유익하고 적절한 것이라 생각된다. UN에서는 기술적· 재정적 원조를 해주는 대신 기본적인 인구에 관한 자료의 공개를 의무사항으로 북한측에 요구했다. 인구의 성별· 연령별 구조와 출생 · 사망· 이동에 관한 자료를 갖지 않고는 북한 인구의 변화과정을 분석할 수 없기 때문이다.

UN의 지원과정에서 공산권문제 전문가인 Eberstadt가 1990년 5월 북한을 방문하여 기초자료를 수집하고 수집한 자료에 대한 연구결과를 출판해도 좋다는 북한측의 허락을 받아 냈다.[3)]

본 연구에서 북한에 대한 인구자료는 Eberstadt와 인구통계 전문가인 Banister가 공저한 논문에 의존했다.[4)] 본 연구의 목적은 Eberstadt가 발표한 1990년 인구조사결과를 이용하여 남북한 인구의 구조와 변화과정을 비교하는데 있다. 인구의 구조란 인구의 크기, 구성, 분포를 말하며 변화과정이란 출생, 사망, 이동을 말하며 여기에는 혼인도 포

---

2) 최근의 연구로서 다음 두 논문을 들 수 있다.
   가. 都興烈, "社會· 文化 分野," 南北韓比較業書 (國土統一院,1988), pp.97-157.
   나. 권태환, "北韓人口推計의 基礎 마련을 위한 硏究", 國土統一院, 南北韓分斷狀況, 국통조 88-12-104, pp.279-322

3) 이에 대한 기사와 자료의 일부는 국내 일간지에도 소개된바 있다. 東亞日報, 1991년 1월 12일자 10-11면 참조

4) Nicholas Eberstadt and Judith Banister, North Korea : Population Trends and Prospects (Center for International Research, U.S. Bureau of the Census, July, 1990)

함된다. 인구에관한 지수로서 지나치게 전문적인 용어와 측정치 등을 사용하는 경우가 많다. 이 글에서는 가능한한 비전문인들에게 전문적인 내용을 풀어서 설명하고자 하나 技術的인 용어를 많이 사용하지 않을 수 없었음을 미리 밝혀둔다.

Ⅱ. 북한 인구자료의 특성

우리나라(남한)의 인구통계는 몇몇 선진국을 포함하여 그 정확성에 있어 세계적으로 인정받고 있다. 인구통계자료는 다양하다. 출생· 사망· 혼인 등에 관한 생정통계 자료의 정확성은 높은 편이 아니지만, 센서스 통계자료의 경우 다른 나라들 특히 후진국들에 비해 정확성이 높은 것으로 알려져 있다. 센서스의 정확성은 한나라의 사회· 경제적 발전 정도와 밀접한 관계가 있어 매우 복잡하게 설명될 수 있으나 문화적 · 관습적 요인도 크게 작용한다. 우리나라 센서스가 비교적 정확한 이유 중의 하나는 우리나라 사람들이 연령에 대해 정확한 개념을 갖고 있고 연령 의식적이기 때문이다. 즉 연령보고를 기피하는 사례가 드물다는 것이다. 1950년대까지의 인구 센서스상의 문제는 행정적· 기술적 면에서 조직의 미비와 전문적지식의 결여 등이 대부분이었다. 북한의 경우도 연령문제에 있어서는 남한과 비슷하다고 가정할 수 있다.

전례 없이 북한이 인구자료를 외부인에게 공개한 데 대해 우리는 우선 의구심을 가질 수 있다. UN에서 북한에 대해 기초자료의 공개를 요구하고 그 대가로 기술적· 재정적 보조를 약속했기에, 이와 같은 보조를 확보하기 위해 의도적으로 조작되었거나 정확하지 않은 자료를 내 놓은 것이 아닌가하는 데 대한 의혹이 간다.

이용 가능한 북한의 자료들을 분석한 인구전문가들에 의하면 발표된 숫자를 조정해 놓은 흔적은 찾아 볼 수 없었다는 것이다. 오히려 일부 일관성이 없는 자료는 인구통계 및 인구연구 후진국에서 흔히 있을 수 있는 것이었다.[5] 만일 이와 같은 오류조차 없었다면 오히려 전문적인 지식이 있는 사람들이 조작했을 가능성이 있다고 더욱 의심 할 수 있다. 북한의 인구자료는 어느 정도 내적인 일관성이 있으나 완전하지 못한 자료가 대부분이었다.

발표된 자료 중 사망에 관한 자료는 매우 부정확했다. 특히 영아 사망율이 대단히 낮았고 생명표상의 평균수명은 지나치게 높았다. 그러나 이와 같은 현상은 자료를 허위로 조작한 결과가 아니다. 세계 거의 모든 나라에서 사망 특히 영아사망에 대한 보고수는 실제보다 낮으며 이와 같은 과소보고 현상은 후진국의 공통된 현상이다. 그러나 북한처럼 완벽하게 통제되어 있다는 사회에서 사망신고자료가 다른 나라보다 훨씬 낮게 보고되고 있다는 사실은 북한정부의 인민통제 능력에 대한 기존의 관점에 강한 의문을 제기하지 않을 수 없다. 이것은 흥미 있는 현상이며 앞으로의 연구 과제라 할 수 있다.

중국과 소련 등 공산권 국가의 경우를 보면 기밀을 필요로하는 인구통계숫자는 삭제하거나 발표를 금지하는 경우가 많았다. 통계적 오류에 의한 것이 아닌 의도적인 허위보고의 예는 전쟁 중이나 내란 기간중 적을 교란시키기 위한 극소수의 경우 외에는 찾아 볼 수 없었다. 북한도 1975년 이후의 인구수에서 군인은 제외하고 있다. 1980년의 신년사에서 김일성은 북한국민의 1인당 GNP를 $1,920로 발표했다. 시장경제체제와 다르므로 직접적인 비교가 불가능하고 계산근거도 애매하지만 이것은 과장된 것으로 생각된다. 총생산량규모(분자)를 과장하지 않았다면 인구의 수(분모)를 과소추정한 것으로 밖에 볼 수 없다. 중국의 경우도 1970년대 중반 1인당 식량생산량을 과장하기 위해 식량총생산량은 그대로 두고 분모인 인구수를 실제 인구인 9억에서 7-8억으로 과소추정한 예가 있다.

남북한이나 사회주의권 국가들과 다른 나라의 인구를 비교· 분석하

---

5) Nicholas Eberstadt, 앞의 글, pp.15-23

는 데 있어 가장 큰 문제 중의 하나는 여러 가지 지수에 대한 정의가 다르다는 점이다. 예컨대, 영아사망율은 일반적으로 총 출생아 중만 만1세가 되기 전까지 사망한 영아의 천분비율을 일컫고 있으나 소련이나 동구 여러나라의 경우 생후 1주일 이내의 사망아수는 사산으로 처리하고 있어 사망율이 가장 높은 신생아의 사망수가 영아사망에서 제외되어 영아사망율이 서방 여러나라보다 매우 낮게 추정되고 있다.

또한 연령분류에 있어서도 세계적으로 5세 또는 10세간격으로 분류하고 있으나 북한의 경우 0-16세, 17-54세, 55세 이상 등 생소한 분류를 이용 발표하고 있다. 이와같은 자료로는 다른 나라와의 비교가 불가능할 뿐만 아니라 대체로 10년마다 실시되는 센서스인구의 전후비교를 불가능하게 해준다. 17-54세라는 특수한 분류는 17세에 투표권이 부여되며 정년이 55세인 경우가 많이 때문으로 풀이되지만 병력규모를 은폐하기 위한 전략적 배려의 결과로도 볼 수 있다.

북한의 정부관리들은 조출생율과 조사망율의 의미를 정확히 파악하지못하고 있는 것으로 알려졌다. 예컨대, 서독과 영국의 조사망율이 북한의 조사망율보다 2-3배가 된다고 하며 북한의 낮은 사망율을 자랑스럽게 생각하고 있다는 것이다. 조사망율은 인구의 연령구조에 큰 영향을 받으므로 사망율이 높은 연령층(65세이상)의 인구가 전체인구에서 차지하는 비율에 따라 크게 좌우되므로 연령을 표준화하거나 생명표를 이용하지 않는 한 전체인구중 일정기간의 사망자수에 대한 정보를 제공해 줄 뿐이다.

북한은 1989년 이후 UN기구의 도움을 받아 북한의 인구관계 전문인력을 훈련하고 있다. 또한 북한 국내에서도 1990년 인구 및 모자보건협회를 구성하고 인구 문제에 대한 광범한 교육을 실시하고 피임과 모자보건에 관한 정보와 기술을 보급하고 있다.6)

한마디로 요약하면 북한의 인구통계는 날조된 것은 없다고 보여지며 다만 보고누락에 의한것과 인구통계 처리상의 미숙함과 상이한 기준등이 자료의 신빙성 문제의 큰 부분을 차지하고 있다.

---

6) UN, ESCAP, Population Headliners, No. 190 (January 1991), p.3.

Ⅲ. 총인구의 규모 및 증가

<表1>에 제시된 총인구수는 북한의 경우 해당 연말인구수이며 남한의 인구는 모두 센서스 결과 발표된 인구수이다.

표1. 남한과 북한에서 발표된 총인구수와 성비, 1949-1990.

(단위 천 명)

연도	남한		북한	
	총인구	성비	총인구	성비
1949	20,167	102.2	9,622	98.8
1953	-	-	8,491	88.3
1955	21,502	100.0	9,359	91.6(1956)
1960	24,989	100.8	10,789	93.8
1965	29,160	101.4(1996)	12,408	95.7
1970	31,435	100.8	14,619	95.1
1975	34,707	101.2	15,986	86.9
1980	37,436	100.5	17,298	86.2
1985	40,448	100.2	18,792	84.5
1990	43,520	100.8	19,346	84.2(1987)

자료 : 부록 표1 참조

남한의 인구수도 사후조사등에 의해 수정된 숫자들이 있으나 그 오류의 범위는 대체로 5%미만이었다. 북한의 경우 발표된 숫자는 실제 인구수와 많은 차이를 보이는 것이었다. 실제 인구와의 차이가 있다는 사실은 우선 전체인구의 성비를 보아도 알 수 있다. 한 나라 인구의 성비는 출생시의 성비· 연령구조· 남녀 간의 사망력의 차이, 성별 인구이동의 차이에 의해 결정되며 전쟁과 같은 특수한 사건이 있을 경우 출생· 사망· 국제이동 등에 곧 영향을 줄 수 있다.

남한의 경우 1949-1990년간 전체 인구의 성비(여자100명당 남자의 인구비)는 100-102로서 큰 변화를 보이지 않고 있다. 남한의 인구도 여러요인의 영향을 받아 왔으나 대체로 6.25전쟁기간중 남성의 높은 사망율은 월남민중 남성의 비가 큼으로 해서 어느 정도 상쇄될 수 있었다.

북한의 경우 1949년 성비 98.8에서 1953년 88.3으로 저하된 것은 전쟁과 월남민으로 인한 여성보다 상대적으로 많은 남성의 인명 손실과 남쪽으로의 이동에 의한 것으로 이해된다. 그 후 북한인구의 성비는 계속 증가하여 1970년에는 95.1까지 올라간다. 그러나 1975년부터 성비가 급강하하여 87에서 1987년 84까지 저하된다. 이와 같은 성비는 정상적인 인구에서는 있을 수 없는 현상이다. 북한측에서도 밝힌 바와 같이 북한의 인구에서는 군인의 수가 제외된 것이다. 북한당국은 모든 인구수에서 군인의 숫자가 제외되었다고 하나 실제 군인의 수가 제외된 것은 1975년 이후의 인구라고 추정된다.[7] Eberstadt 등은 발표된 출생수·사망수 및 출생과 사망에 대한 가정을 세워 1960년부터 1990년까지의 인구를 수정했다.[8]

수정된 북한의 인구수와 남한의 인구수 및 1949-1990년간의 인구증가율은 <표2>와 같다. 지난 41년간 북한의 인구는 960만에서 2140만으로 2.23배 증가했으며 남한의 인구는 같은 기간 2.13배로 증가했다. 증가배수는 남북한간에 큰 차이가 없으나 각 시기별 증가의 템포는 달랐다. 남한의 경우 50년대 후반부터 60년대 중반까지 연평균 3%에 가까운 율로 급격히 인구가 성장했다. 그러나 1966년 후반부터 비교적 빠른 속도로 증가율이 둔화되었지만 65-75년간 약 2%의 증가율을 유지하다가 75-85년간에는 더욱 증가율이 저하되어 연평균 1.5%로 저하됐다. 1985년이후 남한의 인구는 일부 선진국의 증가율보다도 낮은 1.16%의 증가율을 보이고 있다.

---

7) Nicholas Eberstadt, 앞의 책, pp.53-54.

8) 수정된 인구의 1960-90년간 남녀별 인구수는 부록 표2참조.

표2. 남한과 북한의 총인구 및 인구증가율

연도	총인구수(천명)		기간	증가율(%)[4]	
	남한[1]	북한(수정치)[2]		남한	북한
1949	20,167	9,622	1949-55	1.07	0.40(49-56)
1955	21,502	9,359(1956)	1955-60	3.00	3.03(56-60)
1960	24,989	10,568	1960-66	2.57	2.82(60-65)
1965	29,160(1996)	12,172	1966-70	1.88	3.34(65-70)
1970	31,435	14,388	1970-75	1.98	2.71
1975	34,707	16,480	1975-80	1.51	1.76
1980	37,436	17,999	1980-85	1.55	1.71
1985	40,448	19,602	1985-90	1.16	1.77
1990	42,869[3]	21,412			

자료: 1) 통계청 1991 (3), p.34

2) 1949-55 ; Eberstadt and Banister, p.52. 1960-90 ; 같은 책, pp. 175-176.

3) 통계청에서 1990년 센서스인구를 수정한 숫자임.

4) 지수적(기하급수적) 연평균 증가율임.

그러나 북한의 경우 1955년부터 1975년까지 약간의 기복은 있었으나 연평균 3%내외의 높은 율로 증가했다. 1975년 이후 증가율은 매우 급격히 둔화되어 연평균 1.7%를 유지하고 있다. 남북한의 서로 다른 인구증가 과정은 현재의 인구구조에 나타나게 되며 계속 그 영향을 미치리라 예상된다. 이에 대해서는 7절 인구구조(1990년)에서 살펴보고자 한다.

남북한에 대한 특정 연도에 있어서의 조출생율, 조사망율, 그리고 그 차이인 증가율을 보면 <표3>과 같다. <표3>의 지수는 각 연도 1년간의 출생, 사망, 증가를 나타내 준다.

표3. 조출생율, 조사망율, 및 인구증가율

남한과 북한, 1960-1990

남한	1960	1970	1980	1990
조출생율(천명당)	42.1	29.9	23.4	15.6
조사망율(천명당)	12.1	9.4	6.7	5.8
자연증가율(%)	3.00	2.00	1.67	0.98
북한				
조출생율(천명당)	39.1	45.2	24.0	24.1
조사망율(천명당)	16.8	9.7	5.9	5.6
자연증가율(%)	2.70*	3.55	1.81	1.86

* 북송교포등의 국제이동으로 증가율이 조출생율과 조사망율과의 차이와 다름. 자료 : 부록 표3 참조.

남한의 경우 지난 30년간 지속적으로 출생율과 사망율이 떨어지고 있음을 보여 주고 있으나 북한의 경우는 1970년에도 3.55란 높은 증가율을 보이다가 1980년 즉 10년후 그 절반 수준으로 급강하 한다. 다시 10년후인 1990년에는 1980년 수준을 그대로 유지하고 있다. 이와 같은 증가율은 대체로 조출생율의 변동에 더 큰 원인이 있었다. 조사망율의 경우 남북한간에 큰 차이가 없었다. 그러나 조출생율은 남한의 경우 1960년이후 계속해서 떨어진 반면 북한의 경우 70년에서 80년 사이에 엄청난 변화(인구 천명당 45.2에서 24.0으로)를 보이고 1990년에는 1980년 수준을 유지하고 있었다. 출생율과 사망율의 변화에 대해서는 다음 4절, 5절에서 좀 더 자세히 다루어 보고자 한다.

Ⅳ. 출산력

<표3>에서 제시한 조출생율은 인구의 연령구조에 영향을 받는

다. 조출생율과 조사망율은 인구증가율을 계산함에는 정확한 지수가 되지만 실제 한 여자가 평균 몇명의 자녀를 갖게 되는가 또는 한 사람이 평균 몇년을 살게 되는가에 대해서는 정확한 답을 줄 수 없다.

<표4>에 제시된 총출생율은 이런 뜻에서 출산력에 대한 유용한 지수가 된다. 여기서 총출생율이라 함은 기준연도 1년간 가임연령층에 있는 각세의 여성들이 출산하는 비율로 출산한다면 한 여성이 15-49세간 갖게되는 총 정상 출산수를 말한다.

표4. 남한과 북한의 총출산력

연도	남한[1]	북한[2]
1960	6.0	5.4
1966	4.8	6.5
1970	4.5	6.9
1975	3.3	3.9
1980	2.7	3.0
1985	1.7	2.6
1990	1.6	2.5

자료 : 1) 통계청, 1991(3), p.15.
2) Nicholas Eberstadt and Judith Banister, 1990, p.111 및 Appendix A-2, p.179.

남한이나 대부분의 동아시아 여러 나라들 중국· 대만· 일본등과 같이 북한의 경우도 수십년간 지속적인 사망율의 저하 이후 출산율의 저하가 뒤따르고 있다.

북한에서 발표한 자료를 수정해 놓은 자료중 남한과 비교할 수 있는 연도를 뽑아 놓은 <표4>에 의하면 북한의 총출생율은 1960년대까지 계속 상승했고 1970년 6.9명이란 최고의 숫자를 보여주고 있다. 6.9명이란 숫자는 엄청난 숫자로서 이와 같은 높은 수준의 출산력이 계속될 경우 자녀의 평균 출산연령을 35세로 잡더라도 사망율에 큰 변동이 없다면 인구가 35년에 3.5배 된다는 계산이 된다. 이와 같은 증가율은 계속 유지가 불가능한 것이다. 바로 5년후인 1975년에 총출산율은 3.9명으로 떨어지고 80년에 3.0, 85년 2.6, 그리고 90년에는 2.5로 저하된 것으로 추계된다. 2.5명은 선진국의 낮은 수준에 근접한 숫자이며 사망율의 급격한 저하가 없는 한 인구성장율이 매우 낮게 되는 수치이다.

1985년까지도 UN기관에서는 북한의 당시 총출생율을 3.6명으로 추계하고 있었다. 북한의 고위관리들조차 북한의 총출생율이 이미 크게 저하된 것을 추계하지 못하고 1989년 현재 3.6명을 2.5명으로 저하시켜야 된다고 주장했다.[9] UN의 추계와 북한고위관리의 추계는 현실보다 매우 높은 추계였으며 북한의 총출산율은 이미 85년경에 그들의 목표인 2.5명에 가까운 2.6명으로 저하되어 있었다.

전통적인 높은 수준의 출산력을 유지해 온 북한의 총출산율이 1975년이후 급격히 하강하게 된 이유는 무엇이가? 중국의 경우도 같은 기간에 출산력이 약1/2로 저하되어 있다. 그러나 중국은 매우 적극적으로 강제적인 출산억제 정책을 시행하고 있었다. 이미 오래전부터 모택동 사망 후 중국은 개방정책을 실시하고 있고 또한 중국의 지도자들은 2.5-3%의 높은 인구증가율을 감당하기 어렵다는 것을 시인했다. 북한은 1988년 이전까지 공식적으로는 출산억제정책을 발표하지 않았다. 그러나 북한의 인구정책은 중국의 영향을 받았으리라 짐작된다. 중국에서와 같이 1970년대 후반부터 북한의 조출생율과 조사망율은 안정세를 보이고 있다. 그러나 연령구조가 젊기에 가임연령층의 부부가 1명만의 자녀를 갖는다 해도 당분간 더 이상의 조출생율 저하는 기대하기 어렵다.

북한의 출산력이 70-80년간 6.9에서 3.0으로 저하되기 위해서는 기혼부부의 광범한 피임방법의 보급 및 사용과 더불어 강력한 초혼연

---

9) Nicholas Eberstadt, 앞의 책 , p.110 참조.

령의 제한없이는 불가능했을 것으로 짐작된다. 제도적인 강제없이 가임부부들의 개별적인 노력만으로는 단시일내에 이룩하기 어려운 출산력저하 현상이다.

남한의 경우 출산력의 저하는 북한보다 10년 빠르게 시작되었으며 여기에는 정부의 적극적인 정책과 민간기구의 노력, 그리고 무엇보다도 가임 연령층의 개인적인 동기와 노력에 의해서 이루어진 것이었다. 남한의 출산력 저하현상도 다른 나라에 비해서는 그 템포가 빨랐으나 북한보다는 느렸다. 북한의 변화는 매우 급격한 것이었으나 1985년 이후부터 저하의 속도가 다시 둔화되고 있다. 북한은 1970년의 6.9에서 1985년의 2.6까지 15년간 4.3명이 저하되어 연평균 0.29명씩 저하되었다. 남한은 1960년부터 1985년까지 25년간 6.0에서 1.7명으로 북한과 같이 4.3명이 저하되었으며 연평균 0.17명씩 저하한 셈이다. 1985년의 1.7명이란 숫자는 재생산 이하의 수준으로 다른 구미 선진국 수준보다도 낮은 총출산력을 보여주고 있다. 총출산력에 있어 1990년 현재 남한과 북한은 약 1.0명의 차이를 보이고 있으며 이 차이는 대단히 큰 것이다.

북한이 남한을 공격하기 위해 70년 이루 출생수를 낮게 보고하고 있지 않나 의심할 수도 있다. 그러나 이를 위해서는 15년간에 걸쳐 약 500-800만의 출생을 매년 체계적으로 조작해야 된다. 이같은 작업을 위해서는 고도의 기술이 필요하다. 여러 가지 정황으로 보아 이것은 북한으로서는 불가능했던 작업이며 차라리 발표를 기피했을지언정 조작할 의도는 없었던 것으로 생각된다.

V. 사망력 및 사망의 원인

가. 사망력의 수준

북한은 UN인구활동기금에 1986말 현재의 성별· 연령별 인구구조와 1949-87년간의 선별적 연말인구· 성비· 지역별 인구수, 출생수, 사망수 등에 관한 자료를 제공했으며 이외에도 특정연도에 대한 영아사망율,

평균수명, 사망의 원인별 사망자수, 의료 및 공중보건에 관한 자료도 제공했다.

사망에 관한 자료는 대체로 과소 보고된 것이었으며 특히 영아사망에 관한 자료가 과소 보고되어 있는 것이었다. 발표된 매년 연말 인구수와 매년 등록된 출생수만으로도 사망의 수가 적게 보고되고 있음을 알 수 있다. 또한 북한에서 발표한 유일한 성별· 연령별 인구구조(1986년말)에서의 각세별 인구수와 해당 연도의 출생수· 사망수를 비교해 보면 영아사망의 수가 과소 보고되어 있음을 쉽게 알 수 있다.

영아사망율(만1세 미만의 영아 천명당 사망아의 비율)은 한 사회의 사회· 경제적 발전의 정도를 가장 잘 반영해 주는 지수이다. 물론 선천적인 요인에 의한 사망은 민족이나 지역에 따라 차이가 있을 수 있으며 경제발전에 따라 저하되지 않지만 대체로 후천적인 요인은 사회가 발전함에 따라 저하되기 때문이다.

<표5>에 나타난 바와같이 북한의 영아사망에 대한 발표치와 수정치간에는 큰 차이가 있다. 수정치에 의하면 1970년대까지도 북한의 영아사망율은 남한의 영아사망율보다 낮았다. 그러나 1980년대에 들어와 이것이 역전되고 있으며 남한의 경우 계속 큰 폭으로 저하되고 있는데 반하여 북한의 저하폭은 현저하게 낮아지고 있다.

표 5. 남북한 영아사망률의 비교 1970-1980

	북한		남한
	발표치	수정치	
1970	22.7	57.3	65.2
1975	18.1	44.7	49.8
1980	14.2	39.5	35.2
1985	10.5	35.4	24.2
1990	-	31.3	16.4

자료 : 부록 표3 참조

앞서도 말한 바와같이 조사망율은 인구의 연령구조에 크게 영향을 받으므로 국가나 지역간의 사망력을 비교하는데 있어 연령을 표준화하지 않는한 의미가 없다. 가장 정확하게 표준화된 사망의 지수가 평균수명이며 생명표를 이용한 평균수명은 전체해당인구의 사망력을 이해하고 비교하는데 가장 유용한 지수가 된다.

발표된 평균수명은 전체 및 남· 여별로 구분되어 있으며 과다 추정된 것이었다. 이것은 영아사망율에서와 같이 성인 사망자의 수도 과소 보고된 결과라고 보여진다.

표6. 발표된 북한인구의 평균수명, 1957-1986

연도	전체	남자	여자
1957	57.0	55.0	59.0
1960	58.3	56.0	59.0
1964	59.9	57.5	61.9
1969	63.8	62.0	68.0
1972	66.0	62.9	68.9
1976	73.0	-	-
1982	74.0	-	-
1986	74.3	70.9	77.3

자료 : Nicholas Eberstadt and Judith Banister, 1990. p.74.

<표6>에 나타난 바와 같이 북한이 발표한 57-86년간 북한인구의 평균수명의 증가양상은 어느 정도 수긍이 간다. 그러나 문제는 남· 여와 전체간의 평균수명의 차이에 있다. 1960년과 1969년의 경우 전체인구의 평균 수명이 60년에는 여자에 가깝다가 69년에는 남자에 지나치게 가깝다. 남자와 여자의 인구수에 큰 차이가 나지 않는다면 다른 연도에서와 같이 전체인구의 평균수명은 남자와 여자의 평균수명의 중간쯤에 위치해야 한다. 60년에는 여자의 인구가 많았다가 69년에 남자의 인구

가 여자의 인구보다 2배이상 크지 않았다면 이 자료는 추계상의 오류가 있다고 볼 수 있다.

Eberstadt 등이 모든 이용가능한 자료를 이용하여 수정한 평균수명과 남한인구의 평균 수명을 <표7>에 비교해 놓았다.

<표7>에서 읽을 수 있는 것은 한 민족이 남북으로 분단되고 접촉과 통신이 40여년간 두절된 채, 현격한 차이가 있는 사회· 경제제도아래서 평균 수명의 연장이 매우 유사하게 변화하고 있다는 사실이다. 더욱 놀라운 사실은 차이가 있을 것으로 예상되는 시기에 예상밖으로 차이가 없거나 그 반대의 현상을 보이고 있다는 것이다.

표7. 남북한 인구의 평균수명 1960-1990.

연도	남 한			북한(수정치)		
	전체	남자	여자	전체	남자	여자
1960	55.3	53.0	57.8	49.0	46.0	52.1
1970	63.2	59.8	66.7	59.1	56.0	62.2
1980	65.8	62.7	69.1	66.0	62.7	69.0
1990	71.3	67.4	75.4	69.0	65.6	72.0

자료 : 부록 표3 참조.

북한의 경우 마르크스－레닌주의 제도 아래서 생산과 분배구조의 개혁을 위한 다양한 정책과 프로그램을 개발하고 실행했다. 예컨대, 토지개혁과 공중보건 시설의 확충은 생활수준이 낮은 기층 민중의 생활수준 개선에 큰 몫을 했을 것으로 추측된다. 1960년대 초반까지 북한의 경제발전이 남한을 능가했던 것은 잘 알려진 사실이다. 그러나 이와 같은 유리한 조건 아래에서도 북한주민의 평균수명은 남한보다 훨씬 낮았다. (<표7>의 1960년, 1970년 비교)

남한의 경우 지난 30년간 경제발전의 속도가 북한보다 대단히 빨랐다. 1970년대부터 남한의 1인당 국민소득은 북한을 앞질렀으며 1980년대에 들어와서는 북한과 비교되지 않을 정도로의 높은 1인당 국민소득 수준을 향유하고 있다. 그럼에도 불구하고 1980년대에 와서 남한과 북한의 평균수명의 차이는 1960-70년대의 차이보다 현격히 줄어 들어 거의 비슷하게 되었다.

북한은 현재 70세에 가깝게 평균수명을 높였지만 1970년대 중반부터 계속해서 경제적인 어려움을 겪고 있었다. 특히 식량사정이 악화되어 철저한 식량배급제도가 실시되고 있다.[10]

식량보급이나 뚜렷한 경제발전이 없는 상황에서 평균수명이 계속 연장 되고 있는 북한의 역설적인 현상을 어떻게 설명해야 하는가? 자본주의 국가들을 대상으로 한 연구에 의하면 경제발전과 생활수준의 향상이란 조건없이도 공중보선이나 의학시술의 노입 빛 발달, 분배구조의 개선(노동법등 사회정책을 말함)만으로도 평균수명을 60세 후반까지는 높일 수 있으나 그 이상의 연장에서는 경제발전이 필수적이라는 것이다.[11]

나. 사망의 원인

사망의 원인에 대한 자료는 여러가지 요인에 의해 결함이 생긴다. 첫째, 전체 사망자중 신고누락이 많은 경우, 즉 보고된 사망자수가 전체 사망자 수중 차지하는 비율이 낮은 경우, 둘째, 보고된 자료중 사망의 원인이 규명되지 않은 수의 비율, 세째, 사망의 원인중 분류불가능 또는 막연히 노환으로 인한 사망자의 수가 차지하는 비율 등이다. 이들은 사망의 원인에 대한 자료의 정확성에 결정적인 영향을 미친다. 이외에도 사망의 원인에 대한 국가간의 비교에 있어서는 용어상의 문제, 진찰기법간의 차이, 그리고 분류자의 자의적 해석에 의존해야 할 경우 그 해석 여하에 따라 사망의 원인에 대한 자료의 정확성

---

10) 李秦旭 "제3편 경제 : 자력갱생정책의 이점과 한계." 李相禹外, 북한40년 (서울 : 乙酉文化社, 1989), pp.111-227.

11) United Nations, The Determinants and Conseguenus of Population Trends (New York : The United Nations, 1973), p.157

과 비교가능성이 크게 좌우된다.[12]

북한의 경우도 남한에서와 같이 WHO의 국제 질병분류기준을 이용하여 자료를 분류· 발표했다고 한다.[13] 그러나 WHO는 분류기준을 계속 수정함으로써 실제에 맞도록 기준을 정교화시켜 왔다. 북한에서 매년 이와같은 기준에 맞추어 사망의 원인별 사망자수를 발표했는지의 여부는 확실하지 않다.

앞서 본 바와같이 북한의 사망율과 사망력은 크게 저하됐다. 사망의 원인 별로는 더 큰 변화가 있었다. <표8>에서와 같이 1960년 후진국형의 질환인 전염병· 기생충병· 호흡기 질환이 전체사망의 42.5%를 차지했으나 1986년 이들 질환으로 인한 사망은 13.3%로 저하됐다.

표8. 사망의 원인별 백분비, 남한과 북한, 1960, 1986.

사망의 원인	남한		북한	
	1961[1)]	1985[2)]	1960[3)]	1986[4)]
전염병· 기생충병 및 호흡기 질환	33.2	8.7	42.5	13.3
암	3.7	15.1	2.6	13.9
순환기 질환	3.0	31.8	12.1	45.3
폭력· 상해· 사고	1.7	11.6	2.9	7.7
노령및 분류불능	22.4	18.0	13.7	2.6
기타	36.0	14.8	26.2	17.2
합계	100.0	100.0	100.0	100.0

자료: 1) Tai-Hwan Kwon, *The Trends and Patterns of Mortality and Health in the Republic of Korea* (UN, ESCAP, 1986), Asian Population Studies, No.76, p.38.
2) Necholas Eberstadt and Judith Banister, 1990. p.93.
3) 위의책, p.90.
4) 위의책, p.93.

12) United Nations, 앞의 책, p.129

13) Nicholas Eberstadt, 1990, pp.89-91.

같은 시기인 1961-85년 사이에 남한에서는 이들 질환으로 인한 사망이 전체의 33.2%에서 8.7%로 저하했다. 반대로 선진국형 질환인 노쇠로 인한 병—즉 암 및 순환기(심장 및 혈관)로 인한 사망은 북한의 경우 1960년의 14.7%에서 1986년 58.9%로 4배가 증가했다. 남한의 경우 이들 노쇠질환으로 인한 사망은 61-85년간 6.7%에서 46.9%로 7배가 증가했다. 이와같은 현상은 남북한 모두 사망원인이 후진국형에서 선진국형에 거의 가깝게 접근했음을 말해준다.

여러 나라의 경험적 자료를 이용하여 추계한 UN의 모형에 의하면 <표9>에 제시된 바와 같이 생활수준이 낮고 연령구조가 젊고, 평균수명이 50세인 모델 인구에서는 후진국형 질환인 전염병· 기생충병· 호흡기질환으로 인한 사망이 전체의 1/3이상을 차지하지만 평균수명이 70세로 높아지고 연령구조가 노령화 될 경우 이들 후진국형 질환으로 인한 사망은 전체의 6.5%로 감소된다. 반대로 암과 심장· 혈관 등 순환기 질환은 평균수명 50세· 젊은 인구구조에서는 1/4미만을 차지하다가 평균수명 70· 노령화된 인구구조에서는 전체의 2/3를 차지하게 된다.

표9. 두개의 상이한 모형 인구에서의 사망의 원인별 사망자의 백분비

사망의 원인	젊은 인구구조	노령화된 인구구조
	평균수명 50세	평균수명 70세
전염병· 기생충병· 호흡기질환	34.1	6.5
암	5.6	16.4
순환기 질환(짐장· 혈관)	18.7	46.5
폭력· 상해· 사고	4.3	5.2
기타	37.3	25.4
합계	100.0	100.0

자료 : United Nations, 1973, p.129

남북한 모두 아직은 연령구조가 젊다고 볼 수 있으나 거의 선진국형의 사망원인별 유형을 나타내고 있다. 여기에서도 서로 상이한 체제와 조건 하에서 이같이 비슷한 사망의 원인에 따른 유형을 보이고 있음에 다시 한번 놀라움을 금할 수 없다.

Ⅵ. 도시화

한국은 지난 40년간 농촌과 도시의 인구비율이 완전히 역전되어 농촌위주의 사회에서 도시위주의 사회가 되는 급격한 변화를 겪었다. 북한의 경우도 매우 비슷한 양상을 보이고 있다.

북한에서의 "도시지역(Urban)" 이란 개념은 남한과 다르다. 남한의 경우 인구 5만이상을 가지고 있는 읍이나 면지역을 행정적단위로 정부에서 시로 승격시키면 시가 된다. 북한에서도 '시'가 있으나 북한에서 발표한 자료의 도시지역이란 공업생산 노동자 3천명이상이 거주하는 지역을 말한다. 따라서 남한과의 직접적인 비교는 불가능하다.

<표10>에 나타난 바로 보면 북한은 한국전쟁 직후부터 급격한 도시화가 시작되었음을 알 수 있다. 특히 1950년대 후반에 가장 급격히 도시인구비가 증가했다. 그후 1960년대에도 계속해서 도시인구비가 증가했으며 1965-70년간의 증가는 이시기 여성의 산업노동력에의 활용이 적극적으로 실행되면서 도시인구비와 도시인구의 절대적 수가 급격히 증가했다.[14] 1985년 현재 60%의 인구가 도시에서 거주하고 3/4이상의 노동력이 비농업부문에 종사하고 있음은 북한이 공업사회로 전환되었음을 증명한다.

남한의 경우, 1950년대에는 도시인구증가율이 미미하다가 1960, 70, 80년대 30년간 계속해서 급격한 도시인구 성장을 보여준다. 남한의 경우 1970년대 중반에 와서 도시인구가 전체인구의 반을 넘게 되지

14) Eberstadt and Banister, 1990, p.35.

만 북한은 1970년 이전에 전체인구의 반이상이 도시에 거주하게 되었다. 그러나 남한은 1990년대까지 계속 도시인구가 증가하고 있으나 북한은 1970년대 부터 도시인구 증가율이 현저히 둔화되고 있다.

표10. 도시지역인구의 백분비 추이, 남북한, 1949-1990

연도	북한[1]	남한[2]	
		도시	도시및 읍
1950	17.7(1953)	17.2	26.6(1949)
1955	29.0(1956)	24.5	-
1960	40.6	28.0	37.3
1965	47.5	33.5	42.6(1966)
1970	54.2	41.1	50.2
1975	56.7	48.4	59.1
1980	56.9	57.3	69.4
1985	59.0	65.4	77.3
1990	-	74.4	82.7

자료 : 1) 북한 ; Nicholas Eberstadt and Judith Banister, 1990, p.36.
2) 남한 ; 이한순, "한국내 인구집중의 단계적 고찰," 1991년 전기사회학 대회 발표 논문요약문, 유인물, 1991, 6.28.

대부분의 개발도상국에 있어 공통적인 현상은 수위도시비가 높다는 것이다. 한국의 수위도시비가 높다는 것은 세계적으로 잘 알려진 사실이다. 서울은 1980년 전국 도시인구의 39%를 차지했으나 1990년에는 33%로 그 비중이 감소했다. 물론 수도권 전체의 인구는 상대적으로 전국인구에 있어서의 비중이 같은 기간 높아졌지만 서울의 인구비율은 감소했다.(<표11>참조)

북한의 수위도시비는 예상외로 높은 것이었다. 1980-87년간 평양은 전체도시인구의 34.4%에서 30.7%로 약간 감소했지만 그 비중은 대단히 높은 것이었다. 북한과 같이 인구배치나 인구이동이 정부나 당의 결정에 전적으로 의존되는 사회에서 남한에 가까운 수위도시비를 유지하고 있음은 특이한 현상이라 할 수 있다.

표11. 남북한의 10대 도시인구, 1980-1990(단위 천명)

북한[1]			남한		
도시명	1980	1987	도시명	1980[2]	1990[3]
A. 평양	1,842	2,355	서울	8,364	10,628
B. 함흥	594	701	부산	3,160	3,789
청진	509	520	대구	1,605	2,229
남포	-	370	인천	1,084	1,818
순천	-	356	광주	727	1,145
신의주	271	289	대전	652	1,062
단천	-	284	울산	418	551
원산	233	274	부천	221	456
평성	199	239	마산	387	449
사리원	174	221	성남	377	448
C. 총도시인구	5,347	7,669		21,434	32,397
수위도시비(A/C)%	34.4	30.7		39.0	32.8
수위· 차위도시비 (A/B)	3.1	3.4		2.6	2.8

자료: 1) Eberstadt and Banister, p.37.
2) 경제기획원 조사통계국, 1980년 인구 및 주택센서스보고 제 1권 12-1, 전국, 1982
3) 통계청, 1991(2), Ⅲ,부록

이와 같은 현상은 수위·차위 도시비에서도 나타난다. 서울의 인구는 1980년 부산인구의 2.6배이었으며 1990년에는 2.8배가 되었다. 평양은 차위도시인 함흥의 3.1배(1980)에서 3.4배(1987년)로 되었다. 이것은 평양의 사회경제적 집중도가 서울의 집중도 보다 높으면 높았지 작지 않음을 간접적으로 표시해 주고 있다.

Ⅶ. 북한 인구구조의 특징(1990년)

앞서 제2절에서 밝힌 바와 같이 발표된 북한인구의 연령구분은 특수하고 군인을 제외한 민간인만의 인구수이므로 성비가 대단히 낮다.(부록 표4 참조). 55세 이상의 낮은 성비—즉 남성인구가 여성인구에 비해 상대적으로 적은—는 6. 25전쟁으로 인한 것이라고 유추되지만 17-54세 인구의 낮은 성비는 주로 군인을 제외했기 때문이었다. 남한의 인구는 1990년 현재 성비가 101.3이며 북한은 97.5로서 아직도 6 · 25전쟁의 영향을 구조적으로 안고 있다. 연령별로 성비를 보면 남한의 경우 54세까지 100을 넘고 있으나 북한은 40세부터 성비가 100 이하루 떨어지ㄱ 있다.

<표12>에 제시된 바와 같이 남한의 인구는 1990년 현재 거의 정확하게 북한의 2배가 된다. 그러나 연령별로는 남북한의 인구비가 큰 차이를 보이고 있다. 25세 이상의 인구는 모든 연령층에서 북한의 인구수는 남한의 반이 되지 않으며 특히 50세 이상의 인구는 2.5분의 1 밖에 되지 않는다. 그러나 25세 미만의 경우 10-14세 연령층을 제외하고는 남한의 인구는 북한 인구의 배가 되지 못하며 특히 0-4세의 인구는 1.5배도 되지 않는다. 이것은 최근 북한인구의 출산력이 저하됐지만 남한만큼의 낮은 출산력에는 도달하지 않았기 때문이며 북한의 출산력이 더 이상 저하되지 않는 한 이와같은 인구비는 당분간 지속될 것으로 예상된다.

북한 인구구조의 특징은 남한에 비해 젊다는 점이 가장 크게 눈에 띈다. 1990년 북한 인구의 중위 연령은 23.5세로서 남한 인구의 26.9세에 비해 3.4년정도 젊다. 0-14세의 인구는 남북한이 각각 25.8%, 29.4%이며 25세미만의 젊은 연령층의 인구는 남한이 46.3%인데 비해 북한은 53.7%를 점유하고 있다. 반면 노년인구(65세 이상)는 남한이 5%인데 반해 북한은 3.7%로 추계된다.

표12.남북한의 연령별 인구수, 성비, 및 인구비, 1990

연령	남한(A)		북한(B)	성비	인구비
	인구수(천명)	성비	인구수(천명)		A/B
0-4	3,278	112.0	2,302	104.2	1.42
5-9	3,836	107.1	2,046	103.9	1.87
10-14	3,962	106.6	1,949	103.4	2.03
15-19	4,464	106.0	2,532	102.8	1.76
20-24	4,289	105.8	2,658	102.1	1.61
25-29	4,276	104.1	2,042	100.6	2.09
30-34	4,096	104.1	1,875	100.5	2.18
35-39	3,018	106.2	1,381	100.2	2.19
40-44	2,504	105.3	1,101	99.4	2.27
45-49	2,202	103.9	901	98.3	2.44
50-54	2,039	100.3	758	84.0	2.69
55-59	1,604	87.5	620	76.9	2.59
60-64	1,156	75.3	450	67.4	2.57
65-69	904	72.5	330	61.7	2.74
70-74	596	64.7	224	58.9	2.66
75이상	644	43.1	243	43.1	2.65
계	42,869	101.3	21,412	97.5	2.00

자료 : 부록 표5 참조.

북한의 경우 젊은 연령구조로 인한 높은 출생율이 당분간 인구문제의 핵심이 될 것으로 보여진다. 특히 60-74년간 출생한 인구가 노동력으로 진입했고 또 계속 진입하고 있어 이들의 훈련과 산업에의 적정배치가 발전을 좌우하게 될 것으로 전망된다. 남한의 경우 계속 출산력이 낮은 수준으로 머물러 있을 경우 노령인구에 대한 대책이 새로운 인구문제로 등장 할 것으로 생각된다. 인구의 노령화는 축적된 경험을 이용할 수 있는 노동력이 풍부하다는 장점도 있으나 이보다는 사회보장비의 증가, 생산성의 저하, 창의성과 융통성의 부족 등 사회발전에 부정적인 면이 더 크기 때문이다.

Ⅷ. 인구정책

인구정책이란 출생, 사망, 인구이동에 대한 정부의 직접적 및 간접적 정책을 말한다. 넓은 의미에서 정부의 모든 정책은 인구정책과 직접·간접적으로 관계가 있다. 여기서는 최근 북한의 출산력이 저하하게 된 배경을 북한정부의 공식적인 정책과 비교해 보는데 한정시켜 북한의 인구성장에 관한 정책을 살펴 보고자 한다.

북한의 급격한 출산력 저하는 북한만의 독특한 현상은 아니다. 제2차 세계대전후 한국·대만은 물론 중국같은 큰 인구규모의 사회주의권 국가도 출산력이 모두 총출생율 6.0내외에서 3.0이하로 떨어 졌으며 현재는 2.0내외로 낮은 수준을 보여주고 있다. 북한의 경우 독특한 점이 있다면 그것은 강력한 산아제한 정책이 없이 출산력이 급격하게 저하됐다는 점이다. 중국, 대만, 한국의 경우는 강력하고 계속적인 정부의 출산억제정책이 뒷바침해주고 있었다. 북한이 공식적으로 산아제한 정책을 표명한 것은 찾아 볼 수 없었다. 오히려 북한정부는 북한의 인구증가율이 너무 낮아 불만을 표시했다는 보고서는 나와 있다. 이를 위해 출산력을 증가시키기 위한 북한정부의 정책을 찾아 볼 수 없었으나 공식적인 입장은 기본적으로 다산 장려적 정책을 유지하고 있었다. 이로 미루어 보면 1970년대의 급격한 출산력의 저하와 정부의 정책간에는 모순이 있음이 발견된다. 다만 1970년대 초부터 여성의 노동력 활용이 적극적으로 권장되고 이에 따른 여성들의 직장과 자녀양육에 대한 이중적 부담을 줄여 주기 위해 비공식적으로 산아제한을 묵인 내지 조장했을 가능성은 있다.

국토통일원(남한)의 남북한 비교연구에 의하면 북한은 6.25전쟁으로 인한 인명손실을 보충하기 위해 인구증가 정책을 강력히 추진했다. 그 결과 북한은 1956년 부터 인구폭발현상에 직면하게 된다. 그리하여 1972년부터는 출산장려정책에서 산아제한 정책으로 바뀌고 "多産이 산모건강에 해롭고, 자녀가 많으면 양육비 부담이 많을 뿐 아니라 여성의 사회활동에 지장을 초래한다"고 하여 두명정도의 자녀가 적당한 것으로 유도했다고 한다.15) 그러나 이 연구결과는 북한의 실제를 정확하게 분석하고 있다 하더라도 비공식적인 (귀순자· 대외비 자료등)자료를 근거로 한 것이므로 북한의 공식적 입장이라고 증명할 수 없었다.

여기서 가장 큰 의문은 북한이 산아제한 정책을 시행했다면 그것을 숨긴 이유는 무엇이며, 대중매체(신문· TV 등)로 부터의 논평이 전혀 없는 상황에서 어떻게 피임이 광범하게 보급될 수 있었는가에 대한 것이다. 이에 대해서도 앞서 3절과 4절에서 언급한 바와 같이 중국의 정책변화를 가지고 설명할 수 있다.16) 1974년 부카레스트 세계 인구대회에서 중국대표는 강대국들이 제3세계의 인구폭발을 내세워 산아제한 정책을 강요하고 있다고 맹렬히 비난했다. 1950년대 그리고 1960년대까지 모택동등 중국의 지도자들은 인구문제를 정통 마르크스주의 이론을 가지고 설명했다. 그들의 주장에 의하면 인구문제란 봉건주의 사회와 자본주의 사회에서의 내재적인 모순의 결과일 뿐이며 생산이 인구증가를 넘어서는 사회주의 사회에서는 인구문제가 있을 수 없다는 것이다. 그러나 그 후 중국은 인구증가가 식량생산 증가를 넘어서는 현실에 직면했으며 이에 따라 강력한 인구억제 정책을 시행하게 되다.

북한은 사회주의 사회중에서도 주체사상으로 무장된 가장 이상적인 사회라고 자부하고 있었으므로 표면적으로는 인구문제가 없다는 것을 과시 할 수 밖에 없었다고 짐작된다. 정부에서도 고위당국자들은 다산장려적인 정책을 표방해야 했다. 그러나 당의 핵심요원을 통해 강력한 산아제한 정책과 혼인제한 정책(연령연기등으로)을 시행했을 가능성이 크다.

---

15) 都興烈, 앞의책, pp.114-117.

16) Eberstadt and Banister, pp.118-119.참조.

산아제한은 아무리 통제된 사회라 하더라도 부부중심의 가족이 사회의 기본적인 조직이 되어 있는 사회에서는 각 가족내 부부들의 피임에 대한 적극적인 노력없이는 단시일내에 성공할 수 없다. 인도등 남아시아와 동남아시아 여러나라들의 경우를 보면 정부에서 아무리 노력해도 국민대중이 따르지 않으면 성공할 수 없다는 사실이 경험적으로 증명되었다. 1970년대 초반과 같은 급격한 출산력의 저하를 위해서는 최소한 2/3이상의 가임연령층의 부부가 피임을 실행해야 가능한 것이었다. 이와같은 광범한 피임방법의 보급과 사용에는 정부의 강한 정책적 의지와 실행못지 않게 가임연령층 부부의 피임에 대한 욕구 즉 피임실행의 동기가 전제되어야 한다. 필자의 견해로는 북한에서 개인적 차원의 동기는 충분한 정도였으리라 짐작된다. 북한의 교육수준은 오래전부터 높아져 있었으며 이에 더하여 여성의 노동력 참여율의 증가로 개인의 욕구와 정부정책의 방향이 서로 맞물려 인구증가 억제정책이 단시일내에 성공할 수 있었다고 생각된다.

Ⅸ. 요약 및 평가

1992년 1월로 예정된 북한의 총인구 실시계획을 계기로 국제기관의 기술적 · 재정적 지원을 필요로 하는 북한측의 현실과 북한의 인구자료가 필요했던 국제기관의 요구가 서로 일치되어 그동안 오리무중에 쌓여 있던 북한의 인구자료가 공개될 수 있었다.

UNFPA에 발표된 북한의 인구통계자료는 부분적으로 제한된 것이었으나 인구전문가들에 의해 수정되고 재구성되었다. 북한에서 발표한 자료는 누락이나 전문적 기술의 부족으로 인한 오류는 흔히 발견할 수 있었으나 조작에 의한 허위보고는 발견할 수 없었다고 평가된다.

수정된 인구자료에 의하면 북한의 인구는 1990년 현재 2,140만으로 1949년 960만에서 41년간 2.23배로 증가됐다. 같은 기간 남한의 인구도 2,017만에서 4,287만으로 2.13배로 증가됐다. 북한 인구증가의 특징은 한국전쟁이후 1975년까지 연평균 3%의 높은 율로 증가하다가 75년이후 그 증가율이 1.7%라는 낮은 율로 급격히 저하했다는 점이다. 이에 비해 남한은 한국전쟁 이후 1960년대 전반까지는 북한과 같은 3%의 높은 율로 증가하다가 그후 65-75년간은 약2%로, 75-85년간은 1.5%, 85년이후에는 2%라는 대단히 낮은 율로 북한보다는 서서히 증가율이 둔화되었다.

북한인구가 이와같이 변화하게 된 것은 사망율의 지속적인 저하와 출산율의 급격한 저하에 기인된 것이었다. 북한의 총출생율은 1970년까지 대단히 높은 율을 보이다가 그 이후 갑자기 낮은 수준으로 저하했다. 이와같은 현상은 정부의 비공개적인 정책적 노력과 북한주민의 사회경제적 지위변동/여성 노동력 참여율의 증가, 교육수준의 향상, 영아사망력의 저하, 등에 의해 가능했던 것으로 분석된다.

북한인구의 평균수명은 1960년 49세에서 30년후인 1990년 69세로 20년이 연장되었다고 추계된다. 남한의 경우도 같은 기간 55세에서 71세로 16년이 연장되었다. 우리가 발견할 수 있는 놀라운 사실은 서로 다른 체제와 경제발전 수준의 차이에도 불구하고 사망력의 수준이 매우 동질적이란 사실이었다. 남한의 경우 1960년대 까지는 경제발전이 없이도 외국으로부터의 의약기술의 도입과 위생시설의 발전으로 평균수명을 연장할 수 있었으나 1970년에 이후 평균수명의 연장은 경제발전의 영향도 컸을 것으로 평가된다. 반면 북한의 경우 1960년대까지의 급격한 경제발전에도 불구하고 평균수명의 연장은 남한보다 낮았으나 1970년대 이후 북한의 평균수명 연장은 경제가 침체하고 있었음에도 불구하고 일정 수준까지의 평균수명의 연장은 분배체제와 공중보건시설의 확충으로 가능했던 것으로 분석된다. 이것은 사망의 원인별 비율을 통해서도 입증될 수 있었다. 남북한 모두 사망의 원인별로 보면 후진국형에서 선진국형으로 진입해 있었다.

지난 40년간 남한과 북한은 농촌사회에서 도시사회로 변형됐다. 1950-90년간 남한의 도시인구는 17%에서 74%로 북한은 17%에서 59%로 증가했다. 그 변화의 속도는 달랐으나 모두 공업사회로 변환된 것은 같았다. 서울과 평양의 상대적인 집중도는 예상밖으로 비슷했다. 오히려 인구만을 가지고 보면 평양의 수위비가 서울의 수위비보다 높아 집중도가 더 커지고 있는 현상이 발견되었다.

마지막으로 북한의 1990년 현재 인구구조는 남한과 비교할 때 두가지의 특징을 가지고 있었다. 첫째, 전 연령층에 걸쳐 남한보다 성비가 낮았다. 이것은 한국전쟁의 영향, 시기별 출산력의 차이, 최근 남한에서의 남아선호 출산경향 들이 복합적으로 작용한 결과라고 보여진다. 둘째, 북한의 인구는 남한보다 젊다는 점이다. 1990년 현재 25세 이상의 인구는 모든 연령층에서 남한이 북한의 2-3배를 보여 주고 있으나 25세 미만의 인구는 2배를 넘지 못하고 특히 0-4세는 1.5배 미만이었다. 구조적으로 볼때, 북한의 경우 젊은 연령층의 증가에 따르는 노동력의 훈련과 활용이 당분가 가장 큰 문제가 되리라 예상된다. 남한의 경우는 노령인구의 증가로 인한 생산성문제, 사회보자, 인력 활용등이 앞으로 더 큰 문제가 될 것으로 전망된다.

<참고 문헌>

경제기획원 조사통계국, 1980 인구 및 주택센서스 보고, 제1권 전수조사, 12-1, 전국,1982,12.

國土統一院, 南北韓比較業書,1988.

권태환, "北韓人口推計의 基礎 마련을 위한 硏究," 國土統一院, 南北韓分斷狀況 克服方向硏究, 국통조 88-12-104, pp.279-322.

권태환· 김태헌, 한국인의 생명표(서울대학교 출판부,1990).

金日炫 · 崔鳳鎬, 將來人口推計와 人口學的特徵－ 1990년 人口센서스 및 新人口推計를 中心으로－,1991년 한국 인구학회 학술발표회의 자료, 1991.6

都興烈, "社會· 文化 分野," 南北韓比較叢書 (國土統一院,1988), pp.97-157.

李秦旭, "경제 : 자력갱생정책의 이점과 한계," 이상우외 , 북한40년 (서울 : 을유 문화사,1989), 제3편 , pp.111-227.

이한순, "한국 내 인구집중의 단계적 고찰," 1991년 전기 사회학대회 발표논문 요약문, 유인물.

統計廳(1), 1990人口 人口住宅總調査結果 및 人口推計, 1991.4.

統計廳(2), 1990人口住宅總調査結果, 1991.4.

統計廳(3), 將來人口推計, (1990-2021年), 1991.4.

Eberstadt, Nicholas and Judith Banister, *North Korea: Population Trends and Prospects* (Center for International Research, U.S. Bureau of the Census, July, 1990).

Kwon, Tai-Hwan, The Demography of Korea (Seoul: Seoul National University press, 1977).

Kwon, Tai-Hwan, The Trends and Patterns of *Mortality and Health in the Republic of Korea*, UN. ESCAP, 1986. Asian Population Studies Series No.76.

UN, ESCAP, *Population Headliners*, No.190(Jan.1991).

UN, *The Determinants and Consequences of Population Trends* (New york : United Nations, 1973).

(1991)

부록 표1. 남북한의 발표된 총인구 및 성별 인구, 1949-1990

(단위 천명)

연도	남한			북한		
	전체	남자	여자	전체	남자	여자
1949	20,167	10,188	9,979	9,622	4,782	4,840
1953	-	-	-	8,491	3,982	4,509
1955	21,502	10,753	10,749(1956)	19,359	4,474	4,885
1960	24,989	12,544	12,445	10,789	5,222	5,567
1965(1966)	29,160	14,684	14,476	12,408	6,067	6,341
1970	31,435	15,780	15,656	14,619	7,127	7,492
1975	34,707	17,461	17,246	15,986	7,433	8,553
1980	37,436	18,767	18,669	17,298	8,009	9,289
1985	40,448	20,244	20,204	18,792	8,607	10,185
1990	43,520	21,845	21,675(1987)	19,346	8,841	10,505

자료 : 남한, 1949-1966 ; Kwon, 1977, pp.286-289.
1970-1985 ; 통계청(2), p.5.
1990 ; 통계청(2), p.4
북한;: Eberstadt and Banister, p.52.

부록 표2.수정된 북한의 총인구 및 성별인구, 1949-1990*

(단위 천명)

연도	전체	남자	여자	성비
1960	10,568	5,094	5,475	93.0
1965	12,172	5,894	6,278	93.9
1970	14,388	7,012	7,376	95.1
1975	16,480	8,070	8,410	95.9
1980	17,999	8,838	9,161	96.5
1985	19,602	9,650	9,952	97.0
1990	21,412	10,568	10,844	97.5

* 1986년의 인구구조와 1949-1987년간의 연말 인구총수, 및 출생수, 사망수 등을 이용하여 미국 통계국에서 추계하여 수정한 수치임.

자료: Eberstadt and Banister, 1990. p.55.

부록 표3. 남북한 주요 인구지수의 비교, 1960-1990.[1)]

총인구수(천명)	1960	1970	1980	1990
남한	25,012	32,241	38,124	42,869
북한	10,568	14,388	17,999	21,412
조출생율(인구천명당)				
남한	42.1	29.9	23.4	15.6
북한	39.1	45.2	24.0	24.1
조사망율(인구천명당)				
남한	12.1	9.4	6.7	5.8
북한	16.8	9.7	5.9	5.6
자연증가율(인구천명당)				
남한	30.0	20.0	16.7	9.8
북한	27.0	35.5	18.1	18.6
인구밀도(Km2당)				
남한	254	328	385	432
북한	88	120	150	178
조출생율(가임여성1인당)				
남한	6.0	4.5	2.7	1.63
북한	5.4	6.9	3.0	2.5
평균수명(전체)				
남한	55.3	63.2	65.8	71.3
북한	49.0	59.1	66.0	69.0
(남자)				
남한	53.0	59.8	62.7	67.4
북한	46.0	56.0	62.7	65.6
(여자)				
남한	57.8	66.7	69.1	75.4

부록 표3. 남북한 주요인구지수의 비교, 1960-1990.[1)]

	1960	1970	1980	1990
북한	52.1	62.2	69.0	72.0
영아사망율(영아천명당)				
남한[2)]	-	65.2	35.2	16.4
북한	95.0	57.3	39.5	31.3
도시인구비(%)				
남한	28.0	41.1	57.3	74.4
북한[3)]	40.6	54.2	56.9	59.6(1987)

자료 : 1) 남한 ; 통계청, 1991(3), p.29

북한 ; Eberstadt and Banister, pp.175-180.

2) 권태환, 김태헌, 1990, p.66 및 부표 참조.

3) Eberstadt and Banister, p.36.

부록 표4. 북한이 발표한 성별 연령별 민간인 인구수, 1986년말

(단위 천명)

연령	전체	남자	여자	성비
0	387	198	198	105.1
1-3	1,204	614	591	103.8
4-5	923	471	452	104.1
6-15	4,400	2,236	2,165	103.3
16	544	265	280	94.5
17-54	9,817	4,287	5,530	77.5
55-59	574	223	352	63.3
60-89	1,197	415	782	53.1
90-99	11	3	9	33.6
100+	0.05	0.01	0.04	16.7
계	19,060	8,710	10,350	84.2

자료 : Eberstadt and Banister, 1990. p.65.

부록 표5. 남북한의 수정된 연령별 성별 인구수, 1990

(단위 천명)

연령	남한[1)]			북한[2)]		
	전체	남자	여자	전체	남자	여자
0-4	3,278	1,733	1,547	2,302	1,175	1,127
5-9	3,836	1,984	1,852	2,046	1,043	1,004
10-14	3,962	2,044	1,918	1,949	991	958
15-19	4,464	2,297	2,167	2,532	1,284	1,248
20-24	4,289	2,205	2,083	2,658	1,343	1,315
25-29	4,276	2,181	2,095	2,042	1,240	1,017
30-34	4,096	2,089	2,007	1,875	940	935
35-39	3,018	1,554	1,464	1,381	691	690
40-44	2,504	1,284	1,219	1,101	549	552
45-49	2,202	1,122	1,080	901	447	454
50-54	2,039	1,021	1,018	758	346	412
55-59	1,604	749	856	620	270	351
60-64	1,156	496	659	450	181	269
65-69	904	399	524	330	126	204
70-74	596	234	362	224	83	141
75+	644	194	450	243	77	165
계	42,689	21,568	21,301	21,412	10,568	10,844

자료 : 1) 남한 : 통계청, 1991(3), p.34

2) 북한 : Eberstadt and Banister, 1990, p.192.

제 3 편

인구정책

제1장 東아시아의 人口와 人口政策[1)]

Ⅰ. 人口政策이란 무엇인가?

인구정책이란 국가가 그 사회의 존속과 번영, 즉 국민의 복지를 위해 현재의 인구동향을 변경시키거나 개선하기 위해 취하는 정부차원의 입법, 행정 등 모든 시책이라고 정의할 수 있다(IESS, Vol. 12, p.381). 일반적으로 인구정책이라 하면 우선 인구증가율을 높이거나 유지 또는 저하시키기 위한 시책을 연상하게 된다. 그러나 인구증가는 출생, 사망, 이동 등 변화과정에 의해 결정되며 이들에 대한 정책은 인구의 증가 뿐만 아니라 인구의—성, 연령, 산업, 직업, 지역 등에 따른—구조에도 영향을 미친다. 더구나 모든 공공정책 뿐만 아니라 사회변동 자체는 인구의 추세에 영향을 준다. 따라서 인구추세는 사회의 모든 과정과 직접·간접적으로 연관되어 있다고 볼 수 있다.

인구정책의 범위는 대단히 애매하다. 또한 인구정책의 범위를 밝히는 것 못지 않게 인구정책이 있는가의 여부를 가려내는 것도 중요한 문제이다. 우리는 이런 문제를 가려내기 위해 다음과 같은 몇 가지 질문을 제기해 볼 수 있다. (UN, 1973, p.634).

---

1) 본 연구는 서강대학교 1993년도 교내 연구비 지원으로 수행된 것임.

첫째, 인구정책을 수립했다는 행정당국자나 입법기관으로부터의 유권적인 발표가 있어야 되는가?

둘째, 정책의 목표가 막연하게 진술되어 있지 않고 구체적이고 정확하게 진술되어 있는가?

셋째, 정부의 발표 하나로써 충분한가? 또는 이에 상응하는 입법조치와 구체적인 기구나 제도가 확정되어야 하는가?

네째, 정부의 명시적인 발표는 없더라도 개인이나 단체, 조직 등이 인구추세에 영향을 미칠 수 있는 정부의 정책을 지지하거나 저지하려는 노력을 할 경우 이것을 인구정책에 포함시켜야 하는가? 예컨대 정부에서는 묵시적으로 피임을 권장하고 있을 때 종교단체나 다른 조직체에서 이것을 거부할 경우 그 나라의 정책을 어떻게 규정해야 되는가?

다섯째, 정부의 인구정책이 인구의 변화과정에 한 방향으로 영향을 미치는 것이 아닌 경우 그 나라의 인구정책을 어떻게 규정해야 하는가? 예컨대 정부에서 기혼부부의 피임을 권장하되 그 목표를 우생학적인 차원에서의 인공유산 감소와 원하는 수의 자녀를 갖는 데 두고 출생수의 감소를 목표로 하지 않는 경우를 생각해 볼 수 있다.

여섯째, 인구추세에 간접적으로 영향을 미치는 정책, 예컨대 여성지위의 제고, 일반적인 교육수준 및 사회경제적 수준의 향상을 위한 정책도 인구정책으로 보아야 하는가?

일곱째, 정책과 정책이 서로 모순되고 있을 때 이것을 어떻게 판정하는가? 예컨대, 국민보건과 인도주의적 차원에서 가족수당을 지급하고, 여성의 분만휴가, 여성근로자들을 위한 탁아소를 건립하여 아동을 보호하면서 동시에 유산과 피임을 허용하거나 장려할 때 이것을 출산 억제정책으로 간주하는가 아니면 출산장려정책으로 보아야 하는가?

여덟째, 정부에서 구체적인 정책을 입안하여 시행하지 않는다 해서 인구정책이 없다고 단정할 수 있는가? 많은 경우 이것은 확정짓기 곤란하다. 정부는 비정부기관의 노력을 음으로 양으로 도와줄 수도 있고 그 반대로 규제를 가할 수도 있다.

마지막으로 인구정책이 전혀 없는 것도 정책 – 즉 放任主義 – 이라고 할 수 있다. 이처럼 인구정책은 다른 정책보다 애매한 경우가 많다.

이 글에서는 정부의 구체적인 정책 내용을 개관하기 보다는 인구의 구조와 출산력, 사망력 등 주요변수의 내용을 국가별로 살펴보고 過去可視的인 것 보다는 非可視的인 정책의 방향을 추리함으로써 가장 효과적이고 합리적인 정책방향 설정의 기초를 제공하고자 한다.

Ⅱ. 轉換期를 맞은 東아시아 人口政策

동아시아의 각국은 인구변천 과정에 있어 다양한 양상을 보여주고 있다. 우선 가장 고도로 발전된 인구변천 과정을 보여 주는 국가로 일본과 싱가포르를 들 수 있다. 한국 · 대만 · 홍콩 등은 변천과정을 앞서가는 나라들로 분류될 수 있으며 이를 북한 · 중국 등의 나라가 바짝 뒤쫓고 있다. 또한 몽골과 베트남을 대표로 하는 동남아 여러나라들은 초기 변천과정에 진입해 있다.

동아시아 여러나라의 인구정책은 인구변천과정의 차이와 함께 각국이 처한 사회 · 경제 · 정치적 조건에 따라 그 내용이 다양하다. 출산력 감소를 위한 정책으로 피임은 물론 授乳를 적극 권장하고 있는 베트남등 동남아시아 국가들이 있는 반면 "세 자녀 이상 낳기 운동"을 전개하고 있는 싱가포르 등의 국가도 있다. (APPJ, Vol 10, No.4, Dec, 1995).

한국의 인구정책은 1995-96년 기간 중 전환기를 맞고 있다. 과거 출산율의 억제나 특정지역에로의 집중억제에 두어졌던 정책목표가 인구구조의 개선과 효율적인 국토의 이용등으로 옮겨짐으로써 과거의 소극적인 인구정책으로부터 보다 적극적인 정책으로 방향을 잡아가고 있다. 특히 보건복지부는 그 동안 시행해 오던 3자녀에 대한 의료

보험 분만급여 제한이나 불임시술자에 대한 공공주택입주 우선권 보장등을 폐지하기로 확정했다. (韓國經濟新聞, 1996. 1. 19, 39쪽)

또한 한국정부는 신생아의 남녀비율이 균형을 잃고 있는 현실을 감안하여 딸 두명 이상을 낳을 경우 혜택을 주는 여아출산 장려정책까지도 실시할 예정이다. 보건복지부가 1996년 1월 27일 밝힌 바에 의하면 두 명 이상 여아출산 가정을 대상으로 출산장려금까지도 지급할 예정이다(朝鮮日報, 1996. 1.28, 2쪽).

한국을 제외한 연구대상 국가는 모두 현재까지도 사회주의 국가이거나 변형된 사회주의 국가들이다. 사회주의 국가들의 경제발전이 실패하고 국가가 붕괴했다고 해서 마르크스를 비롯한 사회주의적 접근방법이 완전히 설 자리를 잃었거나 사라진 것은 아니다. Thomas More의 Utopia(1516)까지 거슬러 올라가지 않아도 영국과 프랑스의 사회주의자들과 학자들은 자본주의 체제에 대해 강한 비판적인 견해를 발표하였으며 이들이 주장한 사회개혁과 사회재조직에 대한 이론들을 Utopian Socialism이라 부른다. 19세기 초까지 사회주의 저술가들과 개혁주의자들은 자본주의가 성장함에 따라 계급이 급격하게 분화되고 그 결과로 노동자계급의 생활이 비참한 상태에 이르게 되자 이에 많은 관심을 보였다.

19세기 중반 사회주의를 집대성한 마르크스와 엥겔스는 인구이론 자체를 구성하지는 않았으나 유물사관적인 큰 맥락에서 인구와 사회경제적 상관관계를 지배한다고 볼 수 있는 기본적인 원리를 구성했다. 그들은 18세기 말에 나온 맬서스의 인구론을 추상적인 공론으로 보고 인간사회에서 보편적인 인구의 법칙이란 있을 수 없다고 주장했다. 그후 여러 가지의 수정된 이론들이 나왔지만 기본적으로 사회주의 학자들은 생산양식의 변화 특히 생산관계의 변화가 인구문제를 유발할 수도 있고 문제를 없앨 수도 있다고 보았다. 이들은 인구는 사회경제제도의 변화, 즉 생산관계의 변화여부에 따라 조절이 가능하다고 본 것이다. 잘 알려진 바와같이 사회주의 이론의 맹점은 변증법적인 변화의 원동력이 사회적 모순에서 나온다고 주장하면서도 사회적 모순의 일부가 기존의 인구구조가 되어 있다는 점을 간과하고 있다.

Ⅲ. 研究資料

최근에 이를수록 인구에 대한 지수는 국력을 측정하고 발전의 정도를 가늠하는데 가장 중요한 기준 가운데 하나로 여겨지고 있다. US News and World Report紙의 기사를 인용한 보도에 의하면 1955년부터 1994년까지 40년간 전세계에서 일어난 국가위기 상황 113건을 대상으로 하여 관계있는 변수 600여개를 추출한 것 중 영유아사망율이 가장 의미있는 지표인 것으로 꼽혔다 (朝鮮日報, 1996. 2. 6자, 8면). 이는 영아사망율이 생활수준을 반영하는 가장 정확한 지표가 되고 있음을 방증하는 것이라 할 것이다. 영아사망율은 선천적인 요인과 후천적인 요인으로 구분해서 파악할 수 있다. 영아사망율의 선천적 요인의 감소는 지난 수십년간 지극히 미미했다. 이것은 선천적 요인의 통제가 용이하지 않다는 것을 의미한다. 따라서 영아사망율의 후천적인 요인의 감소가 영아사망율 감소의 대부분을 차지하고 있다는 것을 알 수 있다. 특히 영아사망율은 전쟁, 기근, 역질 등 비선천적인 요인들과 밀접한 관계를 가지고 있다는 역사적 사실을 놓고 볼 때 이 지수가 국가붕괴의 중요한 지표가 되고 있음은 당연하다 하겠다.

이와같이 중요한 인구의 자료는 국가에 따라 그 완전성의 정도가 다양하다. 본 연구에서 사용한 자료는 시점이나 기관과 방법을 통일하기위해 UN ESCAP의 자료와 UNDP의 자료를 주로 이용했다. 본 연구의 대상 국가는 한국, 북한, 중국, 몽골, 베트남으로 하고 일본은 참고로 비교를 위한 나라로 넣었다. 잘 알려진 바와같이 동아시아 주요국가 중 일본의 경우 오래 전부터 가장 높은 완전성을 보이고 있으며 한국의 인구자료는 최근에 이르러 대단히 높은 완전성을 보여주고 있다. 그러나 우리의 연구대상인 중국, 몽고, 베트남과 북한의 인구자료는 대단히 불완전하다. 위의 네 나라 가운데 중국은 1978년 개방 이래 그 자료가 비교적 많이 알려졌으나 워낙 인구수와 지역이 광대하고 완전성에 있어 지역적인 차이가 크기 때문에 여전히 전체적인 윤곽을 정확히 파악하기는 어는 나라보다도 어려운 형편이다. 몽골은 인구수가 적은 반면 광대한 지역에 낮은 인구밀조를 갖고 있어 완정성에 문제가 있지만 1980년대 후반부터 인구구조와 변화과정에 대한 윤곽이 잡혀 가고 있다. 베트남의 경우도 1988년 도이모이(刷新)정책을 표방한 이래 다양한 종류의 인구자료를 공개하고 있다. 오직 북한만 1980년까지 인구자료를 공개하지 않고 있었다. 1990년에 이르러서야 국제기구의 도움을 받기 위해 일부 자료를 미국학자에게 공개함으로써 요즘 널리 인용되게 되었고 추계의 기초자료로 사용되고 있다 (Eberstadt, 1990).

북한이 자체의 이익을 위해서 자료를 교환하지 않을 수 없게 되기 전까지 이를 외부에 전혀 공개하지 않은 이유가 무엇이었는지는 여러 가지로 추리해 볼 수 있다. 첫째로 자료공개를 기피한 것이 비의도적인 것이었다면 그것은 무엇보다도 국가가 이의 필요성에 대한 인식이 부족하였거나 전문가가 부족하여 정확한 센서스 업무처리가 불가능했기 때문이라고도 볼 수 있다. 이와 함께 필자는 그와 더불어 의도적인 면이 더 큰 부분을 차지하고 있다고 본다. 첫째, 인구의 지역별 · 성별 · 연령별 구조가 발표되는 경우 군사기밀과 노동력 배치 등이 노출되므로 안보상의 이점을 위한 것이 주요 이유일 것이다. 다른 하나는 국제기구와의 협상에 이용하기 위한 것도 있으리라 보여진다. 과거 사회주의 국가들이 경제개혁을 진행하는 과정에서 선진국들의 자료요구에 따른 인구자료의 공개가 가치 있는 정보로 이용되었다는 점을 북한의 정책입안자들이 중국이나 베트남 · 동구 · 소련의 예를 통해 충분히 이해하고 있었으리라 짐작된다.

그러나 위와같은 이점은 국제적 비교를 불가능하게 하고 이에 따라 점점 고립된다는 불안감을 일으키게 하는 등의 문제와 고도의 분석

기술의 이용기회를 잃게 하는 결과를 가져왔다. 이처럼 자체적인 평가의 필요성이 점차로 커지고 있는 상황과 비공개가 가져오는 이점이 불리한 점에 비해 미미해지고 있는 현실에서 북한의 자료공개와 계속적인 자료제공은 불가피할 것으로 여겨진다.

그 동안 북한의 인구자료가 외부에 공개되어 오지 않은 결과 국제기구에서 나오는 인구에 관한 뉴스 중 북한에 관한 것은 매우 희소할 수밖에 없었다. 지난 10년간 UN ESCAP에서는 인구에 관한 논문만을 수록한 Asia-Pacific Population Journal을 발간했다. 1986년 3월 제 1권 1호로 시작하여 95년 12월 제 10권 4호까지 총 40권에 수록된 160여 편의 인구관계 논문 중 북한에 관한 논문은 단 한편으로서 그것도 남북한을 합친 1945년 이전의 출산력 추계에 대한 것 뿐이었다. 이에 비해 중국은 39편, 한국 17편, 일본 10편, 홍공 9편, 베트남 6편, 몽골 4편을 기록하고 있다. 이것은 북한자료를 이용한 논문이 거의 전무하다는 것을 말해 준다.

Ⅳ. 人口增加와 增加率

1994년도의 증가율을 보면 일본은 인구학적으로 후기 안정기에 들게 되었다. 한국도 젊은 인구구조를 가지고 있음에도 불구하고 0.9%라는 낮은 증가율을 보이고 있다. 이에 비해 북한과 중국은 인구변천기에 깊이 진입했으나 여전히 비교적 높은 증가율을 보이고 있다. 몽골과 베트남은 초기 변천기의 인구증가율을 보이고 있다(표 1참조).

지난 1960년대부터 매 10년마다 전세계 각국과 UN의 각 기구 및 비정부기구를 대표하는 사람들이 모여 세계인구회의를 개최했다. 1994년에는 카이로에서 수 천 개의 언론사 기자들을 포함 약 10,800명이 모여 9월 5일부터 9일간의 회의를 개최했다. 우리의 연구대상 국가들은 카이로 회의에서 각 국가의 인구정책 특히 인구증가에 대해 다음과 같이 발표했다(UNESCAP, Population Headliners, No.235).

表1 年央人口數, 粗出生率, 粗死亡率 및 人口增加率, 1994

국명	연앙인구수 (천명)	조출생율 (천명당)	조사망율 (천명당)	인구증가율 (%)
몽골	2,432	33	8	2.6
베트남	72,342	29	8	2.0
중국	1,222,017	20	7	1.3
북한	23,491	23	5	1.8
한국	44,453	15	6	0.9
일본	125,017	10	7	0.3

자료:UN ESCAP,1994, Population Data Sheet (Bangkok, 1994)

중국 : 세계에서 가장 인구가 많은 중국을 대표한 中國國家計劃生育委員會 위원장 펑(Peng Peiyun)여사(장관)는

"인구문제의 핵심은 발전이며 국가마다 경제발전의 수준과 문화적 배경 및 역사적 전통이 다르듯이 인구상황도 다르기 때문에 인구문제를 해결하는 데 한 가지 모델을 설정하고 따르는 것은 불가능하다. 그러므로 각국은 그 나라의 특수한 조건과 인구 상황에 따른 정책과 목표를 설정하고 그 목적을 달성하기 위한 방법과 과제를 선정해야 된다. 이것이야말로 주권을 인정하고 존중하는 것이다. 중국의 경우 엄청난 인구규모와 불충분한 가경농지, 빈약한 경제기반, 자연자원의 결핍 그리고 각 지역별 경제, 사회발전의 불균형 등 산적한 문제에 직면하고 있다. 중국 본토에만 12억의 인구가 살고 있으며 매년 1400만 명씩 증가하고 있다. 만일 중국의 인구증가가 통제되지 않을 경우 그 결과는 자연자원과 환경의 파괴와 더불어 12억의 인구가 식량과 피복이 부족하게 되고 전 세계는 난민으로 가득 찰 것이다. 국제사회의 적극적이고 책임 있는 회원국으로서 중국은 인구문제의 해결을 위해 노력할 것이며 동시에 전세계 인구의 안정화와 인류의 평화와 발전 및 협력을 위해 더욱 더 노력할 것"

이라는 입장을 밝혔다.

몽골 : 세계에서 가장 인구밀도가 낮은 몽고의 다슈제벡(Dashzeveg) 보건부 차관은

"몽골은 인구 220만 밀도 km^2 1.4인으로서 (1994년 현재) 1970년대 중반 인구증가율은 3.2%였으나 1990년대에 들어와 2.0%로 낮아졌다. 몽골은 인구증가정책을 실시하고 있으나 출산간격, 수태연령, 모자보건 및 모성 및 영유아사망율의 감소등에 깊은 관심을 가지고 있다. 더 나아가 몽골은 유산을 합법화했다. 인공유산의 합법화로 불법적인 유산과 그 결과 후유증 등은 현격하게 감소했으나 인공유산율이 증가했으며 계속 증가일로에 있다. 이에 대해 몽골은 원하지 않는 수태를 예방하고 효과적인 피임방법을 기혼부부에게 사용하도록 권장함으로써 인공유산율을 저하시키도록 노력할 예정"

이라고 발표했다.

베트남 : 베트남의 인구 및 가족계획부 키(Mai Ky)장관은

"베트남의 인구사업이 성공적이지 못한 점을 감안하여 인구조절을 활성화할 것이다. 이를 위해 1994년 한 해에 2000만 달러를 할당했다. 이것은 2년 전인 1992년에 비해 8배의 예산을 배정한 것이었다. 이 예산은 전임 가족계획요원의 배치를 주로 공사(Commune)별로 하기 위한 것이며 1995년부터는 요원의 배치를 전국적으로 확대하고 자원봉사자도 대량모집 배치할 예정"

임을 밝혔다.

북한 : 북한대표 장성길은

"북한 인구정책의 기본은 인간이 세계의 지배자이며 인간이 모든 것을 결정한다는 이념에 있다. 이런 맥락에서 인구문제의 해결을 위해 교육과 공중보건을 다른 어느 부문보다 더 중시하고 있다. 우리는 오래 전부터 의료시설의 무료이용과 영유아를 위한 탁아소와 유치원 시설을 국비로 제공해 주고 있다. 또한 여성에 대한 모든 종류의 차별을 철폐하고 모든 사회경제 활동에 참여할 수 있는 기회를 마련해 주고 있다."

고 주장하였다. 장대표의 주장은 북한에는 인구는 물론 다른 문제도 전혀 없다는 것을 강조하기 위한 것으로 여진다.

한국 : 출산력의 저하와 인구증가율의 감소라는 두가지 측면에서 전세계적으로 가장 성공적인 나라로 손꼽히고 있는 한국의 장래 인구정책은 주목받을 수 밖에 없었다. 한국의 서상목 보사부장관은

"인구문제가 좀 더 복잡해져 가고 있다. 우리가 그 동안 성취한 것을 잃지 않고 앞으로 달성해야 할 목표를 성취하기 위해서는 진정한 국제협력이 필요하다. 한국의 가족계획사업은 매우 성공적이어서 1960년의 총출산율 6.0에서 1990년에는 1.6으로 저하됐다. 그렇다고 해서 한국의 인구문제가 사라진 것은 아니고 그 문제의 내용이 바뀐 것이다. 공업화는 도시화와 농촌에서 도시로의 이동을 수반했다. 1960년 도시인구 28%에서 1990년에는 74%로 증가했으며 2000년에는 80%가 될 것이다. 오늘날 한국은 국제협력처 등을 통해 인구정책과 경제발전에 관한 경험과 지식을 다른 나라들과 공유하게 됨을 자랑스럽게 생각한다. 한국은 계속해서 UN의 여러 기구와 조직을 통해 다른 여러 나라들과 협력할 것이다. 이제 이 회의는 새로운 작업의 시작이 될 것이며 과거 우리가 해낸 것보다 더 많은 작업을 수행해야 할 것"

이라고 발표하였다.

일본 : 일본의 고노 요헤이 외상은

"인구문제는 점점 더 다른 문제와 복잡하게 얽혀가고 있으며 국지적인 문제가 아닌 세계 전체의 문제가 되고 있기에 구체적인 실행이 긴급히 요구된다. ICPD(International Conference on Population and Development)는 금세기 가장 중요한 국제회의가 되었고 인구증가는 지속적인 발전과 지구환경문제와 밀접하게 관련되고 있기에 일본은 인구와 AIDS(에이즈)문제를 위해 30억불을 지불하기로 결정"

했음을 밝혔다.

Ⅴ. 出產力

어느 시대, 어느 나라를 막론하고 인구정책의 구체적인 내용을 살펴보면 인류의 궁극적인 목표를 위한 수단적인 측면을 포함하고 있으며 이 수단을 목표로 하는 현실적 수단이 있을 수 있다. 사망률의 감소는 그 자체가 목표가 된다. 그러나 출산력의 감소는 그 자체가 궁극적인 목표인 경우가 드물다. 다만 높은 인구성장률을 둔화시키기 위한 일시적인 방편에 불과한 경우가 대부분이다.

<表2>에서 제시한 총출생율(Total Fertility Rate)은 1994년 1년간 각 세에서 가임연령층(15-49세) 여성들이 실제 출산한 비율로 출산한다면 일인당 평균 갖게 되는 자녀수를 말한다. 몽골과 베트남의 경우 전통적인 높은 출산율(6-7명)보다는 낮아졌으나 아직은 매우 높은 수준의 출산력을 보여주고 있다. 이와 같이 높은 출산율이 계속될 경우 이들 두 나라의 인구는 30여 년후에 2배가 될 것이다. 이와 같은 수치는 빠른 시일 내에 도저히 경제 발전을 이룩할 수 없는 높은 수준의 출산력을 의미한다.

表2 總出産率, 嬰兒死亡率 및 출생시 平均壽命, 1994

국명	총출산율	영아사망율 (천명당)	출생시 평균수명	
			남자	여자
몽골	4.5	58	63	66
베트남	3.8	35	62	67
중국	2.2	26	70	73
북한	2.3	24	68	74
한국	1.6	15	69	76
일본	1.5	4	76	82

자료 : 表1과 같음

몽골의 경우 인구수가 희소하여 출산율 억제정책을 실시하고 있지는 않고 있다. 몽골은 1970년대 후반부터 절대인구수를 증가시키기 위해 갖가지 정책을 시행했다. 인구를 200만으로 증가시키기 위해 네 자녀를 출산할 때까지 낙태를 금지시켰고, 다섯 자녀 이상을 낳는 女人에게는 훈장을 주는 등 다산을 권장하고 산모는 물론 남편까지 출산휴가를 주고 탁아비와 양육비를 정부에서 지급하고 있으며 의료보험의 혜택을 받는다(몽골편람, 대외경제정책연구원, 1993, pp.29-30).

베트남의 경우 89년이후 출생율 억제에 높은 관심을 가지고 있고 계속 추진중에 있으나 앞서 말한 바와같이 지금까지의 프로그램은 효과적이지 못했으나 정부의 정책과 의지는 매우 결연하다. 베트남의 경우 북베트남에서는 1975년 통일 이전에 이미 가족계획사업을 실시하고 있었으나 남베트남의 경우 전쟁의 피해로 인구정책을 수립할 겨를이 없었다 (具成烈 편저, 1993, pp.6-7).

중국은 광대한 국가이므로 출생율도 지역간의 차이가 크다. 중화인민공화국 내의 각 省別, 地域別 표준화된 지수(예컨대 총출생율)를 구할 수 없으나 1994년 홍콩과 대만의 경우 총출생율은 각각 1.6과 1.7로서 한국이나 일본과 비슷한 수준을 보이고 있다. <表2>에 제시한 중국 전체의 2.2란 숫자는 대단히 큰 의미가 있다. 1990년대 중반 전세계인구의 4.4분의 1을 차지하고 있는 중국의 인구가 거의 대체수준에 가까운 출산수준을 보이고 있다는 것은 세계인구 안정과 발전에 긍정적인 역할을 하고 있음을 보여준다.

1949년 중공정권 수립이후 시작된 중국의 출산억제정책은 오랜 역사를 가지고 있다. 1953-54년간에 실시한 최초의 센서스결과는 외부세계에 자세히 알려지지 않았지만 중국은 높은 인구증가율을 보고 출산억제방침을 정하고 1956년부터 자발적인 만혼과 출산제한을 장려하는 정책을 발표했다. 그러나 뒤이은 모택동의 文化革命에 의해 산아제한운동은 중단된다. 1962년부터 71년까지의 10년간 공식적인 정책발표는 없었으나 인구조절의 상징인 맬더스이론을 비판하는 견해가 지배했다. 모택동은 "인구가 많으면 그만큼 생각도 많고 따라서 열성과 자원도 많다"고 주장했다. 이에대해 반대하는 견해, 예컨재 北京大學長이었던 馬寅初는 중국 인구증가가 자본축적에 걸림돌이라고 주장하다가 실각했다 (Aird, 1972).

1972년대에 들어와 중국의 인구정책은 강력한 인구조절 정책으로 선회한다. 당시 이론적 뒷받침은 이른바 레닌의 제국주의적 세계질서의 관점이었다. 1974년 세계인구회의에서 중국대표는 실업, 빈곤, 기아와 높은 사망률은 인구과잉에 의한 것이 아니고 제국주의, 식민주의, 패권주의에서 기인된다고 주장하고 인구정책은 전적으로 각

국가가 처한 여건에 비추어 결정되어야 하는 국내문제로서 주권에 관한 문제라고 했다. 이것은 1994년 세계인구 및 발전대회에서의 주장과 대동소이하다. 그 내용이 1994년에 좀 더 구체적이고 문제해결지향적이며 세계평화 및 공존지향적으로 바뀌었을 뿐이다.

70년대 중국의 인구정책은 한마디로 "더 늦게, 더 길게, 더 적게"라는 구호로 요약된다. 즉 결혼은 더 늦게, 자녀의 출산간격은 더 길게, 그리고 총자녀수는 더 적게라는 뜻이다. 이와같은 구호를 실현하기 위해 최저혼인연력을 법적으로 제정했으나 도시와 농촌, 한족과 소수민족등에게는 다르게 적용하는 융통성을 발휘하기도 하였다. 그리고 출산 간격은 5년, 자녀수는 도시에서는 2명, 농촌에서 3명을 이상적인 수로 제시했다. 그 결과 총출산율은 가임여성 1명당 1964년 6.1명에서 1970년 5.7명, 81년에는 2.7명으로 감소했다. 1981년의 총출생율 2.7명은 인구구조가 젊지 않을 경우 그다지 높은 율은 아니다. 그러나 중국의 인구구조는 대단히 젊기 때문에 인구증가율은 중국이 감당하기 어려운 정도였다. 1981년부터 중국은 한 자녀갖기운동을 전개하여 특히 도시지역에서의 출생수 감소에 큰 효과를 보고 있다. 그러나 농촌지역의 경우 뒤의 인구구조에서 말할 성비불균형의 문제로 성공적이지 못한 것은 사실이다. 1981년 2.7명에서 1994년 2.2명으로의 저하는 대단한 성공으로 보여 진다.

북한의 경우 1994년 총출산율 2.3명이란 숫자는 전통적인 고출산율인 6-7명에서 약 1/3로 저하된 낮은 수준이다. 남한의 총출산율 1.6명은 선진국에서나 볼 수 있는 대단히 낮은 수준의 출산력으로서 사망률에 변화가 없이 이 출산율이 계속된다면 30여년 후부터는 인구가 감소하게 된다. 지금까지의 연구결과(Eberstadt, 1990 ; 박상태, 1991 ; 정기원, 1993 ; 김두섭, 1993)를 중심으로 북한의 출산력에 관한 정책을 유추해 보면 다음과 같다.

1960년까지 남·북한은 모두 전통적인 높은 출산율인 6명의 총출산력을 보였다. 그러나 남한의 경우 1970년에 이르러 4.5명으로 감소하고 80년데 2.7, 90년에 1.6으로 감소했으나 북한은 1970년까지 6명 이상의 높은 수준을 그대로 유지하다가 75년에 3.9명으로 갑자기 저하되고 80년에 3.0, 85년에 2.6, 90년에 2.5, 94년에 2.3으로 감소하고 있다.

잘 알려진 바와같이 남한정부의 가족계획사업은 매우 강력하고 효과적이었으며 피임방법과 도구도 널리 보급되었다. 1960년대 초기에는 농어촌주민을 가족계획사업의 주 대상으로 했으나 1970년대에 들어와 도시주민도 포함되었고 1980년부터는 출산력이 높은 특정집단에 대한 선별접근까지 시도했다. 홍보 슬로건도 3자녀 갖기 운동에서 1자녀 갖기 운동으로 전환되고 이를 위한 재정적, 법적, 제도적 장치가 마련되었다. 이와 같은 정부의 노력만으로 출산력이 매우 낮은 수중으로 저하되기는 어렵다. 여기에는 지속적인 경제발전과 이에 따른 교육수준의 상승, 도시화와 공업화에 따른 자녀에 대한 의존도, 그리고 여성의 노동력 참여 등 다른 사회경제적 발전이 수반되어야 한다. 한국은 위의 조건 중 대부분이 충족되어 다른 나라에서 그 유례를 찾을 수 없을 정도로 급속한 출산력의 저하를 경험했다.

북한의 인구정책은 1970년 이전에는 출산장려 내지 출산방관 정책이었다고 볼 수 있다 (김두섭, 1993, p.223). 그러나 1970년 6.0이상의 높은 총출생율에서 1975년 3.9명으로 저하된 것은 소극적인 가족계획 정책으로 이룩될 수 있는 것이 아니라고 보여 진다. 북한의 출산력이 1970년 6-7명에서 80년 3명으로 저하되기 위해서는 1970년대 초반부터 기혼부부의 광범한 피임방법의 보급과 강력한 초혼연령의 제한, 그리고 양곡배급 등의 차등정책이 시행되었음을 시사해 준다. 북한에서 출산억제를 범국민적으로 권장했다는 확실한 증거가 있다. 그것은 북한 인구 연구소장인 홍순원의 발표에 나타나 있다. 1990년 북한 정부는 조선인구 및 모자보건협회를 전국적 규모로 결성했다. 이 협회는 자발적 사회단체로서 전국 대중에게 인구문제에 대한 이해를 돕는 것을 목적으로 모자보건을 향상시킬 수 있는 인사들과 의료인으로 구성되어 있다. 또한 협회는 국가발전의 가장 중요한 요건이 인구·자원·환경의 적절한 균형에 있음을 전 국민을 대상으로 한 교육과 홍보를 실시했다. 유배우 부부에게 피임기구에 대한 지식과

정보를 제공하며 전파하고 이 방면에 대한 연구활동을 지원하며 인구와 모자보건관련 국제기관과 비정부기관과의 상호협력에 주력한다는 것이다 (Population Headliners, No.190, 1991, p.3).

Ⅵ. 死亡力

사망률의 경우에도 동아시아 6개국은 그 차이가 대단히 크다. 평균수명이 베트남과 더불어 가장 낮은 몽골의 경우 영아사망율이 인구 1000명당 58명이었다. 영아사망율은 사망률의 차이를 나타내는 가장 좋은 지표가 된다. 몽골의 보건후생시설은 다른 개발도상국에 비해 비교적 양호한 편이다. 그러나 고출산율을 지향하고 실제 높은 출산율로 인해 아직도 높은 영아사망율을 보여주고 있다.

몽골정부의 공식통계에 의하면 영아사망율(생후 1年간의 사망률)은 천 명당 76에서 88년 64, 91년 63, 그리고 UN에 보고된 58명으로 지난 9년간 25% 이상이 감소되었다(1993, 몽골편람, p.79). 이것은 대단히 급속한 저하속도다.

베트남은 1979년과 1989년 두 차례 실시한 센서스 자료를 이용하여 표준화된 생명표 추계모형에 따라 평균수명을 추정한 결과 88-89년 베트남 인구의 출생시 평균수명은 남자 63세, 여자 68세였다. 이것은 베트남의 경제발전 수준에 비해 너무 높은 기대수명이며 사망자녀의 보고누락에서 생긴 오류로 볼 수 있다. <표2>에 제시한 숫자는 UN에서 다시 수정한 1994년도의 평균수명과 영아사망율이다. 베트남 인구의 평균수명은 중국이나 남·북한에 비해서는 낮으나 다른 동남아 국가들 특히 라오스·캄보디아 등 보다는 월등히 높다.

베트남의 높은 출산력은 몽골에서와 같이 높은 영아사망율과 밀접한 관계를 가지고 있다. 천명당 35명이란 영아사망율은 일본이나 남·북한, 중국에 비해 높은 율이지만 전통적인 사회에서의 100명 내외에 비교하면 상당히 낮아진 것이다. 보고누락의 결과를 참작하면 실제 영아사망율은 35보다는 높을 것으로 추측되지만 베트남이 전후 20년간 인구학적 발전을 지속하고 있음을 보여준다.

중국정부의 발표에 따르면 1949년 해방 당시 중국인구의 평균수명은 35세였다. 45년 후인 1994년 중국의 평균수명은 71-72세로서 두 배 이상이 증가했다. 평균수명 연장에서 영아사망율의 역할이 대단히 컸음을 증명하고 있다. 앞서도 지적한 바와 같이 중국은 광대한 지역이므로 지역 간의 차이 특히 도시와 농촌의 차이와 발전된 지역과 저개발된 지역 간의 차이가 대단히 크다. 평균수명 연장은 1949년 35세, 1950년 68세, 1994년 71-72세로서 처음 32년에 33년이 증가했으나 다음 14년간에 3-4년 연장에 그쳤다. 1980년 정부의 발표에 의하면 중국은 말라리아 · 티부스 · 마마 · 성병 등 전염성 · 기생충성 질환을 완전히 퇴치했다고 한다. 이것은 사회주의 국가의 거국적 보건의료시설의 확충 등 장점을 최대한으로 이용한 결과이지만 일정한 수준 이상의 사망률 감소는 단시일 내에 이룩할 수 없음을 나타내주고 있다.

북한의 평균수명은 1994년 현재 거의 남한을 육박하고 있다. 북한은 지난 50년간 공산주의 체제하에서 생산과 분배구조의 개혁을 위한 여러 가지 정책과 프로그램을 개발하고 실행했다. 토지개혁과 공중보건 시설의 확충은 생활수준이 낮은 기층민중의 생활수준 개선에 큰 몫을 했을 것으로 생각된다(박상태, 1991, pp.33-36).

남한의 경우 지난 30여 년 간 경제발전의 속도가 북한보다 대단히 빨랐다. 잘 알려진 바와 같이 1960년대 초반까지 북한의 경제발전은 남한을 능가했다. 그러나 이와같은 유리한 조건 아래서도 북한인구의 평균수명은 1960년 49세, 1970년 59세로서 남한의 55.3, 63.2세에 비해 낮았다. 1970년대부터 남한의 발전은 북한을 앞지르고 높은 국민소득을 향유했으나 1980년과 1990년의 자료에 의하면 평균수명의 차이가 현격히 줄어들고 있다(1980년 남북한 66세 ; 1990년 북한 69세, 남한 71.3세). 1950년대와 1960년대 남한은 경제발전이 뒤졌음에도 의약품의 수입과 공중보건시설의 확충으로 사망율이 현격히 감소했다. 북한은 1970년대와 1980년대 경제상황이 악화되었음에도 공중보건과 분배구조의 개선만으로도 평균수명을 70세까지 높일 수 있었다고 생각된다.

Ⅶ.年齡 및 性構造

1) 年齡構造

인구의 연령구조는 물론 출생율과 사망률의 혼합된 결과이다. 몽골 인구는 0-14세가 40%를 차지하여 대단히 젊다. 37%인 베트남도 젊지만 몽골보다는 낮다. 이것은 몽골의 출생률이 베트남보다 높다는 것을 간접적으로 증명한다.

0-14세 인구가 전체인구를 30%가 넘을 때 그 인구는 급속히 팽창하는 팽창형임을 보여준다. 20-29%의 경우 후기 팽창형 또는 초기안정형임을 나타낸다. 이에 비해 0-14세 인구가 20%미만일 때 그 인구는 후기안정형 또는 인구감소의 쇠퇴형임을 알 수 있다.

表3 東아시아 六個國 年齡構成比 및 年齡別 人口數, 1994

국명	연령병 인구(%)			연령별 인구수(1000명)			
	0-14	15-59	60+	0-14	15-59	60+	부양비
몽골	40	55	5	974	1,339	122	84
베트남	37	57	7	26,767	41,235	5,064	81
중국	27	64	9	329,945	782,091	109,982	58
북한	29	64	7	6,812	15,034	1,644	56
한국	24	68	8	10,669	30,228	3,556	49
일본	17	64	19	21,252	80,011	23,753	57

자료 : 表1과 같음

몽골과 베트남은 팽창형의 인구이며 중국과 북은 후기팽창형, 한국은 초기안정형, 일본은 쇠퇴형이라고 볼 수 있다. 따라서 몽골과 베트남은 부양비가 높고 중국과 북한은 중간에 위치하고 있으며 일본은 노년인구의 증가로 한국보다 높은 부양비를 보여주고 있다.

1994년의 0-14세 인구는 20년후 20-34세의 초기 노동인구를 의미한다. 베트남의 2700만, 중국의 3억3천만이라는 거대한 노동력은 이 지역 국가간의 경제협력에서 가장 중요한 변수로서 작용할 것으로 예상 된다.

2) 性構造

대체로 인구가 젊으면 그 인구의 성비(여자 100명당 남자인구)는 높다. 이것은 출생시 성비가 105-108인 경우가 대부분이기 때문이다.

연령구조와 마찬가지로 성구조는 다른 사회적 요인에 의해서도 큰 영향을 받는다. 베트남과 북한인구의 성비가 낮은 것이 두드러지게 나타난다. 베트남은 1945-75년간 30년 전쟁의 결과 남자인구의 상대적 감소를 지속적으로 보이고 있다. 이는 1946-54년간의 對 프랑스전쟁, 1965-75년간의 對 미국전쟁, 1979년의 對 캄보디아전쟁에 따른 남성 사망의 과다로 인한 것이었다.

表4 東아시아 五個國의 性構成, 1990

국명	남자 (천명)	여자 (천명)	성비 (남자/여자X100)
몽골(1)	1,072	1,077	99.5
베트남(2)	31,450	32,277	97.4
중국(3)	589,040	554,290	106.6
북한(4)	10,570	10,842	97.5
한국(5)	21,573	21,296	101.3

자료: (1) 대외경제정책연구원, 몽골편람, 1993, 31쪽
(2) 〃 , 베트남편람, 1992, 39쪽
(3) 〃 , 중국편람, 1994, 39쪽
(4) Eberstadt and Banister, 1990.
(5) 통계청, 1990 인구주택총조사결과 및 인구추계, 1991.

북한의 경우 해방 후 6.25 전쟁, 남한으로의 남성인구 유출, 전쟁에 의한 피해등의 구조적 요인이 아직까지도 전체인구의 성비에 영향을 주고 있다.

중국과 한국은 인구구조가 젊지 않은데도 불구하고 성비가 높다. 이것은 남아선호에 의한 인구변동의 축적적인 결과이다. 중국인구의 전문가인 Coale과 Banister는 과거 중국 인구를 살펴본 후 1930년대와 1940년대에 출생 시 성비가 높았고 여아영아의 사망률이 남아보다 훨씬 높았던 것은 전통적인 여아영아살해의 결과로 추론했다. 1960년대와 1970년대 중국인구의 출생시 성비는 106 전후로서 정상을 되찾았다. 이것은 중국정부 수립 후 정부의 영아살해 근절정책의 영향으로 보았다 (Coale and Banister, 1994). 그러나 다시 1980년대 특히 1980년대 후반기 중국의 출생 시 성비는 증가하기 시작했다. 1984년 출생 시 성비는 108을 초과하고 그 후 111에서 116까지의 높은 비율을 유지하고 있다(Gu and Roy, 1994, p.19).

이와 같은 현상은 중국 본토에 국한된 것이 아니었다. 한국 · 중국 · 대만 · 홍콩 등 4개 국가의 성비변화를 연구한 최근의 연구결과에 의하면 출생시 성비가 두드러지게 높아지기 시작한 것은 한국이 1985년, 중국이 1986년, 대만이 1987년이었다. 각각 서로 다른 인구변화 과정을 겪은 세 나라에서 이와 같은 현상이 거의 동시에 일어났다는 것이다(朴在彬 · 趙南勳, 1994). 이들의 공통된 특징은 전통적인 남아선호 사상을 공유하고 있다는 점과 짧은 기간 내에 출산력이 6-7명에서 2명 이하로 떨어졌다는 점이다.

중국의 경우 출생시 성비는 도시에서보다는 농촌에서 높아지고 있다. 1989년 市의 경우 109였으나 鎭과 鄕의 경우 112였다. 물론 省別차이도 컸다(Gu and Roy, pp.21-23). 대만과 특히 한국의 경우 1990년 출생시 성비는 농촌에서보다는 도시에서 훨씬 높았다. 또한 지역적으로도 경상북도 대구 지역이 가장 높아 도시의 크기보다는 지역 간의 차이가 더 컸다. 중국과 한국 모두 자녀의 출생순위가 2명 이하일 때의 성비는 정상이었으나 출생순위 3위 이상부터 급격히 상승했다. 대만에서의 1965-90년간 가족계획 연구결과에 의하면 현존 남아 수가 많을수록 더 이상 자녀를 원하지 않고 피임 실행율이 높았다.

중국의 경우 1세미만 남아초과 현상은 성감별에 의한 낙태가 주요 원인으로 꼽히고 있으나 영아의 棄兒와 여아영아살해도 과거에는 한 몫을 하고 있었다. 한국의 경우 성감별에 의한 낙태가 유일한 원인이었던 것으로 밝혀졌다.

그동안 전체 출생아 수의 제한에 주력했던 인구정책은 이제 총자녀수 라는 단순한 차원을 넘어 성비에 대한 정책적 고려가 필수적으로 논의되게 되었다. 이것은 문화적 가치의 변화가 수반되어야 하며 뒤에 언급할 여성차별의 구조적인 장애를 개선하는 것과 밀접한 관계가 있음은 두 말할 필요가 없다. 더 나아가 출산연령에 대한 정책수립도 필요하다. 사망률의 변화가 없다고 가정할 때 여성들의 자녀출산 평균연령이 20세인 경우와 40세인 경우, 같은 숫자의 평균자녀를 갖는다고 해도 인구증가율은 20세의 경우가 40세의 경우보다 2배가 높다는 사실을 경시하지 말아야 될 것이다.

Ⅷ. 都市化

도시에 대한 규정이 나라마다 다르고 시기에 따라 변천하므로 여러 나라들을 직접적으로 비교하기는 어렵다. 그러므로 여기서는 각국의 발표자료를 기준으로 검토하기로 한다.

몽골은 다른 인구변천과정에 비해 도시화율 (도시에 거주하는 인구의 비와 그 증가율)이 대단히 높다. 특히 도시인구증가율은 동아시아 지역에서 가장 높다. 몽골인구의 59%가 1994년 3大자치시와 지방행정 중심지에 거주하고 있다. 1991년 자료에 의하면 수도 울란바타르에만 전체인구의 27%가 거주하고 있다. 이것은 대단히 큰 首位比로서 균형적인 발전을 저해할 가능성도 있다. 이와 같은 현상은 수도를 중심으로 한 북부지역에 공업과 산업이 치중되어 있는 반면에 그 외의 지역은 유목이 주요 생계수단이 있으며 전국토의 $^1/_3$을 차지하고 있는 고비사막지역의 인구는 10% 내외에 불과하다.

몽골의 지방행정 중심지는 그 성격이 도시와 농촌의 혼합형이라고 볼 수 있다. 목축과 같은 1차산업에 종사하면서 동시에 일정한 시기에는 도시라 불리는 지역에서 살고 있는 인구가 많기 때문이다. 따라서 몽골의 도시는 다른 지역의 도시와는 성격이 다르다는 점을 고려할 때 높은 도시인구비는 다른 사회경제·인구학적 발전 정도에 걸맞지 않을 수 있다.

表5 東아시아 六個國의 人口密度, 都市人口比 및 都市人口 增加率

국명	인구밀도 (㎢ 당)	도시인구 %	연평균 증가율(%)
몽골	2	59	3.6
베트남	218	20	2.9
중국	127	28	4.3
북한	195	60	2.4
한국	449	74	2.3
일본	331	78	0.6

자료 : 表1과 같음.

베트남은 다른 인구 발전 정도에 걸맞는 도시인구비인 1994년 기준 20%를 보여주고 있다. 도시인구비는 우리의 연구대상국 중 가장 낮지만 중국을 제외하고는 가장 빠른 속도로 증가하고 있다. 또한 베트남의 도시인구비는 일부 동남아시아 저개발지역보다는 높다. 오랜 전쟁후 1975년 남북이 통일된 베트남은 그 후 전후복구사업과 경제부흥에 어려움이 있었으나 1986년부터 도이모이(刷新) 정책을 채택하여 개혁과 개방을 추진하고 있다. 베트남의 도시인구비는 가까운 장래에 사회경제발전과 더불어 급속한 도시화가 이룩될 것으로 전망된다 (박상태, 1994).

1970년대초 중국이 부분적으로 개방을 시작할 때까지 중국의 인구자료 특히 지역별 인구자료는 베일에 가려 있었다. 따라서 부분적인 자료를 가지고 추계하거나 추측에 의존할 수 밖에 없었고 그만큼 전세계 인구를 구명하는데 어려움이 컸다. 중국의 도시인구는 1960-70년대의 下放(return to rural areas)에 이어 1980-90년대의 盲流(blind migration) 등 대단히 큰 기복을 겪으며 성장했다. 1950년 이래 중국 정부는 도시인구 증가를 억제하는 데 성공했다. 이것은 개발도상국에서 걷잡을 수 없는 도시인구의 증가와 도시 빈곤문제는 개발에 따르는 부산물일 수밖에 없다는 종래의 연구결과를 부정하고 치밀한 국가의 계획에 의해 도시 과잉인구화를 억제할 수 있다는 경험적 모델을 제시한 것이었다(Ebanks and Cheng, 1990). 그러나 중국의 도시인구 억제정책이 부작용이 없었던 것은 아니다. 1960년대와 70년대의 도시인구 下放은 소위 과잉농촌화(Over - ruralization)란 새로운 현상을 낳기도 했다. 즉 생산성이 낮은 노동력을 강제적으로 농촌에 투입함으로써 생기는 부작용을 말한다. 더구나 개혁 · 개방 이후 1980년대와 1990년대의 盲流현상은 무작정 向都離農 으로서 자본주의 국가에서의 도시인구 과잉현상의 시초를 재연하고 있다. 중국정부는 이 도전을 어떻게 극복 하느냐가 당면한 가장 큰 과제의 하나이다.

한국도 1950년 이후 1990년대까지 농촌과 도시의 인구비가 역전되어 농촌 위주의 사회에서 도시 위주의 사회가 되는 급격한 변화를 겪었다.

북한의 경우도 초기에는 매우 비슷한 양상을 보이고 있었다. 북한의 "도시"개념은 남한과 다르다. 남한의 경우 인구 5만 이상의 읍이나 면지역을 도시적 성격구비의 기준에 따라 정부에서 행정적으로 승격시키면 시가 된다. 북한에도 "시"가 있으나 북한 자료에서의 "도시지역"이란 공업생산 노동자 3천명 이상이 거주하는 지역을 말하므로 남한과의 직접적인 비교는 불가능하다.

북한은 한국전쟁 이후 급격한 도시화가 시작되었다. 1953년 17.7%에 불과했던 도시인구는 1960년에 40.6%로 증가했다. 그리고 1970년 54.2%로 급격히 증가했다가 그 이후 증가의 속도가 완만하여 1980년 56.9%, 1995년 60%로 추계되었다.

남한의 경우 1950년 북한과 비슷한 17.2%였다가 1960년 28%, 1970년 41.1%가 되고 80년 57.3%, 그리고 1994년 74%로 추계되있다 (박상태, 1991).

남한의 도시인구비는 계속 급격히 증가한 데 비해 북한의 도시인구비는 1950년부터 70년까지 급격히 증가하다가 멈춘 이유는 무엇인가? 북한 도시인구의 연령별 · 성별 인구구조를 알 수 없으므로 속단하기 어렵지만 북한의 경제발전이 70년까지 급격히 향상되다가 그 이후 상대적으로 경제성장률이 낮아졌음을 간접적으로 알 수 있다.

남한의 경우 도시인구의 연령구성이 농촌보다 젊기에 도시 내에서의 출생에 의한 자연증가율도 큰 몫을 차지했겠으나 계속되는 비농인구의 증가에 따른 농촌지역의 도시승격과 농촌에서 도시로의 이동이 계속해서 이루어지고 있다는 것은 경제적인 용력(capacity)이 커지고 있음을 알게 해 준다.

1960年代 UN에서는 출산력과 사망력이 높은 지역에 대한 종합적인 연구를 실시한 바 있다(UN, 1973, pp.95-96). 이 연구에 의하면 후진국의 고출산 · 고사망의 인구가 저출산 · 저사망으로의 이행을 위해서는 여러 가지 사회경제적 발전이 수반되어야 한다. 여기에는 소득수준의 상승, 비농업 종사자의 증가 및 그에 따른 도시화를 주요지수로 들고 있다. 출산력의 경우 일정한 사회경제적 발전이 이룩되기 전까지는 현저하게 저하되지 않으며 일정수준에 도달하면 그 때부터 급격하게 저하하기 시작한다는 것이다. 이것을 進入假說이라고 한다.

도시화의 경우 전통적인 6명 이상의 자녀에서 5명으로 떨어진 사회에서는 20% 전후의 인구가 도시에 살고 있었으며 5명 이하로 떨어진 경우 30%이상의 인구가 도시에 살고 있었다. 우리의 연구대상 인구들은 모두 도시인구비가 20%가 넘어 위의 가설을 증명해 주고 있다.

Ⅸ. 人口와 發展

앞서 살펴 본 도시화와 더불어 산업화 그리고 이에 따른 생활수준과 교육수준의 향상은 오랜 동안 인구변천과 밀접한 관계가 있는 지수로 지적되어 왔다. 1970년대 이후에는 위와 같은 전체국민에 대한 지표 못지않게 여성의 교육수준, 노동력 참여율 및 지위향상이 인구발전에 필수조건으로 부각되고 있다.

表6 東아시아 六個國의 成人文字解讀率, 平均修學年數, 人當國民所得 및 產業別 勞動力 人口比

국 가	성인문자 해독율(%) 1)	평균수학 연수(년) 2)	인당국민소득 구매력기준(US $) 1)	산업별종사 노동력 인구비(%) 3)		
	1992	1992	1990-92	1차 90-92	2차 90-92	3차 90-92
몽골	81.1	7.2	2,389	40	21	39
베트남	91.9	4.9	1,010	67	12	21
중국	79.3	5.0	1,950	73	14	13
북한	95.0	6.0	3,026	43	30	27
한국	97.4	9.3	9,250	17	36	47
일본	99.0	10.8	20,520	7	34	59

자료 : 1) UNDP, Human Development Report, 1995 (New York : Oxford Univ. Press, 1995), pp.155-157.
2) UNDP, HDR 1994, pp.129-131.
3) UNDP, HDR 1995, pp.176-177 및 p.201.

1) 교육수준과 산업화

表6에 제시된 바와 같이 동아시아지역의 성인(15세이상) 문자해독율은 구미공업국을 제외한 다른 지역의 여러 나라들에 비해 월등히 높다.

한국과 북한은 1994년 95%를 넘어 선진국 수준에 육박하고 있으며 중국과 몽골은 80% 내외로서 계속 향상일로에 있다. 베트남의 경우 92%로서 동남아시아에서 가장 높은 문자해독율을 보여주고 있으며 이는 거대한 양질의 노동력이 존재하고 있음을 시사한다.

평균수학연수를 보면 한국은 9.3년으로 일본에 가까우며 북한과 몽골은 6-7년으로 지난 수십년간 보편적 초등교육을 실시해 왔음을 알게해 준다. 그러나 중국과 베트남은 5년 내외로서 이들 국가 중 가장 낮지만 대부분의 남아시아 아프리카지역이 평균2년 미만임을 고려하면 상대적으로 높은 수준이다 (UNDP, 1994, pp.129-131).

교육수준의 향상은 농업인구의 비율을 낮추고 산업화는 교육수준의 향상을 강화한다. 중국과 베트남은 농업위주의 사회로서 1차 산업에의 종사인구가 각각 73%, 67%를 차지하고 있다. 이것은 전세계 농업인구 48%는 물론 개발도상국 평균 58%보다는 훨씬 높은 비율이다. 몽골은 유목민족이기에 특수한 경우이겠으나 북한의 농업인구 43%는 북한이 산업화에 깊이 진입했음을 보여준다. 한국의 농업인구 17%는 일본을 제외하고 이 지역에서 가장 낮은 율이지만 선진국 평균 10%보다는 농업인구의 비율이 높다.

소득수준은 1人당 GNP나 GDP보다는 사회주의 국가가 대부분이므로 구매력기준의 1인당 소득(PPP)지수를 이용했다. 소득수준은 평균 수학연수와 正의 관계를 명확히 유지하고 있었으며 농업인구비와는 逆의 관계를 보여주고 있다(表6참조). 즉 수학연수가 높을수록 1人당 소득이 높고 농업인구비가 낮을수록 소득이 높았다.

2) 女性의 地位와 人口

여성의 지위와 인구는 상호의존관계를 가지고 있음은 널리 알려져있다. 다른 조건이 동일하다면 높은 인구증가율과 높은 출산력은 여성의 지위향상에 저해요인이 된다. 제한된 물적 · 사회적 자원의 공평한 배분을 어렵게 하기 때문이다.

여성의 지위와 인구와의 관계는 방법론적으로 두 가지 점에서 어려움이 있다. 첫째는 거시적인 방법과 자료로만 연구가 가능하다는 것이다. 어느 시대, 어느 사회를 막론하고 남녀 간의 차이, 빈부간의 차이, 도시 · 농촌 간의 차이를 포함한 지역 간의 차이, 인종이나 종교집단간의 차이, 그리고 세대 간의 차이와 갈등이 존재한다. 이들의 차이는 시대에 따라 더 커지기도 하고 좁혀지기도 하며, 장소에 따라 심각할 경우도 있고 그렇지 않은 경도 있다. 위에 말한 것 중 빈부 · 지역 · 도농 · 인종 · 종교 · 세대 간의 차이는 사회전체의 자료를 이용한 거시적 방법으로도 연구가 가능하고 개인적 자료를 이용한 미시적 방법으로도 접근이 가능하다.

그러나 한 지역에서의 남녀 성 간의 차이는 사회전체의 자료를 이용한 거시적인 방법으로 연구할 수밖에 없다. 즉 출산력에 대한 개인적 자료를 가지고 개인의 특성에 따라 빈부간의 차이를 볼 수는 있으나 남자와 여자를 떼어 출산력을 측정하여 성간의 차이를 연구하는 것은 의미가 없기 때문이다. 성차이 이외의 것들은 거시적인 방법의 오류를 미시적인 방법으로 보충할 수 있고 미시적인 방법의 단점을 거시적인방법으로 보충할 수 있으나 性間의 차이는 이것이 불가능하다.

둘째는 男女 性間의 차이연구에만 국한된 것은 아니지만 인과관계를 명확히 규명하기 어렵다는 점이다. 여성의 지위와 인구와의 관계에 있어 그 인과관계는 다른 요인의 영향을 제거하기 어렵다는 점보다도 영향을 미치는 방향이 상호교대적인 대응관계이기 때문이다. 출산력이 저하하고 평균수명이 연장되면 그만큼 부양률이 낮아지고 사회적 용력이 커짐에 따라 여성의 노동력참여율도 증가하고 동시에 교육수준과 사회적 지위도 상승하게 된다. 반대로 여성의 교육수준과 노동력 참여율이 증가하고 전반적인 여성의 사회적 지위가 향상되면 출산력이 낮아지고 사망율도 저하된다. 이상적으로는 두개의 방향을 모두 검토해야 된다는 여려움이 있다. 여기서는 논의의 촛점을 후자에 맞추기로 한다.

가) 女性의 敎育水準

여성의 교육수준은 남편의 교육수준보다 출산력의 변화와 더 강한 관계를 갖고 있음이 많은 연구에 의해 증명되었다. 여성의 교육은 혼인과 출산을 연기시키고 가족계획에 대한 지식, 태도, 실행율을 높인다. 또한 혼전 취업률을 높여 가족내에서의 의사결정에 있어 여성지위를 강화시킨다.

한국의 출산력 저하는 세계적으로 알려져 있다. 한국의 예에 의하면 초등교육을 받은 여성의 출산력은 무학보다 출산력이 7.9% 낮으며, 중등교육을 받았을 경우 14.2%, 고등교육 즉 대학 이상의 교육을 받은 여성의 출산력은 중등교육을 받은 집단보다 16.3%가 낮았다 (Lee and Cho, 1986). 사망력에 있어서도 여성의 교육수준에 따라 본인은 물론 자녀와 다른 가족성원에 대한 보건 · 의료 · 영양 등에 관한 지식의 차이를 통해 영아사망률. 모성사망률의 차이를 보여주고 있다.

중국과 몽골의 여성 성인 문자해독율은 베트남과 한국에 비해 낮지만 후진국 전체(59%)에 비해서는 훨씬 높았다. 對남성 문자 해독율의 비율도 중국과 몽골의 경우 각각 79와 86으로 한국과 베트남의 93, 97에 비해 낮으나 이것은 몽골과 중국에 있어 2차대전 이전의 출생자들인 50대 이상의 여성 문맹률이 높기 때문으로 생각된다(表7 참조).

表7 東아시아 六個國의 女性成人文字解讀率, 對男性比, 및 各級學校 在學生의 對男性比

국명	여성성인문자해독율(%) 1)	대남성비율(%) 1)	각급학교 재학생 여성비 (남성=100) 2)		
	1992년	1992	1990년		
			초등	중고등	대학이상
몽골	74.8	86	106	111	140
베트남	88.7	93	101	95	52
중국	69.9	79	95	78	75
북한3)	-	-	-	-	-
한국	95.8	97	100	97	53
일본	- 4)	- 4)	100	102	66

자료 : 1) UNDP, HDR 1995, pp.51-53.
2) 위의 책, pp.66-68.
3) 자료 없음.
4) 100%에 가까우므로 제시하지 않음.

1990년 각급학교 재학생들의 남성에 대한 여성비를 보면 몽골과 중국 특히 몽골 여성의 교육수준은 가까운 장래에 남성과 비슷해지거나 오히려 남성을 능가할 가능성도 있다. 그러나 한국과 베트남 그리고 선진국인 일본까지도 여성의 고등교육(대학이상) 취학률은 개선의 여지가 많아 후진적이다.

나) 女性의 勞動力 參與

여성의 노동력 참여는 혼인의 연기, 교육수준 및 가족계획 실행율을 높임으로써 출산력을 저하시킨다는 것은 일반적인 견해이다. 그러나 이것은 공업화된 선진국의 경우 강한 상관관계를 갖고 있음에 반하여 개발도상국의 경우 이 관계가 약하거나 거의 사라진다는 연구도 많이 나와 있다.

선진국에서도 농촌에서보다는 도시에서 이 관계가 뚜렷하며 고용의 형태에 따라 산업부문에 따라 그 관계가 다양하며 특히 취업과 모성의 역할이 동시에 가능한가의 여부와 밀접하게 관계되어 있다. 후진국 농촌의 경우 여성의 취업여부는 출산력에 거의 영향을 미치지 못하는 반면, 도시지역에서는 강한 관계를 보여주고 있었다 (UN, 1973, p.303 ; UN, 1975, p.370).

表8에 제시하고 있는 바와 같이 동아시아 지역의 여러 나라에서 여성이 전체 노동력에서 차지하는 비율은 세계평균인 35%보다 모두 높았으나 오직 한국만이 34%로서 세계평균을 밑돌고 있었다. 또한 여성의 노동력 참여율도 모두 세계평균은 물론 후진국 평균을 넘어 높은 비율을 보여주고 있으나 한국만이 41%로 세계평균(선진국 46% ; 후진국 50%)에 못 미치고 있다. 전체 수입 중 여성이 공헌한 비율은 한국의 경우 더욱 낮아 22%에 불과했다.

表8 女性勞動力의 比, 女性의 勞動力 參與率 및 全體收入中 女性 勞動力의 收入

	여성노동력의 비율(%) 1)	여성의 노동력 참여율(%) 1)	전체수입중 여성노동력의 수입(%) 2)
국명	1994	1994	(1990-94)
몽골	45	72	-
베트남	47	69	-
중국	43	70	31.2
북한	46	66	38.7
한국	34	41	22.0
일본	39	50	33.5

자료 : 1) UNDP, HDR 1995, pp.57-59 및 pp.176-177.
2) 위의 책, pp.84-85.

동아시아의 여성이 노동력 인구에서 차지하는 비율과 노동력 참여율은 세계에서 가장 높다. 이것은 농업이 차지하는 비율이 높은데도 기인하겠으나 동아시아 대부분이 사회주의 국가였기 때문이었던 것으로도 볼 수 있다. 사회주의 국가에서 여성노동력은 강제로 동원된 노동력이란 점에서 자발적인 노동력 참여율을 가지고 단순하게 비교할 수 는 없다. 그러나 강제적이건 자발적이건 일을 할 수 있는 기회가 있고 일자리가 보장되어 있다는 점에서 중국·북한·몽골·베트남의 인구정책 중 여성 노동력에 관한 정책은 여성노동력의 활용이란 점에서 한국에 비해 성공적이었다고 볼 수 있다.

다) 女性의 地位點數

UNDP는 Human Development Report에서 여성의 지위를 측정하기 위해 GEM(여성 지위점수)을 만들었다. 이 지수의 타당성에 대한 논란은 생략하겠으나 우리의 관심은 동아시아 대상국가들이 보여주는 UN의 기준에 따른 상대적 순위에 있다. GEM은 각국을 단위로 여성들의 정치적 참여정도와 사회경제적 참여정도 및 여성노동력이 창출한 국민 소득에서의 비율등 세가지 변수를 이용하여 남성과 같을 경우를 1.0으로 했다 (UNDP, 1995, pp. 132-133, Technical Note 참조).

表9 女性의 地位點數 및 主要職業에서의 女性從事者 比率(%)

	여성 GEM지위점수	여성종사자 비율,1994			116개국중
국명	1992	국회	행정관리직	전문 · 기술직	순위, 1992
몽골	-	-	-	-	-
베트남	-	-	-	-	-
중국	0.474	21.0	11.6	45.1	23
북한	0.380	20.1	3.7	24.6	50
한국	0.255	1.0	4.1	42.5	90
일본	0.442	6.7	8.0	42.0	27

자료 : UNDP, HDR 1995, pp.84-85

가장 높은 점수를 차지한 나라는 Sweden으로서 0.757이었으며 가장 낮은 점수는 아프카니스탄으로서 0.111점을 나타냈다. 몽골과 베트남은 대상국에서 제외되었다. 중국과 남북한 및 일본을 비교해 볼 때 중국은 0.474로서 가장 높고 다음 일본, 북한 그리고 남한의 순으로 나왔다 (表9참조). 116개국중 중국은 여성지위 면에서 23위를 차지하여 일본의 27위를 앞섰으며 북한도 50위를 차지했다. 그러나 남한은 90위로서 회교국가들과 인도등 일부 남아시아와 아프리카의 소수국가들을 제외한 모든 나라들에 뒤져 있다. 여성의 지위에 관한 한 한국은 최후진국에 속해 있다. 이것은 우리나라에서 앞으로의 인구정책의 방향설정에 참고해야 할 가장 중요한 요인이 여성에 관한 정책임을 알려주고 있다.

X. 結論

세계 제2차 대전 후 지난 50여 년간 세계는 급격한 변화를 경험했다. 그 변화의 템포는 국가마다, 지역마다 달랐으나 동아시아가 가장 급격했다고 해도 과언이 아니다. 그것은 인구변화 한 가지만 가지고도 분명해진다. 동아시아는 전통적인 고출산·고사망의 사회에서 탈피한지 오래되어 일본·한국·북한 및 중국의 일부는 이미 저출산·저사망의 사회가 되었다.

본 연구에서는 중국·몽골·남한과 북한 그리고 베트남을 대상으로 먼저 인구증가, 출산력, 사망력, 성구조, 연령구조, 도시화 등 人口內的인 요인들을 살펴보고 교육수준, 산업화, 여성의 지위등 人口外的인 요인들의 현황을 알아보았다.

인구폭발과 환경파괴에 대한 전 세계적 공동대응과 각국의 생존을 위한 경제활동의 국제화에 따른 수많은 다국적 기업의 형성에 대한 각국의 대처방안은 전 세계가 당면한 공동과제 중 최우선 순위가 되고 있다. 이들 문제는 한 국가나 한 지역의 노력만으로 해결될 수 있는 것이 아니다. 그러므로 국제협력이 그 어느 때 보다도 절실히 요구된다.

1994년 9월 5-13일간 Cairo 에서 개최된 ICPD에서 설정한 2015년까지의 20년간의 중장기계획에 대한 실행계획에서도 인구수의 전례 없는 증가에 따른 자원고갈과 환경문제에 대한 범세계적 공동대응방안이 가장 중요한 것으로 합의되었다. 또한 빈곤, 특히 농촌의 빈곤문제는 또 다른 하나의 전 인류에 대한 도전으로서 이의 해결을 위한 농촌개발등의 정책적 배려를 제안하고 있다. 마지막으로 여성의 지위와 사회발전간의 관계는 그 중요성이 점점 더 크게 부각되고 있다. 경제성장과 삶의 질이 향상된 사회에서는 예외없이 여성의 지위가 높고 그 반대의 경우 여성의 지위가 낮다. 인구정책은 여성의 대표권과 정책참여에서의 평등성이 보장되지 않는 한 성공할 수 없다고 해도 과언이 아니다. 이를 위해서는 다각적인 노력과 정책적 배려가 요구되지만 특히 여성의 교육과 저개발지역에서의 가족계획을 포함하는 보건의료시설의 확충이 우선적으로 필요하며 토지소유, 경작권, 금융 및 보험 등에서의 차별 철폐가 시급하다.

위와 같은 범세계적 노력을 저해하는 장애요소가 무수히 많다. 가장 큰 장애요소는 첫째, 국가라는 장벽과 국가 이기주의라고 할 수 있다. 국가의 자주성과 국내에서의 지역자치는 민주주의의 기본이 된다. 그러나 국가이기주의는 빈곤과 불평등을 확대하고 구조화하여 고정시키는 역할을 하는 경우가 허다하다. 둘째, 인종 및 민족 간의 서로 다른 입장을 들 수 있다. 특히 최근 냉전체제의 붕괴는 지난 수백년간 제국주의적 발전으로 인해 정체성을 상실하고 소외되었던 소수민족의 자주성을 일깨워주고 있어 긍정적인 면도 있으나 국제적 협력을 저해하는 부정적인 요인도 크다. 마지막으로 종교적 · 이데올로기적 대립과 갈등이다. 이 중 이데올로기적 갈등은 냉전체제 붕괴 후 어느 정도 완화되었으나 넓은 의미의 가치관의 대립은 여전하며 특히 종교적 갈등은 동구와 이슬람지역 및 중앙아시아 지역에서 더욱 더 확대되고 있다.

우리가 연구대상으로 한 동아시아 지역은 인종적인 갈등과 종교적인 갈등이 세계 다른 지역게 비해 큰 문제가 되지 않고 있음은 다행스러운 일이다. 그러나 아직도 이데올로기적 갈등과 민족간의 갈등은 계속 남았으며 국가이기주의는 점점 더 커지고 있는 실정이다. 이와같은 악조건은 역사적·문화적 공통성과 친근성을 가지고 어느 정도 해결될 수 있다고 본다.

일본과 한국의 인구발전 경험과 시행착오는 북한과 중국의 인구정책의 수립에 큰 도움이 되리라고 믿으며, 몽골과 베트남은 일본, 중국, 한국등의 다양한 인구발전 단계에 있는 나라들의 경험을 기초로 하여 더 나은 정책을 수립할 수 있다고 본다. 또한 사회주의 국가의 경험과 인구구조의 특성은 이를 경험하지 못한 나라들에게 귀중한 자원이 될 것이며 이런 뜻에서 동아시아의 공존과 공생을 위한 상호협력은 필수불가결한 것이다.

〈參考 文獻〉

國文

具成烈 編著, 베트남의 경제개혁과 전망(서울: 연세대학교 동서문제 연구원, 1993).

金斗燮 "韓半島의 人口變遷, 1910-1990: 南北韓의 比較", 統一問題研究(統一院), 第 5輯 4號(1993 겨울), 202-235.

對外經濟政策研究院 北方地域센터, 베트남 便覽 (서울:KIEP, 1992).

____________________, 몽골便覽 (서울:KIEP, 1993)

____________________, 中國便覽 (서울:KIEP, 1994)

朴商台, "北韓人口의 構造와 變化", 東亞研究 (西江大 東亞研究所), 第22輯 (1991年 6月) 21-53.

______, "베트남의 人口構造와 變化", 대학통일문제연구소협의회 편, 분단국 통합사례연구, 1994년 12월, 99-103.

朴在彬 · 趙南勳, "韓國의 性選好와 性比不均衡實態分析", 韓國人口學會誌, 第17劵 第1號 (1994年 6月) , 87-114.

鄭基源, "北韓의 人口現況과 展望", 韓國人口學會誌, 第十六卷, 第一號(1993年 6月), 1-18.

統計廳, 1990人口住宅總調査結果 및 人口統計, 1991年 4月.

英文

Aird, John S., Population Policy and Demographic Prospects in the People's Republic of China, U.S. N.I.H. Reprint, 1972.

Coale, Ansley J. and Judith Banister, "Five Decades of Missing Females in China", Demography, Vol.31, No.3 (1994), pp.459-479.

Ebanks, G. Edward and Chaoze Cheng, "China: A Unique Urbanization Model", in Asia-Pacific Population Journal, Vol.5, No.3 (Sept.1990), pp.29-50.

Eberstadt, Nicholas and Judith Banister, North Korea: Population Trends and Prospects, Center for international Research, U.S. Bureau of the Census, July. 1990.

Gu, Baochang and Krishna Roy, "Sex Ratio at Birth in China, with Reference to Other Areas in East Asia", in Asia-Pacific Population Journal, Vol.10, No.3 (Sept. 1995), pp.17-42.

IESS(International Encyclopedia for the Social Science, New York, The Macmillan Co., 1979).

Kuroda, Toshio, "Demographic Transition and Development Strategy in East Asia", 경희대학교 아시아 · 태평양지역연구소, APEC에 관한 韓 · 日 · 中 3國의 展望,(慶熙大學校 國際共同學術會議 發表論文集, 1994年 10月, pp.57-69).

Lee, Hyo-Chai and Hyoung Cho, "Fertility and Women's Labor Force Participation in Korea", Recent Empirical Findings in Fertility in Korea (Washington D.C., Smithonian Institution, 1986).

UN, The Determinants and Consequences of Population Trends(New York: UN, 1973).

UN, "Women Rights and Fertility", in UN, The Population Debate, World Population Conference Papers, Bucharest, 1974.

UNDP (United Nations Development Programme), Human Development Report 1994(New York: Oxford Univ. Press, 1994).

UNDP, Human Development Report 1995, 1995.

UN, ESCAP, Asia-Pacific Population Journal, Vol.10, No.4 (Dec. 1995).

UN, ESCAP, Population Headliners, No.190(1991).; No.234(1994).; No.235(1994).

UN, ESCAP, 1994 ESCAP Population Data Sheet (Bangkok: UN, 1994).

(1996)

제2장 한국의 인구정책

I. 서론

우리 나라에서 인구 증감과 인구구조에 대한 논의가 공론화 되고 이에 대한 논쟁이 시작된 것은 1953년 한국전쟁 휴전 이후부터이다. 이것은 물론 한국전쟁이후 급격한 인구증가가 가장 큰 이유였다고 생각된다. 이 장에서는 1950년대 이후 우리 나라에서 주로 논의되었던 인구문제와 이에 대한 정부 시책의 발전과정을 살펴보고 앞으로의 정책적 함의를 찾아보고자 한다.

우리 나라가 지난 50년간 인구의 규모와 구조상 큰 변화를 겪었음은 주지의 사실이다 (표 1 참조). 특히 단기간에 출생률과 사망률이 선진국형의 낮은 수준으로 저하되고 이에 따른 인구증가율의 저하는 전세계적으로 잘 알려진 사실이다. 이는 적절한 시기에 정부가 정책을 효율적으로 시행한 것에 기인하며 이에 못지 않게 민간단체의 노력과 더불어 기혼부부들의 개인적인 욕구와 이들에게 내면화된 가치관의 변화가 동시에 수반되었기 때문이었다.

우리 나라는 유럽, 북미와 일본 등 선진국들과 더불어 인구학적 선진국으로 분류되며 선진국과 같이 이른바 인구변천과정을 모두 겪었다 (표 2 참조). 사회경제적 발전과 인구변천과정은 밀접히 관련되어 있다는 것이 지금까지의 통설이다. 즉 이들은 상호 대응적 관계를 유지하고 있어, 출생 및 사망률이 전통적인 높은 수준에 머물러 있으면서 높은 수준의 사회경제적 발전이 이룩될 수 없으며, 사회경제적 발전 없이 출생 및 사망률이 낮은 수준으로 저하될 수 없다는 것이다.

그러나 이와 같은 이론은 중국의 경험 등에 의해 수정되고 있다. 예컨대 진입가설(threshold hypothesis)의 경우 선진국과 일부 개발도상국의 경험에 의하면 사회 경제적 발전이 어느 정도 이룩되어 사망률은 저하했다 하더라도 바로 출생률이 떨어지지 않고 발전의 수준이 일정한 정도를 넘어서야 그때부터 출생률이 급격히 떨어지기 시작하여 출생 사망 모두 낮은 수준에서 안정화된다는 것이다. 여기서 가장 중요하게 다루었던 발전의 지수는 문자 해독률(문맹률)과 도시거주인구비(도시화의 정도)였다 (UN, 1973, 95-96). 그러나 중국의 경우 상대적으로 낮은 문자해독률과 도시인구비를 가지고도 급격한 출생률 감소현상을 보여주었다. 따라서 인구정책은 다른 정책과 달리 기존이론에 의해서 일정한 모형을 따르기 어려운 점이 강조된다.

Ⅱ. 인구정책과 인구사상

1. 인구정책의 정의와 범위

이 장에서 인구정책이라 함은 인구의 구조(크기, 분포, 구성)와 변화과정(출생, 사망, 이동)에 직접적으로 영향을 미치는 정책만을 대상으로 한다.

2. 현대이전 인구사상에서의 낙관적전통과 비관적전통

맬서스가 18세기말 인구론을 발표하기 전까지 인구의 크기와 증가에 대해 대부분의 사회에서는 낙관적인 견해가 지배적이었다. 물론 이와 같은 낙관적인 견해는 인구에 대한 사상이나 철학이었지 하나의 통합된 이론체계를 구성하지는 못했다. 대부분 단편적인 기술이나 의사표시에 불과한 것이었다.

그러나 이와 같은 낙관론의 지배적인 상황아래에서도 18세기말에 이르면 중상주의나 중농주의 학자들 중 몇 가지의 수정과 유보가 나오기 시작한다. 특히 맬서스의 선구자라 할 수 있는 학자들이 나오기 시작한다. 낙관적인 견해의 학자들은 지구상의 자원은 충분하므로 노동력을 투입할 경우 최소한 투입한 만큼 또는 그 이상의 생산을 기대할 수 있다는 것 즉 수확체증 또는 수확 불변의 법칙이 적용된다는 강한 믿음을 갖고 있었다.

그러나 비관적인 학자들의 경우 토지와 같은 자원의 경우 무한한 것이 아니며 또한 단위면적에 더 많은 노동력을 투입했을 경우 수확체감의 법칙이 작용하게 된다는 것이며 나아가 인구의 수만큼 질도 중요하다는 견해를 갖고 있었다.

동양에서도 인구 증가에 대한 비관론은 오랜 전통을 가지고 있다. 그 대표적인 학자로서 홍량길을 들 수 있다. 홍량길 인구사상의 주요 관점은 그의 의언『意言』이란 책의 치평(治平)과 생계(生計)란 두편의 논문에 나타나 있다. 『의언』은 1793년에 발표된 것으로 맬서스의 『인구론』보다 5년 전에 나왔다.

홍량길은 인구문제 분석의 단위를 호(戶)로 하고 있다. 이것은 맬서스식 분석에 익숙한 사람들에게는 생소한 것이다. 그러나 홍량길의 인구증가의 일반적 추세에 대한 결론과 이에 대한 보완조치는 맬서스의 결론과 정책적 보완책과 너무나도 흡사한 것이었다

맬서스는 인구과잉 자체는 자연적 규제에서 벗어날 수 없는 것으로 보고 어떤 사회경제적 개혁을 위한 이론적 무기로도 해결할 수 없는 것으

로 본데 반해 홍량길은 중 하층 인구를 중심으로 스스로 개선방법을 고안해 문제 해결이 가능하다고 보았다. 그러나 그도 이와 같은 노력으로 얻을 수 있는 효과는 크지 않다는 비관적 관점을 제시했다는 점에서 다시 맬서스와 유사해 진다 (楊家駱, 1983).

3. 정책적 함의

최근 UN의 추계에 의하면 지구상의 전 인류는 2050년쯤 그 인구변천단계를 모두 거치고 인구안정기에 들어설 것이라고 한다. 바꾸어 말하자면 거의 모든 인구의 출산율이 대체수준 또는 그 이하로 떨어지고 동시에 사망률도 낮아져 인구증가율이 미미한 ZPG (영인구성장) 상태에 이르게 된다는 것이다. 국가간 또 지역간의 차이는 있겠으나 이 같은 현상은 인류역사상 초유의 현상이다. 물론 ZPG 상태에 어느 정도 오래 머물게 되는가의 여부는 여러 가지 변수에 의해서 좌우된다.

인구와 자원과의 관계에서 논의되는 주요 논제는 지구의 부양능력(carrying capacity)이다. 그 부양능력 중 재생될 수 없는 자연자원에 대해서는 대체가 가능하다고 볼 때, 가장 중요한 것은 식량을 포함한 생활 필수품의 생산능력이다. 과거 수렵채취사회에서의 생산능력으로는 현 지구상 인구의 1%도 부양하기 어려웠을지 모른다. 그러나 현재와 같은 고도의 식량 및 생활필수품 생산능력으로는 부양능력에 대한 다른 계산이 가능하며 적정인구에 대한 설정 기준에 새로운 전기가 마련될 수 있다고 보여진다. 어떤 방식으로 부양능력을 계산하던 지구상의 인구수와 부양능력 간의 평형관계는 늘 새로운 형태를 취하게 마련이다.

지난 20세기 다양한 배경의 학자들이 지구의 인구 수용능력을 추계해 보았다. 그런데 그 숫자는 참으로 다양하여 적게는 10억에서 많게는 1000억을 넘고 있다. 지구상에 몇 명의 인구가 살 수 있느냐는 매우 복잡하고 예민한 문제로서 물질적 수준과 복지적(사회적) 수준을 어떻게 정하느냐에 달려있다. 지구의 인구수용능력은 단순히 자연자원의 한도에 의해 추계될 수도 있으며 현재의 우리 세대가 아닌 장래 우리 후손들이 결정할 수도 있다. 즉 인구와 경제성장, 인구와 환경, 인구와 사회발전 등 여러 가지 함수관계에 의해 결정되기 때문이다. 따라서 일정한 수준의 인구성장이 일부 국가나 지역사회에서는 큰 문제가 될 수 있으나 다른 지역에서는 오히려 바람직한 현상일 수도 있다. 역사적으로 인구성장에 대한 비관론과 낙관론이 교차되어 왔음은 이를 경험적으로 증명하고 있다.

이제 각 국가별로 그 사회의 발전계획에 부합되는 인구정책이 필요한 시점에 도달했다. 특히 긍정적인 전망에 따른 정책수립과 과감한 실행은 장래문제 해결에 큰 도움을 줄 수 있다. 우리 나라 국민의 교육수준이 현재에 비해 월등히 낮고 또 전통적인 가치가 지배하던 60년대 초반 과감한 정부의 가족계획 정책이 우리 나라의 발전에 크게 기여했음은 누구도 부인하지 못할 것이다.

우리 나라의 경우 인구수와 관련된 기본적인 목표는 연령 및 성 구성의 안정에 두어야한다고 본다. 이를 위해서는 무엇보다도 출산수준의 대체수준(합계출산율 2.0) 유지가 필수적이라고 생각되며 대체수준 유지에 따른 일시적인 인구성장은 그 규모가 크지 않으므로 포용할 만한 것이 되리라고 생각한다.

Ⅲ. 출산력에 대한 인구정책

1. 저출산 - 새로운 사회문제

우리 나라는 1960년대 초부터 정부와 민간단체가 주도 – 협력하여 실시한 가족계획사업을 국민들이 적극적으로 받아들여 출산율의 억제에 성공한 대표적인 나라로 손꼽힌다. 1960년대 초까지만 해도 출산조절–산아제한이란 표현의 사용은 거의 금기로 여겼으며 가족계획이란 완곡한 표현조차도 사용하기 조심스러웠다. 1960년 우리 나라 가임 여성의 합계출산율은 근대 이전의 사회에서 흔히 볼 수 있던 수준인 6.0명이었다. 이 율은 지속적으로 그리고 급격히 저하하여 통계청에서 추계, 발표한 자료를 인용하면, 1970년 4.5명, 80년 2.8명, 90년 1.6명, 99년 1.4명으로 특히 지난 10년 이상 출산수준이 대체수준을 밑돌고 있으며 이는 선진국 평균 수준보다도 낮기에 우리를 놀라고 당혹스럽게 만들고 있다. 이제 우리는 저출산을 걱정할 수밖에 없는 사회에 살게 된 것이다.

저출산율 특히 재생산 수준 이하의 저출산율은 높은 출산율 못지 않게 문제를 야기한다. 먼저 총인구수의 감소는 평균수명의 연장으로 어느 정도 지연은 될 수 있으나 상당한 기간이 지난 후 필연적으로 다가올 현상이며 이를 받아들일 수 있는 사회는 드물 것이다. 다음, 노동력 공급이나 사회발전 등과 같은 경제적, 사회적 영향은 논의에서 제외하고 인구 내적인 면만을 보더라도 인구 구조상 엄청난 변화를 가져올 수 있다. 출산율이 4분의 1로 저하될 경우, 60세 이상 노년인구의 비율은 4배 이상 증가된다. 이와 같은 노령화 현상은 영,유아 사망율이 다른 연령층에 비해 높은 경우 평균수명이 아무리 증가해도 별반 영향을 받지 않는다. 평균수명의 증가는 노년인구뿐만 아니라 영,유,소년의 사망율 저하를 동반하기에 출산율이 저하할 경우 노년인구 비율은 출산율이 저하한 만큼 계속 반비례해서 증가한다. 따라서 그 동안 노령화는 오로지 출산율의 저하가 가져온 현상이지 평균수명의 연장과는 무관한 것이었다.

2. 세계적인 출산력 붕괴현상과 정책적 선회

현재 (2001년 기준) 지구상 인구 중 40% 이상의 인구가 재생산 수준 이하의 출산력 수준을 보이고 있는 지역에 거주하고 있다. 또한 이 비율은 계속해서 증가하고 있다. 따라서 출산장려정책은 20—30년 이내 세계 여러 나라에서 보편적으로 채택될 가능성이 크다.

두 차례에 걸친 세계대전 기간을 전후하여 독일과 이태리, 일본 등

군국주의 국가와 당시 벌써 출산률이 매우 낮았던 프랑스의 출산장려정책은 Spengler (1938), Glass(1940), Taeuber(1958) 등의 연구에서 보여 주듯이 현금이나 현물 등의 가족수당, 차별적 세금적용, 모자보건 혜택 등 금전적인 보상의 형태와 훈장 등 사회적인 명예를 수여하는 형태로 이루어졌다. 그러나 이들 보상은 자녀를 갖고 양육하는 데 소요되는 비용에 대한 대가로서 너무 작았기에 가시적인 효과가 없었으며 더구나 1차 세계대전과 2차 세계대전 기간 중 실시된 것이어서 당시 사회적 상황이 매우 불안하고 경제가 불안정했던 것 등의 이유로 그 효과를 나타내기 어려웠다.

동구의 사회주의의 몰락 후 신 출산장려주의 정책과 프로그램이 마련되었으나 동구의 경우도 정치적 경제적 상황이 매우 불안정했다. 인기 없는 독재정권, 경제적인 불황 등의 어려운 상황에서 장래가 불확실했기에 이들 정책의 효과가 뚜렷하게 나타나지 못했다. 즉 강압적인 정책 이외의 자발적인 유도를 통한 출산장려 효과는 기대하기 어려웠던 것이다 (Ross and Frejka, 2001).

과거 유교, 불교 등 윤리종교와 기독교 이슬람 등 유일신 종교들은 모두 출산장려에 앞장 서 왔다. 세속화되고 종교성이 약해진 사람들이 많아진 현대에 와서도 이들 종교의 영향은 결코 무시할 수 없겠으나 현대사회에서 종교의 자녀 출산에 대한 영향은 과거에 비해서는 미미하다고 볼 수밖에 없다.

종교 이외에 과거 출산장려의 기능을 수행했던 주요 사회적 제도는 전통적인 가족구조였다. 일차산업 위주의 전통적인 가족구조 하에서 전제적 정부의 막강한 통제력으로 출산장려정책이 성공할 수 있었던 것이다. 그러나 오늘날 산업사회에서 자녀를 부양하는데 필요한 기회비용을 도외시한 정책은 장기적으로 볼 때 성공할 수 없으며, 더구나 교육, 보건 등에 대한 보장이 없는 자녀 출산은 기대하기 어렵다. 전통적인 가족의 가치를 강조하는데도 한계가 있다. 전통적인 가족의 가치를 적극적으로 수용하다 보면 남성위주의 불평등 가족 구조를 찬양하게 된다. 따라서 정보화 사회에서 막강한 위력을 가지고 있는 대중매체를 동원하되 국민에게 호소력이 있는 인기 있는 사회 지도자들의 소신 있는 노력이 요구된다.

3. 정책적 함의

우리 나라는 세계에서 그 유례를 찾기 힘들 정도로 조선숭배 사상이 강한 나라였다. 고대 유학과 중세 주자학의 영향을 받아 사서오경(四書五經)을 중시하고 그 중 하나인 예기(禮記)에 나오는 불효의 조건 세 가지 (늙은 부모를 봉양하기 위해 일을 하지 않는 것; 무조건 부모의 의지를 좇아 부모로 하여금 옳지 못한 데 빠지게 하는 것; 혼인을 하지 않아 대를 잇지 못하는 것)를 신봉하고 특히 맹자(孟子)의 영향을 받아 그 들 조건 중에서도 후손이 없는 것을 가장 큰 불효로 여겼다. 오랜 동안 우리 민족 구성원 대부분의 마음속에 자리잡았던 신념이 단 시일 내에 사라질 수 없었기에 대를 잇는 효를 위해 남아선호 사상이 계속되었으며 이는 지난 여러 해 동안 출생한 신생아들의 성비불균형 현상으로 나타났으며 지역적으로 약간의 차이만 있었을 뿐 전국적으로 공통된 현상이었다 (표 3 참조).

현재 우리 사회에는 만혼, 독신, 이혼, 별거 등 혼인력을 낮추는 혼인양식이 보편화되고 있다. 또한 다 자녀 기피현상과 더불어 소 자녀에 대한 가치가 내면화되어 있다. 출산율이 증가할 수 있는 여건을 위한 제도적 변화는 찾아보기 힘든 불리한 조건에 놓여 있다. 출산을 증가시키기 위한 정책에 드는 비용이나 노력은 과거 출산을 감소시키기 위해 들였던 비용이나 노력보다 더 크게 들것으로 예상된다. 우리의 의식구조나 가치관을 과거와 같은 유형으로 되돌린다는 것은 정치, 경제, 사회구조 등 다른 모든 조건이 변화된 상황에서 불가능한 일이다.

세계화 – 정보화 된 사회에서 복지국가를 지향하는 우리 나라의 경우, 체계적인 인구정책을 마련하는 첫 단계는 국민 각자 적당한 수의 자녀를 갖는 것이 매우 바람직한 것이기에 자녀가 있는 사람이 없는 사람에 비해 불리한 대우를 받지 않도록 배려하는 일이다. 이를 위해 여러 가지 인센티브 시스템을 개발할 수 있겠으나 무엇보다 중요한 것은 자녀는 우리 모두의 자산이기에 어린이에 대해서는 우리 사회 전체가 책임을 지는 가치관을 공유하게 하는 것이다. 과거 농경사회에서 어린이는 친족이나 마을 공동체가 공동으로 돌봐 주었다. 오늘날 북유럽 여러 나라에서 어린이를 마을 전체가 돌보는 제도가 정착하면서 이혼율도 저하하고 출산율도 더 이상 떨어지지 않고 있는 현상은 좋은 본보기가 된다.

문화지체 현상 등을 고려하면 위와 같은 의식과 가치관의 변화에는 상당한 기간이 필요함은 말할 필요가 없다. 과거 인구는 자연환경에 의한 자연적 체크와 가족, 동족, 친족에 의해서 조절되었다. 이 기능을 오늘날에 와서는 정부나 광역행정기구, 또는 지방행정기구가 감당할 수밖에 없다. 우리 나라보다 훨씬 먼저 출산율이 대체수준 이하로 떨어져 총 출산율이 1.3명을 보이고 있는 일본과 일부 선진국에서는 더 이상의 출산율 저하를 방지하기 위해 영유아 보육시설을 대폭 확충하고 있으며, 남성 육아휴직을 적극 권장하고, 불임부부에 대한 치료지원 등 다양한 정책과 더불어 15세 미만 자녀에 대한 직접적인 금전적 지원도 고려하고 있다.

이에 더하여 현재 세계적으로 저 출산 국가에서 고려하고 있는 구체적이고 가시적인 정책으로서 다음과 같은 정책의 입안이 논의되고 있다.

첫째, 성장한 자녀가 매년 세금으로 납부한 금액 중 상당 부분을 정부가 직접 65 또는 70세 이상 생존 부모에게 되돌려 주는 방안과

둘째, 자녀를 부양한 후 퇴직한 부모들에게 부양한 자녀수에 비례하여 연금액수를 정해주는 방안도 생각해 볼 수 있다.

셋째, 경제적인 인센티브로서는 미흡할 경우 정치적인 인센티브로서 모든 국민에게 투표권을 부여하고 20세 미만 자녀의 투표권을 부모에게 행사하도록 하는 방안도 지나치게 낮은 수준의 저출산 국가에서 시행될 가능성이 있다.

위와 같은 정책들은 사후적 정책으로서는 시행할 필요성이 크지만 예방적 정책으로서는 충분한 기능을 하기 어렵다. 그러므로 우리 나라의 경우 일본에서 이미 시행하고 있는 영유아 보육시설의 확대와 남성 육아휴직 및 불임부부 중 자녀를 원하는 부부에 대한 시술 등과 더불어 식을 줄 모르는 교육열을 감안하여 일정 수 이상의 자녀에 대한 학비감면과 초, 중, 고, 대학의 입학에 선택권을 부여하는 정책 등의 시행이 실효성이 크리라고 예상된다.

마지막으로 국가 백년대계를 세우고 복지사회를 건설하기 위해서는 출산력과 혼인력에 대한 연구와 조사에 정부의 과감한 투자가 이루어져 그 원인과 결과에 대한 광범한 영향을 분석 발표하여 국민들의 이해를 돕고 경각심을 갖게 하는 것이 절실히 요구된다.

Ⅳ. 사망률 저하를 포함한 보건정책

인류 역사상 거의 모든 국가나 인간 집단에서 건강한 삶의 유지는 그 자체 모든 사회계획이나 정책의 목표가 되어왔다. 자국이나 자기지역 주민의 건강한 삶의 유지에 의도적으로 배치되는 정책을 수립한 나라는 찾아보기 어렵다. 그러나 보건정책에 대한 자원의 배분이나 우선 순위는 국가마다 지역사회마다 큰 차이가 있었음은 부인할 수 없다.

보건정책은 다른 경제 및 사회정책과 상호의존관계에 있다. 소득수준과 생활수준의 향상으로 의료 및 보건서비스에 대한 수요가 증가되고 그 수요에 대한 원만한 공급이 이루어질 경우 이를 통한 노동력의 질과 생산성을 향상시켜 경제발전의 견인차 역할을 하게 됨은 주지의 사실이다. 일부 선진국의 경제학자들은 보건 의료에 대한 투자와 다른 분야에의 투자를 생산성 등 그 효용성이란 점에서 비교하여 정책의 우선 순위를 결정하기도 한다. 우리 나라에서도 이와 같은 시도가 있었으나 정책에 반영될 정도로 포괄적이고 다양한 측정변수를 이용한 전국적인 차원의 연구는 아직 없으나 가까운 장래에 나올 것으로 예상된다.

인구정책의 전환점에 서게 된 21세기 우리 나라에 있어 건강한 삶의 질을 유지하게 하기 위해서는 치료의학 못지 않게 예방의학에 더 많은 자원을 배분해야 된다고 생각한다. 다음으로 출산 전후에 있는 모성집단과 영유아집단 그리고 고령인구 등 취약집단에 대한 체계적인 보건정책이 더욱 더 요구된다. 또한 전 인구를 위한 영양학적 정책과 환경개선, 그리고 기존의 전염병은 물론 새로운 전염병에 대한 예방 등이 당면한 주요과제로 부상하고 있다. 보건정책의 수립에는 특히 인구학적 자료의 확보가 무엇보다 중요하며 필수적이다. 우리 나라는 성별 연령별 사망에 대한 자료 등 대부분의 후진국에서는 구할 수 없는 상당히 높은 수준의 통계자료를 제공하고 있으나 이들 자료의 완전성에 대한 좀 더 많은 자원의 배분이 필요하다. 특히 우리 나라가 인구통계 분야에서 선진국의 자리를 차지하기 위해서는 지역별, 직업별. 교육수준별 사망 및 유병 자료가 확보되어야 하며 그 차이를 면밀히 검토하여 그 원인을 밝히고 취약집단에 대한 집중적 정책시행을 통해 평균수명의 연장은 물론 건강지수의 향상을 도모해야될 것이다.

Ⅴ. 인구 분포

1. 인구재배치정책의 일반적 유형

인구재배치 문제에 있어 일찌기 당면했던 문제는 농촌의 빈곤문제였다. 산업화 과정 중 세 가지 문제가 이와 관련된다. 첫째, 사망률이 저하되고 높은 출생률이 계속된 농촌 특히 후진국 농촌지역에서의 과잉인구를 도시에서 충분한 일자리로 흡수하지 못해 무작정 도시로 이주한 도시빈민의 대량 양산이다. 둘째, 발전된 국가에서는 이와 반대로 농촌인구의 도시에로의 이출로 인한 농촌인구 부족 현상이 심화되었다. 셋째, 도시의 급격한 성장은 농지의 토질과 관계없이 도시 주변의 농촌에 농업이 집중되고 있어 생산성을 저하시킨 점이다. 이들 문제를 해결하고 국토의 균형적인 개발과 효율적인 이용을 위해 다양한 형태의 정책이 고안되고 실시되었다. 이들 정책들 중 세계 각국에서 가장 빈번하게 채택되어 시행했던 정책을 살펴본다.

가. 이농민의 농촌귀환

이 정책은 가장 직접적인 정책으로서 농업생산을 증가시키고 도시에서의 실업문제를 해결하는 표면적인 이유뿐만 아니라 잉여노동력의 유지비가 농촌에서보다 도시에서 훨씬 더 그다는 사회경제적 요인이 정책시행의 배경이 되었다. 이 정책은 오래 전 16세기와 17세기 프랑스와 영국에서 실시된 바 있다. 그러나 자유시장경제 체제에서 이 정책이 성공한 예는 찾아보기 어렵다. 어느 정도의 억제효과는 있었겠으나 그 양을 측정하기 어렵다. 다만 중앙 통제경제의 경우 이 정책이 성공한 예는 있다. 중국의 1950년대 말 대약진운동과 1968년 모택동에 의한 하방(下放 – 도시에 거주하는 지식인들에 대한 농민과 빈민에 의한 재교육)은 도시민의 대량 농촌이주가 실행된 대표적인 예가 될 것이다 (Chen, 1972).

우리나라에서도 1970-80년대 정부가 농토를 마련하여 과거 농업에 종사했던 도시민을 이주시킨 예가 있다. 그러나 엄청난 토지가격에 비해 인구분산과 고용 효과는 미미하여 이 사업은 중단될 수밖에 없었다.

나. 농촌개발

도시로의 인구집중을 완화시키기 위해 자주 농촌 자체의 개발정책이 제안되었다. 농촌개발은 농촌의 생활환경의 개선과 더불어 농촌 및 인근 소도시의 고용기회를 증가시킨다는 두 가지 목표를 포함하고 있다.

이로써 도시로의 이주에 대한 동기를 약화시키고 도시 특히 대도시 인구증가의 속도를 저하시킨다는 것이다. 그러나 농촌개발을 전적으로 인구분산책을 위해 시행한 예는 찾아보기 어렵고 농업육성이나 농촌 자체의 개발을 위한 정책으로 시행한 경우가 대부분이다.

제2차 세계대전 후 일본과 동남아 일부국가 필리핀 인도네시아와 소련에서 미개발지역에로의 이주정책은 어느 정도의 인구분산과 지역균형발전에 이바지했다고 볼 수 있다.

그러나 오늘날의 기술발전은 농촌의 전기, 전신, 전화의 보급을 확대시키고 있으며 매스미디어의 광범한 보급, 그리고 보건 의료서비스의 확충 등에 의해 농촌과 도시와의 격차를 해소시키고 있어 농촌의 개발이 인구분산에 미치는 영향은 점차 적어지고 있다.

다. 산업시설의 분산

산업분산정책은 대도시 인구집중 완화를 위해 각국 정부에서 가장 흔히 채택한 정책이다. 인구과밀현상이 큰 문제가 된 폴랜드 등 동구지역과 1960년대 이후 인도의 제3차 5개년 계획 및 중국의 서북부 지역개발이 대표적인 예가 된다. 물론 여기에는 지역 발전이란 정책적인 배려가 정책시행의 주요 동기가 되고 있다. 산업분산은 두 가지 유형으로 분류할 수 있다. 하나는 새로운 개발계획에 의해 인구 과소지역에 인구를 유입시키는 것이며, 다른 하나는 이미 과밀화된 지역의 산업을 다른 지역으로 분산시키는 것이다.

우리 정부는 1970년 4월 국무회의에서 의결한 '수도권 인구 과밀 집중 억제(首都圈人口過密集中抑制)에 관한 기본지침(基本指針)'에서 인구집중 해소를 위한 장기대책 7가지와 법적규제 10가지를 제시했다 (한국보건사회연구원, 1991, 593-5 쪽). 또한 1971년 10월에 수립한 '국토종합개발계획(國土綜合開發計劃)' 에서도 이들 정책을 포함하고 있다.

라. 신도시건설

기존 대도시나 거대도시권과 비교적 멀리 떨어진 지역에 새 도시를 건설하여 인구를 유입시키는 정책으로서 서유럽에서 채택하기 시작한 이래 면적이 넓은 중국이나 브라질 등의 국가에서 그 효과를 보고 있는 정책이다. 이 정책은 앞서 산업분산과 밀접한 관련하에서 시행된다. 신도시는 고용이나 구매, 유통 및 지역사회문화 시설 면에서 자급 자족적일 것을 전제하고 건설된다.

우리 나라의 경우 구미, 울산, 안산 등 신도시의 건설은 이 정책을 채택하여 시행한 대표적인 예가 된다.

마. 성장거점도시개발

이 정책은 산업분산 정책과 더불어 가장 많이 시행된 정책이다. 원래 경제학에서의 '성장거점'이란 산업시설의 극 또는 핵을 의미하지만 인구학에서의 거점은 지리학적 공간에서의 위치를 의미한다. 성장거점도시는 기존도시가 대부분이지만 계획도시인 경우도 있다. 이들 도시는 대도시 대신 인구흡입을 담당하게 되므로 기존 대도시로의 출퇴근이 가능한 대도시의 위성도시인 경우도 있고 대도시에서 멀리 떨어진 새 도시인 경우도 있다. 산업화 초기 대도시의 이점은 타 지역과 비교할 수 없이 크지만 산업화 후기로 진입하면서 그 이점은 거대도시의 불편한 점이 점점 더 커지므로 거점도시가 개발된다.

앞서 말한 1971년 국토종합개발계획에서 정부는 전국을 8개 권역(수도권, 태백권, 충청권, 전주권, 광주권, 대구권, 부산권, 제주권)으로 구분하고 다시 중심도시를 감안한 17개의 소 권역으로 구분했다. 여기서의 중심도시가 성장거점 도시가 된다.

그러나 지역의 균형적인 발전에 어느 정도 기여했으나 대도시로의 인구 유입인구수의 만족할 만한 양을 중간에서 흡입했다고 보기 어렵다. 그것은 교통수단의 발전과 국토의 협소함 등에도 원인이 있다고 볼 수 있다.

2. 수도권 인구집중에 대한 대비되는 관점

수도권 인구 집중에 대해 두 가지의 대립되는 관점이 있다. 수도권집중이란 현실을 인정하고 이에 대한 각종규제를 완화 또는 해제해야 한다는 "자유방임론"과 수도권 집중의 문제점에 주목해서 이를 해결하기 위해 정부의 관련정책을 지속하거나 강화해야 한다는 "정부개입론"간의 대립된 입장이 있다.

자유방임론은 수도권의 인구증가 추세를 '당연한 것' 또는 '주어진것'으로 파악한다. 즉 신고전경제학파적인 입장에서 수도권 인구집중은 집적의 '이익'이 '불이익'보다 큰 시장상황에서 자유경쟁의 시장원리에 따라 일어나는 극히 자연스러운 결과로 본다. 아울러 자유방임론에서는 수도권집중을 부정적인 시각에서 성장의 부산물이나 부작용으로 볼 것이 아니라 긍정적인 시각에서 경제성장의 전제조건으로 파악해야 한다고 주장한다. 즉 특정지역에 인구가 집중해서 다수의 인구가 사회경제적으로 통합되면 이들간의 기능적 분업이 이루어져 생산성이 향상되고 이것이 경제성장으로 이어진다는 것이다.

이에 반해 정부개입론은 자유경쟁의 원리에 입각한 시장경제 메카니즘은 '시장의 실패'를 낳는다는 케인스주의적 입장을 취한다. 즉, 시장경제의 논리에 맡겨진 지역개발은 지역간의 불균형을 돌이킬 수 없을 지경으로 심화시킨다. 따라서 사회내의 다수 권익을 대변하는 정부가 각종 행정규제나 재정지원을 통해 시장논리에 의해 왜곡된 현실을 정상상태로 되돌려야 한다고 본다. 정부개입론에 따르면, 수도권 문제는 급속한 경제성장 과정에서 일시적으로 나타나는 '성장통'이 아니라, 잘못된 사회발전 전략에서 비롯된 '고질병'으로, 서둘러서 치유하지 않을 경우, 지역개발에서 소외된 지방의 주민들에게는 상대적 박탈감을 심어 주고, 과잉 집중에 시달리는 수도권 주민에게는 삶의 질을 악화시킴으로써, 국가의 기반을 흔드는 위기를 초래할 수 있다고 본다 (장세훈, 1998).

수도권 인구집중의 문제를 자유 시장경제 국가에서 정비정책만으로 해결한 경우는 없다고 해도 과언이 아니다. 반대로 인구집중을 무방비적으로 경제원리에 내맡긴 경우도 찾아보기 어렵다. 시장원리를 수긍하면서도 최악의 사태가 일어나지 않도록 예방한 경우가 주종을 이루고 있다.

3. 수도권 개발과 국가발전

최근 건설교통부의 발표에 의하면 2002년 하반기에 확정할 제3차 수도권정비계획에서 인구집중이 심한 서울 주변과 서울 – 인천 축과 서울 – 수원 축 이외에 인천 – 수원간의 새로운 축을 개발하여 동북아 비지네스 중심국가를 실현하고 국가경쟁력을 높인다는 것이다. 이와 같은 계획은 수도권내 공장과 주택 건설 등을 최대한 억제해온 기존의 1-2차 수도권 정비계획과 기본방향이 다른 것이다.

이와 같은 계획 즉 정책선회의 배경에는 장기적인 국가발전이란 기본적인 목표는 뚜렷하나 각 부처 및 수도권지역 지방자치단체들이 너도나도 이런 이유와 저런 명분을 내세워 독자적인 개발계획을 세우고 있어 이미 수도권 집중억제라는 정부의 기본시책이 실효성이 없어졌다는 데 있다. 또한 정부의 시책은 실효성이 없으면서 경쟁력만 떨어뜨리는 결과를 초래했다는 것이다. 즉 공장건설을 규제하다 보니 이미 공장을 갖춘 대기업들만 유리해진데다 그런 기업들도 확장을 못해 생산성이 떨어지고 경쟁력을 잃고 있다는 것이다. 자유 시장경제 제도하의 사회에서 지역간의 균등 발전을 위해서는 지방정부의 재정을 튼튼히 하기 위한 지방세제를 보완하고 집중지역의 개발이익을 환수하여 지방에 배분하는 조세상의 정책과 지방 중심의 우수 고교를 설립하여 인재가 모이도록 유도하는 정책 등이 다각도로 연구되어야 한다. 현재와 같은 조세제도와 인력양성 체제하에서는 불균등한 지역발전을 감수할 수밖에 없는 것이다.

마지막으로 아마도 가장 큰 수도권 집중의 요인으로 지적할 수 있는 것은 정치제도의 특성이라고 생각된다. 우리 나라는 건국이래 제2

공화국 단기간을 제외하면 강력한 대통령중심제를 채택하고 있으며 61년 이후 효율적인 정책시행에 의한 경제발전에는 큰 도움이 되었을지 모르겠으나 중앙집권적 독재국가이었음은 누구도 부정할 수 없는 사실이다. 정치제도가 그 기능을 수행하는데 필요한 만큼 이상의 권력이나 금력 또는 사회적 희소가치를 좌우할 때 나머지 제도의 어용화 현상이 일어나게 되며 정치권력이 소재한 지역으로의 집중 현상은 당연하고 필연적인 현상이 된다. 모든 것이 수도를 중심으로 이루어질 때 수도집중을 완화시키는 일은 그렇지 않은 경우에 비해 막대한 비용과 노력이 요구되며 사실상 불가능한 일이 된다. 다행히 김영삼 대통령 정권 이후 실시되고 있는 지방자치제와 전국민적 민주화의 노력은 독재정권들이 초래했던 유형의 수도권 인구집중을 어느 정도 완화시키리라 예상된다.

Ⅵ. 연령구조(年齡構造)와 노령화

1. 연령구조의 인구학적 의미

인구의 연령구조를 결정하는 직접적인 요인 즉 인구 내적 요인은 그 인구의 출산력, 사망력, 및 인구이동이다. 출산력이 높은 사회의 인구는 출산력 수준이 낮은 사회에 비해 인구구조가 젊다. 반대로 출산력이 낮은 사회의 인구구조는 고령화된다. UN에서 추계한 바에 의하면, 안정인구(일정한 수준의 출생률과 사망률이 오랜 동안 지속된 후 그 결과로 나타나는 인구구조를 말함)를 전제로 할 때, 재생산률이 1인 경우 60세 이상의 인구비율은 평균수명에 따라 20세(16.9%), 40세(20.4%), 70세(21.9%) 등 모든 경우 60세 이상의 인구 비율은 17-22%가 된다. 또한 재생산률이 3인 경우 평균수명의 크기에 따라 60세 이상의 인구 비율은 20세(3.9%), 40세(4.4%), 70세(4.3%)로서 4%

내외에 불과하게 된다(UN, 1973, 274). 즉 같은 수준의 평균 수명 내에서의 재생산율의 차이에 따른 인구 연령구성 비율의 차이는 대단히 큰 데 반해 같은 수준의 재생산율 내에서의 평균수명의 차이에 따른 인구 연령구성의 차이는 미미하다. 이로 미루어 볼 때 한 사회의 연령구조는 출산력의 수준에 의해 영향을 받는다.

연령구조의 변화는 부양인구비의 증감과 직접적으로 관계되며 또한 노동력의 평균연령에 변화를 가져온다. 고 출산율 사회에서는 연령구조가 젊고 따라서 노동력의 평균 연령도 젊게 된다. 저 출산율 사회에서의 노동력의 평균연령은 비교적 높다. 노동력의 평균연령이 젊은 경우, 노동인구는 좀 더 신축성이 있고 참신하고 경직되어 있지 않으며 새로운 기술 등을 익힐 수 있는 장점이 있는 반면, 비교적 평균연령이 높은 노동력은 책임이 있고 경험이 풍부하다는 장점이 있다.

또한 연령구조의 형태에 따라 소비형태가 다르다. 유.소년 인구가 많은 사회에서는 많은 돈을 음식물 생산과 교육에 쓰게 된다. 반면 노년인구가 많아질수록 의료비가 많이 든다.

대체로 개발도상국에서는 인구가 급증할 경우 심각한 실업문제를 야기시키고, 경제.사회 발전을 더디게 한다. 급증하는 인구는 높은 부양비를 가져오고 경제성장을 위한 새로운 부문에 투자할 수 있는 생산재를 고갈시키고 동시에 1인당 투자율을 감소시킨다. 그 결과 낮은 교육수준과 낮은 기술개발수준에서 헤어나지 못하고 <맬서스의 덫>에 걸리게 된다는 것이다.

2. 고령인구 증가에 대한 사회경제적 의미

고령인구의 증가에 대한 견해는 비관적인 견해와 낙관적인 견해로 나누어져 있다.

인구가 극도로 고령화할 경우, 전체국민의 생활수준을 감소시킬 수도 있다. 뿐만 아니라 고령인구의 증가로 연금제도를 포함하는 사회보장제도를 유지하는데 필요한 막대한 비용이 소요되어 국가경제 및 사회의 균형적인 발전을 해치게 한다. 고령인구 사회는 보수성이 짙어 새로운 개혁이나 진취적이고 독창적인 사고가 결여되기 쉽다. 결과적으로 젊은 연령층이 많은 사회보다 뒤지게 된다. 또한 고령인구가 급속히 증가하여 적체될 경우 주로 젊은 인구 층에 의해 이루어지는 많은 분야의 노동생산성의 향상을 기대할 수 없다. 그러므로 선진공업국에서도 어느 정도의 인구증가는 사회발전에 필요한 것임을 말해 준다.

다른 한편 고령화 사회에 오래 전 진입한 미국, 일본, 오스트레일리아 등에서의 연구는 다음과 같은 연구결과를 보여주고 있다(Schulz et.al., 1991). 먼저 경제적인 측면에서 노인인구의 증가로 부양인구비가 증가하고 궁극적으로 생활수준을 저하시킨다고 하지만 실제 경제활동 참가율을 보면 1950년대 미국의 경우 65세 이상인구의 27% (남성 46%)가 경제활동에 참가하고 있었으나 1987년 이 율은 11%(남성 16%)로 저하했다. 이것은 젊은 세대의 실업률로 인한 조기퇴직의 압력에 의한 것으로서 거의 모든 선진국에서 비슷한 현상이 발견된다. 따라서 고령인구로 하여금 일에서 멀어지게 하는 사회경제적 상황에 의한 참가율 저하이지 고령인구의 참가율이 자발적으로 떨어진 것이 아니었다.

다음 생산성이 저하된다는 가설이다. 노동생산성은 측정하기 어려운 지수이다. 특히 생산성은 교육정도와 밀접한 관계를 갖고 있다. 고령인구의 교육수준은 젊은 노동력의 교육수준보다 낮으며 경력으로 인한 높은 임금 때문에 고용을 기피할 뿐이다. 물론 공장 작업장에서의 생산성은 노인이 젊은이에 비해 뒤진다. 그러나 판매업의 경우 노인의 생산성이 더 높다는 연구 결과도 나와 있다. 더구나 생산성에 영향을 미치는 창의성, 융통성, 결근률, 사고율, 이직률 등을 고려하면 차이가 없어진다.

셋째로 저축률과 투자율에 관한 것이다. 고령일수록 저축률과 투자율이 감소한다는 것이 일반적인 통설로 되어 있으나 저축률의 경우 감소하지 않고 증가한다는 것이다. 젊은 노동인구의 가구소득은 대부분 자녀의 교육 등으로 저축할 여유가 없으나 연령이 높은 가구의 경우 노후를 위해 저축률이 높아진다는 것이다. 대체로 사회보장제도가 확립된 사회에서는 개인적 저축률은 감소하지만 전체적 즉 집단적 저축률은 연금 계획 등에 의해 오히려 증가한다는 것이 밝혀지고 있다. 다음 투자율은 노동력 참여율과 정의 상관관계를 갖는다. 따라서 여성들의 높은 참여율과 노인 자신들의 참여율 증가로 저축률 감소 현상이 미미해지게 된다.

3. 우리 나라의 고령화

UN에서 규정한 바에 의하면 65세 이상 고령층의 인구 비율이 7%를 차지하고 있는 사회를 고령화사회(aging society)라 하고 14%를 넘으면 고령사회(aged society)라 한다. 우리 나라는 2000년 고령인구가 340만 명으로 증가하여 전체인구 4,700만 중 7.2%를 차지하게 됨에 따라 고령화 사회로 진입하게 되었다. 우리 나라의 경우 고령 인구가 14%가 넘게 되는 즉 고령사회가 되는 시기는 2022년이 될 것으로 추계하고 있다 (표 4 참조).

이처럼 고령인구는 전례 없이 증가하고 있으나 사회복지 제도의 미비와 고령 인구 취업 기회의 제한 등으로 고령자들의 삶의 질이 사회문제로 떠오르고 있다. 이들은 대다수 빈곤, 질병, 고독 등과 더불어 산업사회의 특징인 역할상실이란 고통에 시달리고 있다. 98년 한국보건사회연구원의 조사결과에 의하면 노인가구의 절반 가량이 월 80만원 이하의 소득으로 생활하고 있다.

4. 정책적 함의

노령화현상에 대한 대처에 있어 그 시기를 놓칠 경우 지체에 대한 부담은 우리가 생각했던 것 보다 훨씬 클 수 있다는 점을 먼저 강조하고자 한다.

가. 고령인구 집단의 역할에 대한 잘못된 인식 시정

고령인구의 역할이 과소 평가되어 있음은 잘 알려진 사실이다. 고령인구의 역할은 계속 변화할 수밖에 없다. 그것은 산업구조의 변화뿐만 아니라 가족구조의 변화, 정보화사회의 대두 등과 밀접히 관련되어 있다. 그들은 가족과 지역공동체 그리고 넓게는 국가와 인류사회에 크게 공헌할 수 있는 나름대로의 능력을 보유하고 있으며 이와 같은 그들의 능력은 어렵지 않게 개발 이용할 수 있으나 거의 개발이 안된 무한정한 국가자원이다. 고령인구가 가지고 있는 기술과 전문성, 그리고 경험은 대단히 가치 있는 인적 자원이다. 그들은 가족 내에서 어린이들을 돌봐 줄 수 있을 뿐만 아니라 전통적 문화적 유산의 전수자의 역할을 할 수 있으며 자라나는 새 세대에게 높은 도덕적 가치를 주입시키는 역할을 수행할 수 있다. 더구나 이들에게 취업기회가 확대될 경우 이들이 국가 전체를 위해 큰 공헌을 할 수 있다. 한가지 분명한 것은 장래 고령인구 집단의 교육수준은 현재에 비할 수 없이 높을 것이라는 점이다. 고령인구의 인구학적 특성은 이들의 성비가 매우 낮다는 것이다. 따라서 여성 고령인구에 대한 더 많은 관심과 정책개발이 필요하다.

나. 가족의 역할

고령인구 보호의 사회적 주요기관으로서 가족은 가장 중요한 위치를 차지하고 있으며 가족 이상으로 고령인구를 잘 보호할 수 있는 기관은 아직은 없다. 따라서 전통적인 가족의 기능을 유지 · 강화시키는 국가차원의 정책적 배려가 요구된다. 독거 노인이나 3대 이상의 가족이 거주할 수 있는 주택의 개발이 적극적으로 장려되어야 하며, 무엇보다도 이들로 하여금 경제활동인구로 남아있게 하는 정책이 가장 효율적이 될 것이다. 고령자를 부양하는 데 대한 인센티브를 좀더 강화하여 자녀들이 내는 세금의 일정 부분을 자녀들의 부모가 받게 하는 정책도 연구되어야 한다.

다. 국가차원의 역할

고령자 개인이나 그들이 속한 가족 그리고 각 지역사회에서의 요구를 만족시킬 수 있는 기관은 국가이며 국가는 정책구성과 입법을 통해 적절한 보조가 가능하다. 특히 전국규모의 자원배분과 다양한 사업들의 우선 순위를 정할 수 있다. 고령인구 집단에게 필요한 교육과 훈련 그리고 고용기회의 확대는 이들을 고립시키지 않고 이들의 사회참여를 통한 사회통합에 가장 중요한 관건이 된다.

위에 말한 개인, 가족, 국가의 원활한 역할수행을 위해서는 비정부기구(NGO)나 국제기구의 역할을 빼놓을 수 없다. 이들 단체들은 정부와의 긴밀한 협조도 필요하지만 때로는 압력단체로서, 때로는 로비를 통해 효율적인 역할 수행을 도와 줄 수 있다.

특히 21세기에 들어와 대중 미디어의 역할은 그 중요성이 점점 더 커지고 있다. 현재 고령자들은 물론 장래 고령인구 집단으로 들어갈 젊은 세대에 대한 교육과 더불어 고령자들에 대한 부정적 이미지를 청산하고 이들이 사회에 꼭 필요한 존재라는 긍정적 이미지를 심어주는데 앞장서도록 해야한다. 이를 위해 영화, 연극 및 기타 시청각 프로그램에서 가족의 화목과 이에 대한 고령자들의 역할을 강조하고 이들의 허약함이나 무용성 보다는 이들의 경험과 기술이 얼마나 유용하다는 것을 강조하는 것이 필요하다.

Ⅶ. 성구조와 성평등

출생아에 대한 성 선호(남아선호를 말함) 문제는 우리 나라에서 큰 사회문제가 되어왔으며 이것은 특히 합계출산율이 3.0 이하로 떨어진 75년 이후 출생시 성비에 반영되어 매우 우려되는 현상이었다 (표 4 참조). 최근 이 현상은 어느 정도 완화되고 있는 듯 하지만 출생시 성비가 자연적(생물학적 결정에 의한) 수준으로 회복될지의 여부는 아직 분명하지 않으며 이것은 특히 둘째와 셋째 아이의 경우 애매하다.

성 평등 문제는 부분적으로 이혼률의 증가와도 관계되어 있다. 계속되는 이혼률의 상승세는 궁극적으로 가족의 불안정과 해체를 촉진하고 출산력 수준에 직접적으로 영향을 미친다. (표 5 참조)

1974년 UN에서의 회의(The World Plan of Action)에서 여성의 지위향상에 높은 우선권을 주자는 결정을 채택한 이래 각종 국제회의에서 이 문제를 계속해서 제기하고 확인했다. 어느 사회를 막론하고 남자와 여자에 대한 역할과 기대가 다르다. 또한 남자와 여자가 주로 하는 일과 맡고 있는 책임이 다르게 규정되어 있다. 급격히 변화하는 사회구조에 대한 각 사회의 반응도 다르다.

현재 우리 나라 여성의 지위를 상대적으로 비교하기 위해 세 가지의 지수를 이용하여 제시해 놓았다 (표 6 참조). 이들 세 지수는 유엔개발계획 (UNDP)에서 개발하여 추계한 것으로서 유엔은 매년 이 결과를 작성 발표하고 있다.

인간개발지수(HDI)는 세 가지 지수를 이용하여 추계한 것이다; 출생시 평균수명을 이용한 그 나라의 평균수명, 성인 문자 해독률과 취학연령군의 취학비율을 이용한 교육성취도; 인당 국내 총생산량을 가지고 계산한 생활수준 등을 말한다.

성관련 개발지수 (GDI)란 HDI의 지수 중 남성과 여성에 대한 수치들을 비교하여 조정한 것이다.

마지막으로 성권력지수(GEM)란 특히 정치 분야와 경제 분야에서의 남성에 대한 여성의 상대적 권한을 알아보기 위한 것이다. 경제 참여와 결정권을 측정하기 위해 두 가지 변수 즉 행정관리직에서의 비율 및 전문기술적 직업에서의 비율을 사용했다. 정치 참여와 결정권의 측정은 여성 국회의원의 비율을 사용했다.

표 5에 제시된 바와 같이 여성의 지위는 우리 나라의 경우 다른 나라들에 비해 월등히 낮았다. 일부 이슬람 지역의 개발도상국을 제외하면 우리 나라 여성의 정치경제적 권한과 지위는 비슷한 수준의 경제발전을 이룩한 다른 어느 나라보다도 매우 열악한 것이 현실이다.

최근 여성의 지위향상을 위해 기울이고 있는 정부의 노력은 높이 평가할 만 하다. 새로운 정부기구가 설립되고 국가 발전에 여성의 참여를 적극적으로 유도하기 위한 재정적 기술적 지원은 획기적인 것이라 할 수 있다. 그러나 이런 시책들의 효과는 상당한 기간이 지난 후에야 가시적인 성과가 나타나는 것이며 일관성 있게 지속적으로 실행하지 않을 경우 이들 노력의 성과는 기대할 수 없는 것이다. 앞서 출산율의 정상화를 위한 정책에서도 지적한 바와 같이 여기에서도 국민의 여성에 대한 전통적 가치관의 변화와 새로운 가치관의 형성이 필수적임은 말할 필요가 없다.

Ⅷ 국제이민

1. 우리나라 노동이민의 현황

동아시아, 특히 일부 신흥공업국가들은 1980년대에 들어와 경제 발전으로 다른 저개발국가와의 국민소득에 큰 차이를 갖게되어 다른 아시아의 빈곤한 국가들의 노동자들에게 매력있는 노동이민 대상국이 되었다. 우리 나라도 계속되는 호황을 누린 일본과, 홍콩, 대만, 싱가포르와 더불어 그 대상국이 되었다. 1970년대까지만 해도 한국은 뱅글라데쉬, 인도, 파키스탄, 필리핀 등과 더불어 주요 노동자 수출국이었다. 그러나 한국은 주요 수출국에서 주요 수입국이 되었으며 아시아의 소위 4개의 작은 용 중 가장 큰 나라로서 노동력을 계속 수입하고 있다. 한국에 이입한 노동이민들은 뱅글라데쉬, 인도, 파키스탄, 필리핀, 스리 랑카와 조선족계 중국 노동자들이다. 지난 50년간 다양한 유형의 국제 이동의 경험을 갖고 있는 우리 나라는 이제 우리 경제의 발전에 큰 영향을 줄 수 있을 정도의 외국인 노동자를 수용하고 있다. (Gubhaju, et.al., 2001, 53-54)

정부와 민간에서 필요에 의해 노동이민을 받아 들였다면 이들의 성공적인 우리 사회 성원으로서의 통합 문제를 도외시 할 수 없다. 물론 성공적인 통합에는 여러 요인이 작용한다. 주요 요인들은 첫째, 노동이민을 수용한 정부의 정책적 방향; 둘째, 수용국 국민들의 태도; 셋째, 이민집단 자신들의 문화적 특성과 개인적 태도 등이다 (UN, 1973, 258-261).

수용국의 실정법을 포함한 사회구조가 경직되어 있지 않고 이민집단에게 자국민과 동등한 기회를 부여할 때 이들은 잘 통합될 것이다. 19세기 북아메리카는 좋은 본보기가 된다. 이민자들은 거의 평등한 자격으로 기회의 사다리에 올라 설 수 있어 빠른 통합이 가능했다. 다음 융통성 있는 사회계층 구조와 종교적, 인종적 편견의 강도는 이민집단으로 하여금 순조로운 사회통합에 기여하게 하는 중요한 요인으로 지적되고 있다. 브라질의 경우가 가장 많이 인용되고 있는 경우이다. 마지막으로 이민집단 자신들의 특성이다. 수용국 국민과 이민집단 간의 언어, 종교, 신체상 외모, 사회적 관습과 문화적 전통이 크게 다를 경우 통합을 저해한다. 이에 대한 예로서 인도와 중국계 이민집단을 흔히 들고 있다.

2. 외국인력에 대한 최근의 정책

현재 (2002년 3월말) 국내에 취업중인 외국인은 모두 33만 7천명으로 이 가운데 78.9%인 26만 6천명이 불법체류자인 것으로 정부는 파악하고 있다.

정부는 2002년 7월17일 '외국인력제도 개선대책'을 확정 발표했다. 정부는 1999년 이후 외국인 불법체류자가 급증하고 있어 이를 방치할 경우 심각한 사회문제로 확대될 것을 우려하고 합법적 고용은 허용하되 불법취업은 엄격하게 금지한다는 방침 아래 조선족을 비롯한 외국국적을 가진 동포들이 2002년 11월 1일부터 유흥업을 제외한 음식점업, 사업지원서비스업, 사회복지사업, 청소관련서비스업 등 서비스업 분야에 합법적으로 취업할 수 있게 했다.

정부는 이미 상당수의 외국인이 서비스업에 종사하고 있고 내국인만으로는 필요 인력을 구할 수 없는 현실을 고려해 외국인의 서비스업 분야 취업을 원칙적으로 외국국적 동포에게만 국한시키고 취업허용기간을 최장 2년(기본 1년 체류에 1년 연장 가능)으로 정했다. 외국동포의 취업자격은 국내에 8촌 이내의 혈족 또는 4촌 이내의 인척이 있거나 국내호적에 등재되어 있는 사람 및 그 직계 존 비속으로 40세 이상인 사람에게 주어진다. 또 독립유공자의 직계 혈족, 외국동포사회 발전기여자, 산업연수생으로 입국해 이탈하지 않고 귀국한 사람, 법무부장관이 특별히 인정한 자 등도 포함된다.

또한 국내 기업의 인력난을 완화하고 외국연수생에게 기술습득의 기회를 제공하기 위해 시행해온 산업연수생 정원을 현재보다 1만 8,750명(14.8%) 늘어난 14만 5,500명으로 증원했다. 2003년 3월말까지 외국인 불법 체류자를 전원 출국시킨다는 정부의 방침에 따라 이들의 공백을 메우기 위해 산업연수생의 분야별 정원을 <중소제조업 13만>, <연근해어업 3천>, <농축산업 5천>, <건설업 7천5백>등으로 확대했다.

정부의 이와 같은 방침은 해외동포를 고려한 점과 필요인력의 공급이란 차원에서 매우 환영할만한 정책이다. 그러나 농축산업, 어업 등 국내 인력이 기피하는 직종에 안정적인 취업 즉 이들 인력의 안정적인 공급이 이루어질 수 있는가의 문제와 더불어 국내 노조의 반발을 어떻게 무마 조정하는가 등이 정책 성공여부를 좌우하게 될 것이다.

Ⅸ. 요약 및 결론

우리나라가 1980년대 중반까지 당면했던 가장 큰 문제는 높은 출산율과 사망률로 인한 높은 인구증가율이었다. 그러나 최근 이런 경향은 역전되어 낮은 출산율과 사망률로 인한 전례 없던 낮은 인구증가율과 인구구조상의 고령화 문제가 가장 큰 문제로 대두되고 있다. 한편 출산력이 대체수준 이하로 저하했다 해도 인구의 구조적 특성과 평균수명 향상의 지연된 영향력으로 인해 인구수는 상당기간 감소하지 않고 오히려 증가하고 있음에도 주목해야 한다.

지난 20세기와 달리 21세기 현재 인류사회는 각 국가 또는 지역별로 그 사회의 발전계획에 부합되는 인구정책이 필요하게 되었다. 특히 긍정적인 전망에 따른 정책수립과 과감한 실행은 장래문제 해결에 큰 도움을 줄 수 있다. 지난 60년대 초반 우리 나라 국민의 교육수준이 현재에 비해 월등히 낮고 또 전통적인 가치가 지배하던 시기 과감한 정부의 가족계획 정책이 우리 나라의 발전에 크게 기여했음은 누구도 부인하지 못할 것이다.

우리 나라의 경우 인구수와 관련된 기본적인 목표는 연령 및 성 구성의 안정에 두어야한다고 본다. 이를 위해서는 무엇보다도 출산수준의 대체수준 유지가 필수적이라고 생각된다. 대체수준 이하의 낮은 출산력과 평균수명의 연장은 필연적으로 인구의 감소와 노령화를 수반한다. 오래 전 인구변천과정을 경험한 선진국의 경험에 비추어 보면 출생률은 일시적으로 기복을 보여 어느 정도 등락이 예상되지만 일단 대체수준 이하로 저하된 율이 단기간 이내에 다시 대체수준 이상으로 회복된 예는 찾아 보기 어렵다. 이에 따라 국가전체의 목표와 각개 가족의 목표가 서로 합치되는 출산 목표의 달성을 위한 성공적인 정책과 시책을 위한 노력이 요구된다.

과거와 달리 오늘날 인구조절의 기능은 정부나 광역행정기구, 또는 지방행정기구가 감당할 수밖에 없다. 우리 나라보다 훨씬 먼저 출산율이 떨어진 일본과 일부 선진국에서는 더 이상의 출산율 저하를 방지하기 위해 영유아 보육시설을 대폭 확충하고 있으며, 남성 육아휴직을 적극 권장하고, 불임부부에 대한 치료지원 등 다양한 정책과 더불어 15세 미만 자녀에 대한 직접적인 금전적 지원까지도 고려하고 있다.

각국에서 현재 고려하고 있는 저출산 정책을 예로서 들자면 다음과 같다. 첫째, 자녀들이 매년 세금으로 납부한 금액 중 일정 부분을 정부가 직접 65 또는 70세 이상 생존 부모에게 되돌려 주는 방안; 둘째, 자녀를 부양한 후 은퇴한 부모들에게 부양한 자녀수에 비례하여 연금액수를 정해주는 방안; 그리고 셋째, 경제적인 인센티브로서는 미흡할 경우 모든 국민에게 투표권을 부여하고 20세 미만 자녀의 투표권을 부모에게 행사하도록 하는 것 등이다.

단기적으로 가시적인 효과를 거두기 위해서는 우리 나라의 경우 영유아 보육시설의 확대와 남성 육아휴직 및 불임부부 중 자녀를 원하는 부부에 대한 시술 등과 더불어 일정 수 이상의 자녀에 대한 학비감면과 초, 중, 고, 대학의 입학에 선택권을 부여하는 정책 등을 입안하여 시행해야 될 필요가 있다고 본다. 또한 출산력과 혼인력에 대한 연구와 조사에 정부의 과감한 투자가 이루어져 그 원인과 결과에 대한 광범한 영향을 분석 발표하여 국민들의 이해를 돕고 경각심을 갖게 하는 것이 절실히 요구된다.

사망률의 경우 비록 일부 성 · 연령층(예컨대, 남성 40대)의 사망률이 비정상적으로 높은 것이 자주 보고되는 바, 이에 대비한 정책은 계속되는 과제이며, 건강수명을 포함한 평균수명의 연장은 고령화 과정에 박차를 가하게 된다. 이와 같은 고령화 현상에 따른 고령인구 비율의 증가는 매우 복잡하게 그리고 다방면으로 영향을 주고 있다. 고령 인구비의 증가는 젊은 연령층 인구의 상대적 감소와 경제활동인구의 부족을 의미한다. 이것은 사회경제적 부조와 건강보호 관련 체제의 확대 운영에 필요한 막대한 부담을 유발시킨다. 그러나 미국, 호주, 카나다, 일본 등 선진국의 자료를 이용한 경제학자들의 연구에 의하면 고령화 문제는 인구학자들이 지적하는 만큼 심각한 문제는 아니며, 사회적 문제는 될지언정 생산성이나 저축율의 감소 등 경제적 면에서의 문제는 아니라는 점을 강조하고 있다.

고령화 문제를 해결하기 위해서는 개인적인 차원에서 고령자에 대한 인식의 전환이 필요하며 가족에서의 역할 확대, 그리고 국가차원의 정책구성이 필요하며 이들의 원활한 역할수행을 위해서는 비정부기구(NGO)나 국제기구의 역할을 빼놓을 수 없다. 이들 단체들은 정부와의 긴밀한 협조도 필요하지만 때로는 압력단체로서, 때로는 로비를 통해 효율적인 역할 수행을 도와 줄 수 있다.

특히 21세기에 들어와 대중 미디어의 역할은 그 중요성이 점점 더 커지고 있다. 특히 장래 고령자 집단에 들어갈 젊은 세대에 대한 교육과 더불어 고령인구에 대한 부정적 이미지를 청산하고 이들이 사회에 꼭 필요한 존재라는 긍정적 이미지를 심어 주는데 앞장서도록 해야한다.

인구분산을 위한 정책의 기본 유형은 이농민의 농촌귀환, 농촌자체의 개발, 산업의 분산, 신도시의 건설, 성장거점도시개발 등 여러 유형이 있다. 우리 나라 정부는 수많은 정책을 입안 · 실행하여 인구분산을 위한 노력을 계속해 왔다. 정부는 '首都圈 人口 過密 集中 抑制에 관한 基本指針'(1970년 4월)을 마련했으며 '國土綜合開發計

劃'(1971년 10월)에서도 이들 여러 유형의 정책을 포함시키고 있다.

우리나라의 경우 가장 큰 수도권 집중의 요인으로 지적할 수 있는 것은 정치제도의 특성이라고 생각된다. 우리나라는 건국 이래 제2 공화국 단기간을 제외하면 강력한 대통령중심제를 채택하고 있으며 61년 이후 효율적인 정책시행에 의한 경제발전에는 큰 도움이 되었을지 모르겠으나 중앙집권적 독재국가이었음은 누구도 부정할 수 없는 사실이다. 모든 것이 수도를 중심으로 이루어질 때 수도권 집중을 완화시키는 일은 그렇지 않은 경우에 비해 막대한 비용과 노력이 요구되며 사실상 불가능한 일이 된다. 다행히 현재 실시하고 있는 지방자치제와 전국민적 민주화의 노력은 독재정권들이 초래했던 유형의 수도권 인구집중을 어느 정도 완화시키리라 예상된다

유엔개발계획(UNDP)에서 개발한 인간개발지수(HDI)와 성 관련개발지수(GDI) 및 성 권력지수(GEM) 등을 비교해 보면 한국의 성평등 발전정도는 다른 발전의 지수에 비해 매우 낮다는 것을 보여 주고 있다. 여성의 경우 작업장 조건이 남성에 비해 열악하며 가내 수공업 수준의 노동자와 낮은 수준의 서비스산업 종사자들은 착취와 괴롭힘에 시달리고 있음은 자주 보고되어 널리 알려져 있는 사실이다. 성 평등과 공평의 달성은 우리 나라가 선진국 대열에 진입하는 가장 중요한 조건이 되고 있으며 불평등과 불공평이 계속될 경우 선진국 대우를 받기는 어려울 것이라 예상된다.

가족해체의 지표가 될 수 있는 이혼율이 전례 없이 증가하고 있다. 신세대들은 가족위주의 전통적인 가치를 심각하게 받아들이지 않고 있다. 가족주의나 전통적인 효 사상은 가족구조를 포함한 모든 사회구조의 엄청난 변화와 더불어 수정될 수 밖에 없다. 그러나 아직도 기본적인 가족의 기능은 그대로 유지되고 있으며 이런 현상은 계속될 것으로 예상된다. 사회기본단위로서의 가족은 정부의 보호를 받아야 하며 개인들도 적극 보호해야할 의무가 있다. 민간단체를 포함한 개인들의 가족에 대한 기본적인 가치관의 확립과 정책적 차

원에서의 정부시책은 혼인의 안정성을 유지하게 할 것이며 동시에 안정된 출산율의 유지와 사망률의 저하에도 기여할 것이다.

국제이민 특히 노동이민은 이민 집단의 개인적 발전과 그들 가족에게 이익을 줄 수 있다. 일부 이민집단을 대상으로 하는 대행업자들의 비리와 사기 등이 계속 보고되고 있지만 이를 규제하기는 쉽지 않다. 외국인 노동자들은 대부분 착취당하기 쉬운 집단이며 인권유린 사례도 수없이 많다. 저렴한 노동력의 수요를 충당하기 위해 그리고 경제발전을 위해 정부는 이들을 수용하고 있다. 일단 정책적으로 이들을 수용했다면 이들에 대한 보호도 외면할 수 없다. 더구나 국제인구이동의 양이 증대되고 이들의 중요성이 더 커지고 있는 현실을 감안하면 이들의 성공적인 한국사회에의 통합을 위한 시책 마련이 시급하며 동시에 정부간의 의견교환과 계획수립을 위한 국제협약을 유지 발전시켜야 할 것이다.

우리 나라는 20세기 중반까지 전통적인 농업국가에서 21세기에 들어와 국민의 80%이상이 도시에 거주하는 도시산업국가가 되었다. 이것은 50여 년이란 비교적 장기간에 걸쳐 이룩된 현상이지만 지난 세기 우리 나라의 변화 중 가장 뚜렷한 현상이다. 이 과정에서 빈부의 격차와 절대 빈곤, 성 평등과 공평성, 지역적 균형발전과 지속 가능한 발전 등 인류 공동의 목표를 실패하지 않고 성공적으로 달성하는 것은 정부와 국민 모두가 당면한 중요한 과제들이다.

정부는 1996년 35년간 시행했던 인구증가 억제정책을 공식적으로 폐기했다. 이제 우리 앞에 놓여진 인구문제는 그 동안의 문제보다 더 해결하기 어렵고 복잡한 것이다. 출산율 저하로 인한 고령화의 문제, 세대간의 갈등문제, 혼인 및 출산에 대한 바람직한 가치관의 확립, 보건복지제도의 선진화를 통한 건강지수의 향상 등이 바로 우리가 개선하고 해결해야 될 문제들이다. 또한 우리 나라의 인구증가율이 둔화되고 안정됐다고 해서 세계 일부 지역의 높은 인구증가를 외면할 수는 없다. 우리는 현재 지구촌 시대에 살고 있으며 따로 떨어져 잘 살 수 있는 시대는 지났다. 정치뿐만 아니라 경제적 도미노 현상을 우리는 IMF 사태로 경험했다. 우리가 끊임없이 관심을 가져야 될 과제는 북한을 포함한 세계각국의 인구동태를 정확히 파악하여 각국의 인구변화가 우리 나라 경제 사회 전반에 미칠 영향을 분석하여 능동적으로 대처하는 것이다.

<표 1> **인구수, 연평균증가율, 조출생률, 조사망률, 및 시부 인구비**, 1955-2000

연 도	인구수 (000)	증가율 %	조출생율 (per 1,000)	조사망율 (%)	시부인구
1955	21,526		41	33	24.6
1960	24,989	3.0	45	16	28.0
1966	29,160	2.6	41	14	28.7
1970	30,882	1.9	32	12	41.2
1975	34,707	2.0	30	9	48.4
1980	37,436	1.5	26	8	57.3
1985	40,448	1.5	22	6	65.4
1990	43,411	1.4	15	6	74.4
1995	45,003	0.7	16	5	78.5
2000	47,008	0.8	13	5	79.7

자료: 1. 金民卿(2000), 『人口센서스의 理解』, 서울: 글로벌, 부록 참조
2. 통계청(2000), 『2000년 인구주택총조사 잠정집계결과』
3. 통계청(2002), 『시도별장래인구추계』

<표 2> 우리 나라의 합계출산율 및 성별 평균수명, 1955-2000

연도(기간)	합계출산율	출생시 평균 수명		
		남자	여자	전체
1955-60	6.3	46.9	52.5	49.7
1960-65	6.0	48.1	53.5	50.8
1965-70	4.6	50.8	56.5	53.6
1970-75	4.0	55.3	59.7	57.4 (1970)
1975-80	3.0	58.8	64.9	61.8 (1975)
1980-85	2.4	62.6	69.8	66.1 (1980)
1985-90	1.6 (1990)	65.9	72.7	69.2 (1985)
1990-95	1.7 (1995)	68.5	74.8	71.6 (1990)
1995-00	1.4 (2000)	70.9	78.4	(1999)

자료: 1. 권태환, 김두섭. 2002. 『인구의 이해』, 서울: 서울대학교 출판부, 264.
2. 통계청. 2000. 『2000년 인구주택총조사 잠정집계결과』.
3. Kwon, Tai Hwan, et. al.. 1975. *The Population of Korea*. The Population and Development Studies Center, Seoul National University.
4. 권태환, 김태헌. 1990. 『한국인의 생명표』. 서울대학교 출판부. 61-93.

<표 3> 우리 나라의 출산순위별 성비, 1981-2001

연도	출 산 순 위			
	전체	첫째아	둘째아	셋째아 이상
1981	107.2	106.3	106.7	109.2
1985	109.5	106.0	107.8	134.2
1990	116.5	108.5	117.0	192.7
1995	113.2	105.8	111.7	180.2
1996	111.6	105.3	109.8	166.2
1997	108.2	105.1	106.3	135.5
1998	110.1	105.9	108.0	145.6
1999	109.6	105.6	107.6	143.1
2000	110.2	106.2	107.4	143.9
2001	109.0	105.4	106.4	141.4

자료: 1. 통계청. 2000. 『1999년 인구동태통계결과』.
2. 통계청. 2002. 『2001년 인구동태통계연보』.

<표 4> 우리 나라의 고령인구비 및 부양인구비, 1960-2000

연 도	고령인구(60세 이상)			고령인구(65세 이상)		
	수(000)	비율(%)	부양인구비(%)	수(000)	비율(%)	부양인구비(%)
1960	1,383	5.5	10.1	823	3.3	6.1
1970	1,705	5.4	10.3	1,039	3.3	6.1
1980	2,268	6.2	10.1	1,456	3.8	6.2
1990	3,353	7.8	11.7	2,195	5.1	7.4
1995	4,145	9.2	13.6	2,657	5.9	8.3
2000	5,212	11.1	16.3	3,395	7.2	10.0

자료: 1. 통계청. 1999. 『인구추계』

2. 통계청. 2002. 『시도별장래인구추계』

<표 5> 혼인 및 이혼 건수, 조혼인율, 조이혼율, 1990-2001

	수 (단위: 천명)		조율 (인구 천명당)	
연도	혼인	이혼	혼인	이혼
1990	399.3	45.7	9.3	1.1
1991	416.9	49.2	9.6	1.1
1992	419.8	53.5	9.6	1.2
1993	402.6	59.3	9.0	1.3
1994	393.1	65.0	8.7	1.4
1995	398.5	68.3	8.7	1.5
1996	434.9	79.9	9.4	1.7
1997	388.6	91.2	8.4	2.0
1998	375.6	116.7	8.0	2.5
1999	362.7	118.0	7.7	2.5
2000	334.0	120.0	7.0	2.5
2001	320.1	135.0	6.7	2.8

자료: 1. 통계청. 2000. 『1999년 인구동태통계결과』.

2. 통계청. 2002. 『2001년 인구동태통계연보』.

<표 6> 동아시아 4개국의 인구학적 및 성 관련 특성, 1999

특　성	일본	홍콩	한국	중국
인구수(백만)	126.8	6.7	46.4	1264.8
도시인구(%)	78.6	100.0	81.1	31.6
연령집단 (%)				
(0-14세)	14.9	16.8	21.2	25.3
(65세이상)	16.7	10.4	6.8	6.7
총출산율				
(1995-2000)	1.4	1.2	1.5	1.8
순위 (HDI)	9	24	27	87
(GDI)	11	23	29	76
(GEM)	31	N.A	61	N.A
평균수명				
여성	84.1	82.2	78.4	72.5
남성	77.3	76.7	70.9	68.3
문자해독율 % (15+)				
여성	99+	89.7	96.2	75.5
남성	99+	96.4	99.1	91.2
a) 대남성수입비	0.43	n.a.	0.45	n.a
b) 여성국회의원수(%)	10.8	n.a	5.9	21.8
c) 여성 상위직 종사자 (%)	9	22	5	n.a.
d) 여성 전문적 기술적 종사자 (%)	44	38	31	n.a

a) 남성에 대한 여성의 수입 비율 추계.

b) 국회내의 여성 의석 비율.

c) 여성의 입법부, 행정부의 상위직 종사자 및 관리직 종사자 비율.

d) 여성 전문적, 기술적 종사자 비율.

자료: UNDP. 2001. *Human Development Report.*

〈참고 문헌〉

권태환, 김두섭, 2002. 『인구의 이해』. 서울: 서울대학교 출판부.

권태환, 김태헌, 1990. 『한국인의 생명표』 서울: 서울대학교 출판부.

金民卿. 2000. 『人口센서스의 理解』 서울: 글로벌.

박경대. 1999. "인구쟁점에 대한 가치관의 변화." 『한국인구학』 22-2 : 5-45.

楊家駱 主編. 1983. 『洪北江詩文集上』. 中國學術名著第六集, 第二十一冊, 臺北, 世界書局 民國七十二年.

장세훈. 1998. "수도권 정비정책의 쟁점과 향후과제." 『발표문요약집』. 한국사회학회 인구도시연구회 1998년 추계 학술대회. 53-77

통계청. 1999. 『인구추계』.

______. 2000. 『1999년 인구동태통계결과』.

______. 2000. 『2000년 인구주택총조사 잠정집계결과』.

______. 2002. 『2001년 인구동태통계연보』

______. 2002. 『시도별장래인구추계』

한국보건사회연구원. 1991. 『人口政策30年』

Chen, Pi-Chao. 1972. "Over-urbanization, Rustication of Urban Educated Youths, and Politics of Rural Transformation - The Case of China." *Comparative Politics*. 4. 361-386.

Cho, Nam-Hoon and Sam-Shik Lee. 2001 "Long-Term Population Prospects and the Direction of Population Policies." *Summary Reports*. Seoul: Population Association of Korea.

ESCAP. 1996. *Population Aging and Development*. Asian Population Studies Series, No. 140. New York: United Nations.

Glass, David. 1940. *Population Policies and Movements in Europe*. Oxford: Clarendon Press.

Gubhaju, Bhakta, K. S. Seetharam, and Jerrold Huguet. 2001 "Demographic Dynamics in ESCAP Region."*Asia-Pacific Population Journal.* 6-1: 45-66.

Harbison, Sarah H. and Warren C. Robinson. 2002. "Policy Implications of the Next World Demographic Transition."*Studies in Family Planning*. 33-1: 37-48.

Kwon, Tai Hwan, et. al. 1975. *The Population of Korea*. The Population and Development Studies Center, Seoul National University.

Ross, John and Thomas Frejka. 2001. "Paths to Sub-replacement Fertility: The Empirical Evidence." *Population and Development Review*. 27: 213-254.

Schulz, James H., Allan Borowski, and William H. Crown. 1991. *Economics of Population Aging*. New York: Auburn House.

Spengler, Joseph J. 1938. *France Faces Depopulation*. Durham: North Carolina, Duke University Press.

Taeuber, Irene B. 1958. *The Population of Japan*. Princeton, N. J.: Princeton University Press.

United Nations. 1973 *The Determinants and Consequences of Population Trends*. New York: United Nations.

United Nations Development Plan, 2001. *Human Development Report.* New York: Oxford University Press, 2001.

United Nations, Population Division. 2000. *Replacement Migration, Is It a Solution to Declining and Aging Populations.?* New York: United Nations, 2002.

발문(跋文)

Epilogue

우리나라 인구 연구의 과제와 전망

I. 순수 학문연구로서의 인구탐구

1. 자료의 수집과 평가

인구연구자들이 다른 분야의 학자들에 비해 경험적인 자료를 많이 수집해온 것은 부인할 수 없는 사실이다. 또한 인구연구의 가장 큰 장점이자 지금까지 이룩한 가장 큰 업적들 중의 하나는 자료 자체의 평가에 관한 것이다. 인구학은 지나치다 싶을 정도로 그 정확성에 매달려왔다. 실제로는 일반에서 기대하는 만큼 정확한 추계를 내고 있는지 반성할 점도 많지만 다른 분야에 비해서는 자료의 수집과 구성에 대해 비교적 명확한 기준과 배경설명을 필수적인 것으로 여기고 있다. 따라서 자료의 평가에 있어 다른 분야에 비해 우위를 점하고 있다. 인구를 전공으로 하는 학자들의 중요한 임무중의 하나는 인구현상에 대한 자료의 평가를 게을리 하지 말고 이용자들에게 널리 알리는 일이다.

자료의 평가는 인문, 사회, 자연과학 모든 분야의 연구에서 가장 중요한 위치를 차지하고 있다고 본다. 자료를 평가할 수 있는 능력이 연구의 수준을 좌우할 수 있기 때문이다. 역사학의 예를 들어 본다. 근세조선 16-17세기 이순신(李舜臣)장군은 가장 위대한 장군으로 알려져 있다. 장군의 행적은 조선왕조실록이나 장군 자신이 남긴 난중일기 등 여러 기록을 통해 알려져 있다. 이순신장군에 관한 문헌 중 후세 역사가나 다른 분야의 학자들이 가장 많이 인용한 기록은 조선 후기 이긍익(李肯翊)의 저서 연려실기술(燃藜室記述)이다. 이 책은 방대한 저서로서 많은 학자와 특히 문학 작가들이 즐겨 인용하고 참고했던 서적이다. 문제는 이 서적에서 임진왜란과 이순신에 관한 기록은 주로 류성룡(柳成龍)의 징비록(懲毖錄)을 이용하고 있다는 점이다. 그런데 징비록의 저자인 류성룡은 조선 중기 임진왜란 당시 이순신장군을 높이 평가하고 조정에 천거하고 이순신장군이 모함을 당했다고 할 때 적극적으로 장군을 비호한 인물이다. 징비록은 매우 귀중한 사료지만 어느 정도 류성룡의 편견이 들어갔을 가능성을 배제할 수 없다. 여기서 징비록이나 이순신장군을 폄하하려는 의도는 결코 없다. 다만 이런 사실을 고려하고 당시의 상황을 분석하는 것과 그렇지 않고 무조건 받아들여 분석하는 것과는 큰 차이가 있음을 강조하고자 예를 들어본 것이다.

자료에 대한 평가 능력을 구비했다 해도 자료의 수집 자체가 지식이 되지 않는다. 과학적 지식 즉 이론이란 개념도식에 의거해서 분석된 정보를 말한다. 즉 센서스나 기타 조사 자료를 수집해 놓은 것 자체가 지식이 되지 않는다. 왜냐하면 학문적 지식은 보편적이어야 하고 추상적이란 특성을 가지고 있기 때문이다. 보편적이라 함은 어느 특정한 시간과 공간의 특징을 설명하거나 해석함으로서 끝난 것이 아니고 그런 조건을 갖추고 있을 경우 언제 어디서나 적용될 수 있다는 것을 의미한다. 추상적이라 함은 상식적 차원에서 막연하다는 의미로 사용되며 이것은 학자들이 되도록 기피하고자 하는 것이다. 그러나 여기서 추상적이라 함은 수많은 개별적 사례를 하나가 대표하고 있거나 하나로 요약되어 있음을 의미한다. 개념을 예로 들자면, '사람'이란 생물학적 개념은 사람처럼 두 발로 걷고 언어를 이용할 줄 아는 등 몇 가지 특성을 가지고 있는 동물을 대표하는 개념이다. 사람의 추상화 과정은 비교적 어렵지 않기에 이런 개념을 낮은 수준의 추상화된 개념이라 부른다. 그러나 규범이나 가치 등 그 추상화 과정이 복잡한 개념들을 우리는 높은 수준으로 추상화 된 개념이라 부른다.

2. 인구이론에 대한 이론적 비판과 대안

인구분야의 연구는 다른 분야에 비해서 이론이 부족하다는 평가를 자주 듣는다. 인구 연구를 가장 활발하게 한 사회학의 경우 인구 이외의 다른 분야에는 이론이 너무 많다고 하는 말을 자주 들으며 이 같은 평가는 아이러니가 아닐 수 없다.

일부 과학철학 분야의 학자들이 볼 때 사회과학 특히 사회학은 진정한 의미의 이론을 구성하지 못하고 있다고 한다. 그 이유는 사회과학분야에서 이론을 구성하는데 사용하는 개념들의 인식론적 의미가 결여되어 있고 설사 인식론적 관계가 있다 하더라도 그 관계가 매우 애매하거나 미약하다는 것이다. 자연과학 특히 물리학의 경우 자기(磁氣-magnetism)는 그 자체 우리의 눈에 보이지 않지만 누구나 자기를 인정하고 받아들일 수 있다. 그러나 사회과학의 경우 예를 들자면, 사회학에서의 계층(階層-social stratum)은 눈에 보이지 않기는 마찬가지이지만 그 기준이 시간과 공간, 그리고 학자에 따라 다양하다. 그러므로 보편성과 추상성이 높은 큰 이론이 나오기 어렵다는 것이다.

그럼에도 불구하고 사회학이론에 자주 등장하는 계층의 경우 인식론적 관계가 어느 정도 있다고 인정된다. 인구연구에서 주로 사용하는 개념들 — 출생, 사망, 이동 등 — 도 그 인식론적 의미가 있고 또 관계도 분명하다. 그러나 거대이론을 만들 때 사용해야 되는 개념들, 예컨대 도시란 개념을 예로 들어본다. 도시사회학에서의 도시는 도시적 생활양식을 가지고 도시와 비도시를 구분한다. 인구연구에서의 도시는 인구의 절대 수에 따른 행정적 구분이나 일차 산업종사자의 비율로 도시와 비도시를 구분하고 있다. 그리고 그 기준들은 수없이 많이 수정되고 다시 정의되고 있다. 즉 인식론적 의미는 고사하고 그

관계조차 확보할 수 없게 되어 있다.

인구연구 학자들은 이론 구성에 등한하다고 한다. 구성된 이론들조차 다음과 같은 약점을 가지고 있다는 비판을 받고 있다. 몇 가지 가장 중요하다고 생각되는 미판을 아래 살펴보고 그 대안을 생각해 본다.

첫째, 인구이론에 대한 가장 큰 비판은 이론의 양대 기능인 설명력과 예측력을 확보한 경우가 드물다는 것이다. 대표적으로 비판의 대상이 되고 있는 이론이 잘 알려진 인구변천이론(Population Transition Theory)이다. 설명력의 부족은 앞에 지적한 개념의 특성에 따라 좌우되므로 시간과 공간의 제약을 받지 않는 개념들의 정립으로서 해결될 수 있다. 예측력은 설명력이 확보된 후에 가질 수 있는 것이므로 더욱 더 제약이 따른다.

설명력이 확보될 경우, 인구분야는 예측력이란 차원에서 다른 분야에 비해 우위를 점할 수 있다고 본다. 그것은 인구학에서 발전시킨 코호트 분석으로서 가능할 수 있다고 본다. 연령 코호트 자료를 기초로 하고, 인구행위는 물론 사회경제적 행위를 결정하는 가장 중요한 변수인 교육, 혼인, 직업별 코호트 자료의 수집과 분석은 다른 어느 분야보다 인구이론의 예측력을 높일 것으로 예상된다. 1960년대 중고등 학교나 대학을 다녔던 사람들과 1980년대 재학했던 사람들의 행위는 엄청난 차이를 보이고 있으며 마찬가지로 60년대 초반 취업한 인구와 80년대 초반 노동력에 참여한 인구의 가치관이나 인구사회적 행위에는 큰 변화가 있었기 때문이다. 지금까지 수집한 자료는 종단적 연구가 가능한 자료보다는 횡단적 연구를 위한 자료가 대부분이므로 이에 대한 보완이 적극 검토되어야 한다.

둘째, 다양한 가설에 대한 확증이나 재해석이 부족하다는 비판이다. 그 대표적 비판의 대상이 적정인구이론(Optimum Population Theory)이다. 대부분의 인구연구자들은 연구 시작부터 인구현상의 분석은 단일한 준거의 틀로 설명할 수 없다는 것을 가정하고 있다. 이것은 단일한 학문분야의 준거 틀을 이용할 경우 연구 결과의 완전성을 처음부터 포기하고 있음을 의미한다. 그러다 보니 각각의 특정화 단계

(수준)에서 주어진 조건은 무수히 나오지만 그 조건을 정확히 밝히지 않거나 못하고 있다.

이 문제는 통합적 이론의 구성으로서 해결된 수 있다고 본다. 인구연구에서 파슨스의 행위이론과 같은 거대 이론을 기대하기는 어렵다. 파슨스의 이론도 지나치게 많은 변수의 개입으로 경험적 연구에서의 유용성이 없다는 비판을 받았다. 불완전하지만 인구 분식에 대한 UN 등 국제기구에서 요약 발표하는 종합적 모델의 이용은 이들 비판을 극복할 수 있는 대안으로 제시되고 있지만 앞서 말한 개념의 통일이 선행되어야 된다는 난제가 가로막고 있다.

셋째, 인구연구는 지나치게 근시안적이고 단기간의 정책수립용이란 즉 단순 정책 지향적이란 비판이다. 이 같은 비판을 극복하기 위해서는 인구사상에 대한 연구가 선행되어야 한다. 인간은 신념에 의해 행동하며 우리의 신념은 문화적 가치와 규범에 의해 결정된다. 아무리 훌륭한 이론이 있다 하더라도 그 사회에서 받아들일 수 없는 행위를 요구하고 있다면, 다시 말하면 그 이론적 결과에 따른 우리의 행위가 기존의 가치나 규범에 위배된다면 새로운 가치와 규범이 형성되기 이전까지는 이론에 의한 행위는 기대할 수 없는 것이다. 인구에 대한 관점은 고대로부터 끊임없이 제기되어 왔다. 인구사상에 대한 깊이 있는 연구가 선행되지 않고서는 긴 안목을 가진 이론구성이 불가능하다. 인구 연구에서 각 사회의 사상적 발전의 연구가 필수적인 이유가 여기에 있다.

Ⅱ. 실용적 학문분야로서의 인구 연구

보편적인 진리탐구와 더불어 빼놓을 수 없는 것은 학문의 실용성에 대한 것이다. 인구학은 실용적인 학문으로 성장하고 발전해 왔다. 그럼에도 불구하고 우리나라에서는 다른 선진국에서와는 달리 인구연구의 적용은 전문 인구연구학자들에게 의뢰하기 보다는 각 분야에서 인구현상을 부수적으로 다룬 학자들이 담당하고 있다.

새로운 지식의 생산이나 전파, 그리고 분석 못지않게 기존지식을 응용한 문제의 해결에는 전문가의 도움이 필요하다. 아래에 그 몇 가지 중요한 연구 과제를 살펴본다.

1. 사업계획(Business Planning)

미시적인 차원에서 보면 개인 사업의 일차적 목표는 이윤의 창출에 있으며 이를 위해 경쟁 사업자 보다 우위를 점해야 됨은 물론이다. 경쟁 상대가 생산하는 재화나 용역보다 우수한 생산품을 공급해야 되며 장기적으로는 생산성이 관건이 된다.

1) 마케팅

이 단계에서는 내 제품을 누가 이용할 것인가 그리고 그들은 어디에 거주하는가를 알아내고 재화와 용역의 생산 기획, 제조, 판매의 각 단계에 필요한 시장조사, 유통경로, 광고 등이 포함된다. 이를 위해 인구를 구분(segment)하고 목표인구(target)를 설정해야한다.

관심 있는 사람들의 숫자가 충분한지 그리고 생산품의 출시를 반기고 즐길 사람들의 거주지와 이들의 사회경제적 특성에 대한 기초자료가 있어야 하며 보조적 조사가 필요하다. 예컨대, 요식산업의 경우 간이음식은 도시 중하층 인구 중 어린 자녀를 가지고 있는 부부들에게 더 적합하며, 중상층 맞벌이 부부로서 자녀들이 성장했거나 자녀가 없는 경우 레스토랑(요리점)이 더 적합하다. 같은 간이음식점이나 레스토랑이라도 생활 스타일이나 가치 태도 등 심리학적 요소를 이용하여 재구성하는 것이 바람직할 것이다. **센서스 자료**는 위에서 필요한 많은 부분의 자료를 제공해 주며 기타 가구 소비행태에 대한 정기적 조사나 특수조사 자료를 이용해야 한다.

다음 사회경제적 특성에 따른 대상인구가 설정되어야 한다. 여기서 인구의 성과 연령분포는 가장 중요한 기초적 분류가 된다. 과거 여성들은 집을 중심으로 생활하고 있었으나 여성인구의 노동력 참여율이 계속 증가하여 여성의 지위와 역할이 크게 변화하고 있다. 이에 따라 여성들이 구매하는 재화와 용역의 내용은 물론 그 질과 양에 있어 큰 변혁이 이루어지고 있다. 이에 더하여 독신 남성의 단독가구 비율이 급격히 상승하고 있다. 가정부의 수요, 요리와 가사에 대한 새로운 수요가 창출되고 있다.

소비행위의 중요한 또 다른 변수는 연령이다. 노년인구의 증가와 출산율의 감소는 신생아 중 첫째 아이의 비율을 급격히 높이고 있다. 둘째나 셋째 아이와 달리 첫째 아이에 필요한 재화의 종류는 다르며, 이에 더하여 첫째 손자나 손녀에 대한 조부 조모가 원하는 생산품(재화 용역)의 구매 수요도 중요한 변수가 된다.

교육수준도 중요한 변수가 된다. 좀 더 교양 있고 품위 있으며 지식 특히 신지식에 관심 있는 계층의 인구가 급속히 증가하고 있다. 이것은 물론 대학교육의 대중화에 따른 대졸 가구주의 증가에 따른 현상이다.

2) 투자계획

개인들은 이윤을 극대화할 수 있는 주식이나 부동산에 투자한다. 나이스비트(John Naisbitt) 같은 미래학자들의 관점(예: Megatrends)을 거론하지 않더라도 인구학적 변화는 엄청난 변화를 수반하고 있다. 부동산을 예로 들어본다. 가까운 시기 안에 출산행위에 큰 변화가 일어나지 않는다면 2005년 전후의 미취학 아동의 수 즉 공적, 사적 보육의 대상자인 0-4세 인구는 250만 명이지만 20년 후(2025년) 이 숫자는 150만으로 감소될 수 있다. 보육기관에의 투자는 이를 참조해야 한다. 대학 입시대상 인구는 20년 후 40만 명 이하로 감소될 확률이 높다. 동시에 혼인 건수의 지속인 감소는 주택 수요의 감소로 이어질 것이며 노년인구의 증가는 기후와 교통 여건이 양호한 지역으로의 인구이동을 쉽게 예측하게 해준다. 토지와 주택 수요의 양과 내용이 이에 따라 변화됨을 간과하고서는 기업의 부동산 투자는 성공할 수 없을 것이다. 즉 인구학적 변화에 적응할 수 있는 기업만이 살아남게 된다.

세계화 지구화 시기 국제투자는 피할 수 없는 현상이다. 그런데 세계인구증가의 대부분은 저개발국이 차지한다. 현재 인구구조가 젊은 나라에의 투자와 그렇지 않은 나라에의 투자는 그 인적 구성의 다양성에 의해 민감하게 반응하고 있다. 더 정확한 인구예측이 기업 성패를 좌우할 수 있다.

3) 인적자원 경영

종업원의 인적 구조를 고려한 기업의 내적 인력 경영은 종업원의 사기와 생산성을 높이기 위해 모든 기업이 중요하게 여기고 있다. 또한 노사 간의 갈등은 물론 노동자간의 갈등 해결을 위해서도 인적 구성에 따른 내부경영은 필수적인 요건이 되고 있다.

우리나라의 경우 출신지역 간의 갈등은 그동안 자주 보아온 현상이지만 대체로 그 중요성이 약화되고 있다. 그러나 외국인 노동자들의 비중이 높아감에 따라 발생하는 문제는 점차 더 커지고 있다. 외국인 노동자들의 적응과 생산성 향상 그리고 우리나라에 대한 외국인들의 이미지 제고를 위해 주요 외국인 노동자들의 모국어를 아는 한국인 관리직원의 채용 등 전략적 경영이 요구된다.

연령구성 면에서 1950년대 중반부터 1960년대 중반까지의 베이비붐 현상에 이은 80-90년대 베이비 버스트 현상은 인적 자원의 확보에 많은 전략과 기존 전략의 수정을 요구하고 있다. 1980년대 고용주들에게는 훈련된 인력의 부족 현상은 있었으나 절대 인력은 풍부했다. 그러나 2000년대 고용주들에게는 유능한 신입 인재의 절대 숫자의 부족에 봉착할 것이 예상된다. 이에 더하여 중간 관리 층의 비대화 현상은 또 다른 기업의 경영과제가 되고 있다.

증가하는 취업 여성의 비율 증가는 양성간의 갈등문제도 있겠으나 더 큰 문제는 이들 여성인력의 활용과 생산성의 향상을 위해 제공해야 되는 출산과 보육 관련 서비스 확충이다. 출산과 보육을 위한 제도적 장치의 양적 질적 수준은 여성 취업자들의 기업 선호도에 영향을 미치는 가장 중요한 변수들 중 하나가 될 것이다.

2. 전반적인 발전 계획과 인구

인구 증가와 인구이동에 관한 지역별 예측은 학교의 증설과 폐교 등 교육시설의 운영 계획과 이에 따른 인력배치에 주로 이용되고 있었다. 가장 적합한 예측은 그만큼 정책의 효율성을 제고하고 국가 자원의 낭비를 예방할 수 있다. 나아가 공공 서비스기관과 시설의 설치에도 인구이동과 인구수의 증감 예측이 핵심적인 역할을 한다. 이에는 경찰 및 소방업무는 물론 상하수도 시설과 동력(에너지)이용의 전망, 병의원의 개설과 확충 등이 포함된다. 단순한 인구수의 전망은 큰 오류를 범할 수 있다. 총인구수의 증감에 의한 계획은 성별 연령별 구성은 물론 취업상태별 인구수에 따른 서비스 수요와 적절한 공급대책에 비해 큰 차이를 보이게 된다.

과거 선진국의 예를 들지 않더라도 국민의 대의제가 시행되는 민주주의 국가에서 행정구역의 변경은 선거를 위한 구역조정이 그 주종을 이루고 있다. 오늘날 선거 캠페인 전략에서 전국은 물론 각 지역별 인구의 특성(성, 연령, 교육정도, 취업상태, 직업, 혼인상태, 종교 등)별 분포를 감안하지 않는 무분별한 캠페인이 성공할 수 있는 시기는 지났다. 이 구성을 도외시하고 주민의 요구를 파악할 수 없으며 다가올 문제를 예견할 수 없기 때문이다.

맺는말

크건 작건 모든 사업체(공공기관 포함)에서 인구자료의 이용은 1990년대 이전까지는 제한적으로 이용될 수밖에 없었다. 그 이유는 정부기관에서의 발표억제와 더불어 수집한 자료의 보완을 위해 장기간이 소요되었기 때문이었다. 자료가 쓸 만하게 보완 되었을 때 그 자료는 이미 가치가 없는 자료가 되는 경우가 허다했다. 1990년대 이후 통계자료의 원활한 이용을 가로막는 정부의 규제가 대부분 철폐되고 나아가 고도로 훈련된 전문가 집단의 통계업무 담당으로 자료의 질적 수준이 높아지고 센서스를 포함한 거의 모든 자료의 전산화는 이제 모든 사업체로 하여금 마케팅 등 경영 차원에서 수시로 그리고 적시에 이용이 가능하게 해주고 있다. 이들 자료는 특정 소비자 집단의 타게트 설정, 시장의 지리적 사회경제적 구분 등 매우 유용하게 이용되고 있으며, 경영에서 이들 자료 없이는 성공할 수 없게 되었다. 이와 더불어 일반 투자자들도 장래 시장의 성장과 그에 기초한 잠재이윤의 측정이 가능하게 되었다. 과거와 같은 통찰력이나 선입관, 영감에만 의존하는 업체는 그 성공 가능성이 점차로 희박하게 되고 있다. 인적 자원을 분석하는 전문가들에게도 고용자와 피고용자 즉 노동력 수급에 대한 정확한 분석으로 합리적이고 명확한 전망이 가능하게 되었다.

과거 인구자료는 교육행정이나 공중보건 분야 등 일부 행정 분야에 국한되어 이용되었다. 그러나 이제는 정치인들도 새로운 정당의 구성이나 기존 정당구조의 분석 및 입법과 정치적 캠페인 등 선거 전략에 다양한 인구자료를 이용하고 있다.

인구에 대한 자료와 분석을 위한 지식은 이제 모든 이에게 필수 불가결한 것이 되어 가고 있다. 인구학적 지식은 국가나 사회의 장단기 계획은 물론 개인들도 자기의 위치를 파악한 사회적 좌표를 가지고 국제화 지구화 정보화된 세계에서의 무한경쟁 체제에서 생존전략을 마련하는 데 이바지할 것이다.

찾아보기-인명

가나다순

Author Index-alphabetical order

찾아보기-주제

【ㅁ부】

【ㅂ부】

【ㅅ부】

【ㅇ부】

【ㅈ부】

Sources of the Papers
논문의 출처

제 1 편 인구사상

제1장 "人口思想의 發展," 經濟人口學(서울대학교출판부,1986. 4), 17-40.

제2장 "實學에 나타난 人口思想," 韓國社會와 思想(한국정신문화연구원, 1984. 5), 105-144.

제3장 "朝鮮後期의 人口-土地 壓迫에 대하여," 韓國社會學(한국사회학회), 제11집(1987.12), 101-121.

제4장 "인구쟁점에 대한 가치관의 변화," 한국인구학, 제22권 제2호 (1999.12), 5-45.

제5장 "동아시아의 인구사상: 홍량길과 맬서스의 비교," 한국인구학, 제27권 제1호(2004), 171-201.

제 2 편 북한과 중국의 인구

제1장 "中國의 人口-歷史的 變遷과 推計," 東亞硏究(서강대학교), 제1집 (1982. 12), 19-48.

제2장 "在外韓人의 分布와 現況," 東亞硏究(서강대학교), 제11집 (1987. 6), 65-99.

제3장 "北韓人口의 構造와 變化 - 南北韓의 比較," 東亞硏究(서강대학교), 제22집 (1991. 6), 21-53

제 3 편 인구정책

제1장 "東아시아의 人口와 人口政策," 東亞硏究(서강대학교), 제31집 (1996. 2), 105-144.

제2장 "한국의 인구정책," 김두섭, 박상태, 은기수 편, 한국의 인구 2(통계청, 2002), 645-673.

인구사상과 인구정책

초판 발행 | 2007년 2월 15일
초판 2쇄 | 2009년 10월 8일

저 자 | 박상태
발행인 | 이종욱
편집인 | 우찬제
발행처 | 서강대학교 출판부
등록번호 | 1978년 9월 28일 제313-2002-170호
인쇄 | 효일문화사

주소 | 서울시 마포구 신수동 1번지
전화 | (02)705-8212
팩스 | (02)705-8612
홈페이지 | www.sogang.ac.kr/~sgpress

ISBN 89-7273-116-1 93330

정가 15,000원

* 이 책은 2005년도 서강대학교 교내연구비 보조로 출판되었음.